L'ACTION DES PARTIS POLITIQUES DANS LES CIRCONSCRIPTIONS AU CANADA

~

*Volume 23 d'une collection d'études
réalisées pour le compte de la Commission royale
sur la réforme électorale et le financement des partis,
dans le cadre de son programme de recherche.*

L'ACTION DES PARTIS POLITIQUES DANS LES CIRCONSCRIPTIONS AU CANADA

~

R.K. Carty

Volume 23 de la collection d'études

COMMISSION ROYALE SUR LA RÉFORME ÉLECTORALE
ET LE FINANCEMENT DES PARTIS
ET
GROUPE COMMUNICATION CANADA
ÉDITION, APPROVISIONNEMENTS ET SERVICES CANADA

DUNDURN PRESS
TORONTO ET OXFORD

WILSON & LAFLEUR
MONTRÉAL

ISBN 1-55002-142-7
ISSN 1188-2751
Catalogue Z1-1989/2-41-23F

Publié par Dundurn Press Limited et Wilson & Lafleur Limitée en
collaboration avec la Commission royale sur la réforme électorale et le
financement des partis, Groupe Communication Canada — Édition,
Approvisionnements et Services Canada.

Données de catalogage avant publication (Canada)

Carty, R.K., 1944–
    L'action des partis politiques dans les circonscriptions au Canada

(Collection d'études; 23)
Publ. aussi en anglais sous le titre : Canadian political parties in the constituencies
ISBN 1-55002-142-7

    1. Politique — Canada. 2. Canada. Parlement — Circonscriptions électorales.
3. Partis politiques — Canada. I. Canada. Commission royale sur la réforme
électorale et le financement des partis. II. Titre. III. Collection : Collection
d'études (Canada. Commission royale sur la réforme électorale et le financement des partis); 23.

JL195.C3714 1991   324.7'0971   C91-090560-6

Dundurn Press Limited	Dundurn Distribution	Wilson & Lafleur Limitée
2181, rue Queen est	73 Lime Walk	40, rue Notre-Dame est
Bureau 301	Headington	Montréal (Québec)
Toronto (Canada)	Oxford, England	H2Y 1B9
M4E 1E5	OX3 7AD	

TABLE DES MATIÈRES

~

FIGURES

TABLEAUX

AVANT-PROPOS

~

LA COMMISSION ROYALE sur la réforme électorale et le financement des partis a été créée en novembre 1989 pour enquêter sur les principes et procédures qui devraient régir l'élection des députés et députées à la Chambre des communes et le financement des partis politiques et des campagnes électorales. Pour procéder à une telle analyse exhaustive de notre système électoral, nous avons mené un vaste programme de consultations publiques et conçu un programme de recherche étoffé, afin que nos recommandations s'appuient sur des études et analyses empiriques solides.

L'étude approfondie du régime électoral à laquelle s'est livrée la Commission constitue une première dans l'histoire de la démocratie canadienne. Elle s'imposait d'autant plus que les changements d'ordre constitutionnel, social et technologique des dernières décennies ont profondément transformé la société canadienne et modifié les attentes des citoyens et citoyennes envers le processus politique. Qu'il suffise de mentionner l'adoption, en 1982, de la *Charte canadienne des droits et libertés* qui a fortement sensibilisé les Canadiens et Canadiennes à leurs droits démocratiques et politiques ainsi qu'au fonctionnement de leur système électoral.

On ne saurait surestimer l'importance d'une réforme électorale. Alors que les travaux de la Commission se poursuivaient, les Canadiens se sont montrés vivement préoccupés par des questions constitutionnelles de nature à modifier en profondeur la Confédération. Au-delà de leurs opinions ou de leurs allégeances politiques, les Canadiens et Canadiennes conviennent que toute réforme constitutionnelle doit être animée par un souci de justice et de respect des règles démocratiques; nous ne pouvons supposer que le régime électoral actuel répondra toujours à ce critère ni qu'il ne saurait être amélioré. Il est essentiel que la légitimité du Parlement et du gouvernement fédéral ne puisse être mise en doute; dans ce contexte, la réforme électorale peut à la fois affirmer la légitimité des institutions politiques et renforcer leur capacité à projeter une vision de l'avenir du Canada qui suscite la confiance et l'adhésion des citoyens et citoyennes de ce pays et qui promeut l'intérêt national.

Durant son travail, la Commission a veillé à protéger nos acquis démocratiques, sans nécessairement écarter les valeurs nouvelles qui insufflent une nouvelle dynamique à notre régime électoral. Pour que celui-ci reflète véritablement les valeurs politiques contemporaines, un simple rafistolage des lois et pratiques électorales actuelles ne suffira pas.

Étant donné la portée de notre mandat, nous nous devions d'examiner attentivement la gamme d'options possibles. Nous avons commandé plus d'une centaine d'études, réunies dans une collection comportant 23 volumes. Convaincus que le Canada doit se doter d'un régime électoral qui se compare avantageusement aux meilleurs régimes contemporains, nous avons étudié les lois et processus électoraux de nos provinces et territoires, ainsi que ceux adoptés par d'autres nations démocratiques. La somme impressionnante de données empiriques et d'avis spécialisés ainsi recueillis ont incontestablement enrichi nos délibérations. Nous nous sommes constamment efforcés de voir à ce que les recherches effectuées pour la Commission soient rigoureuses sur le plan intellectuel, mais aient aussi une portée pratique. Toutes les études ont été commentées par des pairs, et plusieurs auteurs ont pu soumettre leurs résultats provisoires à des experts politiques et universitaires à l'occasion de colloques nationaux consacrés aux principaux aspects du régime électoral.

La Commission a confié son programme de recherche à la tutelle compétente et avisée de M. Peter Aucoin, professeur de science politique et d'administration publique à l'Université Dalhousie. Nous avons la conviction que le travail du professeur Aucoin de même que celui des coordonnateurs de recherche et des chercheurs dont les résultats figurent dans ce volume et dans les autres de la collection seront pour longtemps une source précieuse d'information pour les historiens, les politicologues, les parlementaires et les fonctionnaires chargés de l'administration de notre législation électorale. Nous croyons que ces recherches intéresseront également de nombreux Canadiens et Canadiennes qui se préoccupent de nos pratiques électorales ainsi que la collectivité internationale.

Je me joins aux autres commissaires pour exprimer ma profonde reconnaissance envers le personnel de la Commission pour la détermination et le dévouement dont il a fait preuve. Je tiens aussi à remercier toutes les personnes qui ont participé à nos colloques, ainsi que les membres des équipes de recherche et des groupes consultatifs dont les conseils nous ont été d'un grand secours.

Le président,

Pierre Lortie

INTRODUCTION

~

LE PROGRAMME DE RECHERCHE de la Commission royale a embrassé tous les aspects du régime électoral canadien. L'ampleur même du mandat confié à la Commission commandait un programme de recherche d'envergure, susceptible d'enrichir concrètement les délibérations des commissaires.

Destiné à fournir aux commissaires une analyse détaillée des facteurs qui ont façonné notre démocratie électorale, ce programme fut axé principalement sur la législation électorale fédérale, bien que nos recherches se soient également attardées à la Constitution canadienne, aux institutions parlementaires, aux pratiques des partis politiques, aux organes de presse, aux organisations politiques non partisanes et au rôle des tribunaux vis-à-vis les droits constitutionnels des citoyens. Nous nous sommes constamment efforcés d'envisager nos recherches sous un angle historique, de façon à situer les phénomènes contemporains dans le contexte de la tradition politique canadienne.

Nous savions que notre étude des facteurs influant sur la démocratie électorale canadienne, tout comme notre évaluation des propositions de réforme, serait incomplète sans un examen attentif de la situation des provinces et territoires canadiens et d'autres démocraties. Voilà pourquoi le programme de recherche a mis l'accent sur l'étude comparée des principales questions soumises à notre attention.

Outre les coordonnateurs de recherche, les agents de recherche et le personnel de soutien de la Commission, plus de 200 spécialistes provenant de 28 universités canadiennes, du secteur privé et, dans plusieurs cas, de l'étranger ont participé aux études. La plupart des chercheurs étaient des spécialistes en science politique, mais nous avons aussi eu recours à des experts d'autres domaines, notamment du droit, de l'économie, de la gestion, des sciences informatiques, de l'éthique, de la sociologie et des communications.

En plus de préparer des rapports de recherche pour la Commission, nous avons été amenés à contribuer à une série de colloques et d'ateliers auxquels ont participé, outre les commissaires, des chercheurs, des représentants des partis politiques et de la presse, et d'autres personnes possédant une expérience pertinente des partis politiques, des campagnes électorales et des affaires publiques. Ces rencontres ont permis aux participants de discuter de divers thèmes inhérents au mandat de la Commission; elles auront aussi fourni l'occasion à des personnes ayant une connaissance intime du monde politique de jeter un regard critique sur nos travaux de recherche.

Cet examen public a été suivi de l'évaluation interne et externe de chaque étude par des spécialistes du domaine concerné. Dans chaque cas, la décision de publier l'étude dans la collection ne fut prise que si l'évaluation des pairs s'avérait favorable.

La Direction de la recherche de la Commission a été divisée en plusieurs secteurs, placés sous la tutelle de coordonnateurs de recherche responsables des études relevant de leur domaine, dont voici la liste :

F. Leslie Seidle	Le financement des partis politiques et des élections
Herman Bakvis	Les partis politiques
Kathy Megyery	Les femmes, les groupes ethno-culturels et les jeunes
David Small	Le redécoupage électoral; la délimitation des circonscriptions; l'inscription des électeurs
Janet Hiebert	L'éthique des partis
Michael Cassidy	Les droits démocratiques; l'organisation du scrutin
Robert A. Milen	La participation et la représentation électorales des Autochtones
Frederick J. Fletcher	Les médias et la couverture des élections
David Mac Donald (coordonnateur de recherche adjoint)	La démocratie directe

Ces coordonnateurs ont dans un premier temps recruté des chercheurs qualifiés, géré les projets de recherche et ont préparé les manuscrits pour publication. Ils ont également participé de près à l'organisation des colloques et ateliers de leur domaine de recherche, en plus de préparer des exposés et des synthèses pour appuyer les commissaires dans leurs délibérations et faciliter la prise de décisions. Ils ont, enfin, apporté leur concours à la rédaction du rapport final de la Commission.

Au nom de la Commission, je désire remercier les personnes ci-après qui ont généreusement contribué, chacune selon ses compétences particulières, à l'exécution du programme de recherche.

Qu'il me soit permis de souligner en premier lieu l'excellent travail des coordonnateurs de recherche, qui ont contribué de façon notable aux travaux de la Commission. Confrontés à des délais serrés, ils ne se sont jamais départis de leur bonne humeur et de leur gentillesse, et je les remercie tous et toutes de leur appui et de leur coopération indéfectibles.

Je tiens en particulier à exprimer ma reconnaissance à Leslie Seidle, coordonnateur principal de recherche, qui a supervisé le travail de nos agents de recherche et du personnel de soutien à Ottawa. Son zèle, sa détermination et son professionnalisme ont été un modèle pour les autres membres de l'équipe. Je remercie de même Kathy Megyery, qui a assumé des fonctions semblables à Montréal avec autant de talent et de résolution. Son enthousiasme et son dévouement ont été une source d'inspiration pour nous tous.

Au nom des coordonnateurs de recherche et en mon nom personnel, je tiens à remercier nos agents et agentes de recherche, Daniel Arsenault, Eric Bertram, Cécile Boucher, Peter Constantinou, Yves Denoncourt, David Docherty, Luc Dumont, Jane Dunlop, Scott Evans, Véronique Garneau, Keith Heintzman, Paul Holmes, Hugh Mellon, Cheryl D. Mitchell, Donald Padget, Alain Pelletier, Dominique Tremblay et Lisa Young. Leur aptitude à effectuer des recherches dans une foule de domaines, leur curiosité intellectuelle et leur esprit d'équipe ont été d'un précieux secours à la Direction de la recherche.

Sans le professionnalisme et la coopération inestimables du personnel de la Direction de la recherche dont les noms suivent, la tâche des coordonnateurs et des analystes aurait été beaucoup plus ardue : Paulette LeBlanc, adjointe administrative qui a géré le cheminement des diverses études; Hélène Leroux, secrétaire des coordonnateurs de recherche, qui a produit les notes de synthèse destinées aux commissaires et qui s'est chargée, avec Lori Nazar, de surveiller l'avancement des projets vers la fin du programme; Kathleen McBride et son adjointe, Natalie Brose, qui ont créé et mis à jour la base de données des mémoires et des comptes rendus d'audiences; et Richard Herold et son adjointe, Susan Dancause, qui ont géré notre centre de documentation. Nous remercions aussi Jacinthe Séguin et Cathy Tucker, nos réceptionnistes, qui ont fait plus que leur devoir en nous aidant de nombreuses manières à respecter nos délais.

Nous avons eu la chance d'obtenir le concours de chercheurs hors pair, provenant aussi bien du milieu universitaire que du secteur privé. Leurs contributions forment la trame de ce volume et des 22 autres de la collection. Je tiens à souligner l'excellence de leur travail, et je les remercie sincèrement d'avoir su se plier de bonne grâce à des délais toujours très serrés.

Nous avons bénéficié, pour notre programme de recherche, des conseils avisés de Jean-Marc Hamel, conseiller spécial du président de la Commission et ex-directeur général des élections du Canada, dont les connaissances et l'expérience se sont avérées un atout irremplaçable.

De nombreux autres spécialistes ont accepté d'évaluer les études, ce qui a permis non seulement d'améliorer leur teneur, mais aussi d'obtenir maints conseils précieux dans une foule de domaines. Mentionnons en particulier les professeurs Donald Blake, Janine Brodie, Alan Cairns, Kenneth Carty, John Courtney, Peter Desbarats, Jane Jenson, Richard Johnston, Vincent Lemieux, Terry Morley et Mme Beth Symes ainsi que Joseph Wearing.

Préparer, en vue de leur publication, un nombre aussi élevé d'études en moins d'un an exige une maîtrise absolue des métiers de l'édition, et nous avons eu la chance à ce chapitre de pouvoir compter sur le directeur des communications de la Commission, Richard Rochefort, et sur la directrice adjointe, Hélène Papineau, épaulés à leur tour d'une équipe talentueuse composée de Patricia Burden, Louise Dagenais, Caroline Field, Claudine Labelle, France Langlois, Lorraine Maheux, Ruth McVeigh, Chantal Morissette, Sylvie Patry, Jacques Poitras et Claudette Rouleau-O'Toole.

Pour mener à bien le projet, la Commission a aussi fait appel à plusieurs entreprises spécialisées. Nous sommes ainsi profondément reconnaissants à Ann McCoomb (vérification des références et des citations), à Marthe Lemery, Liette Petit, Pierre Chagnon et au personnel des Communications Com'ça (contrôle de la qualité des textes français), à Norman Bloom, Pamela Riseborough et aux associés de B&B Editorial Consulting (adaptation et contrôle de la qualité des textes anglais) et à Mado Reid de Quio (production des textes français). Al Albania et son équipe de la société Acart Graphics se sont chargés de la conception graphique des volumes et ont produit quelque 2 400 tableaux et figures.

La publication des études de la Commission constitue le plus vaste projet d'édition réalisé au Canada en 1991, projet que nous n'aurions pu mener à terme sans la coopération étroite des secteurs public et privé. Du côté du secteur public, nous tenons en particulier à souligner l'excellent service que nous ont fourni la section du Conseil privé du Bureau de la traduction du Secrétariat d'État du Canada, sous la direction de Michel Parent, ainsi que Ruth Steele et Terry Denovan, du Groupe Communication Canada, du ministère des Approvisionnements et Services.

À titre de coéditeur des études de la Commission, la société Dundurn Press, de Toronto, s'est acquittée avec brio de sa tâche, ce dont nous lui sommes reconnaissants. La société Wilson & Lafleur, de Montréal, a de son côté collaboré avec le Centre de documentation juridique du Québec pour faire un travail tout aussi admirable en ce qui concerne la publication de la version française des études.

Des équipes de rédacteurs, de réviseurs et de correcteurs d'épreuves ont travaillé avec la Commission et avec les éditeurs, dans des délais souvent impitoyables, pour préparer quelque 20 000 pages de texte en vue de leur composition, de leur mise en page et de leur impression. Toutes ces personnes, citées ailleurs dans ce volume, ont fourni un travail qui fut grandement apprécié.

Nous adressons nos remerciements au directeur exécutif de la Commission, Guy Goulard, et aux équipes de soutien administratif et exécutif composées de Maurice Lacasse, Denis Lafrance et Steve Tremblay (finances); Thérèse Lacasse et Mary Guy-Shea (personnel); Cécile Desforges (adjointe au directeur exécutif); Marie Dionne (administration); Anna Bevilacqua (dossiers); et Michelle Bélanger, Roch Langlois, Michel Lauzon, Jean Mathieu, David McKay et Pierrette McMurtie (personnel de soutien); ainsi que Denise Miquelon et Christiane Séguin (bureau de Montréal).

Nous devons des remerciements spéciaux à Marlène Girard, adjointe au président, qui a grandement contribué au succès de notre tâche en supervisant les aspects logistiques du travail de la Commission, au milieu des horaires chargés du président et des commissaires.

Je tiens à exprimer ma profonde reconnaissance à ma secrétaire, Liette Simard, dont le sens aigu de la gestion et la patience exemplaire ont réussi à contenir le côté désordonné de mon style de travail, propre à tant d'universitaires. Elle a également assuré la coordination administrative de la révision des dernières versions des volumes 1 et 2 du Rapport final de la Commission. Je dois beaucoup à ses efforts et à son aide inlassable.

Finalement, au nom des coordonnateurs de recherche et en mon nom personnel, je tiens à remercier le président de la Commission, Pierre Lortie, les membres Pierre Fortier, Robert Gabor, William Knight et Lucie Pépin, et les ex-membres Elwood Cowley et le sénateur Donald Oliver. Ce fut un honneur de travailler auprès de personnes aussi éminentes et éclairées, dont les connaissances et l'expérience nous ont tellement apporté. Nous tenons en particulier à souligner l'esprit créateur, la rigueur intellectuelle et l'énergie du président, qualités qu'il a su insuffler à toute l'équipe. Sa direction exceptionnelle, qui nous incitait sans cesse à l'excellence, restera longtemps une source d'inspiration pour chacun de nous.

Le directeur de la recherche,

Peter Aucoin

PRÉFACE

~

Durant ses audiences publiques et avec les mémoires qu'elle a reçus, la Commission royale sur la réforme électorale et le financement des partis a recueilli une multitude de propositions destinées à améliorer le processus électoral, à étendre le principe du financement public des partis politiques, à augmenter l'aptitude des partis à présenter plus de femmes et de membres des minorités visibles à des fonctions électives, à garantir une divulgation plus complète des activités financières au niveau des circonscriptions, et à exiger la mise en œuvre de processus de sélection plus démocratiques à l'échelle locale.

La Commission a cependant rapidement constaté qu'elle ne pourrait évaluer sérieusement ces diverses propositions sans vérifier d'abord l'aptitude des cadres des partis et des membres des associations de circonscription à s'y adapter. En effet, l'une des caractéristiques les plus frappantes des partis politiques canadiens est leur structure essentiellement territoriale, reposant sur des associations locales qui assument des responsabilités importantes en matière de sélection des candidatures et d'organisation des campagnes électorales. Afin de mieux comprendre les problèmes auxquels font face les associations locales et les candidats et candidates, la Commission a organisé à l'automne de 1990 une série de colloques auxquels ont été invités des agents officiels des candidats et des responsables locaux d'Élections Canada. Elle a cependant vite constaté qu'il lui était indispensable d'élargir le champ d'analyse, de façon à recueillir l'opinion du plus grand nombre possible de responsables locaux des partis sur toutes les propositions de réforme électorale susceptibles d'influer sur les associations de circonscription.

De là l'invitation lancée au professeur R. Kenneth Carty à mener une enquête exhaustive auprès des associations locales des trois grands partis canadiens — le Parti libéral du Canada, le Parti progressiste-conservateur du Canada et le Nouveau Parti démocratique — et de deux partis d'origine plus récente, le Parti réformiste du Canada et le parti de l'Héritage chrétien du Canada, dans le but de recueillir l'avis de leurs responsables locaux et d'évaluer l'aptitude de leurs associations locales à s'adapter aux changements proposés par divers groupes et intervenants lors des audiences de la Commission, notamment en matière de sélection des candidats et de financement des partis. En bref, cette enquête visait à faire le point sur la complexité et la diversité croissantes du régime canadien de partis.

L'enquête a été réalisée durant l'hiver et l'été de 1991 au moyen d'un questionnaire envoyé par la poste au président ou à la présidente de chaque association locale. Ce questionnaire portait sur sept thèmes principaux : l'organisation du processus électoral; l'organisation et les activités de l'association de circonscription durant les élections et entre celles-ci; le processus d'investiture des candidats et de sélection des chefs; les activités électorales; le financement et la collecte de fonds; les dépenses électorales; et le degré de participation de différents groupes et particuliers aux activités de l'association. Plus de la moitié des questionnaires ont été remplis, ce qui témoigne d'un degré élevé d'intérêt et de coopération parmi les répondants et garantit la représentativité de l'échantillon. L'utilisation de questions différentes sur certains thèmes s'est avérée inestimable pour mesurer la complexité des nombreux problèmes auxquels font face les cadres des associations locales, pour faciliter la formulation des recommandations, de sorte qu'elles puissent être réalistes, et pour mesurer les progrès accomplis jusqu'ici par les associations locales dans le recrutement de femmes et de membres de minorités visibles à l'étape de l'investiture.

Dans cette monographie, le professeur Carty analyse les données recueillies, en s'intéressant surtout aux différences entre les divers partis dans les sept principaux domaines considérés. Tout aussi important, il relève les points communs à tous les partis, laissant entendre que les différences fondamentales en matière de structure, de méthodes et d'attitudes des associations locales s'expliquent moins par la nature des partis eux-mêmes que par la situation spécifique des associations, par exemple si leur candidat ou candidate a été membre de la Chambre des communes ou si la lutte électorale dans la circonscription est compétitive ou non. L'auteur s'efforce d'analyser ces points communs et ces différences dans le contexte de la géopolitique canadienne et de l'évolution des organisations partisanes à l'échelle locale.

Dans l'ensemble, constate-t-il, les associations locales contribuent à la fois à la force et à la faiblesse des partis canadiens, ces derniers restant extrêmement décentralisés à bien des égards; il est essentiel, ajoute-t-il, que les changements proposés tiennent compte de la dynamique des associations locales et de la nature des ressources qu'elles peuvent consacrer à l'amélioration des aspects de leur fonctionnement que bon nombre de Canadiens jugent déficients.

Comme il existe fort peu d'études exhaustives sur les partis politiques canadiens à l'échelle locale, il convient de féliciter R. Kenneth Carty pour le soin et l'intelligence avec lesquels il a conçu ce projet de recherche, dont le résultat est une analyse pénétrante de la dynamique de l'organisation et du comportement collectif des associations locales de tous les partis politiques. Cette monographie ne fait pas que combler une lacune importante dans ce domaine, elle constituera pendant longtemps une référence pour tous ceux et celles que ces questions intéressent.

Le coordonnateur de la recherche,

Herman Bakvis

REMERCIEMENTS

~

CETTE ÉTUDE EST LA DERNIÈRE d'une série réalisé pour la Commission royale sur la réforme électorale et le financement des partis. Elle a délibérément été effectuée en dernier lieu afin de pouvoir tirer parti des travaux antérieurs de la Commission. Les résultats ont été transmis, dans un premier temps, aux commissaires, à leur personnel et à leur équipe de recherche sous forme de données brutes, d'analyses préliminaires et de notes de travail. Une partie de ce matériel a été reprise dans d'autres rapports de recherche et dans le rapport final de la Commission (dans lequel on cite des résultats spécifiques dans sept chapitres différents). Ces résultats sont tirés de l'enquête sur laquelle notre étude est fondée, et il se peut que certaines données particulières ne figurent pas dans la présente étude. Toutes les données ont été déposées dans les archives de la Commission et seront mises à la disposition du public en temps opportun, avec toutes les précautions requises pour assurer la protection de l'identité des répondants et répondantes.

Je souhaite ici remercier les nombreuses personnes qui m'ont aidé à réaliser cette étude, notamment :

- Les membres de la Commission royale sur la réforme électorale et le financement des partis, qui m'ont commandé cette recherche. Je les remercie de leur confiance et de leur appui, et de tout ce qu'ils m'ont appris chaque fois que nous nous sommes rencontrés. Ce fut toujours un plaisir pour le politicologue que je suis de travailler avec des personnalités publiques aussi intéressantes et avisées, et qui ont répondu à beaucoup des questions que je me posais.

- Les responsables de la recherche de la Commission, qui m'ont accordé leur appui durant tout le projet. Peter Aucoin, directeur de la recherche de la Commission, et Leslie Seidle, coordonnateur de recherche principal, m'ont prodigué des encouragements (et aussi des tâches supplémentaires), alors que Herman Bakvis veillait à me garder sur le bon chemin et n'hésitait pas à intervenir quand j'avais besoin de son aide. Herman a été mon lien principal avec le personnel de la Commission, et ses conseils refléchis m'ont aidé à donner forme à l'étude finale.

- Le personnel de la Commission, à Ottawa, qui est venu à mon aide à plusieurs moments critiques lorsque le temps pressait. Il a fourni une aide précieuse quand nous mettions la dernière main à nos listes postales, a fait traduire le questionnaire dans des délais très serrés, et nous a rendu une multitude d'autres services. Comme je ne peux nommer ici tous les membres du personnel, je n'en citerai que deux, Guy Goulard et Richard Rochefort.

- Roseanne Sovka, qui a géré le projet à Vancouver. Sans sa créativité, son énergie et son travail — d'analyse, d'administration, de secrétariat et de gestion du personnel — le projet n'aurait jamais pu être achevé à temps et le résultat n'aurait sûrement pas été aussi bon.

- Le Département de science politique de l'Université de la Colombie-Britannique, notamment son directeur, Don Blake, et tous mes étudiants et étudiantes. Ils ont tous fait preuve de beaucoup de patience à mon égard. À vrai dire, je n'aurais probablement pas dû tenter d'ajouter ce projet à toutes mes autres obligations, et si j'ai pu le mener à terme, c'est grâce à la bonne volonté de ceux et celles avec qui je travaille.

- Ma femme et mes enfants, qui ont certainement dû payer un prix pour cette étude. Je sais que j'ai une grosse dette à leur égard.

- Finalement, les répondants et répondantes de cette étude qui n'aurait pas été possible sans l'aide des partis politiques et qui n'aurait rien donné sans la collaboration des quelque 500 présidents et présidentes d'associations de circonscription qui ont pris le temps, avec leurs collègues, de répondre à ce qui a dû leur paraître un questionnaire terriblement long sur les activités, normalement privées, de leur organisation. Je les remercie tous et toutes beaucoup — même ceux que nous avons dû relancer trois fois — et j'espère qu'ils se reconnaîtront quelque peu dans les pages qui suivent.

R.K. Carty

Département de Science politique
Université de la Colombie-Britannique

L'ACTION
DES PARTIS
POLITIQUES
DANS LES
CIRCONSCRIPTIONS
AU CANADA

~

1

LA PLACE DES ASSOCIATIONS DE CIRCONSCRIPTION DANS LES PARTIS CANADIENS

~

LES PARTIS POLITIQUES canadiens sont des organisations à la fois simples et complexes. Simples, parce que leur raison d'être est de choisir des candidats et candidates aux élections et de faire campagne en leur faveur. Leur structure fondamentale et le rythme de leurs activités sont essentiellement régis par le système électoral, et les réussites ou les échecs qu'ils connaissent se font au vu et au su de tous. Complexes, par ailleurs, parce que leurs membres doivent être unis dans un curieux mélange de réseaux plus ou moins organisés qui fonctionnent au sein d'organisations officielles à plusieurs paliers, dont les intérêts et les ressources sont fragmentés par le caractère fédéral de la politique nationale. Certes, les raisons mêmes pour lesquelles les partis s'engagent dans la lutte électorale, et l'éventail de toutes les activités qui y sont liées, varient considérablement et évoluent avec le temps, ce qui ne fait qu'ajouter à la complexité de leur rôle dans la politique canadienne.

La manière dont les partis rassemblent les Canadiens et Canadiennes détermine la nature des relations politiques les plus fondamentales de notre système de démocratie représentative et de gouvernement responsable. Les partis sont le lien simple et immédiat entre l'électorat et les élus. Mais ce sont en même temps des organisations complexes, dans la mesure où ils deviennent l'instrument commun de personnes ayant des intérêts et des rôles très différents à l'égard du gouvernement national. On trouve, à l'une des extrémités de la chaîne, les politiciens professionnels, dont la vie politique dépend de l'aptitude de leur parti à les faire élire et à les soutenir. À l'autre extrémité, il y a les membres et les bénévoles, qui participent aux activités de leur parti ou qui s'en retirent au gré de leurs propres besoins; selon les principes de la démocratie, ils doivent agir ainsi parce qu'ils voient les partis comme un instrument de contrôle populaire du gouvernement, mais il existe au Canada une plus longue tradition encore de militantisme partisan motivé par des facteurs matériels ou sociaux. Entre ces deux groupes se situe une masse croissante de permanents de partis et d'employés politiques, qui vivent des formations politiques. Et toutes ces personnes qui œuvrent activement pour les partis sont entourées d'un nombre croissant de Canadiens et Canadiennes dont les contributions financières constituent la principale source de financement des partis : ces citoyens et citoyennes soutiennent les partis financièrement, mais souvent sans y adhérer et sans participer activement à leur fonctionnement.

Les formations politiques regroupent un ensemble complexe d'entités définies en fonction de leur rayonnement territorial — local, régional (provincial) ou national — ou de groupes spécifiques — les jeunes, les femmes, les autochtones ou les syndiqués et syndiquées. Dans la plupart des cas, cependant, l'adhésion à un parti repose sur la participation simple et directe des individus à une association locale dont le champ d'action est délimité par les frontières du territoire électoral, appelé circonscription (ou comté) en politique canadienne. Cette réalité fait bien ressortir le caractère géographique de la structure que le régime électoral impose aux partis canadiens.

L'un des principes fondamentaux du système canadien de scrutin uninominal (les circonscriptions à deux députés étaient rares, et la dernière a été abolie au milieu des années 60) est qu'il appartient aux citoyens et citoyennes d'organiser et d'animer, à l'échelle locale, les luttes électorales et les partis politiques. Les élections sont disputées dans une série de circonscriptions (actuellement au nombre de 295), dont l'électorat choisit le candidat local d'un parti pour représenter la circonscription au Parlement. En conséquence, même si la politique évolue aujourd'hui dans un cadre de plus en plus national ou centralisateur, l'existence d'associations de circonscription locales saines et actives est vitale pour le bon fonctionnement de la démocratie canadienne. La nature des partis en tant qu'organisations nationales a profondément changé au fil des années, à mesure que le régime des partis évoluait pour répondre aux besoins changeants de l'État canadien (Carty 1992). Mais l'une des rares caractéristiques des partis canadiens qui n'a pas changé est qu'ils trouvent toujours leurs racines et leur base dans des organisations de circonscription dynamiques.

LA CRÉATION DES PARTIS POLITIQUES CANADIENS

Sir John A. Macdonald et ceux qui ont ensuite tenté de l'imiter ont toujours considéré que leur tâche fondamentale consistait à bâtir de grands partis nationaux capables de fournir l'appui politique nécessaire à la réalisation de leur œuvre (Stewart 1982). Dans les années qui ont suivi la Confédération, il s'agissait de constituer un groupe parlementaire discipliné, rassemblant des politiciens préoccupés par des intérêts locaux et dont la survie politique dépendait de leur suprématie électorale dans de petites circonscriptions souvent âprement disputées, où quelques douzaines de suffrages suffisaient parfois pour faire pencher la balance. Selon English (1977, 14), les partis de cette époque « étaient dépourvus à la fois d'une organisation de masse et d'un noyau de permanents [pouvant offrir] expérience et discipline ». Ce qui les cimentait, en fin de compte, c'était le favoritisme que pouvait exercer le chef au profit de la machine électorale locale, souvent par le truchement de ses élus dans les circonscriptions (Noël 1987).

À l'origine, les partis étaient donc des organisations très simples. On trouvait, au sommet de la pyramide, des chefs qui pouvaient contrôler le favoritisme (essentiellement) gouvernemental, ou y avoir accès; au bas de la pyramide, il y avait l'électorat, regroupé dans les circonscriptions; et, entre les deux, se situaient les députés et les candidats, qui s'appuyaient sur des organisations partisanes dont les principales figures bénéficiaient de postes obtenus par favoritisme à tous les paliers de la fonction publique (Noël 1987; Stewart 1980; Reid 1936). Dans sa description des formations politiques canadiennes au début du siècle, Siegfried (1906, 117 et 118) constatait qu'il n'y avait aucune entité organisatrice œuvrant à l'échelle du pays : l'organisation centrale de chaque parti, réduite à sa plus simple expression, se composait, dans un cas, du premier ministre, et dans l'autre, du chef de l'opposition. Les luttes électorales étaient menées dans les circonscriptions où les enjeux très élevés du favoritisme provoquaient une fureur et un enthousiasme dont Siegfried avait rarement été témoin ailleurs.

Malgré l'absence de membres officiels et de structures intermédiaires complexes reliant le centre aux circonscriptions, les réseaux qui constituaient alors les machines des partis dans les circonscriptions étaient efficaces et efficients, leur fonctionnement était bien compris de tous et leur capacité de susciter la participation était remarquable, égale même à celle de nombreuses formations politiques d'aujourd'hui. Leur tâche essentielle consistait à recruter et à désigner un candidat (à l'époque, les femmes n'avaient pas le droit de vote) puis à faire campagne pour son élection. Des responsables régionaux surveillaient le processus et contribuaient parfois à l'acheminement de fonds électoraux, mais en l'absence de toute véritable campagne nationale, les organisations locales étaient, dans l'ensemble, livrées à leurs propres moyens. Certes, les organisations de circonscription n'étaient pas toutes parfaites, et la suprématie d'un seul parti pendant certaines périodes pouvait rendre la concurrence déloyale, mais, comme l'a bien montré Johnston (1980), rétrospectivement le système s'est avéré remarquablement homogène.

C'est durant cette période que s'est profondément enracinée l'habitude pour les adeptes des partis de chaque circonscription de se réunir avant chaque élection pour choisir leur candidat. Les journaux de l'époque regorgent d'articles consacrés à ce processus qui, malgré des variations considérables d'une circonscription à l'autre, et parfois d'une époque à l'autre dans la même circonscription, comportait plusieurs constantes. Premièrement, malgré l'absence de tout système d'adhésion officiel ou de listes de membres ayant payé une cotisation, les militants locaux n'avaient aucune difficulté à organiser des assemblées bien structurées et représentatives pour choisir leur candidat. Dans les grandes circonscriptions, on élisait souvent, dans chaque section de vote, des délégués qui étaient envoyés à une assemblée de circonscription pour représenter l'opinion locale. Des témoignages de l'époque font état d'un système rigoureux de « tickets d'accréditation » octroyés aux délégués pour leur permettre de voter à l'assemblée. Deuxièmement, il n'était pas rare que les assemblées d'investiture attirent des centaines de participants. Étant donné que la circonscription moyenne (en 1896, par exemple) ne comptait en moyenne que 4 220 électeurs, il semble que les formations politiques de l'époque étaient capables de mobiliser et de faire participer une proportion beaucoup plus importante de l'électorat que les partis d'aujourd'hui. Finalement, même s'il y avait une part considérable de rituel dans cette activité, il arrivait que certaines luttes nécessitent plusieurs tours de scrutin et que des députés qui avaient mécontenté leurs partisans ou leurs électeurs soient battus s'ils se présentaient de nouveau.

À cette époque, les campagnes électorales étaient très dures, notamment parce que l'électorat était très petit et que « seul un parti parfaitement organisé pouvait espérer la victoire » (Siegfried 1906, 123). Les organisations qui géraient ces campagnes étaient fort bien structurées et personne n'a encore pu améliorer leur démarche fondamentale. Elles s'employaient essentiellement à identifier le mieux possible leur électorat, à mettre l'accent durant la campagne sur les indécis, puis à « faire sortir le vote », en veillant à ce que leurs partisans aillent aux urnes le jour du scrutin (Ames 1905). Les dépenses électorales au Canada n'ont jamais été plus élevées qu'à cette époque. Selon les estimations d'English (1977, 21), chaque suffrage coûtait aux candidats, au début du siècle, entre 1 $ et 6 $, alors que le salaire quotidien était de 1 $. En l'absence de subventions publiques, d'adhésions massives ou d'incitations fiscales pour amener la population à faire des dons, ce système imposait des pressions financières énormes sur les stratèges des partis dans les circonscriptions ainsi que sur les candidats.

Durant toute cette période, le chef du parti était incontestablement la figure dominante de l'organisation nationale. Il était au centre du vaste réseau informel qui unissait toutes les associations de circonscription de son parti par la distribution de faveurs politiques. Pourtant, les associations locales ne jouaient aucun rôle direct dans le choix ou le renvoi du chef, décision qui relevait uniquement du caucus, c'est-à-dire l'ensemble des députés, lequel choisissait son chef en privé, parmi ses membres. De ce fait, les adeptes du parti qui étaient représentés par un député pouvaient participer de manière très indirecte au processus, mais ceux qui ne l'étaient s'en trouvaient exclus. La figure 1.1 représente un schéma simplifié de cette structure fondamentale.

Figure 1.1
Structure ancienne des partis canadiens

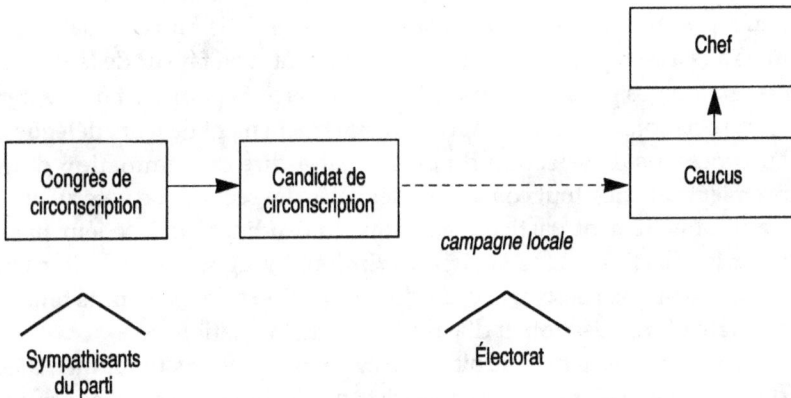

Ce schéma donne l'image d'une structure fortement décentralisée, au sein de laquelle les associations de circonscription jouissaient d'une autonomie considérable, vis-à-vis de l'entité centrale et les unes par rapport aux autres. Cette structure sera transformée par le mouvement de démocratisation et de régionalisation de la politique survenu après la Première Guerre mondiale. Mais ces changements n'ont entamé en rien la dépendance des partis à l'égard des organisations de circonscription, qui sont demeurées leurs unités fondamentales; de fait, ils ont provoqué l'ajout de nouvelles structures qui ont peut-être même renforcé le rôle des associations de circonscription au sein des partis.

L'ÉMERGENCE DES ORGANISATIONS PARTISANES NATIONALES

Le grand congrès libéral de 1919 marque l'émergence des organisations nationales extraparlementaires des partis au Canada. Ce congrès, destiné à refaire l'unité du Parti libéral du Canada (PLC) à la suite de sa scission sur le problème de la conscription durant la Première Guerre mondiale, imposa au parti une série de changements qui jetteront les bases de l'organisation nationale des partis de l'avenir (Wearing 1981, 7). Le congrès prit trois décisions importantes : il désigna le chef du parti, il affirma son droit de fixer le programme politique du parti et il mit en place une organisation extraparlementaire nationale permanente, dotée de son propre appareil et de sa propre direction.

En raison de la forte discipline de parti qui caractérisait le système, les élections générales au Canada portaient sur le choix d'un gouvernement. Ainsi, quand ils choisissaient leur chef, les partis canadiens choisissaient essentiellement leur candidat au poste de premier ministre. En désignant lui-même le chef du parti national, s'appropriant ainsi un rôle qui avait longtemps été la prérogative incontestée du caucus, le congrès libéral s'arrogeait l'une des tâches fondamentales du parti. Il agissait ainsi parce qu'il considèrait le caucus comme trop peu représentatif des régions, et donc inapte à choisir un chef national, mais aussi en réponse aux pressions croissantes en faveur de la démocratisation des partis (Perlin 1991a, 70). Cela aura pour effet d'intégrer les associations de circonscription, par le truchement de leurs délégués, au processus de sélection du chef (c'est-à-dire de nomination d'un premier ministre), tout comme les délégués des sections de vote avaient traditionnellement participé au choix du candidat local de leur parti pour les élections dans la circonscription. En agissant ainsi, le parti garantissait que l'association de circonscription serait son unité fondamentale d'organisation et d'activité à l'échelon national.

En s'appropriant le droit de fixer les orientations fondamentales du parti et en créant une organisation permanente qui tirait son autorité et sa légitimité du congrès, les délégués des circonscriptions disaient agir dans l'intérêt général du parti national et de ses membres. En adoptant des procédures et des structures nationales semblables en 1927, le Parti conservateur du Canada (PC) confirmait que cette nouvelle tendance était devenue la norme canadienne. La faiblesse de cette structure est qu'elle était difficile à institutionnaliser : comme on ne tenait de congrès que si le poste de chef était vacant, les simples membres du parti au niveau des circonscriptions n'avaient que très épisodiquement l'occasion de participer aux activités du nouveau parti élargi qu'ils avaient créé.

En définitive, la mise en place de nouvelles structures aura peu de répercussions. Des auteurs estiment que les nouvelles entités eurent essentiellement pour effet de masquer la persistance des méthodes ancrées dans la tradition, les politiciens libéraux et conservateurs continuant de fonctionner comme ils l'avaient toujours fait à partir de leurs fiefs au niveau des circonscriptions (Power 1966, 371; Williams 1956, 110). Selon Wearing (1981, 7), dès qu'ils accédaient au pouvoir, la plupart des politiciens actifs perdaient tout intérêt envers les entités nationales de leur parti. Mais cela revient aussi à dire que les nouvelles structures n'ont pas eu d'effet vraiment centralisateur sur les machines nationales des partis. L'association de circonscription autonome est restée l'entité fondamentale de la vie des partis, sa place au sein de l'organisation nationale ayant été explicitement reconnue.

Cela dit, à la même époque, les ministres libéraux assumaient un rôle de plus en plus important dans la supervision des mises en candidature et des activités électorales sur leur territoire (Whitaker 1977). Ce système, qui renforce le contrôle central sur les activités du parti, est issu directement de la longue période de domination électorale des libéraux et, lorsque « les ministres [libéraux] sont tombés comme des quilles devant les assauts conservateurs de 1957 et 1958, le parti s'est retrouvé en lambeaux » (Wearing 1981, 13). En fait, ce qui a subsisté, ce sont les associations de circonscription, et c'est à partir d'elles que le parti s'est lentement reconstruit. En ce qui concerne les associations progressistes-conservatrices, elles ont pris des formes très diverses durant ces longues années de règne libéral : dans la majeure partie du Québec, elles « avaient cessé d'être très actives », selon l'euphémisme de John Meisel, mais, dans les régions où le parti était resté fort, des congrès d'investiture à l'ancienne donnèrent voix au chapitre aux militants locaux (Meisel 1962, 121–123).

Cette deuxième période de la vie des partis est aussi caractérisée par la montée (et parfois la chute) de plusieurs mouvements de protestation attirés par la politique partisane : les plus connus et ceux qui ont le mieux réussi sont le Parti progressiste (étiquette englobant divers mouvements d'agriculteurs), le parti Crédit social du Canada et la Cooperative Commonwealth Federation (CCF). Malgré leurs divergences idéologiques, tous adhéraient sans réserve au principe de la démocratie interne dans les partis et de l'autonomie organisationnelle des circonscriptions. Certains de leurs membres ont revendiqué le droit pour les députés d'être libérés de la discipline tyrannique de leur parti, le droit pour les associations de circonscription de choisir leurs candidats et candidates sans ingérence externe, ou le droit de révoquer des députés de façon à mieux les assujettir aux volontés de leur électorat. Ainsi, ces formations renforçaient le principe traditionnel voulant que des associations de circonscription dynamiques constituent le cœur même de l'organisation des partis canadiens.

LA MONTÉE DES PARTIS POLITIQUES MODERNES AU CANADA

On estime généralement que la période contemporaine dans l'évolution des partis canadiens commence avec le réalignement du début des années 60 qui, avec John G. Diefenbaker, met un terme au long règne libéral de W.L. Mackenzie King et de Louis S. Saint-Laurent et laisse les grandes formations politiques sans base électorale vraiment nationale. Il est d'autant plus ironique que cette période soit aussi celle où les forces nationalisatrices et centralisatrices ont transformé l'organisation des partis et ont remis en cause le caractère traditionnellement local d'une bonne partie des activités et de la vie électorale des partis canadiens.

Une série de réformes adoptées dans les années 70 ont finalement intégré les partis politiques nationaux à la structure juridique qui régissait les luttes électorales démocratiques. Les partis étaient en effet reconnus et enregistrés comme acteurs principaux du processus et, pour la première fois, leur nom apparaissait sur les bulletins de vote avec celui des candidats et candidates. Afin d'assurer une concurrence électorale plus loyale, l'État décidait de donner un appui financier aux partis pour les aider à assumer leurs dépenses électorales, tout en imposant des limites à ces dernières. Soucieux également de renforcer et d'élargir la base populaire des partis, l'État institua un système de crédits d'impôt sur le revenu, destiné à encourager les Canadiens et Canadiennes à soutenir financièrement les partis.

Ces changements ont favorisé l'expansion de l'appareil national des partis et l'organisation de campagnes électorales d'envergure nationale. Les partis n'ont pas tardé à avoir beaucoup plus d'argent qu'ils n'en avaient jamais eu, et ils sont généralement parvenus à recueillir entre les élections plus d'argent qu'ils ne pouvaient légalement en dépenser en période électorale. Comme on pouvait s'y attendre, ils se sont servis de cet argent pour mettre sur pied des bureaucraties centrales capables d'en recueillir encore plus, pour étendre l'influence de leur leadership national et pour élaborer et mettre en application des plans de campagne nationaux standardisés. Ces plans sont d'ailleurs devenus essentiels avec l'avènement de la télévision et du transport aérien, qui a fait des campagnes nationales l'élément central de l'action électorale des partis. Ainsi l'organisation des campagnes et la politique électorale sont devenues beaucoup plus centralisées et disciplinées qu'auparavant (Wearing 1981).

Dans l'ensemble, les changements apportés aux dispositions financières régissant les élections canadiennes n'ont pas touché les associations de circonscription. Les dépenses électorales locales sont subventionnées, certes, mais cette aide financière était destinée aux candidats et candidates et à leurs agents et agentes, et non aux associations. La législation consacrant le rôle central des partis dans les élections ne touchait pas les organisations de circonscription, et laissait au chef du parti le pouvoir d'avaliser les candidats choisis par les associations locales, afin de leur permettre d'utiliser l'étiquette du parti. Cela permettait au chef d'imposer son veto aux candidats choisis par les associations, ce qui modifia d'office la relation entre les organisateurs des campagnes nationales et les militants et militantes de la base. Les partis nationaux ont utilisé cet outil pour rejeter des candidats qui étaient populaires à l'échelon local mais qui ne leur convenaient pas, et pour exiger des sommes importantes des associations de circonscription. Des mesures de cette nature menacent à l'évidence l'autonomie des associations.

Les progrès importants apparus depuis quelques années dans la technologie des communications risquent de constituer un puissant facteur de centralisation pour les partis canadiens. Divers outils, comme les sondages quotidiens de haute précision, le ciblage géo-démographique et le publipostage informatisé offrent aux instances centrales des partis la possibilité de court-circuiter les associations de circonscription pour s'adresser à l'électorat directement (Axworthy 1991). L'un des problèmes fondamentaux du système politique actuel est de déterminer comment l'utilisation d'outils privés de communication de masse personnalisée, par opposition aux outils publics de communication de masse globale que sont la presse écrite et électronique, s'intégrera à l'exercice d'une démocratie transparente. Le recours croissant à ces nouvelles techniques risque de perturber l'équilibre traditionnel entre les organisations centrales des partis et les associations de circonscription.

Pendant que ces tendances centralisatrices s'exerçaient au sein des partis, des conflits de leadership amenaient les membres de la base à jouer un rôle plus important dans la prise de décisions, par le truchement de leurs représentants au sein des associations de circonscription. La première bataille dans ce domaine a été menée au sein du PC : son aile extraparlementaire revendiquait le droit de révoquer le chef (en procédant à une « révision du leadership »), estimant que ce droit était le pendant naturel du pouvoir du congrès de choisir le chef. La victoire des militants et militantes à ce sujet a institutionnalisé le pouvoir du congrès et a fait de celui-ci un centre permanent de pouvoir interne dans le parti en garantissant, notamment, que les congrès compteraient désormais parmi les activités régulières du parti.

Les associations de circonscription étant l'entité structurelle la plus importante des congrès, il était peut-être inévitable qu'elles deviennent rapidement l'un des centres de ralliement les plus importants lors de conflits internes portant sur des questions de leadership ou de politique. Ce phénomène a eu deux conséquences : il provoqua la revitalisation de bon nombre d'associations de circonscription, et il légitima le comportement des individus qui s'emparaient du contrôle d'associations de circonscription à la suite de luttes peu reluisantes entre factions rivales. Par ailleurs, ce qui était acceptable pour le choix du chef le devint rapidement pour le choix des candidats locaux, ce qui ouvrit le processus à des intérêts plus nombreux et plus divers, et l'exposa au regard du grand public.

Ainsi l'apparition de luttes de factions à la direction nationale des deux grands partis — luttes qui devaient obligatoirement se livrer au niveau des associations de circonscription — contribua à renforcer et à solidifier la place des associations au sein des partis. Le Nouveau Parti démocratique (NPD, successeur de la CCF) réussit à échapper à bon nombre de ces luttes internes féroces, en partie parce que sa tradition de démocratie interne permettait déjà à ses membres de peser beaucoup plus sur ses décisions, mais aussi parce que le principe syndical traditionnel de la solidarité constituait un axe important de sa culture.

Bien que chacun des trois grands partis nationaux possède une organisation et une structure relativement différentes, on peut déceler un modèle de base commun aux trois (représenté de manière schématique par la figure 1.2) (Dyck 1991; Pelletier 1991). Comme la principale tâche des partis canadiens est de choisir des candidats et candidates et de mener des campagnes électorales, il est clair que l'association de circonscription reste au cœur même de leur organisation. Elle choisit le candidat local aux élections, elle est l'entité de base du congrès qui choisit le candidat du parti au poste de premier ministre, elle organise les campagnes locales, et on ne peut gagner d'élections nationales qu'en remportant la victoire dans une majorité de circonscriptions. En comparant le parti canadien moderne (voir la figure 1.2) au parti de type ancien (voir la figure 1.1), on constate que l'association de circonscription est plus solidement enracinée dans le parti aujourd'hui qu'elle ne l'était à une époque qui fut pourtant considérée comme l'âge d'or de la politique de circonscription.

Figure 1.2
Structure moderne des partis canadiens

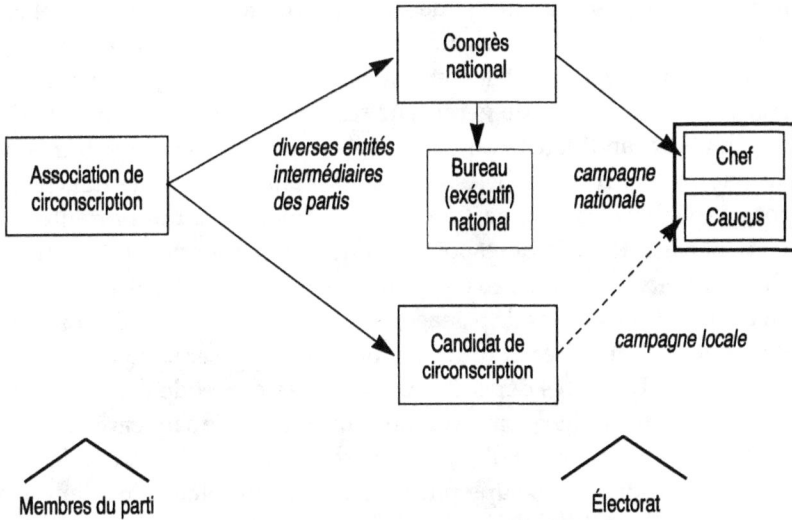

LES PARTIS POLITIQUES DANS LES CIRCONSCRIPTIONS

L'État canadien reconnaît l'importance des organisations de partis dans les circonscriptions. D'ailleurs, il s'appuie sur elles pour l'aider à gérer le processus électoral : de manière explicite, en les obligeant (par le truchement de leurs candidats et candidates) à désigner des recenseurs et recenseures, à fournir des représentants de partis au scrutin, à délivrer des reçus d'impôt et à tenir des registres de dépenses; de manière implicite, en s'attendant qu'elles contribuent au travail des commissions de délimitation des circonscriptions électorales, désignent des candidats, orientent le débat public local et mobilisent l'électorat. Le régime électoral canadien ne pourrait être fonctionnel si ces tâches n'étaient pas exécutées, même s'il est vrai que les partis s'en acquittent de manière à servir leurs propres intérêts. D'ailleurs, dans certains domaines, comme le recensement de l'électorat, le travail est organisé précisément de façon à exploiter l'intérêt inhérent qu'y trouvent les associations de circonscription. En fin de compte, tout changement concernant le rôle, le statut et les capacités des associations de circonscription concerne l'État lui-même.

Les partis canadiens savent qu'ils doivent disposer d'associations locales dynamiques et puissantes pour réussir, mais que toute cette structure est également complexe et fragile. Dans un certain sens, les partis sont comme de grands réseaux nationaux de franchises. Comme dans les chaînes de franchises commerciales, un bureau central propose un produit politique commun à l'ensemble de ses franchisés (les associations de circonscription), leur fournit des services communs de formation de gestionnaires et de soutien et planifie, finance et met en œuvre des campagnes publicitaires nationales. Comme dans les franchises commerciales, également, le bureau central d'un parti laisse aux franchisés le soin de gérer leur service local (de la recherche de candidats et candidates jusqu'au transport des partisans aux bureaux de vote). Malgré ces parallèles, cependant, l'analogie avec les franchises commerciales n'est pas parfaite : les différences sont importantes et feraient sans doute le désespoir des dirigeants d'un système de franchises du secteur privé. Dans les partis politiques, la franchise locale est aux mains de bénévoles de passage, et le bureau national ne dispose que de moyens sommaires et brutaux pour leur imposer sa discipline ou les orienter. Le succès dépend souvent des efforts et de l'engagement de ces amateurs locaux, mais il est presque impossible à un parti national de récupérer le contrôle d'une franchise gérée par une équipe inapte pour la confier à un groupe plus dynamique ou plus compétent. De fait, il arrive que des indésirables de l'extérieur s'emparent d'une franchise locale et la détournent à leurs propres fins. Il arrive régulièrement, par ailleurs, que des dissidents d'un parti utilisent une franchise comme tremplin pour attaquer le chef national. Or, les partis nationaux dépendent de 295 entités locales de ce genre.

Cette comparaison des partis nationaux à de grands réseaux de franchises gérées par des bénévoles temporaires donne à penser que l'État et les chefs politiques nationaux sont inévitablement tributaires de structures fluides et incertaines pour assurer le fonctionnement de la démocratie électorale. Mais cela n'est que conjecture : dans le passé, nul n'a jamais étudié de près les associations de circonscription des partis canadiens. La présente étude, par conséquent, a pour objet de faire la lumière sur ce que font vraiment ces organisations locales et sur leurs façons de procéder. En ce sens, elle permet de dessiner le premier portrait des partis nationaux canadiens à partir de leurs associations de circonscription.

2

L'ENQUÊTE AUPRÈS DES ASSOCIATIONS DE CIRCONSCRIPTION

~

B on nombre d'études ont déjà été consacrées à divers aspects des partis politiques canadiens, et beaucoup d'ouvrages ont déjà été publiés sur des formations politiques individuelles. Cependant, assez curieusement, il en existe davantage sur les petits partis ou les partis régionaux que sur le Parti libéral du Canada (PLC) ou le Parti progressiste-conservateur du Canada (PC), pourtant les seules formations vraiment nationales jouissant d'appuis populaires suffisants pour avoir déjà formé le gouvernement. Depuis quelques années, ces études ont été complétées par des analyses portant sur le fonctionnement du régime de partis (Meisel 1963, 1979, 1991; Smith 1986), la direction des partis et la sélection des chefs (Courtney 1973; Carty *et al.* 1992), les opinions et le comportement des élites de partis (Perlin 1988; Blake *et al.* 1991), l'organisation, la structure et le financement des partis (Whitaker 1977; Wearing 1981), leur style de gouvernement (Meisel 1975; Simpson 1980), les différences idéologiques entre les partis (Christian et Campbell 1990), la régionalisation des partis (Smith 1981), le rôle des femmes dans les partis (Bashevkin 1985) et, bien sûr, le rôle et les activités des partis dans les élections générales nationales (Johnston *et al.* 1992). Toutes ces études confirment, chacune à sa manière, l'empreinte de la géographie sur la vie politique du Canada, ainsi que l'importance de l'organisation et des activités des partis à l'échelle des circonscriptions. Pourtant, la plupart des travaux sur les partis canadiens se bornent à signaler l'importance de l'organisation des partis dans les circonscriptions, sans autre précision ou presque. Aucune étude approfondie n'a encore été consacrée aux associations de circonscription des partis canadiens.

Un parti est considéré comme une organisation nationale sérieuse, dans la mesure où il est capable de faire campagne dans un certain nombre de circonscriptions. Ainsi, en vertu de la *Loi électorale du Canada*, un parti n'obtient normalement la reconnaissance officielle (article 24(3)) que s'il est capable de présenter des candidats ou candidates dans au moins 50 circonscriptions; la répartition du temps d'antenne en période électorale (article 310(1)) dépend, entre autres, du nombre de candidats qu'il présente; et la puissance de l'organisation locale des partis est l'un des critères qu'utilisent les médias pour déterminer la nature et l'ampleur de la couverture à accorder aux divers partis en lice. Il est donc étonnant que nous en sachions si peu sur la manière dont s'organisent les associations de circonscription, sur les ressources (humaines et financières) dont elles disposent, sur ce qu'elles font pendant et entre les élections, et sur la manière dont elles participent à la vie démocratique de leur parti et au bon fonctionnement du système électoral. Il s'agit là d'un trou béant dans nos connaissances et notre compréhension des partis, qui sont à la base de la vie démocratique au Canada. Étant si peu informés, nous ne pouvons juger adéquatement de la manière dont les formations politiques jouent leur rôle, ni comparer leur viabilité et leurs capacités respectives. Il nous est aussi très difficile d'évaluer les conséquences de toute modification du régime de réglementation des partis et des élections, ou d'évaluer la capacité des partis à mettre en œuvre les changements envisagés.

C'est pour combler cette lacune dans notre connaissance des partis canadiens que la Commission royale sur la réforme électorale et le financement des partis a commandé cette étude sur l'organisation et l'activité des partis à l'échelle des circonscriptions. La Commission voulait non seulement évaluer la nature et les capacités des associations de circonscription et savoir comment fonctionne vraiment le système électoral sur le terrain, mais aussi recueillir l'opinion de militants locaux importants sur les dispositions et les processus régissant actuellement les élections canadiennes, ainsi que les réactions des organisateurs et organisatrices de la base à diverses possibilités de réforme. Elle tenait à recueillir cette information parce qu'elle savait que bon nombre des faiblesses du système ne pourraient être corrigées sans la coopération active des milliers de militants qui participent bénévolement à la vie politique du Canada.

L'ENQUÊTE

Le siège national et le personnel des partis politiques possèdent étonnamment peu de renseignements concrets sur leurs associations de circonscription. Par exemple, aucun parti national n'a de données systématiques ou fiables sur ses membres, de registres sur les assemblées d'investiture, ni de rapports financiers locaux, même sommaires. Il a donc fallu, pour décrire et analyser l'organisation et l'activité des partis à l'échelle locale, rassembler pour la première fois une grande quantité de données en s'adressant aux associations elles-mêmes. La première étape consistait donc à choisir les partis qui feraient l'objet de cette enquête.

Les trois principales formations politiques du pays — le PC, le PLC et le Nouveau Parti démocratique (NPD) — présentent régulièrement des candidats et candidates dans chaque circonscription électorale : ils ont tous, en principe, 295 associations de circonscription permanentes. Ces associations sont au cœur de la plupart des activités politiques locales au Canada et elles ont toutes été retenues pour participer à l'enquête.

Depuis la naissance du deuxième régime de partis au Canada, après la Première Guerre mondiale, diverses formations politiques de moindre importance ont joué un rôle dynamique dans la vie électorale du Canada, quoique leur puissance et leur longévité aient varié considérablement (Carty 1988b). Par définition, les petits partis ont moins d'associations de circonscription que les grands, et leur survie est plus problématique. Neuf petits partis officiellement reconnus ont participé aux élections générales fédérales de 1988. Les deux plus importants, quant au nombre de candidats présentés et de suffrages recueillis, ont été inclus dans la présente étude. Ces deux partis, dont l'un est d'orientation régionale, et l'autre d'orientation plus idéologique (mais axé presque exclusivement sur une seule cause), représentent deux aspects très distincts de la tradition des petits partis au Canada.

En 1988, le Parti réformiste du Canada (PRC) a présenté 72 candidats et candidates avec le slogan : « L'Ouest à Ottawa » (« *The West Wants In* »). À maints égards, cette formation semblait tout à fait typique des partis de protestation régionaux qui ont été, durant la majeure partie de notre siècle, l'un des traits saillants de la politique dans les Prairies. Le PRC était axé sur les revendications régionales traditionnelles à un point tel que ses statuts lui interdisaient de présenter des candidats et candidates dans les six provinces à l'est de la frontière Manitoba-Ontario. (Après la réalisation de notre enquête, au début de 1991, le PRC a commencé à se transformer en parti de protestation national, en promettant de présenter aux prochaines élections des candidats dans toutes les provinces, sauf au Québec.) À la différence du PRC, le parti de l'Héritage chrétien du Canada (PHCC) avait une orientation non pas régionale, mais philosophique, voire éthique (nord-européenne blanche). En présentant 63 candidats en 1988, il voulait rallier les Canadiens et Canadiennes qui craignaient la disparition de ce qu'il présentait comme les valeurs familiales chrétiennes traditionnelles. Pour bon nombre d'analystes, cependant, cette orientation débouchait souvent sur la défense d'une cause unique, le PHCC étant perçu comme centré avant tout sur le problème de l'avortement.

Le questionnaire

Puisque nous savons si peu de choses sur les partis à l'échelle locale, notre enquête sur l'organisation et les activités des associations visait à recueillir des données qui nous permettraient de tracer un portrait type de la vie des partis dans les circonscriptions canadiennes. Elle visait aussi à répondre à un certain nombre de questions relevant directement du mandat de la Commission royale. De ce fait, le questionnaire final (reproduit en annexe) reflète les préoccupations de l'équipe de recherche de la Commission, l'intérêt des commissaires, ainsi que le travail du chercheur principal. Tout cela a finalement donné un questionnaire intéressant, bien que relativement long et diversifié.

Les associations de circonscription ont été interrogées sur sept sujets distincts :
- le recensement et le déroulement du scrutin;
- l'organisation et les activités de l'association;
- l'investiture des candidats et candidates aux élections et la sélection des délégués et déléguées aux congrès de direction;
- l'organisation et les activités de l'association en campagne élec-torale;
- les finances de l'association entre les élections;
- le financement électoral de l'association;
- les efforts pour augmenter et diversifier l'effectif.

Chacun de ces thèmes a été traité au moyen de questions portant sur la structure et l'organisation du parti à l'échelle locale, ainsi que sur les pratiques et l'expérience réelles de l'association. Ensuite, dans des sections spécialement identifiées, diverses « options de réforme » ont été présentées aux répondants et répondantes afin d'évaluer leur degré d'appui ou d'opposition à diverses propositions visant à réformer la structure et les règles du régime électoral actuel.

Du questionnaire est ressorti un ensemble de 316 variables distinctes pour chaque association de circonscription qui y a répondu. Ces variables ont permis d'en créer beaucoup d'autres en les combinant de différentes manières (par exemple, une série de chiffres sur l'effectif annuel peut servir à calculer le taux de croissance de l'association) et en y ajoutant d'autres données recueillies dans les circonscriptions, telles les statistiques électorales, pour étoffer les réponses au question-naire. L'étude reposait ainsi sur une base de données très riche, et l'analyse proposée dans ce rapport s'inspire en grande partie d'un ensemble comportant environ 450 éléments d'information, spécifiques à chaque association.

La traduction du questionnaire de l'anglais au français a été prise en charge par le personnel de la Commission royale à Ottawa. Pour certaines questions, les deux versions ont présenté des différences mineures en ce qui concerne les réponses proposées, mais ces différences ne semblent pas avoir influé de manière notable sur la teneur générale des réponses, ni sur notre analyse de celles-ci. (On trouvera des précisions à ce sujet dans l'annexe.)

La distribution du questionnaire

Comme il était matériellement impossible d'interroger personnellement les responsables de plus de 1 000 associations de circonscription, l'enquête a été effectuée par la poste. Le questionnaire a été adressé aux présidents et présidentes des associations locales de chaque parti, ces personnes étant jugées comme étant les mieux placées pour répondre à la plupart des questions. La lettre d'accompagnement les encourageait toutefois à consulter d'autres membres de leur association pour toute question dont elles n'étaient pas sûres de la réponse. Pour ce qui est des questions concernant la structure et l'activité de l'association, cette façon de procéder était claire et simple. En revanche, pour les questions visant à évaluer l'opinion de la base sur diverses possibilités de réforme, l'envoi du questionnaire à une seule personne ne pouvait donner des résultats aussi satisfaisants. Les réactions au changement varient en effet d'une personne à l'autre, et il existe sans doute une variété d'opinions au sein de toute association. En conséquence, les réponses aux questions relatives aux attitudes des répondants et répondantes doivent être considérées comme celles d'un groupe choisi de militants et militantes de partis — les présidents et présidentes d'associations, des personnes qui jouent un rôle de leader en matière de politique locale et dont l'appui serait nécessaire pour gérer tout processus de réforme. Leurs attitudes peuvent être considérées comme un baromètre critique de l'opinion de leur parti à l'échelle locale.

Avant l'envoi du questionnaire, Pierre Lortie, président de la Commission royale sur la réforme électorale et le financement des partis, a écrit à tous les présidents et présidentes d'associations pour leur décrire l'étude, la situer dans le contexte du mandat et du programme de recherche de la Commission, et les inciter à répondre au questionnaire. Il a adressé le même message à tous les députés fédéraux, croyant que les associations représentées à la Chambre des communes seraient souvent tentées, avant de répondre au questionnaire, de consulter leur député ou députée. Quelques jours plus tard, chaque président d'association recevait un exemplaire du questionnaire (accompagné d'une enveloppe-réponse affranchie), ainsi qu'une lettre du bureau de recherche établi à l'Université de la Colombie-Britannique. Dans cette lettre le projet était de nouveau décrit et l'on donnait aux répondants et répondantes un numéro de téléphone qu'ils pouvaient composer pour obtenir des précisions sur l'enquête ou sur l'utilisation des données. Dans les circonscriptions désignées comme bilingues ou francophones par le directeur général des élections, tous les documents étaient envoyés à la fois en français et en anglais, les répondants étant invités à utiliser la version de leur choix.

Au printemps, un programme rigoureux de suivi, dans les deux langues, fut mis en œuvre pour obtenir le maximum de réponses. Deux séries de cartes de rappel furent envoyées dans les circonscriptions puis, finalement, tous les présidents et présidentes n'ayant pas encore répondu furent relancés par téléphone. Chacune de ces initiatives aboutit à des réponses supplémentaires (et à des demandes de remplacement de questionnaires perdus ou jetés). Le taux de participation final a été de 54 %.

L'UNIVERS DES ASSOCIATIONS DE CIRCONSCRIPTION

Malgré le rôle important que jouent les associations de circonscription dans la désignation des candidats et candidates, dans le recensement des électeurs et électrices et dans la conduite des campagnes électorales, il n'existe aucun registre central de ces associations. Il a donc été nécessaire de s'adresser aux sièges nationaux des partis pour obtenir les nom et adresse de chaque président et présidente en exercice (en janvier 1991) de toutes les associations. Or, aucun des trois grands partis n'a été en mesure de nous fournir une liste complète des 295 présidents. Cela ne procédait aucunement d'une volonté d'obstruction de leur part; au contraire, tous firent de leur mieux pour nous donner les listes les plus à jour. Simplement, les partis canadiens ne détiennent généralement pas de listes exhaustives de leurs associations de circonscription. En d'autres termes, dans les sièges nationaux, on ne sait pas toujours (du moins en période non électorale) qui dirige les activités au nom du parti dans chaque circonscription. On trouvera, au tableau 2.1, le nombre d'associations pour lesquelles chaque parti fut en mesure de nous communiquer les nom et adresse du président.

Chacun des trois grands partis nous a communiqué une liste presque complète de 295 noms; le NPD, électoralement plus faible, fut incapable de désigner le président ou la présidente en exercice d'une douzaine de circonscriptions. Au début de 1991, le PRC réussit à identifier 87 associations locales, soit 15 de plus que le nombre de candidats et candidates qu'il avait en lice aux élections générales de 1988. Pour ce qui est du PHCC il put en nommer 61, soit deux de moins que son nombre de candidats de 1988. Toutefois, ces chiffres sont peut-être supérieurs au nombre réel d'associations actives. Un certain nombre de questionnaires furent renvoyés parce qu'ils n'avaient pas pu être livrés, ce qui veut dire que le nom et l'adresse qui devaient relier les partis en cause à des associations locales ne menaient en fait à personne. Dans un autre cas, un individu a pris la peine de nous écrire pour dire qu'il n'y avait pas vraiment d'association du NPD dans sa circonscription du Québec, l'association ne comprenant que lui-même (et un ami), ce qui expliquait pourquoi il renvoyait un questionnaire vierge. L'élimination de ces cas permet d'obtenir une première estimation relativement plus réaliste du nombre d'associations de chaque parti. Comme le montre le tableau 2.1, les deux grands partis nationaux ont des associations dans la quasi-totalité des circonscriptions, puisqu'il n'en manque que 2 ou 3 %. En revanche, le NPD ne semble avoir aucune association dans près de 16 % des circonscriptions.

Tableau 2.1
Associations de circonscription des partis canadiens

Parti	Associations de circonscription identifiées	Questionnaires n'ayant pu être livrés	Associations de circonscription en place	Proportion de toutes les circonscriptions
Progressiste-conservateur	290	4	286	,97
Libéral	294	5	289	,98
NPD	283	35	248	,84
Réformiste	87	2	85	,29 (,96*)
Héritage chrétien	61	0	61	,21
Total	1 015	46	969	

*Proportion de toutes les circonscriptions à l'ouest de la frontière Manitoba–Ontario.

Étant donné les aléas de la politique locale et les fluctuations de l'intérêt et du militantisme des bénévoles locaux, il n'est guère surprenant que chaque parti fédéral compte un certain nombre d'associations moribondes, voire éteintes. Toutefois, le fait que, dans les sièges nationaux, on ne puisse savoir à un moment donné lesquelles se trouvent dans cette situation montre que leur organisation est relativement lâche et décentralisée entre les élections. Par ailleurs, qu'il y ait plus d'associations de ce genre au sein du NPD que chez ses deux adversaires nationaux témoigne peut-être de la nette primauté des sections provinciales de ce parti par rapport à son organisation nationale (Dyck 1991). Mais cela révèle en outre un phénomène très caractéristique du NPD. La moitié des circonscriptions pour lesquelles le parti n'avait tout simplement pas le nom du président local, et le tiers de celles pour lesquelles les questionnaires nous ont été renvoyés comme non livrables, se trouvaient au Québec. Plus de la moitié (51 %) des 47 circonscriptions pour lesquelles il nous a été impossible d'identifier ou de localiser une association néo-démocrate, même nominale, se trouvaient dans les cinq provinces de l'Est (provinces atlantiques et le Québec), qui englobent collectivement à peine 33 % des circonscriptions de tout le pays. On peut en déduire que le parti n'a pas encore réussi à se doter d'une organisation vraiment nationale, capable de s'implanter dans toutes les régions; nous y reviendrons plus loin. Cette hypothèse est en tout cas conforme à la longue histoire des échecs électoraux du parti dans ces régions.

Au début de 1991, il n'y avait d'associations du PRC que dans 29 % des circonscriptions du pays, ce qui n'a rien d'étonnant puisque le parti était alors limité par ses statuts aux circonscriptions situées à l'ouest de la frontière Manitoba-Ontario. En fait, le parti disposait d'une organisation dans 96 % des circonscriptions situées à l'intérieur du territoire qu'il s'était tracé. Au printemps et à l'été de 1991, à la suite d'une décision de son congrès, ratifiée ultérieurement par un référendum auprès de tous ses membres, le parti entreprit de s'implanter dans toutes les provinces, sauf au Québec. Ainsi le portrait du PRC issu de notre enquête a été établi au moment même où s'achevait une première phase de son implantation comme parti national. Bien que cela limite l'utilité de l'information recueillie à son sujet, dans la mesure où il s'est beaucoup développé depuis, ces données constituent néanmoins un élément de référence important pour mesurer son expansion ultérieure.

Le PHCC avait des associations dans environ un cinquième des circonscriptions du pays au début de 1991, dont une bonne moitié dans le sud de l'Ontario. Le parti n'avait aucune association au Québec, et peu dans les grandes villes du Canada — trois seulement dans la région métropolitaine de Toronto, et aucune dans des villes comme Calgary ou Vancouver. Il semble donc que le PHCC soit essentiellement un parti de Canadiens et Canadiennes anglophones protestants de petites villes et d'un milieu rural. Comme il a pu identifier presque le même nombre d'associations que de candidats présentés aux élections de 1988 et qu'aucun de ses questionnaires ne nous a été renvoyé vierge, il semble bénéficier d'une organisation très stable, bien que limitée.

La participation à l'enquête

Collectivement, les cinq partis ont déclaré avoir 1 015 associations de circonscription actives. Cependant, comme certaines associations se sont révélées impossibles à rejoindre, notre enquête démontre que le nombre réel était seulement de 969 au début de 1991 (voir le tableau 2.2). Le tableau 2.2 indique la ventilation des taux de réponse en fonction des partis, des provinces et des résultats électoraux de 1988. On y constate que 54 % des associations ont répondu à l'enquête, et qu'elles sont représentatives des nombreuses formes d'activité partisane locale au Canada. Dans certaines circonscriptions, nous avons recueilli des données sur des associations de chacun des cinq partis et nous avons obtenu au moins une réponse dans 88 % des circonscriptions représentées à la Chambre des communes.

Tableau 2.2
Taux de réponse à l'enquête auprès des associations de circonscription

	Associations de circonscription en place	Nombre de questionnaires reçus	Taux de réponse (%)
Parti			
Progressiste-conservateur	286	157	57
Libéral	289	136	47
NPD	248	131	53
Réformiste	85	50	59
Héritage chrétien	61	48	79
Province / Territoire			
Terre-Neuve	19	12	63
Nouvelle-Écosse	33	20	61
Île-du-Prince-Édouard	13	7	54
Nouveau-Brunswick	28	12	43
Québec	202	79	39
Ontario	315	188	60
Manitoba	55	33	60
Saskatchewan	53	30	57
Alberta	109	65	60
Colombie-Britannique	134	71	53
Yukon / T.N.-O.	8	5	63
Total	969	522	54
Associations victorieuses en 1988	295	139	47

Les taux de réponse sont légèrement différents d'un parti à l'autre : le pourcentage d'associations ayant répondu au questionnaire est moins élevé au PLC (47 %) qu'au PC (55 %) ou au NPD (53 %). Le nombre d'associations libérales ayant répondu est cependant plus élevé qu'au NPD, ce qui s'explique par le fait que le NPD compte moins d'associations actives. C'est au PHCC que le taux de participation a été le plus élevé (79 %), ce qui montre peut-être que beaucoup des membres de ce petit parti mineur tiennent à ce qu'il soit considéré comme une entité sérieuse dans la vie politique nationale.

C'est au Nouveau-Brunswick et au Québec que les taux de participation ont été les plus faibles, même si nous avons obtenu un bon échantillon des associations de toutes les provinces. Il est difficile de dire si cela reflète une propension différente des francophones et des anglophones à répondre au questionnaire; en effet, on aurait du mal à partager les distinctions linguistiques dans ces deux provinces, puisque toutes leurs circonscriptions étaient classées ou francophones ou bilingues. Précisons que les trois quarts des associations de toutes les circonscriptions bilingues et 5 % de celles des circonscriptions francophones ont choisi de répondre en anglais. (Nous avons reçu 87 % de réponses en anglais, et 13 % en français.) Quelle que soit l'explication des taux de participation moins élevés au Nouveau-Brunswick et au Québec, la différence n'est aucunement liée à des considérations partisanes, car les trois partis nationaux sont représentés de manière normale dans l'échantillon de chacune des deux provinces.

Cinq associations du Yukon et des Territoires du Nord-Ouest nous ont retourné leur questionnaire. Les réponses étant réparties entre quatre partis, il est souvent impossible d'en extraire des données indiquant des différences régionales. Lors de l'analyse de ces éléments, nous avons dû tout simplement exclure les données en provenance du Nord.

Le tableau 2.2 révèle aussi que 47 % des associations ayant gagné les élections de 1988 dans leur circonscription ont répondu à l'enquête, et la ventilation de ces associations, à l'intérieur des partis et d'un parti à l'autre, reflète les résultats électoraux. Cela permettra d'analyser l'influence que peut avoir sur l'organisation et l'activité de l'association le fait qu'elle soit représentée à la Chambre des communes.

LA DESCRIPTION DES PARTIS

Les chapitres qui suivent sont essentiellement consacrés à une description et à une analyse des partis politiques canadiens en fonction de leurs associations de circonscription. Nous commençons par examiner le fonctionnement des partis entre les élections, période où ils s'occupent surtout du maintien de leur organisation. Nous nous efforçons notamment de voir comment s'organisent les partis à l'échelon local et ce qu'ils font entre les élections, et nous tentons de cerner les différences dans ce domaine. Le chapitre 3 est consacré à l'organisation, à l'effectif et à l'activité des partis dans les circonscriptions, et le chapitre 4, à leur financement. Nous nous tournons davantage vers le problème de la démocratie interne dans les partis au chapitre 5. L'association de circonscription reste l'entité structurelle chargée de désigner les candidats et candidates aux élections, ainsi que la majeure partie des délégués et déléguées aux congrès de direction nationaux. Les résultats de notre enquête nous permettent d'examiner ces deux activités critiques du point de vue des associations locales, et d'évaluer l'incidence des campagnes locales sur les associations elles-mêmes. Le NPD et le PLC se sont tous deux choisi un nouveau chef durant la période couverte par l'enquête, et l'information obtenue auprès de leurs associations témoigne bien de leurs différences en matière de démocratie interne.

Les trois chapitres suivants concernent la période électorale. Bon nombre de politologues souscrivent depuis l'époque d'André Siegfried (1906, 112) à l'idée que les partis canadiens ne sont guère que des outils de conquête du pouvoir ou des machines à gagner les élections. Dans cette optique, on s'attendrait que leurs associations locales soient beaucoup plus actives en période électorale. Il est incontestable que les trois grands partis sont capables de mettre rapidement sur pied un appareil électoral au moins sommaire dans chaque circonscription, même s'ils n'y ont pas toujours de véritable association entre les périodes électorales. Le chapitre 6 s'ouvre sur une question précise relative aux institutions publiques : le rôle des associations dans le recensement de l'électorat, selon les exigences actuelles de la *Loi électorale du Canada*. Cette analyse ne porte que sur une fraction des associations ayant participé à l'enquête, car seules les associations des partis dont les candidats se sont classés premier ou deuxième aux élections précédentes sont tenues de désigner des recenseurs et recenseuses.

Les éléments analysés aux chapitres 7 et 8 pour la période électorale sont, dans une grande mesure, parallèles à ceux analysés aux chapitres 3 et 4 pour les années non électorales. Au chapitre 7, nous examinons surtout la manière dont les associations s'organisent et se mobilisent pour mener le combat électoral. Après avoir traité de structure et d'organisation, nous nous demandons dans quelle mesure les associations sont aujourd'hui capables de mobiliser les armées de bénévoles dont elles ont besoin, et quels liens de communication existent entre les diverses machines électorales et leur électorat. Le chapitre 8 porte sur les aspects financiers de l'activité électorale des associations. Comme la Loi exige que les candidats et candidates confient à des agents officiels la gestion financière de leurs campagnes, une bonne partie des responsabilités en matière de financement et de comptabilité ne relèvent pas du contrôle direct des associations. Il serait donc utile de lire le chapitre 8 en tenant compte de l'analyse détaillée que W.T. Stanbury (1991, chapitre 12) a consacrée au financement électoral des candidats. Notre objectif à cet égard est de situer le financement électoral des associations dans le contexte de l'ensemble de leurs activités.

Le dernier chapitre est une synthèse de ce qui précède. Nous y proposons une interprétation sommaire de l'organisation et de la vie des partis dans les circonscriptions, et esquissons un portrait de chacun des partis et de sa contribution particulière à la mosaïque organisationnelle qui caractérise la vie politique au Canada.

Il ne faut pas perdre de vue que notre enquête constitue un portrait des partis à un moment précis de leur évolution. Elle a été effectuée après les élections générales de 1988, qui ont reporté les progressistes-conservateurs au pouvoir pour un deuxième mandat avec une majorité parlementaire, ce qui n'était pas arrivé depuis 1896. Il est évident que ce résultat électoral a dû avoir des conséquences profondes sur les associations du PC, tout comme sur celles de ses concurrents, mais l'enquête nous apprend peu de choses à ce sujet. En revanche, elle contient des points de référence qui permettront d'analyser les changements intervenus par la suite dans l'organisation et l'activité des associations locales.

Décrire et analyser l'association de circonscription typique d'un parti canadien n'est pas chose facile. Comme on le verra, il existe des différences énormes entre les associations, et on trouve toujours un nombre non négligeable d'associations aux deux extrémités de chaque échelle considérée. Ces cas extrêmes, par exemple d'associations ayant un effectif énorme ou connaissant des luttes pour l'investiture très dispendieuses, retiennent souvent l'attention des médias et suscitent, à l'évidence, beaucoup d'intérêt chez les citoyens préoccupés par les abus du système. Mais ils sont souvent loin d'être représentatifs et ils risquent de détourner l'attention de phénomènes beaucoup plus répandus dans la vie locale des partis. C'est en tout cas ce qu'a révélé l'étude détaillée du processus d'investiture menée par Carty et Erickson (1991). Un bref exemple suffira pour illustrer le problème et pour indiquer comment nous en avons tenu compte.

Une information demandée aux associations de circonscription durant l'enquête concernait le nombre de leurs membres en 1990. Les réponses ont varié entre 0, chiffre admis par deux associations néo-démocrates du Québec, et plus de 13 000, chiffre revendiqué par une association libérale de l'Alberta. (Ce chiffre semble exceptionnellement élevé, la même association ayant déclaré à peine plus de 600 membres l'année précédente; son expansion remarquable s'expliquerait par une campagne de recrutement stimulée par la course à la direction du parti en 1990.) Cela dit, qu'est-ce qu'une association de circonscription typique, avec de tels extrêmes ? Le nombre moyen de membres en 1990 (déterminé par la moyenne arithmétique) est de 655, chiffre gonflé par un petit nombre de très grosses associations. La médiane correspond juste à la moitié de la moyenne, soit 326 membres, mais le nombre d'adhérents et adhérentes le plus fréquemment cité (par seulement 6 % des associations) est de 200 seulement. Sur ces trois critères, c'est la médiane de 326 membres qui semble décrire de la manière la plus réaliste l'association « typique ». Après tout, à la médiane, la moitié des associations sont plus grosses et la moitié, plus petites. Ce raisonnement nous porte à préférer la médiane à la moyenne pour mesurer la tendance centrale de la plupart des analyses descriptives des associations.

L'objectif fondamental de cette étude est d'examiner les partis nationaux à partir des circonscriptions. Certes, nous nous sommes intéressés aux différences entre les associations des diverses provinces ou régions, et entre celles qui sont représentées, ou non, aux Communes, mais nous ne l'avons fait que dans le but de mieux comprendre comment s'organisent et fonctionnent les cinq partis considérés. On ne trouvera donc pas ici une analyse statistique détaillée des facteurs qui provoquent des variations entre les associations, bien que les données recueillies puissent se prêter à une telle étude.

Nous commençons, dans le chapitre qui suit, par tracer la carte des associations de circonscription en fonction de leur taille et de leur vigueur, et nous examinons comment ces facteurs varient en fonction du cycle électoral. Nous nous penchons ensuite sur les activités des associations.

3

L'ORGANISATION ET L'ACTIVITÉ DES PARTIS SUR LE TERRAIN

~

Pour la grande majorité des Canadiens et des Canadiennes, l'association de circonscription est le principal lien structurel avec les partis politiques du pays : ils y adhèrent, lui donnent de l'argent, participent à ses activités, font campagne pour elle et, par son intermédiaire, participent à la vie politique provinciale et nationale. En ce qui concerne les partis, l'association de circonscription est l'entité de base nécessaire pour maintenir une présence locale et pour mener le combat électoral dans un régime de scrutin uninominal. Nous examinons, dans ce chapitre, certaines des caractéristiques fondamentales des associations locales des partis afin de mieux cerner leurs ressources, leurs structures et leurs activités.

En lisant leurs constitutions, on peut penser que les partis nationaux du Canada ont des critères d'adhésion relativement simples. On joint ses rangs individuellement par le truchement d'une association de circonscription, le critère fondamental semblant être (en prenant l'exemple du Parti progressiste-conservateur du Canada (PC)) que le postulant « soutient activement les objectifs et les principes du parti ». Les néo-démocrates excluent les membres d'autres partis, et les libéraux, ceux d'autres partis fédéraux, mais les progressistes-conservateurs ne disent rien sur l'adhésion de leurs membres à d'autres formations politiques. Cela constitue une reconnaissance concrète du fait que bon nombre de progressistes-conservateurs militent dans d'autres partis provinciaux, dans des provinces comme le Québec ou la Colombie-Britannique, où ils n'est guère présent à l'échelon provincial (Blake et al. 1991). Alors que le Parti réformiste du Canada (PRC) limite le droit d'adhésion aux électeurs et électrices, les trois grands partis ne le font pas : tous acceptent les personnes résidant au Canada, y compris celles qui n'ont pas la citoyenneté, et fixent l'âge minimum à moins de 18 ans, qui est actuellement l'âge légal pour voter. Il est donc probable qu'une fraction des membres du PC, du Parti libéral du Canada (PLC) et du Nouveau parti démocratique (NPD) n'ont pas le droit de vote. Au NPD, ce phénomène peut varier d'une province à l'autre, car selon les statuts du parti national, ce sont les divers partis provinciaux qui ont la responsabilité de fixer les critères d'adhésion des particuliers, dans leurs propres statuts. Bref, rien ne permet de penser que les partis canadiens se soient dotés de critères d'adhésion exclusifs ou restrictifs.

Bien que les partis nationaux soient ouverts et accessibles, le nombre de Canadiens et Canadiennes qui choisissent d'y adhérer ou d'y participer, même de manière minimale, reste relativement faible. De 1987 à 1990, l'effectif des associations de circonscription s'est établi, en moyenne, à 600; en 1988, année électorale, il a grimpé à 750. En supposant qu'il existe trois associations actives par circonscription, on peut estimer qu'environ 550 000 personnes sont membres d'un parti politique à n'importe quel moment et qu'un autre 150 000 deviennent membres lors d'élections générales. Comme nous le verrons plus loin, les fluctuations prononcées du nombre d'adhérents et adhérentes semblent indiquer que l'attachement de ces derniers est souvent superficiel et ténu.

On trouvera, au tableau 3.1, une comparaison chiffrée avec d'autres démocraties libérales occidentales. Les données concernant les adhésions aux partis étant souvent imprécises, et la notion d'adhésion elle-même étant variable, il est sans doute préférable de considérer ces chiffres comme des indicateurs plutôt que comme des mesures exactes (Selle et Svasand 1991). Mais le message fondamental est clair : les partis canadiens se situent dans le bas de l'échelle, le nombre de leurs membres représentant le plus faible pourcentage de la population parmi tous les pays considérés, sauf l'Australie. Au sommet de l'échelle, on trouve les petites démocraties d'Europe occidentale dont les partis parviennent traditionnellement à mobiliser des catégories sociales spécifiques, mais, même dans des pays plus grands comme l'Allemagne ou le Royaume-Uni, le taux d'adhésion semble plus élevé. De ce fait, les partis canadiens n'ont pas autant de marge de manœuvre que les partis européens.

Au Canada, plus de dix-sept millions et demi d'électeurs ont été recensés aux élections générales de 1988. Étant donné que les membres des partis n'ont pas tous le droit de vote (pour des raisons d'âge ou de citoyenneté), il semble que les associations locales des partis parviennent à ne recruter guère plus de 2,66 % de l'électorat. Cela ressort nettement des chiffres d'adhésion de 1988. Cette année-là, 40 % des associations avaient un effectif représentant moins de 1 % de leur électorat local, et les trois quarts, moins de 2 %. Une poignée seulement avaient un effectif supérieur à 4 % de l'électorat local. Comme on peut s'y attendre, ces plus grandes associations étaient plus nombreuses au sein du PC, qui formait alors le gouvernement, et parmi les associations qui avaient un élu à la Chambre des communes.

Tableau 3.1
Taux comparés d'adhésion aux partis politiques
(en pourcentage)

Pays	Taux d'adhésion*
Autriche	21,8
Finlande	12,9
Belgique	9,2
Danemark	6,5
Irlande	5,3
Allemagne de l'Ouest	4,2
Royaume-Uni	3,3
Pays-Bas	2,8
Canada	2,7
Australie	2,4

Sources : Katz et Main 1992; Ward 1991.
*Pourcentage de la population qui adhérait à un parti à la fin des années 80.

Le nombre de membres qui appuient financièrement leur association de circonscription est beaucoup plus faible que le nombre officiel de membres. En 1990, l'association typique (médiane) recevait des dons d'à peine 50 donateurs individuels, ce qui représentait environ le cinquième de son effectif. Dans une année électorale, cependant, quand les besoins de l'association sont plus importants, les contributions sont plus nombreuses. En 1988, par exemple, l'association typique a reçu des dons de 120 personnes, soit le tiers de ses membres, mais il est pratiquement certain que les donateurs n'en étaient pas tous membres à part entière. Dans l'ensemble, le nombre total de donateurs des associations était probablement inférieur aux 313 000 qui, selon Stanbury (1991, tableau 8.1), ont fait un don aux partis ou aux candidats et candidates en 1988. En conséquence, il semble que l'association typique ait un bassin très restreint de bailleurs de fonds et qu'elle doive faire concurrence aux autres échelons du parti pour obtenir l'appui financier de bon nombre de ses partisans officiels.

Cette simple représentation de l'association de circonscription typique comme un petit regroupement de militants et militantes cache cependant plus de choses qu'elle n'en révèle. Avant d'examiner la portée et la diversité de l'activité des partis dans les circonscriptions, il est nécessaire d'examiner de manière plus détaillée les tendances en matière d'adhésion. Les associations varient énormément sur le plan de la taille et de la stabilité, et l'on constate, en les analysant, que les partis nationaux sont eux-mêmes des entités de nature extrêmement différente.

LES RESSOURCES DES ASSOCIATIONS DE CIRCONSCRIPTION : LES MEMBRES ET L'ARGENT

Les partis et leurs membres

Dans son analyse classique des partis politiques, Maurice Duverger (1954) affirme que le concept même de membre varie d'un parti à l'autre, et il s'appuie sur ce principe pour formuler sa distinction célèbre entre les partis *de masses* et les partis *de cadres*. Dans un parti de masses, dit-il, les adhérents sont la matière même du parti, la substance de son action. Bâtir un parti de masses exige que l'on recrute des membres qui l'appuient continuellement et qui participent à un large éventail d'activités. Au bout du compte, un parti de masses doit s'appuyer sur un vaste effectif pour réussir. En revanche, un parti de cadres est typiquement organisé autour d'un groupe plus restreint, aux visées plus précises, ce que Duverger appelle un regroupement de notables pour préparer les élections, les conduire et garder le contact avec les candidats. Ce genre de formation n'est guère plus qu'une machine électorale, et tout effort de sa part pour conserver un nombre élevé de membres entre les élections semble relativement artificiel.

Les partis de masses et les partis de cadres devraient donc différer par le nombre, la stabilité et le militantisme de leurs membres. Selon ces trois critères, les résultats enregistrés par les partis de masses seront relativement plus élevés. Duverger (1954, 85 et 86) nous prévient cependant que, même si elle est claire dans son principe, la distinction n'est pas toujours facile à faire dans son application. Les partis modernes apprennent les uns des autres et ils ne tardent pas à reproduire les systèmes d'organisation qu'ils croient leur être bénéfiques (Kirchheimer 1966). Duverger propose donc un deuxième axe de différenciation des partis de masses et des partis de cadres, en signalant que cette distinction correspond également, de manière générale, à la distinction droite-gauche, et que les partis de masses se développent, en règle générale, à partir de mouvements politiques d'extrême gauche, alors que les partis de cadres le font à partir de caucus parlementaires.

Selon cette grille d'analyse, le PC et le PLC se rapprochent le plus des partis de cadres, alors que le NPD et les petits partis qui se maintiennent se rapprochent plutôt des partis de masses. À leur origine, le PC et le PLC étaient de grands réseaux de favoritisme centrés sur leurs leaders (Stewart 1980). Ce n'est qu'après la Première Guerre mondiale qu'ils ont commencé à se doter d'une organisation nationale extraparlementaire, de sorte que le recrutement de membres était loin d'être pour eux une préoccupation importante durant leur premier demi-siècle d'existence. En revanche, la Co-operative Commonwealth Federation (CCF), ancêtre du NPD, était particulièrement soucieuse de s'appuyer sur une organisation démocratique fondée sur ses membres. Cette différence d'orientation permet de prévoir que l'effectif des associations progressistes-conservatrices et libérales sera plus ouvert et plus volatil que celui des associations néo-démocrates, et que leurs membres seront peut-être moins actifs entre les élections.

Voilà donc deux modèles d'organisation qui permettent de distinguer les partis canadiens d'après leur structure, leur effectif et la participation de leurs membres. Selon le modèle des partis de cadres, les libéraux et les progressistes-conservateurs devraient avoir un effectif volatil, fluctuant selon le rythme et les résultats du cycle électoral. C'est dans les périodes qui précèdent et qui suivent immédiatement les élections qu'ils auront le plus de membres, mais le nombre de ces derniers diminuera dans les années suivantes, jusqu'à ce qu'une autre élection les mobilise de nouveau et les amène à participer au processus de désignation des candidats et candidates et à la campagne électorale. Cela devrait se traduire par un cycle d'adhésions dont les crêtes correspondraient généralement aux années électorales (voir la figure 3.1).

En ce qui concerne les partis traditionnellement organisés selon le modèle des partis de masses, comme le NPD, ainsi que les formations plus récentes à caractère idéologique comme le parti de l'Héritage chrétien du Canada (PHCC), leur effectif risque d'être sensiblement différent. Comme ils encouragent la participation de leurs membres, même entre les élections, il est probable que leur courbe d'adhésions sera relativement indépendante du cycle électoral (voir la figure 3.1). Autrement dit, le nombre de leurs membres devrait être beaucoup plus stable et régulier.

C'est en 1987 que le PRC a surgi sur la scène politique canadienne. Parti de rien en Alberta, il s'est rapidement étendu dans toute cette province, puis dans une bonne partie du Canada anglais. Son expansion a été typique de la première étape de ce que Converse et Depeux (1966) appellent un parti *éclair* (« flash party »), c'est-à-dire qui atteint très rapidement son apogée, puis s'étiole. Il est cependant tout à fait possible que le PRC réussisse à se faire une place permanente au sein du régime canadien de partis, soit comme parti de cadres, soit comme parti de masses. Au point où il en est actuellement, il est difficile de dire s'il connaîtra un déclin rapide ou s'il se consolidera suivant l'un des deux modèles considérés (cycle électoral d'adhésions ou stabilité).

Figure 3.1
Évolution de l'effectif des partis

Effectif

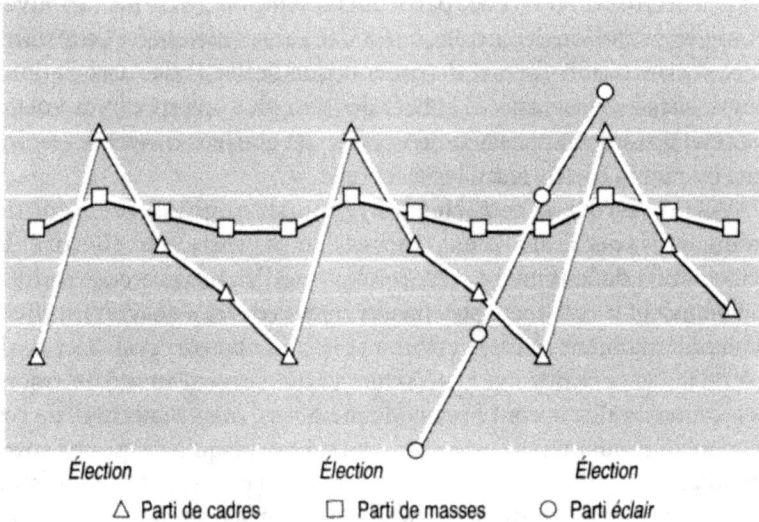

Élection   Élection   Élection

△ Parti de cadres   ☐ Parti de masses   ○ Parti éclair

Les données de l'enquête nous permettent de déterminer pour la première fois à quel point cette conception des partis s'applique au Canada. Chaque association de circonscription a été invitée à communiquer le nombre de ses membres pendant chacune des quatre années allant de 1987 à 1990. Comme il y a eu des élections générales en 1988, cette période va de l'année précédent le scrutin jusqu'au milieu du cycle électoral suivant, ce qui devrait nous permettre d'identifier les fluctuations à court terme qui caractérisent l'adhésion aux associations de circonscription.

Nos hypothèses doivent cependant tenir compte des réalités de la politique canadienne. En effet, l'une des caractéristiques fondamentales de notre système est l'existence de variations régionales importantes dans la base électorale des partis nationaux, variations qui devraient se refléter dans le nombre d'adhérents et adhérentes. Par ailleurs, dans un régime électoral uninominal, les élus peuvent jouer un rôle primordial dans la création et l'entretien d'organisations partisanes puissantes à l'échelon des circonscriptions. Ils ont en tout cas les ressources (un bureau de circonscription avec personnel) et l'incitation (une deuxième investiture sans opposition et une machine électorale efficace) pour ce faire. Il paraît donc raisonnable de penser que le fait d'avoir un député ou une députée au Parlement exerce une influence positive sur la nature, la taille et les activités de l'organisation locale des partis.

De 1987 à 1990, l'association de circonscription typique du Canada comptait 350 membres (voir le tableau 3.2). Le PC, alors au pouvoir, n'avait généralement pas d'associations exceptionnellement importantes, leur taille typique (350 membres) correspondant à la norme pour les cinq partis. Curieusement, il semble que ce soit le PLC, parti de cadres dans l'opposition, qui comptait les associations les plus grosses (537 membres), bien que la taille absolue de celles-ci ait varié de manière plus prononcée que pour les associations progressistes-conservatrices. L'association médiane du NPD était plus petite (285 membres) que celle des deux partis rivaux, plus anciens et mieux établis, mais les fluctuations de l'effectif ont été plus marquées que chez les libéraux ou les progressistes-conservateurs. Autrement dit, le NPD semble connaître une alternance de vaches grasses et de vaches maigres. À la différence des trois partis nationaux, le PHCC se caractérise par le système d'organisation typique des petits partis idéologiques : un petit nombre d'associations de petite taille (117 membres), avec relativement peu de variations entre elles.

Tableau 3.2
Effectif des associations de circonscription, 1987–1990

	Taille médiane	Écart
Ensemble des partis	350	7–6 000
Progressiste-conservateur	350	31–2 325
Libéral	537	7–6 000
NPD	285	8–5 500
Réformiste	308	95–1 200
Héritage chrétien	117	37– 775
Avec député	644	45–5 500
Sans député	281	7–6 000

Note : Inclut seulement les associations ayant indiqué le nombre de leurs membres pour les quatre années.

Pour une association de circonscription, le fait d'être représentée, ou non, à Ottawa semble être un facteur important. Parmi les associations visées par notre étude, celles qui avaient un député ou une députée comptaient deux fois plus de membres que celles qui n'en avaient pas. Il n'est évidemment pas facile de dire si ce sont les députés qui engendrent les grandes associations, ou l'inverse, mais la différence globale porte à croire que les députés sortants sont susceptibles d'avoir un avantage électoral marqué. Comme nous le verrons plus loin, il y a cependant des différences frappantes entre les partis quant à la portée de ce phénomène.

Le tableau 3.3 illustre l'ampleur des variations régionales quant à l'effectif des associations de circonscription. C'est en général dans les provinces atlantiques que les associations ont le moins de membres et dans les Prairies qu'elles en ont le plus, mais la différence globale ne semble pas considérable. Cependant, les médianes régionales masquent des différences notables à l'intérieur de chaque parti. Comme on peut s'y attendre, c'est au sein du PC, le parti au pouvoir au moment de notre enquête, que ces différences étaient les moins prononcées, mais son association moyenne au Québec avait néanmoins trois fois et demie le nombre de membres de l'association moyenne des provinces atlantiques. Au PLC, l'effectif semble varier selon un axe est-ouest : les associations des provinces atlantiques avaient sept fois plus de membres que celles de la Colombie-Britannique. Les Prairies semblent être l'exception à cette règle, mais cela s'expliquerait en partie par la poussée de recrutement associée au congrès de direction du parti. Des trois formations d'envergure nationale, c'est le NPD qui accusait les variations les plus fortes. Au Québec et dans les provinces atlantiques, l'effectif des associations néo-démocrates était relativement faible; dans bien des cas, il s'agissait sans doute d'associations nominales existant simplement « sur papier ». À l'ouest de la frontière Ontario-Manitoba, en revanche, les associations du NPD sont les plus grosses de tout le tableau. Quant aux deux petits partis, ils ont évidemment une assise régionale. Dans le cas du PRC, il faut rappeler que sa propre Constitution l'obligeait, au moment de notre enquête, à limiter son action aux provinces de l'Ouest. Depuis, le parti s'est déployé vigoureusement dans toutes les provinces, sauf au Québec.

Ces différences nous rappellent que la structure et la force des partis varient considérablement d'un bout à l'autre du pays, ce qui explique une bonne part des variations dans leurs activités et dans leurs succès électoraux. Il apparaît clair, par ailleurs, que les associations ne sont pas toutes en mesure de répondre de la même manière à ce que peut leur demander leur siège national ou l'État. Cela semble inévitable tant qu'elles resteront des organisations relativement informelles, tributaires de l'enthousiasme (ou de l'apathie) de bénévoles locaux.

Tableau 3.3
Effectif des associations de circonscription, par région, 1987-1990
(association médiane)

	Colombie-Britannique	Prairies	Ontario	Québec	Atlantique
Ensemble des partis	350	438	300	380	295
Progressiste-conservateur	404	439	291	775	215
Libéral	275	683	494	669	2 077
NPD	1 200	1 000	281	109	167
Réformiste	218	316	—	—	—
Héritage chrétien	100	106	150	—	66

On constate des variations d'effectif marquées à l'intérieur d'une même association d'une année à l'autre. Le tableau 3.4 présente le taux de variation du nombre de membres de l'association typique, pendant quatre ans, entre le moment où elle avait le moins de membres et celui où elle en avait le plus. L'indice reflète l'ampleur de la variation durant les quatre années considérées, que celle-ci ait été, ou non, régulière ou unidirectionnelle. Entre les taux minimum et maximum de son effectif, l'association médiane a connu une variation de 224 %. Le tableau montre cependant des différences notables entre les partis, ce qui ne saurait surprendre.

Tableau 3.4
Variation de l'effectif des associations
de circonscription, 1987-1990
(en pourcentage, association médiane)

	Taux de variation
Ensemble des partis	224
Progressiste-conservateur	207
Libéral	340
NPD	67
Réformiste	1 500
Héritage chrétien	237
Avec député	171
Sans député	250

Note : Calculée en fonction du nombre de membres pendant la période considérée pour les associations ayant fourni des chiffres pour les quatre années. Formule : [(nombre maximum − nombre minimum) / nombre minimum] x 100.

Des trois formations nationales, ce sont le PLC (variation médiane de 340 %) et le PC (207 %) qui ont connu les variations d'effectif les plus marquées, ce qui était prévisible chez des partis de cadres principalement axés sur les élections. Ainsi, 80 % des associations progressistes-conservatrices ont rapporté que c'est durant l'année électorale 1988 que le nombre de leurs membres a été le plus élevé. Quant à l'association libérale typique, son effectif était plus inconstant, notamment parce qu'un parti d'opposition a moins de députés et députées, et donc moins d'incitations et d'occasions pour stabiliser l'effectif local. Toutefois, comme nous le verrons plus loin, il existait, pendant cette période, d'autres forces pouvant faire fluctuer fortement l'effectif des associations libérales.

En comparaison, la taille des associations du NPD semble beaucoup plus stable, son indice d'instabilité n'étant que le tiers de la norme nationale et le cinquième de l'indice libéral, et ce, malgré l'existence d'une variation aussi marquée en chiffres absolus entre les associations du NPD qu'entre celles du PLC. C'est toutefois ce qu'on peut attendre d'une formation dont la tradition et le style organisationnel sont typiques des partis de masses. Il se pourrait que cette stabilité collective dissimule un taux de roulement très élevé des membres, comme c'est le cas, selon Selle et Svasand (1991, 463), pour les partis socialistes de Norvège et de Suède. Malheureusement, nos données ne nous permettent pas de comparer la durée d'adhésion des membres d'une association ou d'un parti à l'autre.

Bien que nous n'ayons de données que pour un petit nombre d'associations du PRC pour les quatre années considérées, les chiffres reflètent des changements énormes (taux d'instabilité médian de 1 500 %), liés à la croissance exponentielle du parti. En outre, au moment de cette étude, le parti menait encore une campagne vigoureuse pour créer de nouvelles associations dans sa marche vers les provinces de l'Est. Pendant cette étape de son évolution, et dans l'attente des prochaines élections générales (ses premières élections à l'échelle nationale), il était impossible d'identifier des tendances très nettes quant à son effectif.

Le tableau 3.4 montre également que les associations ayant un député ou une députée bénéficient, dans l'ensemble, d'un effectif plus stable que celles qui n'en ont pas. Cela s'explique sans doute par l'instabilité des petits partis, mais aussi par les occasions de recrutement qu'offrent les luttes serrées pour l'investiture, plus fréquentes quand il n'y a pas de député sortant (Carty et Erickson 1991). Il se peut en outre que les députés sortants, ayant constitué une équipe gagnante dans leur circonscription, soient mieux à même de conserver leurs membres, qui sont fiers d'être associés à l'organisation politique dominante sur le plan local. Cela dit, étant donné les différences marquées entre les partis, il faut se garder d'exagérer le lien entre la représentation à Ottawa et la stabilité de l'effectif local.

L'effectif des partis et le cycle électoral

L'élément central de la distinction établie par Duverger entre partis de cadres et partis de masses est l'influence du cycle électoral sur leur organisation et leur effectif. Dans cette optique, il devrait y avoir des différences très nettes dans l'évolution de l'effectif des associations locales des trois grands partis (voir la figure 3.1). Les données confirment cette hypothèse, et de manière spectaculaire : le PC et le PLC correspondent, à cet égard, au modèle du parti de cadres, et le NPD, à celui du parti de masses (voir la figure 3.2).

Figure 3.2
Cycle d'adhésion aux associations de circonscription

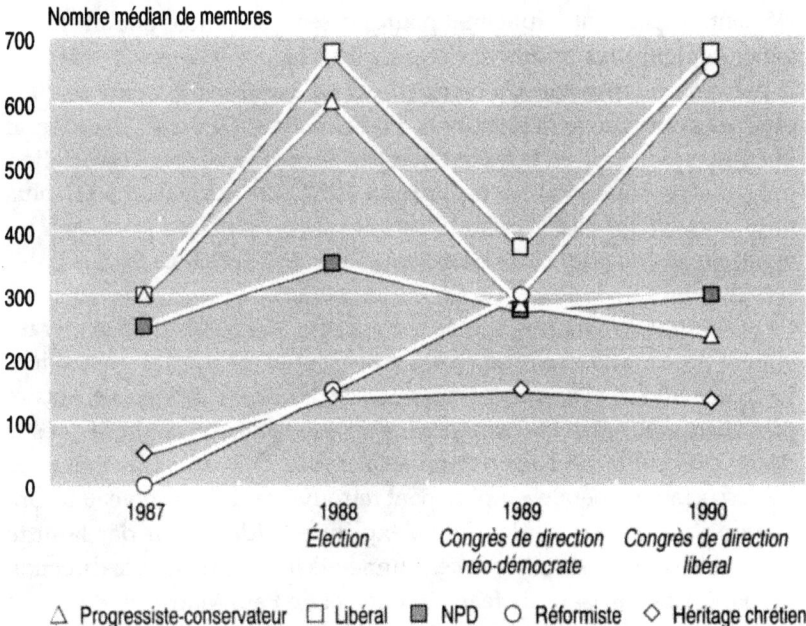

△ Progressiste-conservateur □ Libéral ■ NPD ○ Réformiste ◇ Héritage chrétien

L'effectif de l'association progressiste-conservatrice évolue selon un schéma typique classique. En 1988, année électorale, le nombre de membres était deux fois plus élevé que l'année précédente; ensuite, il a tellement chuté qu'il a atteint, en 1990, son minimum du cycle de quatre ans (voir le tableau 3.5). C'est précisément ce qu'on peut attendre d'un parti de cadres qui réussit, quoique l'ampleur du déclin reflète également la désertion de certains membres en faveur du PRC : le nombre typique de membres de l'association progressiste-conservatrice en Alberta (base de ce parti) est passé de 725 en 1988 à 150 en 1990.

Tableau 3.5
Nombre de membres de l'association de circonscription médiane

Parti	1987	1988	1989	1990
Progressiste-conservateur	300	600	283	235
Libéral	300	675	375	675
NPD	250	350	275	300
Réformiste	—	150	300	650
Héritage chrétien	50	140	150	132

On constate sensiblement la même tendance chez les libéraux. Deux éléments, cependant, expliquent pourquoi ses associations ont un effectif généralement plus nombreux et plus instable, et éclairent davantage la nature fondamentale du recrutement de membres dans les partis à objectifs prioritairement électoraux. Premièrement, bien que l'association libérale typique ait eu le même nombre de membres que l'association progressiste-conservatrice typique en 1987, son expansion a été plus forte durant l'année électorale. Cela s'explique en grande partie par les vigoureuses campagnes de recrutement menées dans le cadre des luttes serrées pour l'investiture, qui ont été plus nombreuses chez les libéraux. Ce phénomène démontre que la compétition électorale peut attirer un effectif plus nombreux, mais plus volatil, dans un parti d'opposition. La figure 3.2 fait clairement ressortir une deuxième différence, encore plus marquée, entre libéraux et progressistes-conservateurs. Après le déclin prévisible qui a suivi l'année électorale, le nombre de membres de l'association libérale a rapidement retrouvé, en 1990, le niveau atteint durant l'année électorale. Cela s'explique évidemment par la lutte vigoureuse que se sont livrée cette année-là les candidats à la direction du parti. Les partisans de Jean Chrétien et de Paul Martin et, dans une moindre mesure, des trois autres personnes en lice, ont recruté beaucoup d'adhérents et adhérentes au niveau local pour tenter de s'emparer des postes de délégués et déléguées que chaque association pouvait envoyer au congrès national. Ici encore, l'impératif fondamental est d'ordre électoral, même s'il s'agit d'un scrutin interne du parti.

Il semble que l'adhésion officielle soit, pour les sympathisants et sympathisantes des deux grands partis de cadres, un acte à la fois d'intérêt limité, mais (occasionnellement) précieux. Le fait que tant de personnes puissent aussi facilement entrer dans les rangs d'une association au moment d'une élection, puis en ressortir aussi rapidement, porte à croire que l'adhésion au parti a moins de valeur intrinsèque pour les partisans progressistes-conservateurs et libéraux en dehors des périodes électorales. Elle a de la valeur précisément, et peut-être seulement, parce qu'elle donne le droit de voter au sein du parti. C'est quand il y a des élections — pour choisir des candidats et candidates aux élections fédérales ou des délégués et déléguées aux congrès de direction — que l'adhésion prend toute sa valeur et que les membres se mobilisent, sans beaucoup réfléchir à leur participation à long terme. Cette forme d'adhésion ne peut pas être facilement institutionnalisée ou mener le parti extraparlementaire à jouer un rôle efficace dans des activités comme l'élaboration de politiques, qui n'ont qu'une influence indirecte sur le plan électoral. Si l'adhésion au PLC et au PC confère simplement un droit de vote aux membres, la cotisation peut être considérée, du point de vue du système politique en général, comme une sorte de taxe à payer pour participer à un ensemble spécifique de luttes électorales. Nous reviendrons sur les conséquences de ce phénomène quand nous nous pencherons sur les activités électorales internes des associations (investiture des candidats et choix des chefs), au chapitre 5.

Le cas du NPD est tout à fait différent. La taille de l'association néo-démocrate médiane augmente un peu durant une année électorale, mais le changement est loin d'être aussi prononcé que chez les libéraux ou les progressistes-conservateurs. Dans l'ensemble, l'effectif des associations néo-démocrates semble être stable et relativement indépendant du cycle électoral. Cette différence prend encore plus de relief si on se rappelle que le NPD s'est choisi un nouveau chef national (pour la première fois en quatorze ans) en 1989. Or, l'association médiane comptait, cette année-là, moins de membres qu'en 1988 (année électorale) ou qu'en 1990. Contrairement à ce qui s'est passé chez les libéraux en 1990, le congrès de direction du NPD n'a pas attiré un grand nombre de nouveaux membres; il s'inscrivait simplement dans les activités régulières d'une organisation bien établie. En somme, l'adhésion au NPD confère un droit de vote dans un parti organisé selon des principes fondamentalement différents de ceux qui caractérisent le PLC et le PC.

Cette différence ressort de la réponse des présidents et présidentes d'associations à une question leur demandant d'expliquer toute variation soudaine de l'effectif qui serait survenue durant la période de 1987–1990. La moitié moins de néo-démocrates que de libéraux ou de progressistes-conservateurs a senti le besoin d'expliquer quoi que ce soit, bien que les élections fédérales de 1988 aient été reconnues, dans les trois partis, comme le plus important facteur d'accroissement de l'effectif : entre 40 et 45 % des répondants et répondantes l'ont mentionné. Plusieurs autres raisons ont été évoquées par les présidents progressistes-conservateurs; et chez les libéraux, la majorité a mentionné le congrès de direction comme une cause directe de fluctuation. Or, aucun répondant du NPD n'a attribué la croissance de son effectif au congrès de direction du parti. Toutefois, à la différence des libéraux et des progressistes-conservateurs, les néo-démocrates ont cité des activités électorales provinciales ou municipales comme facteurs importants. Cela confirme que le NPD, en tant que parti de masses, vise à intégrer son organisation et son activité à l'ensemble de la vie politique canadienne.

Nos données relatives aux effectifs confirment également notre image des deux petits partis. Le profil de l'association de circonscription médiane du PRC témoigne de la croissance extraordinaire de cette formation (voir la figure 3.2). En 1990, seul le PLC avait une association médiane plus importante, mais il s'agissait d'une année exceptionnelle pour les libéraux. Certes, le PRC comptait moins d'associations durant cette période que les trois partis nationaux, mais leur nombre était en augmentation, tout comme leur taille moyenne. Il est incontestable que le PRC attirait alors un nombre croissant de Canadiens désireux de transformer le régime de concurrence entre les partis, voire la définition même du Canada.

La courbe de croissance des associations du PHCC est relativement uniforme, un peu comme au NPD, les deux formations ayant le style d'organisation des partis de masses. Le PHCC a des associations très petites et moins nombreuses : ce parti, qui s'appuie sur les valeurs familiales chrétiennes traditionnelles, a en effet une clientèle plus restreinte. En revanche, la stabilité même de son effectif donne à penser que son activité et son existence sont relativement indépendantes des aléas des courses électorales.

Les associations de circonscription et les députés

La figure 3.3 fait bien ressortir le lien entre la présence (ou l'absence) d'un député ou d'une députée et la taille d'une association de circonscription. Au sein du PC et du PLC, l'effectif varie selon le cycle électoral, certes, mais l'association médiane a généralement deux fois plus de membres quand elle a un député. Il s'agit là d'une différence substantielle qui peut être considérée comme un indice de l'effet du succès électoral sur une organisation locale de type cadres. En 1988, la différence était encore plus forte au PLC, qui était alors dans l'opposition et luttait pour regagner les sièges perdus dans le raz-de-marée progressiste-conservateur de 1984. Cela nous porte à croire que l'existence d'une base locale dynamique a pu contribuer à la victoire dans les circonscriptions conquises par les libéraux. En revanche, dans la course à la direction de 1990, la différence semble s'être atténuée entre les associations libérales avec et sans député. Cette tendance confirme que les candidats et candidates à la direction font des efforts particuliers pour recueillir des appuis dans les circonscriptions où l'absence d'un député rend l'association plus faible et donc plus perméable (Carty 1988a).

Figure 3.3
Effectif des associations de circonscription, avec et sans député

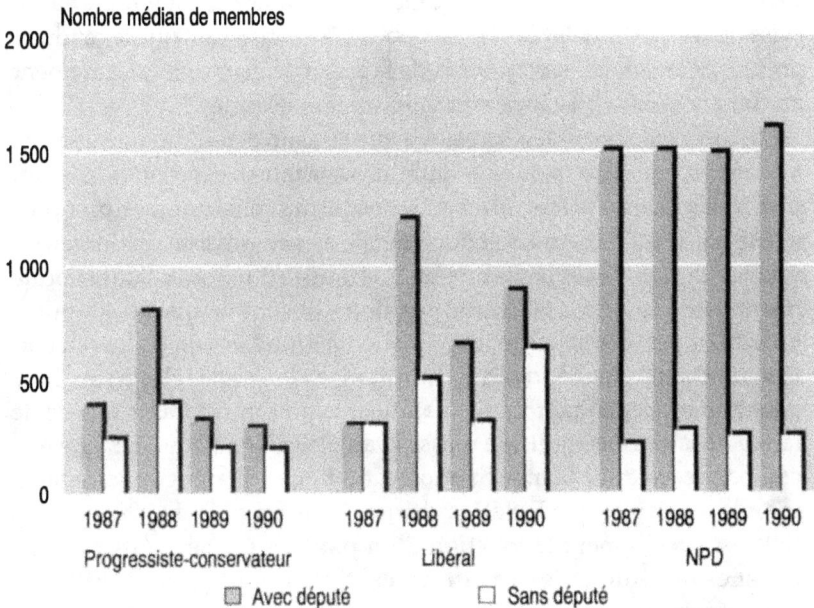

Nombre médian de membres

Progressiste-conservateur   Libéral   NPD

Avec député   Sans député

Le nombre de membres du NPD dans les circonscriptions n'est pas touché par le cycle électoral, mais la présence d'un député ou d'une députée entraîne une différence comparativement plus forte que dans les deux autres grands partis. L'association néo-démocrate médiane qui a un député en place a plus de six fois plus de membres que celle qui n'en a pas. Dans les régions où il est fort sur le plan électoral, le parti est évidemment capable de mobiliser un nombre substantiel d'adhérents et adhérentes et de les faire participer au moins assez pour conserver leur carte de membre. Cela est conforme au style d'organisation de masses du NPD, mais amène à se demander si les avantages issus de l'élection d'un député peuvent être un élément important pour préserver une telle organisation dans une société pluraliste comme le Canada.

Bien que le NPD ne compte qu'un faible nombre de ces grandes associations de circonscription représentées par un élu, cette différence marquée n'est peut-être pas sans importance sur le plan de la politique interne du parti. Au NPD, la démocratie est liée aux membres individuels et non au territoire comme chez les libéraux et les progressistes-conservateurs. Alors que toutes les associations sont représentées également aux congrès des deux grands partis, le NPD accorde plus de délégués et déléguées à ses grandes associations, dans le but d'égaliser l'influence de chacun de leurs membres. Ainsi les associations qui ont un député ou une députée exercent une influence considérable sur la prise de décisions au NPD. Il n'est donc guère surprenant que le candidat préféré de la direction du parti et de la majorité du caucus ait rarement eu de la difficulté à se faire élire comme chef (Morley 1992).

L'association néo-démocrate typique avec un député ou une députée a beaucoup plus de membres qu'une association néo-démocrate qui n'en a pas, mais son effectif est aussi beaucoup plus nombreux et plus stable que celui d'une association libérale ou progressiste-conservatrice avec un député. Dans la mesure où les troupes d'une association locale constituent un atout électoral précieux, il semble que les députés du NPD soient mieux préparés à mener la lutte électorale que ceux du PLC ou du PC, deux formations pourtant axées sur les élections. Cette situation est cependant moins paradoxale qu'il n'y paraît. Le père de la mobilisation électorale de masse, Daniel O'Connell [qui a mené une campagne axée sur l'émancipation catholique et l'autogouvernement irlandais (Irish Home Rule)], a démontré, il y a près de 200 ans, que telle est précisément la fonction d'un parti de masses : offrir à ceux et celles qui sont à l'extérieur du cercle du pouvoir un outil pour contester les élites en place.

Ceux et celles qui veulent renforcer le rôle des ailes extra-parlementaires des partis, notamment en ce qui concerne l'élaboration des politiques publiques et la responsabilité des élus vis-à-vis de leurs commettants (quelle que soit la manière dont on définisse ces derniers), seront peut-être découragés par ce portrait des associations locales. Après tout, ces tâches exigent un nombre élevé de militants décidés à participer en permanence aux activités du parti, et seules quelques associations (dans des circonscriptions détenues par le NPD) sont dans cette situation. Le fait que l'effectif des associations était peu nombreux et volatil a sans doute beaucoup contribué à l'échec de l'expérience de « démocratie participative » menée par le PLC au début des années 70

(Clarkson 1979). Certes, on pourrait peut-être changer la composition des partis en offrant aux membres la possibilité d'y exercer une influence plus importante, mais cette proposition paraît douteuse, compte tenu des différences qui existent entre les associations néo-démocrates avec et sans député. Quand nous aurons examiné les ressources financières que ces membres apportent aux associations, ainsi que les autres ressources dont celles-ci disposent, nous pourrons nous demander comment elles sont organisées et à quel point elles sont actives.

Les cotisations des membres

Les membres constituent le noyau des ressources humaines des associations de circonscription. En réglant leur cotisation, ils fournissent aussi à ces dernières leur assise financière. La plupart des associations ont cependant d'autres ressources financières que les cotisations annuelles de leurs membres, comme nous le verrons en détail au chapitre suivant. Pour le moment, nous tenterons d'estimer la contribution financière potentielle que les cotisations représentent pour les associations. Nombre d'associations sont tenues de partager avec les échelons supérieurs du parti les cotisations qu'elles perçoivent. De ce fait, le produit total des cotisations d'une association représente ce que les membres en règle peuvent verser dans les coffres locaux, mais pas nécessairement ce qu'ils y versent en réalité.

Cette forme de revenu dépend de deux variables : le nombre de membres et le montant de la cotisation. La première a été traitée plus haut. Pour ce qui est de la deuxième, malgré certaines variations, le montant est généralement assez modeste : 5 % des associations déclarent qu'elles n'exigent pas de cotisation, et aucune n'exige plus de 35 $ par an. L'association moyenne (médiane) exige une cotisation annuelle de 10 $; il peut cependant y avoir des différences notables entre les partis sur le plan des cotisations locales. Par ailleurs, le montant de la cotisation n'est pas fixé de manière aléatoire. Les formations qui accordent plus de valeur à la notion d'adhésion et qui dépendent davantage de l'appui financier de leurs membres (peut-être parce qu'elles ont moins facilement accès à ceux qui contrôlent les richesses de la société) perçoivent presque toujours des cotisations plus élevées. Ainsi, parmi les trois grands partis, ce sont les progressistes-conservateurs qui demandent le moins, soit 5 $, alors que l'association médiane du NPD demande trois fois plus, c'est-à-dire 15 $. Les libéraux se situent entre les deux, en demandant 8 $. Les deux petits partis se distinguent aussi l'un de l'autre : l'association médiane du PRC exige 9 $, alors que celle du PHCC demande deux fois plus, soit 18 $ (la cotisation la plus élevée de tous les partis).

En multipliant la cotisation annuelle d'une association par le nombre de ses membres, on obtient le revenu brut qu'elle tire des cotisations. Le tableau 3.6 résume ces données sous la forme du revenu médian d'une association de chaque parti durant la période de quatre ans pour laquelle nous connaissons le nombre de membres. Les tendances sont très claires et elles reflètent évidemment les fluctuations d'effectif. Cette forme de revenu atteint son maximum au sein du PLC et du PC durant l'année électorale, elle est généralement plus stable pour le NPD et le PHCC, et elle a augmenté de manière spectaculaire pour le PRC au cours des quatre années étudiées. Cela dit, bien que les vieux partis de cadres aient typiquement plus de membres que le NPD, l'association néo-démocrate typique a généralement tiré des revenus plus élevés de ses membres parce que les cotisations au parti sont plus élevées. C'est seulement en 1990, année du congrès de direction du PLC, que l'association typique de ce parti a obtenu de ses membres un revenu sensiblement plus élevé que celle du NPD. En outre, durant la période de quatre ans, le revenu médian provenant des membres des associations progressistes-conservatrices (dont les cotisations sont beaucoup plus faibles que pour les autres partis) ne s'est pas approché une seule fois de celui de l'association néo-démocrate. Même durant l'année électorale de 1988, l'association typique du PC, qui était alors au pouvoir, tirait de ses membres un revenu (3 000 $) qui ne représentait que les trois quarts de celui de l'association du NPD, qui figure pourtant au troisième rang des partis.

Tableau 3.6
Revenus provenant des cotisations des associations de circonscription
(en dollars, association médiane)

	1987	1988	1989	1990
Ensemble des partis	1 550	3 250	2 500	3 000
Progressiste-conservateur	1 500	3 000	1 450	1 250
Libéral	2 000	4 000	3 000	5 000
NPD	2 450	3 920	3 350	3 200
Réformiste	—	1 500	3 000	6 500
Héritage chrétien	1 000	2 600	2 810	2 400

L'effectif des associations dépend en partie de la présence d'un député local, tout comme les revenus provenant des membres (voir le tableau 3.7). Ici encore, cependant, il y a des différences frappantes entre les partis. Par exemple, à l'exception de 1988, les associations néo-démocrates sans député obtenaient de leurs membres des revenus plus élevés que les associations médianes avec député du PC. Les associations les plus prospères, et de loin, sur le plan des revenus fournis par les membres, étaient celles du NPD représentées à Ottawa. Si nous considérons la période de 1987–1990 comme l'équivalent d'un cycle électoral normal, le revenu total provenant des membres pendant quatre ans, présenté au tableau 3.7, montre l'ampleur de la contribution des membres officiels à la base financière de l'association.

Tableau 3.7
Revenus provenant des cotisations des associations de circonscription, avec et sans député, 1987–1990
(en dollars, association médiane)

	1987	1988	1989	1990	Total
Ensemble des partis					
Avec député	2 000	5 000	2 500	2 100	11 600
Sans député	1 500	2 830	2 500	3 000	9 830
Progressiste-conservateur					
Avec député	1 650	4 000	1 500	1 375	8 525
Sans député	1 225	1 900	882	940	4 947
Libéral					
Avec député	2 200	7 500	4 290	6 000	19 990
Sans député	1 650	3 750	2 500	4 882	12 782
NPD					
Avec député	22 000	22 000	23 000	24 000	91 000
Sans député	2 250	3 800	3 125	3 025	12 200

Il est clair que le produit des cotisations est relativement peu important pour les associations progressistes-conservatrices. Même celles qui ont un député ou une députée ont encaissé, en moyenne, à peine 8 500 $ sur la période de quatre ans. On trouve, à l'autre extrême, les associations du NPD avec un député, qui sont relativement peu nombreuses, et dont le revenu moyen des cotisations a été de plus de 90 000 $ durant cette période. C'est seulement dans ces cas que cette forme de revenu est supérieure à ce que le candidat ou la candidate typique a le droit de dépenser en vertu de la réglementation actuelle concernant les dépenses électorales. Pour ces élus du NPD, cette somme représentait deux fois la moyenne des dépenses autorisées en 1988. (Voir Stanbury 1991, chapitre 12, pour un compte rendu de la réglementation concernant les dépenses électorales.) Bien que les cotisations servent, dans tous les partis, à financer une vaste gamme d'activités, seuls les députés du NPD ont des associations locales en principe auto-suffisantes. Dans tous les autres cas, les associations sont tributaires d'autres types de revenus (qui peuvent être des paiements de transfert d'autres instances du parti, des dons de militants et militantes, ou des dons de non-membres) pour réunir les fonds nécessaires à leurs activités, électorales ou autres. Cette dépendance financière semble compromettre l'autonomie des associations, ce qui en fait des instruments peu sûrs pour les membres et peu propices à une saine démocratie au sein des partis.

Les biens des associations de circonscription

Les associations de circonscription peuvent avoir d'autres ressources que les cotisations des membres pour financer leurs activités. Comme nous l'avons déjà indiqué, la ressource la plus importante est peut-être d'avoir un député ou une députée. Cela dit, quand nous avons demandé aux présidents et présidentes d'associations représentées à Ottawa : « Si le député ou la députée de la circonscription est de votre parti, son bureau de comté sert-il à des activités de votre association ? », les deux tiers des progressistes-conservateurs, plus de la moitié des libéraux et près de 40 % des néo-démocrates ont répondu que ce n'était jamais le cas. Une majorité écrasante des autres ont déclaré n'utiliser ce bureau que de manière occasionnelle. Bien qu'il puisse être parfois difficile de faire la distinction entre les activités du député et l'intérêt partisan de l'association (surtout à l'approche des élections), ces réponses permettent d'affirmer que les associations ne pensent généralement pas qu'elles exploitent l'équipement dont dispose le député pour servir l'ensemble de la population de sa circonscription.

Très peu d'associations (1 %) utilisent régulièrement du personnel rémunéré. Elles sont plus nombreuses à posséder un équipement moderne qu'utilisent couramment les organisations qui ont à communiquer avec le public (voir le tableau 3.8). Il convient cependant de signaler l'absence d'ordinateurs, pourtant généralement considérés comme essentiels pour tenir les listes de membres et les registres financiers, faire de l'éditique et de la sollicitation postale, planifier et organiser les campagnes électorales, et suivre de près l'évolution de l'électorat, toutes tâches vitales dans une association locale efficace. Même chez les progressistes-conservateurs, qui devancent de loin leurs adversaires à cet égard, moins de la moitié des associations possèdent leur propre ordinateur. Bien qu'un plus grand nombre puissent avoir accès à un ordinateur appartenant à un membre, cette solution est loin d'être souhaitable : l'association se trouve alors à la merci des ressources de ses bénévoles et s'expose à perdre l'accès au matériel et aux données à des moments critiques. Par ailleurs, toute réforme législative qui imposerait aux associations de nouvelles responsabilités importantes en matière de registres et de rapports les obligerait à accroître sensiblement leurs capacités à cet égard. Il est difficile de dire si les petites associations — qui sont nombreuses, puisque 17 % du total n'avaient que 100 membres ou moins en 1990 — pourraient faire face à une telle éventualité.

Tableau 3.8
Biens des associations de circonscription
(en pourcentage, associations possédant les biens)

Biens	Progressiste-conservateur	Libéral	NPD	Réformiste	Héritage chrétien
Mobilier de bureau	31	16	38	11	19
Ordinateur	46	19	12	14	14
Photocopieuse	10	3	2	18	—
Répondeur téléphonique	14	10	15	39	—

Les associations du PRC se distinguent nettement des autres par la rapidité avec laquelle elles se sont équipées. Dans plusieurs domaines, elles semblent être collectivement mieux équipées que celles des partis nationaux traditionnels, et cette affirmation risque même d'être en deçà de la réalité, étant donné la rapidité de l'expansion du parti. Celui-ci ne semble pas avoir été entravé par le fait qu'il a dû bâtir son organisation à partir de rien. L'absence d'élites locales refusant de changer de méthodes « parce qu'on a toujours fait comme ça » lui a peut-être même permis d'implanter plus facilement la technologie moderne.

LE CHAMP D'ACTION POLITIQUE DES ASSOCIATIONS

La structure des associations de circonscription est déterminée par la carte électorale fédérale dans chaque province. Les associations existent en effet pour doter leurs membres et sympathisants, dans chaque circonscription fédérale, d'une organisation structurée. Cela dit, les partis envisagent différemment le rôle de leurs membres et de leurs associations. Comme l'a montré Dyck (1991), les partis canadiens ont des systèmes d'organisation interne nettement contrastés. Dans le modèle *confédéral*, l'aile fédérale et les ailes provinciales de ce qui est théoriquement le même groupement politique sont très distinctes, et ont fort peu de liens structurels entre elles, voire aucun. Ce modèle semble être le plus efficace pour un parti de cadres à orientation électorale. Dans l'autre modèle, l'organisation et les activités des ailes fédérale et provinciales sont fortement *intégrées* et s'appuient mutuellement.

Cette structure semble particulièrement adéquate pour un parti de masses comme le NPD. Ces modèles sont utiles pour identifier les formes d'organisation dominantes des divers partis, bien que, selon Dyck, les vicissitudes de l'histoire canadienne ont fait en sorte qu'aucun des trois partis nationaux n'est complètement homogène sur ce plan.

Le PC et le PRC ont une structure confédérale, le deuxième ayant refusé jusqu'à présent de prêter son nom à quelque parti provincial que ce soit. Dans ces deux cas, on adhère au parti national par le truchement de l'association fédérale à l'échelon local. L'adhésion au parti est tout à fait indépendante de toute structure provinciale. Le NPD, qui a une structure intégrée, est à l'autre extrême de l'éventail proposé par Dyck. La structure, beaucoup plus complexe, prévoit à la fois l'adhésion individuelle directe et l'affiliation indirecte de syndicalistes. Toutefois, on ne peut adhérer individuellement au NPD national qu'en adhérant au NPD de sa province. Ainsi les associations fédérales se sont souvent trouvées à l'ombre des associations provinciales dans les provinces où le NPD est puissant. De même, dans certaines collectivités, des organisations néo-démocrates sont actives à l'échelon municipal, où les partis canadiens sont traditionnellement absents. Le PLC, quant à lui, a une structure qui n'est ni confédérale ni intégrée, mais plutôt hybride. Il existe sous forme de fédération nationale, mais on y trouve deux méthodes d'adhésion tout à fait distinctes. Dans quatre provinces (Colombie-Britannique, Alberta, Ontario et Québec), on peut adhérer au parti (dans la province) sans adhérer au parti provincial. Dans les six autres et dans les deux territoires, il n'y a qu'un seul parti libéral, à la fois fédéral et provincial, et on adhère aux deux simultanément.

Nonobstant les structures officielles, Dyck affirme que les entités et les activités des partis sont plus intégrées dans les provinces atlantiques, ce qui s'explique à son avis par le caractère plus limité des ressources dont disposent les partis dans ces petites provinces, et aussi par la pérennité du système traditionnellement bipartisan de la région. Au Québec, la situation est à l'opposé : les structures confédérales dominent, et le NPD lui-même a dû faire une exception à son système pour séparer ses entités provinciale et fédérale.

Afin de cerner l'incidence de ces différences structurelles sur les associations de circonscription, nous avons demandé aux présidents et présidentes d'associations si leur système d'adhésion était exclusif, et quel était le champ d'action de l'association. Les différences qui, selon Dyck, caractérisent la structure des partis se retrouvent-elles dans les activités de leurs membres à l'échelon des circonscriptions ? Les associations ayant un système d'adhésion moins exclusif sont-elles plus portées que les autres à mener leur action politique aux deux paliers, fédéral et provincial ? Les réponses à ces questions révèlent un certain fossé entre la structure nationale officielle et les activités réelles des associations des grands partis.

En principe, les partis confédéraux devraient avoir des associations dont les membres ont un statut « exclusivement fédéral », alors que l'effectif des partis intégrés devrait être « partagé avec le parti provincial ». Ou, encore, certaines associations qui n'ont pas de membres officiels devraient préférer s'en remettre à une interprétation plus traditionnelle de qui est vraiment membre du parti local, mais il semble que la formalisation des systèmes d'adhésion engendrée par les courses à la direction des dernières années ait presque éliminé cette forme d'organisation locale. On trouvera, au tableau 3.9, un résumé des réponses à une question demandant laquelle de ces trois catégories décrivait le mieux l'effectif de l'association locale. Cinquante-neuf pour cent des répondants et répondantes ont fait état d'un effectif exclusivement fédéral, et 39 %, d'un effectif conjoint. Une poignée de personnes seulement affirment n'avoir aucun système d'adhésion officielle, mais on en trouve quelques exemples dans chacun des partis nationaux.

Tableau 3.9
Statut des membres des associations de circonscription
(en pourcentage)

	Exclusivement fédéral	Partagé avec le parti provincial	Aucun membre officiel
Ensemble des partis	59	39	2
Progressiste-conservateur	74	23	3
Libéral	48	50	2
NPD	25	73	2
Réformiste	100	—	—
Héritage chrétien	98	2	—
Province			
Terre-Neuve	40	50	10
Nouvelle-Écosse	20	70	10
Île-du-Prince-Édouard	—	83	17
Nouveau-Brunswick	33	67	—
Québec	57	43	—
Ontario	67	31	2
Manitoba	42	54	3
Saskatchewan	45	52	3
Alberta	81	19	—
Colombie-Britannique	61	37	1

Nos données sur les effectifs locaux confirment l'analyse de Dyck. Les trois quarts des associations progressistes-conservatrices affirment avoir un effectif ayant un statut exclusivement fédéral, réponse qui n'a été donnée que par un quart des associations néo-démocrates. Les libéraux se situent clairement entre les deux, la moitié de leurs associations ayant un effectif avec statut exclusif (modèle confédéral), et l'autre, un effectif avec statut conjoint (modèle intégré). Cela veut cependant dire qu'environ le quart des associations progressistes-conservatrices et néo-démocrates fonctionnent d'une manière qui est contraire au moins à l'esprit de leur constitution ou de leurs principes d'organisation.

Les néo-démocrates semblent être plus cohérents que les progressistes-conservateurs dans la mesure où c'est seulement dans trois provinces (mais les trois plus grosses, il est vrai — l'Ontario, le Québec et la Colombie-Britannique) que certaines associations déclarent avoir un effectif dont le statut est exclusivement fédéral, et les deux tiers se trouvent au Québec. En guise de comparaison, et malgré sa constitution nationale qui rejette le principe d'une adhésion conjointe fédérale-provinciale, le PC a, dans huit provinces, des associations qui affirment partager certains de leurs membres avec un parti provincial. Cela confirme l'idée conventionnelle selon laquelle le NPD a un effectif plus homogène que le PC. Le fait que le NPD soit très proche du modèle intégré témoigne probablement de ce qu'il prend plus au sérieux le principe de l'adhésion, mais c'est aussi conforme à notre image d'un parti de masses enraciné dans une base de militants loyaux et engagés.

Le tableau 3.9 montre par ailleurs à quel point l'effectif des associations varie d'une région à l'autre. La grande majorité des associations de trois provinces maritimes ont un effectif qu'elles partagent avec les partis provinciaux. Cela est vrai quel que soit le parti, dans une région qui continue d'être dominée par les libéraux et les progressistes-conservateurs et où les entités néo-démocrates sont pratiquement absentes. C'est dans les quatre provinces les plus grandes — l'Ontario, le Québec, la Colombie-Britannique et l'Alberta — que l'adhésion exclusive est la plus répandue. Si l'on suppose que la proportion d'associations ayant un effectif à statut exclusif constitue un indice de l'éloignement des ailes fédérale et provinciales des partis, les données portent à croire que c'est en Alberta que la politique fédérale est la plus indépendante de la politique provinciale.

La structure de l'effectif d'une association est une chose, mais son champ d'action en est une autre. Nous avons demandé aux répondants et répondantes d'indiquer l'orientation principale de la direction de leur association, en leur proposant quatre choix : 1) politique fédérale exclusivement; 2) politique fédérale principalement et politique provinciale parfois; 3) politique fédérale autant que politique provinciale; et 4) politique provinciale principalement et politique fédérale parfois. Les réponses, par parti et par région, sont notées au tableau 3.10. Les différences ne sont pas aussi marquées qu'on aurait pu le croire à l'analyse des données sur les effectifs.

Tableau 3.10
Principal champ d'action des dirigeants et dirigeantes des associations de circonscription
(en pourcentage)

	Fédéral seulement	Surtout fédéral	Autant fédéral que provincial	Surtout provincial
Ensemble des partis	47	36	14	3
Progressiste-conservateur	52	35	13	—
Libéral	36	45	18	1
NPD	32	38	22	9
Réformiste	86	14	—	—
Héritage chrétien	60	34	4	2
Région				
Atlantique	22	49	26	4
Québec	70	24	6	—
Ontario	45	36	17	4
Prairies	45	42	12	1
Colombie-Britannique	49	36	13	3

Conformément à la conception de Dyck, les associations progressistes-conservatrices s'occupent plutôt de politique fédérale, et les néo-démocrates, de politique fédérale et provinciale (mais surtout provinciale). Les associations réformistes sont clairement axées sur la politique fédérale, bien que 14 % reconnaissent s'occuper un peu d'affaires provinciales, malgré la volonté souvent affirmée par leur chef de ne pas se mêler de politique provinciale.

Ces légères différences entre les partis sont loin d'être aussi frappantes que celles constatées entre les régions. À l'ouest de l'Ontario, il ne semble pas y avoir beaucoup de variations, alors qu'il existe des différences saisissantes entre les deux régions de l'Est. Au Québec, les associations de circonscription sont presque entièrement vouées à la politique fédérale et elles disent s'intéresser fort peu à la politique provinciale. Dans la région de l'Atlantique, en revanche, la proportion d'associations affirmant se consacrer exclusivement à la politique fédérale est beaucoup plus faible, car, comme nous l'avons vu plus haut, les structures fédérales et provinciales y sont beaucoup plus intégrées.

Il existe une certaine relation entre le type d'adhésion (fédérale ou provinciale) d'une association et son champ d'action mais elle est beaucoup moins étroite qu'on aurait pu le penser. La majeure partie des associations à adhésion exclusivement fédérale s'occupe uniquement de politique fédérale, mais un tiers déclare accorder au moins une certaine attention à la politique provinciale. Quant à celles qui ont un effectif conjoint, le tiers seulement se consacre exclusivement à la politique fédérale, et 27 % s'occupent de politique autant fédérale que provinciale (voir le tableau 3.11). Ces proportions sont valables, dans l'ensemble, pour les trois partis nationaux.

Tableau 3.11
Champ d'action des associations selon le statut des membres
(en pourcentage)

Champ d'action	Statut des membres	
	Exclusivement fédéral	Partagé avec le parti provincial
Fédéral seulement	64	24
Surtout fédéral	32	43
Autant fédéral que provincial	4	27
Surtout provincial	—	6

Onze pour cent des associations de circonscription des trois grands partis nationaux affirment s'occuper (mais sans autre précision) de politique municipale. Il y a cependant des différences très nettes : 7 % des associations progressistes-conservatrices mentionnent cette activité, comparativement à 22 % (trois fois plus) des associations néo-démocrates. Les libéraux se situent entre les deux, avec une proportion de 10 %, ce qui est proche de la moyenne nationale. Certains partis sont donc plus susceptibles que d'autres de consacrer à la politique municipale une proportion variable des fonds reçus du Trésor fédéral (par le truchement du crédit d'impôt), ce qui peut être considéré comme un problème de politique publique.

La conclusion générale que l'on peut tirer de la brève analyse qui précède est que les associations de circonscription fédérales sont des organisations plus polyvalentes qu'il n'y paraît. Seulement 38 % ont un effectif dont le statut est exclusivement fédéral et s'occupent donc exclusivement de politique fédérale. Une majorité d'associations partagent leurs membres avec les partis provinciaux, et leurs activités ne sont donc pas limitées à la politique nationale. Ce phénomène fluctue par ailleurs en fonction du cycle électoral et des exigences des partis envers leurs bases locales.

Selon Dyck (1989, 213), la réglementation des dépenses électorales aux niveaux fédéral et provincial a beaucoup contribué à « renforcer la séparation entre les ailes fédérale et provinciales des trois partis ». Un régime plus exigeant, prévoyant par exemple l'enregistrement des associations de circonscription, renforcerait sans doute la tendance à la spécialisation des entités locales. Cela pousserait probablement les partis confédéraux à se structurer de manière encore plus confédérale, ou entraînerait la multiplication de chevauchements et de manœuvres byzantines à l'intérieur des partis à caractère intégré.

L'ORGANISATION DES ASSOCIATIONS DE CIRCONSCRIPTION

Malgré leurs nombreuses facettes, les associations de circonscription des partis canadiens, dont l'effectif est relativement petit et souvent fluctuant, ne sont pas des organisations particulièrement complexes. Elles sont, dans l'ensemble, gérées par des bénévoles locaux, et leur dynamisme dépend du temps et de l'énergie que leurs principaux militants sont prêts à leur consentir. Bien que les partis nationaux tiennent de plus en plus à ce que leurs associations se dotent de constitutions standardisées, il semble exister un vaste éventail de pratiques en matière de structures et d'activités.

La quasi-totalité des associations sont dirigées par un bureau (appelé couramment « l'exécutif ») tenu de rendre des comptes aux membres locaux. Bien que la taille de ce bureau puisse varier de 2 personnes à 98 (un tiers en a 9 ou moins, et 10 %, plus de 30), la médiane se situe à 12. Les bureaux des associations libérales et progressistes-conservatrices sont un peu plus importants (15 personnes), et ceux des associations Néo-démocrates, un peu plus petits (9 personnes). Les bureaux des associations réformistes sont, en général, encore plus gros (18 personnes), ce qui témoigne peut-être de l'enthousiasme naturel d'un nouveau parti, et ce sont ceux du PHCC qui sont les plus petits (7 personnes). Nous examinerons le niveau d'activité de ces directions dans la section sur l'activité des associations entre les élections.

Les petits comités de direction sont peut-être l'expression d'un oligopole local. En effet, le remplacement relativement fréquent des présidents locaux semble indiquer que, dans la plupart des cas, un poste officiel dans l'association d'un parti n'est pas une distinction à laquelle on attache beaucoup de prix et que l'on défend avec acharnement. Il semble plutôt que cela soit une sorte de titre honorifique

que l'on se transmet d'un bénévole à l'autre. Nos données montrent qu'environ le tiers des présidents d'associations sont remplacés au bout d'une année. Seulement 15 % des associations ont affirmé que leur président ou présidente occupait son poste depuis quatre ans ou plus, ce qui veut dire qu'il y était arrivé avant les dernières élections générales.

Les députés et députées ne tiennent pas outre mesure, semble-t-il, à confier la responsabilité de leur association locale à une personne de confiance : le roulement des présidents et présidentes d'associations semble en effet généralisé, que l'association soit, ou non, représentée à Ottawa. Les présidents qui demeurent en fonction quatre années ou plus sont deux fois plus nombreux chez les libéraux et les néo-démocrates que chez les progressistes-conservateurs. Mais la différence la plus notable à cet égard est de nature régionale : les associations du Québec, selon notre enquête, sont trois fois plus susceptibles que celles des autres régions d'avoir des présidents qui durent. Même là, cependant, le tiers seulement des présidents occupaient leurs fonctions depuis plus de trois ans. En somme, nos données ne permettent guère de penser que certains individus dominent longtemps les partis à l'échelon des circonscriptions. L'envers de cette médaille est qu'un nombre substantiel d'associations sont dirigées par des personnes relativement néophytes.

Il peut y avoir, dans toute organisation dirigée par des bénévoles, une différence entre ceux et celles qui font la majeure partie du travail et ceux qui exercent les fonctions officielles, mais les chevauchements sont souvent considérables. Cela vaut également pour les associations locales des partis. À la question : « Diriez-vous que votre association compte un "groupe de base" qui exécute la plus grande partie du travail entre les élections ? », 94 % ont répondu oui. Invités à préciser la taille de ce groupe, une bonne moitié des répondants et répondantes ont indiqué que ses membres étaient plus nombreux qu'au sein du bureau de l'association, mais la médiane correspondait à seulement deux ou trois personnes de plus que le bureau officiel. Quoi qu'il en soit, ces données n'indiquent nullement qu'un grand nombre de militants et militantes œuvrent sur une base régulière au sein de l'association locale.

Bien que les associations soient des organisations simples avec peu de membres, la moitié ont des sections distinctes destinées à rallier des groupes spécifiques, dans l'espoir d'étendre la portée de l'action du parti. Comme le montre le tableau 3.12, qui indique la proportion d'associations ayant de telles sections, cette situation est beaucoup plus fréquente dans les deux vieux partis de cadres. Il est cependant difficile de dire s'il s'agit d'un anachronisme qui aurait été rejeté par les nouveaux partis, ou les partis de masses, plus soucieux d'intégrer tous leurs membres de l'échelon local au sein d'une même structure, ou d'une stratégie de mobilisation moderne et opportuniste. Étant donné que les sections distinctes des associations libérales et progressistes-conservatrices sont plus nombreuses dans les cinq provinces de l'Est, c'est peut-être la première hypothèse qui est la bonne. Toute tentative de réglementation des activités locales des partis devrait donc tenir compte du fait que, dans certains partis et certaines régions, une proportion variable des activités se déroulent dans des groupes affiliés, hors du cadre officiel de l'association. Nous ne disposons malheureusement d'aucune donnée sur les activités de ces groupes.

Tableau 3.12
Associations de circonscription ayant des sections distinctes
(en pourcentage)

	Nombre de sections distinctes				
	0	1	2	3	4
Ensemble des partis	51	30	15	4	1
Progressiste-conservateur	35	38	26	2	—
Libéral	39	36	18	7	—
NPD	69	15	11	5	2
Réformiste	82	16	—	—	—
Héritage chrétien	60	40	—	—	—

Le tableau 3.13 donne une idée de la nature des groupes qui composent ces sections distinctes. Le groupe le plus nombreux dans chaque parti, et de loin, est celui des jeunes : 71 % de toutes les associations qui ont des entités auxiliaires déclarent avoir une section jeunesse. Ces sections permettent aux partis de recruter des jeunes qui peuvent ensuite faire ce qui leur plaît, mais sans perturber les activités des autres membres. Le NPD et le PLC sont les partis qui ont le plus utilisé des sections réunissant des membres de groupes ethniques pour s'implanter dans les milieux multiculturels. Ces sections sont beaucoup plus nombreuses en Ontario et au Québec, où l'on trouve une plus grande concentration de minorités ethniques. Contrairement à ce qui se passe dans les deux petits partis, un nombre non négligeable d'associations des trois partis nationaux continuent d'avoir des sections de femmes (conçues à l'origine comme des sections auxiliaires), bien que les trois partis aient souhaité publiquement qu'un plus grand nombre de femmes jouent un rôle actif dans leurs instances centrales.

Tableau 3.13
Associations de circonscription : types de sections distinctes
(pourcentage d'associations en faisant état)

	Femmes	Jeunes	Groupes ethniques	Autres
Ensemble des partis	36	71	8	6
Progressiste-conservateur	41	80	4	2
Libéral	45	71	13	6
NPD	35	59	16	17*
Réformiste	5	40	—	10
Héritage chrétien	—	79	—	—

*Au NPD, la catégorie « Autres » est formée en majorité d'organisations syndicales.

LE RÔLE DES FEMMES DANS LES ASSOCIATIONS DE CIRCONSCRIPTION

Le rôle des femmes ou, plus précisément, le fait qu'elles n'aient pas un rôle égal à celui des hommes est devenu une préoccupation importante de la société canadienne, et les partis politiques, qui ont généralement confiné les femmes dans des rôles secondaires, n'ont pas échappé à ce débat. Nous verrons plus loin dans quelle mesure les associations locales s'efforcent d'accroître la participation des femmes; mais, d'abord, nous examinerons ici la place qu'elles y occupent actuellement.

Les femmes ne sont pas moins intéressées que les hommes à devenir membres des associations de circonscription. L'association typique dit compter autant d'hommes que de femmes, qu'elle ait, ou non, une section distincte pour les femmes et qu'elle soit, ou non, représentée par une députée. En fait, même la présence d'une députée ne semble pas faire augmenter la proportion de femmes dans une association. L'équilibre entre les effectifs masculin et féminin vaut pour les trois partis nationaux, dans tout le pays. C'est seulement dans les deux petits partis que l'on trouve des associations ayant un nombre disproportionné de membres masculins : la médiane pour le PRC est de 60 % et, pour le PHCC, de 55 %.

Mais cet équilibre apparent dans l'adhésion des hommes et des femmes ne se traduit pas par une représentation égale dans les postes de direction locale. Comme le montre le tableau 3.14, il y a toujours une proportion bien plus élevée de femmes que d'hommes qui occupent la fonction de secrétaire dans les associations de circonscription, et il y en a beaucoup moins qui occupent les fonctions de présidente ou de trésorière. Il y a d'ailleurs peu de différences entre les partis à cet égard, bien que le PRC et le PHCC semblent être particulièrement réticents à porter des femmes à la présidence de leurs associations locales. L'hypothèse selon laquelle les femmes ont plus de chances d'accéder à la présidence dans des circonscriptions faibles ne résiste pas à l'analyse. Le tableau 3.14 montre qu'il y a peu de différences à cet égard entre les associations ayant un député ou une députée et celles qui n'en ont pas, ce que confirme une analyse plus poussée, fondée sur les résultats électoraux des associations en 1988.

Tableau 3.14
Présence des femmes dans les postes de direction des associations de circonscription, 1991
(en pourcentage)

	Présidente	Trésorière	Secrétaire
Ensemble des partis	20	32	69
Progressiste-conservateur	21	22	69
Libéral	23	35	74
NPD	26	42	63
Réformiste	5	27	65
Héritage chrétien	2	27	72
Avec député	23	28	75
Sans député	18	33	66

L'ACTIVITÉ DES ASSOCIATIONS ENTRE LES ÉLECTIONS

Notre enquête a fait ressortir des différences systématiques dans la taille des associations de circonscription, différences qui sont révélatrices de la nature même des partis. Elles apparaissent le plus clairement à l'examen des activités des associations entre les élections. À titre de partis de cadres axés sur les élections, le PLC et le PC enregistrent une baisse marquée de leur effectif en période non électorale, et deviennent même quasi inactifs jusqu'à ce que les élections suivantes les ressuscitent. On peut s'attendre que les associations du NPD, parti de masses, soient normalement plus actives entre les élections, et que leurs activités soient plus diversifiées que les tâches limitées et essentiellement routinières caractéristiques des deux grands partis. Quant au PRC, on peut penser que ses associations sont les plus actives de toutes, vu son expansion très rapide, et qu'elles sont essentiellement axées sur le prosélytisme politique.

Outre ces différences entre les partis, on peut s'attendre que les associations avec un député ou une députée soient plus actives que les autres. Étant donné le taux de roulement élevé à la Chambre des communes (Blake 1991), chaque député est fortement incité à maintenir le dynamisme de l'équipe qui l'a fait élire, et il dispose du prestige et des ressources nécessaires pour le faire. Le comportement d'une association entre les élections est probablement très différent lorsqu'elle a un parlementaire à appuyer et à défendre, plutôt qu'une organisation à entretenir et un candidat ou une candidate à trouver.

Le niveau d'activité des associations

Pour mesurer le niveau global d'activité des associations, nous avons posé trois questions aux répondants et répondantes. D'abord, de décrire le « niveau d'activité » de leur association, sur une échelle allant de très élevé (« activités tous les mois ») à moyen (« plusieurs activités par année ») à faible (« assemblées annuelles, réunions de désignation de candidats ou de délégués, etc. »), puis à quasi inexistant (« rencontres très espacées entre les élections »). Nous avons ensuite demandé quelle était la fréquence des réunions de tous les membres et de la direction, c'est-à-dire du bureau de l'association. Comme on peut s'y attendre, le niveau global d'activité de l'association est fortement lié à celui de son bureau : les deux tiers des répondants qui estiment que leur association locale est inactive affirment aussi que sa direction ne se réunit que rarement, et un autre groupe de 20 % rapporte que l'association ne tient pas plus d'une assemblée annuelle. Comme l'indique le tableau 3.15, il y a des différences entre les partis, mais qui ne sont pas nécessairement celles que nous avions prévues.

Tableau 3.15
Niveau global d'activité des associations de circonscription
(en pourcentage)

	Niveau global d'activité		
	Association active*	Association peu active	Association inactive
Ensemble des partis	81	20	6
Progressiste-conservateur	80	16	3
Libéral	70	23	7
NPD	49	32	20
Réformiste	96	4	—
Héritage chrétien	81	13	6
Avec député	84	15	1
Sans député	67	22	11

*Comprend « active » et « très active ».

Globalement, 81 % des associations ont été jugées comme actives (c'est-à-dire actives ou très actives), et seulement 6 %, inactives (bien entendu, ce dernier chiffre est probablement plus élevé dans la réalité).

Comme on peut s'y attendre de la part d'un nouveau parti en pleine expansion, ce sont les associations réformistes qui sont manifestement les plus actives : de fait, aucune n'est inactive au sein du PRC. En revanche, ce sont les associations néo-démocrates qui ont le plus faible niveau d'activité : à peine la moitié sont considérées comme généralement actives, et 20 % sont reconnues inactives. Cette tendance n'est pas celle que l'on peut attendre d'un parti de masses à l'effectif stable comme le NPD. Le contraste est d'autant plus frappant avec les associations progressistes-conservatrices et libérales, qui sont beaucoup plus nombreuses à jouer un rôle actif dans leur milieu. Toutefois, il existe des variations régionales considérables à l'intérieur du NPD. Quelque 80 % des associations néo-démocrates de la Colombie-Britannique sont perçues comme actives, contre seulement 21 % au Québec et dans les provinces atlantiques. Pas moins de 54 % des présidents et présidentes néo-démocrates du Québec décrivent leur association comme inactive. On relève des différences régionales dans le niveau d'activité des associations progressistes-conservatrices et libérales, mais elles ne sont pas aussi prononcées qu'au sein du NPD. Par exemple, dans la région où les libéraux sont les plus faibles, les Prairies, seulement 13 % de leurs associations sont inactives. Voilà donc une confirmation très nette du fait que le NPD n'est pas un parti national dans le même sens que ses deux grands adversaires, car selon les témoignages de ses propres militants locaux, sa base réelle dans une grande partie des provinces de l'Est est plus théorique que réelle. Dans beaucoup de ces circonscriptions, le parti ne dispose que d'un petit noyau de militants et militantes qui portent sa bannière aux élections, mais ne font guère plus.

Les associations inactives sont habituellement très petites. Au PLC, leur effectif est inférieur de moitié à la moyenne du parti; au PC et au NPD, la proportion est de 29 % et de 21 %, respectivement. Il est normal que rareté de membres et inactivité aillent de pair. Les associations devraient peut-être recruter plus de membres pour pouvoir être plus actives, ou afin de se voir confier des responsabilités accrues par l'organisation centrale du parti ou par l'État. À l'autre extrémité, naturellement on trouve les grandes associations avec un député ou une députée. Le tableau 3.15 montre qu'elles sont généralement plus actives : une seule affirme qu'elle peut être considérée comme inactive.

La quasi-totalité des associations déclare tenir une assemblée annuelle, mais la majorité ne tient pas plus d'une assemblée générale par an. L'exception est le PRC, dont 70 % des associations rapportaient, au moment de l'enquête, que tous leurs membres se réunissaient plus d'une fois par année.

Nous avons déjà constaté que l'association typique est dirigée par un groupe restreint. Le tableau 3.16 montre la fréquence des réunions des directions locales des partis : la moitié se réunissent une fois par mois; l'autre moitié, moins souvent. Cette tendance correspond au niveau d'activité des associations : les responsables locaux du PRC se réunissent beaucoup plus fréquemment que la norme et ceux du NPD, moins fréquemment. Cela semble valoir pour toutes les associations néo-démocrates, qu'elles œuvrent exclusivement à l'échelon fédéral ou autant au fédéral qu'au provincial. La distinction faite entre le NPD, parti de masses doté d'une base militante, et le PC ainsi que le PLC, formations de cadres actives seulement en période électorale, est donc exagérée. La vision traditionnelle du militantisme politique des Canadiens et Canadiennes est peut-être erronée : il se peut que le NPD parvienne à conserver un effectif plus stable, bien que plus petit, précisément parce qu'il le met moins à contribution.

Tableau 3.16
Niveau d'activité de la direction des associations de circonscription
(en pourcentage)

	Fréquence des réunions		
	Tous les mois	1–4 / an	Intervalles irréguliers
Ensemble des partis	47	39	14
Progressiste-conservateur	49	40	11
Libéral	47	41	12
NPD	23	52	25
Réformiste	84	12	4
Héritage chrétien	63	29	8
Avec député	50	45	5
Sans député	45	38	17

L'analyse qui précède ne donne qu'un aperçu général du niveau d'activité des associations dans leur circonscription. Nous examinerons maintenant en détail ce que font précisément les partis à l'échelon local.

Ce que font les associations de circonscription entre les élections

En réponse à nos questions, les associations nous ont fourni une liste très diversifiée du type d'activités qu'elles ont au moins une fois l'an (voir le tableau 3.17). On peut en faire quatre catégories. D'abord, les activités de base liées au maintien de l'organisation : collectes de fonds, campagnes de recrutement et activités sociales destinées à unifier le

Tableau 3.17
Types d'activités entre les élections
(en pourcentage)

Activité	Ensemble des partis	Progressiste-conservateur	Libéral	NPD	Réformiste	Héritage chrétien	Avec député
Maintien de l'organisation							
Collectes de fonds	86	89	85	84	86	88	91
Activités sociales	76	83	76	68	84	69	83
Campagnes de recrutement	75	76	76	65	96	81	76
Analyse et élaboration de politiques	65	67	58	60	94	58	68
Communications							
Assemblées publiques	52	50	34	47	92	75	55
Publication d'un bulletin d'information	46	38	31	46	74	81	34
Télévision locale / par câble	14	12	10	12	41	10	18
Sondages locaux	9	7	8	7	27	6	7
Activités électorales							
Planification de campagnes	45	40	42	46	74	38	50
Appui au député / candidat	38	59	39	26	29	6	86
Autres	7	6	2	13	6	8	5

groupe. Toute organisation de bénévoles doit assumer ces tâches pour survivre. La deuxième catégorie — l'analyse et l'élaboration de politiques — est de nature plus explicitement politique, et constitue, en fait, l'une des fonctions primordiales de tout parti démocratique. La troisième catégorie, les communications, touche l'essence même d'une bonne partie de la politique contemporaine. Il s'agit de la façon dont une association communique avec ses membres (par des bulletins d'information) et avec le public (par des assemblées et l'utilisation de techniques modernes comme la télédistribution), et comment elle se met à l'écoute de l'électorat local (par des sondages). La quatrième catégorie d'activités est plus directement axée sur les élections : la préparation des campagnes et des activités de soutien au député ou au candidat de l'association. Certes, en période électorale, les diverses catégories d'activités sont plus difficiles à distinguer. Par contre, entre les élections, quand les associations sont plus assoupies, l'analyse de leur activité en fonction de ces catégories en dit long sur leurs préoccupations fondamentales et sur les différences entre les partis.

Les chiffres sont clairs : les tâches liées au maintien de l'organisation sont quasi universelles. Les associations locales des trois grands partis sont beaucoup plus nombreuses à organiser annuellement des collectes de fonds, des activités sociales et des campagnes de recrutement que d'autres types d'activités. En outre, dans cette catégorie, ce sont les collectes de fonds qui constituent incontestablement l'activité la plus fréquente. C'est seulement au PRC que l'on mentionne plus souvent les campagnes de recrutement que celles de financement, ce qui atteste l'importance que les militants et militantes réformistes attachent à leur objectif d'expansion populaire. Comme nous l'avons vu (voir la figure 3.2), le parti a d'ailleurs connu une croissance explosive au cours des quatre dernières années. Les associations néo-démocrates, en revanche, sont les moins susceptibles de mener ces trois activités importantes sur le plan de l'organisation. Ce résultat étonne, puisque le NPD, en tant que parti de masses, s'est traditionnellement appuyé sur une solide base populaire. Le plus étonnant est que les associations des provinces des Prairies sont les moins nombreuses à mener des campagnes annuelles de recrutement.

Les deux tiers des associations affirment s'occuper au moins une fois par année d'élaboration de politiques. Comme plusieurs observateurs, à commencer par Siegfried (1906) au début du siècle, ont décrit les partis canadiens comme des formations élitistes, dominées par leur chef, et dont les militants locaux sont surtout attirés par la manne du favoritisme, cette proportion semble remarquablement élevée. Il appartiendra aux partis nationaux de trouver une solution pour intégrer de manière efficace le produit de cette activité dans leurs programmes politiques et leurs campagnes. S'ils ne le font pas, ils risquent de saper le moral de leurs militants et militantes les plus dynamiques (Clarkson 1979, 159). L'enquête montre aussi que les associations néo-démocrates ne s'intéressent pas de manière disproportionnée à l'analyse et à l'évaluation de politiques, malgré l'image de leur parti à cet égard. De fait, ce sont les militants locaux des partis de droite qui disent se livrer le plus fréquemment à de telles activités : 94 % au PRC et 67 % au PC, contre 60 % au NPD.

En ce qui concerne les communications, les deux méthodes traditionnelles — la tenue d'assemblées publiques et la publication d'un bulletin d'information — sont beaucoup plus fréquemment utilisées par les associations que les nouvelles techniques que sont la télévision locale, la télédistribution et les sondages d'opinion. Certes, cela s'explique peut-être, dans le cas des petites associations, par le manque d'argent, puisque les nouvelles techniques sont plus coûteuses et exigent des compétences plus spécialisées. Mais il se peut aussi que les associations soient foncièrement ancrées dans leurs habitudes, et lentes à s'adapter aux nouveautés. C'est en tout cas ce qu'il est permis de penser en observant le comportement du PRC à cet égard : non seulement ses membres sont-ils des communicateurs plus actifs, mais leurs associations utilisent quatre fois plus que les autres la télévision et les sondages locaux. Parties de rien, les associations du PRC ont peut-être simplement trouvé tout naturel d'adopter les techniques de communication les plus modernes. Le PHCC accorde lui aussi beaucoup d'importance aux communications, probablement parce qu'il défend un ensemble de thèses que la société, à ses yeux, est en train d'abandonner rapidement. Enfin, les associations avec un député ou une députée sont moins portées que les autres à publier un bulletin d'information. C'est d'ailleurs le seul domaine dans lequel cette catégorie d'associations est sensiblement moins active que les autres. Bien que nous n'en ayons aucune explication confirmée, on peut supposer que ces associations jugent inutile de produire des bulletins d'information locaux, puisque leur député fait des envois à l'ensemble des foyers de sa circonscription.

Les activités de la dernière catégorie sont directement axées sur les élections : préparation des campagnes et appui au député ou, s'il n'y en a pas, au candidat. Aucune de ces activités ne constitue un élément régulier de la vie de la plupart des associations entre des élections. Il y a plus d'associations réformistes que d'autres qui disent se préparer aux prochaines élections, ce qui est sans doute normal puisque les prochaines élections générales seront le baptême du feu de bon nombre d'associations réformistes. Les associations représentées à Ottawa se distinguent nettement des autres en ce qui concerne l'appui consenti au député. Cela n'a en soi rien d'étonnant, mais il convient néanmoins de le signaler, car il s'agit de la deuxième activité la plus fréquemment rapportée par ce type d'association. Autrement dit, la présence même d'un député donne, de toute évidence, aux activités de l'association une orientation claire et distincte qui la différencie nettement des autres associations de la circonscription.

Les associations du PRC se démarquent clairement des autres par la proportion élevée de celles qui disent exercer des activités diverses. Cela représente-t-il simplement l'extraordinaire déploiement d'énergie nécessaire pour bâtir rapidement un nouveau parti, ou un nouveau type de militantisme partisan qui pourra être maintenu à long terme ? Le temps le dira. Étant donné que le NPD, qui se caractérisait autrefois par le niveau de participation élevé de ses membres, est aujourd'hui presque indifférenciable des progressistes-conservateurs ou des libéraux, la première hypothèse semble être la bonne. Si tel est le cas, il est probable que les activités des associations du PRC ressembleront de plus en plus à celles des trois partis établis, une fois que l'étape de construction du parti sera achevée et que son effectif se sera stabilisé.

La fréquence de ces différentes activités varie légèrement d'un parti à l'autre, mais la tendance générale semble parfaitement claire. Les collectes de fonds constituent une activité quasi universelle, les sondages sont relativement rares, et les autres activités se répartissent dans des proportions sensiblement égales entre tous les partis. Cela, en soi, témoigne de l'existence d'une vie politique spécifique à l'échelon des circonscriptions.

Bien qu'il existe un ensemble de tâches communes à toutes les associations, chacune ne les envisage pas nécessairement de la même manière; c'est pourquoi nous avons demandé aux répondants et répondantes de dire lesquelles ils jugeaient les plus importantes. Leurs réponses nous éclairent sur les différences de priorités entre les vieux partis et les nouveaux. Les collectes de fonds constituent l'activité la plus importante pour le plus grand nombre d'associations libérales, progressistes-conservatrices et néo-démocrates, alors que pour le plus grand nombre d'associations du PRC et du PHCC, ce sont les campagnes de recrutement. Au sein des vieux partis, la présence d'un député ou d'une députée produit des résultats différents. En effet, dans ces associations, l'appui au député est l'activité qui est le plus souvent jugée comme prioritaire.

Il semble y avoir une légère différence régionale dans l'idée que se font les associations de l'importance relative de leurs activités. Dans les cinq provinces de l'Est, ce sont les collectes de fonds qui arrivent au premier rang; en Ontario et dans l'Ouest, ce sont les campagnes de recrutement. Il nous est impossible de dire, à partir de nos données, si cela reflète des différences régionales de culture politique ou plutôt la dure réalité économique des provinces de l'Est, mais on peut du moins en conclure que les activités ne revêtent pas la même importance pour les associations d'une région à l'autre.

Jusqu'à présent, nous visions, par notre analyse, à identifier les différentes tâches des associations de circonscription, à mesurer leur fréquence dans les divers types d'associations et à mesurer leur importance relative. Rien de cela n'indique cependant combien d'activités mène chaque association, mais on peut en faire le calcul en comptant simplement le nombre d'activités différentes rapportées par chaque association durant une année non électorale typique. Ce calcul donne un minimum de 0 et un maximum de 11, avec un petit pourcentage d'associations aux deux extrêmes. La médiane est de 4,9 et les trois quarts des associations réalisent entre 3 et 7 activités différentes (voir la figure 3.4). Cette mesure est étroitement liée aux opinions subjectives des associations sur leur niveau général d'activité : celles qui se jugent très actives mènent, en moyenne, 6,9 activités différentes, celles qui se jugent inactives, seulement 1,6. On trouvera, au tableau 3.18, le nombre moyen d'activités différentes des associations des cinq partis dans les différentes régions.

Figure 3.4
Activités des associations de circonscription entre les élections

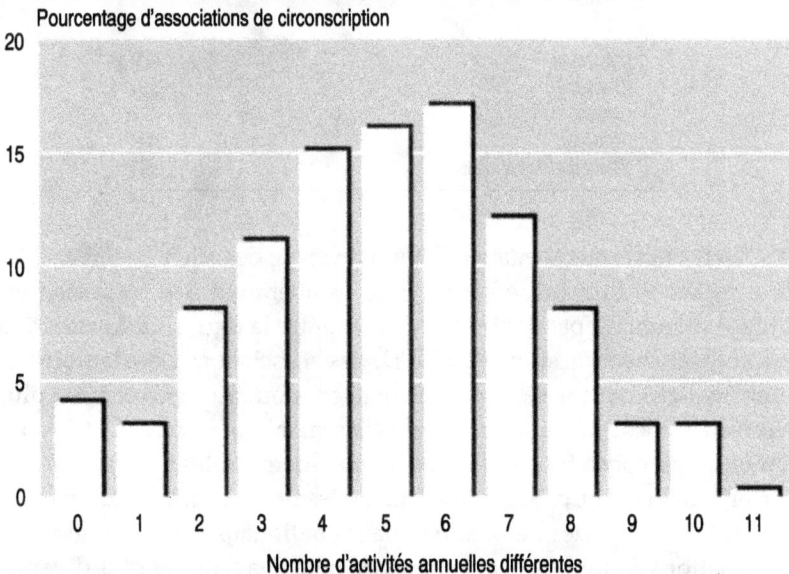

Pourcentage d'associations de circonscription

Nombre d'activités annuelles différentes

En général, ce sont les associations réformistes qui affichent la plus grande diversité du point de vue des activités locales (la médiane étant de 6,9), et les associations néo-démocrates, la plus faible (médiane de 4,4 seulement). Bien que cette différence semble minime, on a l'impression que bon nombre d'associations du NPD se contentent de survivre, étant donné que deux ou trois des activités distinctes identifiées dans la liste constituent le minimum pour maintenir l'organisation, alors que la plupart des associations réformistes sont étonnamment actives pour des associations locales canadiennes. Il y a une légère différence entre les associations avec ou sans député, les premières faisant plus de choses différentes durant une année non électorale moyenne. Comme nous l'avons vu, une bonne partie de cette activité supplémentaire semble être directement orientée vers l'appui au député ou à la députée.

Tableau 3.18
Nombre d'activités différentes organisées chaque année par les associations
(médiane)

Ensemble des partis	4,9
Progressiste-conservateur	5,2
Libéral	4,5
NPD	4,4
Réformiste	6,9
Héritage chrétien	5,2
Avec député	5,6
Sans député	4,7
Région	
Atlantique	4,0
Québec	3,5
Ontario	5,2
Prairies	5,2
Colombie-Britannique	6,1

Cette légère augmentation dans la diversité des activités attribuables à la présence d'un élu se vérifie chez les libéraux et les progressistes-conservateurs. Cependant, comme le montre la figure 3.5, la situation est radicalement différente au NPD. Les associations néo-démocrates représentées par un député effectuent un nombre sensiblement plus élevé de tâches différentes (6,9) que celles qui n'en ont pas (4,0). Or, nous l'avons déjà constaté, ces associations néo-démocrates avec député ont un effectif beaucoup plus nombreux et des revenus de cotisations plus élevés que celles des deux autres partis nationaux. Ainsi ces grandes associations relativement prospères mènent des activités plus diverses dans leur circonscription. Sur ce chapitre, elles rivalisent même avec les associations réformistes. En revanche, les associations néo-démocrates sans député ont une gamme d'activités plus restreinte que n'importe quel autre groupe d'associations. Il semble donc y avoir un écart relativement plus important, et plus marqué au NPD que dans tout autre parti, entre les associations grandes, riches et actives et les associations petites, pauvres, peu actives.

Figure 3.5
Niveau d'activité des associations néo-démocrates entre les élections

Pourcentage d'associations de circonscription

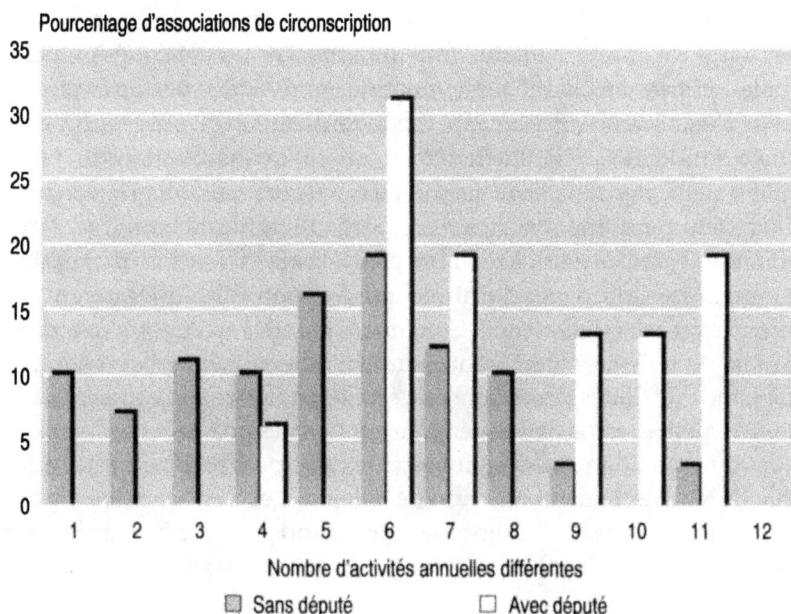

Nombre d'activités annuelles différentes

▨ Sans député   ☐ Avec député

Le tableau 3.18 révèle aussi des différences régionales marquées dans la nature des activités des associations de circonscription. Celles des provinces de l'Est mènent, dans l'ensemble, moins d'activités différentes durant une année non électorale normale que celles des cinq provinces de l'Ouest. Cela reflète la vigueur de la tradition de protestation populiste qui caractérise une bonne partie de la vie politique des provinces de l'Ouest depuis la Première Guerre mondiale. Bien sûr, c'est là une des raisons pour lesquelles les associations du PRC sont aussi militantes, puisqu'elles sont issues directement de ce terreau. Par ailleurs, ces données portent à croire que le PRC devra peut-être infléchir quelque peu son style et son type d'organisation au niveau local s'il veut se gagner des appuis dans les provinces atlantiques.

Les membres des associations et leur parti

Le militantisme du plus grand nombre d'adhérents et adhérentes ne dépasse pas les limites de l'association de circonscription. Pour d'autres, cependant, réunions et congrès à l'échelle régionale, provinciale ou nationale offrent la possibilité de représenter l'association dans les activités plus générales du parti. L'activité la plus intéressante, et peut-être la plus importante, est le congrès de direction national (que nous examinons en détail au chapitre 5), mais les congrès ordinaires du parti sont également des instruments importants de la démocratie interne. Le tableau 3.19 révèle que ces congrès suscitent relativement peu de concurrence dans les circonscriptions : moins du tiers des associations ont rapporté qu'il y a eu une lutte pour choisir des délégués ou déléguées, et près de 1 sur 5 a reconnu que trouver des délégués récemment s'était avéré « une corvée ». Cette constatation est beaucoup moins vraie pour le PRC. Par ailleurs, c'est au sein des associations du NPD qu'il était le plus difficile de recruter des délégués aux congrès du parti. Cela tient peut-être à la structure particulière de ces congrès, étant donné que pour ce parti le nombre de délégués est fonction du nombre de membres au niveau local (ce que ne font ni les libéraux, ni les progressistes-conservateurs). Comme ses grandes associations ont droit à plus de délégués, elles sont peut-être plus à même d'accéder à la demande de toutes les personnes désirant se rendre aux congrès. Dans les très petites associations néo-démocrates des provinces de l'Est, qui sont au demeurant assez nombreuses, il est probablement plus difficile de trouver le nombre voulu de délégués, et c'est sans doute pour cela que cette région compte le plus grand nombre d'associations néo-démocrates signalant des difficultés sur ce chapitre.

Tableau 3.19
Compétitivité dans la sélection des délégués et déléguées des associations aux congrès du parti
(en pourcentage)

	Ensemble des partis	Progressiste-conservateur	Libéral	NPD	Réformiste	Héritage chrétien
Avec concurrence	29	33	28	17	72	4
Sans concurrence	52	47	51	59	23	78
Difficulté à recruter des délégués	19	20	21	24	4	18

Ces différences ne semblent pas tenir au coût de la participation aux congrès, facteur qui aurait peut-être plus d'importance pour certains néo-démocrates, car la compétitivité des luttes pour le choix des délégués et déléguées aux congrès nationaux ordinaires des partis n'est pas liée à la capacité ou à la volonté de l'association locale de subventionner les personnes participant aux réunions externes. Comme le montre le tableau 3.20, il y a, entre les partis, des différences très nettes sur ce chapitre.

Tableau 3.20
Associations subventionnant leurs délégués et déléguées aux réunions externes du parti
(en pourcentage)

	Ensemble des partis	Progressiste-conservateur	Libéral	NPD	Réformiste	Héritage chrétien
Réunions du parti en dehors de la circonscription	30	51	28	18	11	19
Congrès provincial	28	48	27	20	6	6
Congrès national	52	81	40	44	26	43
Congrès de direction national	40	58	43	35	6	19
Aucune des rencontres ci-dessus	41	15	48	52	70	47

Les associations du PC sont celles qui sont le plus disposées à aider leurs membres à absorber le coût de leur participation aux réunions qui se tiennent en dehors de la circonscription. Pour chaque catégorie du tableau, elles sont proportionnellement plus nombreuses à indiquer qu'elles subventionnent leurs délégués et déléguées, ce qui est d'autant plus frappant qu'elles exigent d'ordinaire des cotisations sensiblement moins élevées que celles des autres partis. Quant aux associations néo-démocrates, elles n'obtiennent pas d'excellents résultats sur ce chapitre, même si leur parti se considère comme plus démocratique que les autres sur le plan interne : plus de la moitié affirment n'accorder aucune aide financière aux délégués qui assistent à ces réunions. La proportion est encore moins élevée parmi les associations réformistes, ce qui ne concorde pas avec l'image que nous en avons donnée, soit des associations beaucoup plus actives et participatives que les autres. Nous n'avons aucune information sur les motifs de cette anomalie apparente, mais il se peut fort bien que les membres du PRC désirent tellement participer aux activités de leur formation, à cette étape-ci de son développement qu'ils n'essaient pas d'obtenir cette forme d'aide.

Les efforts des associations pour accroître la participation

Comme nous l'avons déjà vu, beaucoup d'associations se sont dotées de sections distinctes destinées à faciliter l'adhésion de groupes particuliers d'électeurs et électrices. Afin de voir dans quelle mesure elles cherchent activement à attirer ces groupes, nous leur avons demandé si elles déployaient « *des efforts particuliers* pour intéresser l'un des groupes suivants [dont la liste était fournie] dans le but de l'amener à participer davantage aux principales activités du parti dans la circonscription ». Le tableau 3.21 permet de se faire une idée de l'ampleur de ces efforts.

Tableau 3.21
Efforts de recrutement des associations auprès de groupes particuliers
(en pourcentage)

Groupe	Ensemble des partis	Progressiste-conservateur	Libéral	NPD	Réformiste	Héritage chrétien
Jeunes	63	74	58	62	50	58
Femmes	54	54	49	73	44	24
Minorités visibles	32	37	30	38	22	13
Autochtones	22	14	24	34	24	9
Autres	5	2	1	15	4	4
Pas d'efforts particuliers	27	21	33	19	41	40

Les trois quarts des associations affirment déployer certains efforts pour favoriser la participation des groupes mentionnés, bien que ces efforts soient moins fréquents dans les deux partis les plus jeunes. Un nombre considérable d'associations déclarent qu'elles tentent d'attirer des membres des minorités visibles et des peuples autochtones. De fait, les efforts déployés à cette fin sont peut-être plus intenses que ne l'indique le tableau 3.21, car bon nombre de circonscriptions ne comptent qu'un très petit nombre de personnes de ces deux groupes. Par exemple, la moitié des associations des circonscriptions où existent des groupes importants de membres des minorités visibles affirment avoir fait des efforts spéciaux pour intégrer ces derniers. Le nombre d'associations ayant déployé de tels efforts est moins élevé au PHCC que dans les autres partis, ce qui n'est guère étonnant vu l'importance que ce parti attache aux valeurs familiales chrétiennes traditionnelles. Mais ce sont à l'évidence les jeunes et les femmes que la plupart des associations courtisent avec le plus d'assiduité. D'un certain point de vue, il n'y a là rien de très neuf, puisqu'il s'agit de groupes à l'intention desquels les partis ont traditionnellement créé des sections ou des entités distinctes.

Ce sont les associations libérales et progressistes-conservatrices qui sont les plus susceptibles de déployer des efforts spéciaux pour attirer les jeunes, alors que les associations néo-démocrates font de même à l'endroit des femmes. Ces différences tiennent de deux facteurs : la perception des obstacles auxquels font face les femmes pour participer à la vie politique, et les signaux que les associations locales reçoivent de leur parti national. Ainsi, 29 % des associations affirment qu'il est plus difficile aux femmes de s'imposer sur la scène politique et que « des dispositions spéciales devraient être adoptées par les partis dans le but de garantir l'égalité des chances ». Il y a cependant un fossé entre les associations néo-démocrates et les autres : alors que 73 % des premières appuient cette affirmation, les pourcentages chez les libéraux et les progressistes-conservateurs ne sont que de 20 % et de 12 %, respectivement. On constate le même fossé au sujet des associations qui disent subir des pressions de leurs instances nationales pour augmenter la participation des femmes. Invitées à dire si ces pressions sont réelles ou purement symboliques, une majorité des associations libérales et progressistes-conservatrices affirment qu'elles sont essentiellement symboliques, alors que 90 % des associations néo-démocrates les décrivent comme réelles. Cette question ne semble guère préoccuper les associations du PRC ou du PHCC.

Les efforts pour accroître la participation des femmes dans les instances locales des partis n'ont pas encore porté fruit. Ni les mesures spéciales adoptées à l'échelon local ni les pressions exercées par les instances nationales n'ont sensiblement modifié le pourcentage de femmes qui adhèrent aux associations ou qui les dirigent. Comme nous le verrons plus loin, il semble y avoir une corrélation positive entre les pressions exercées et le choix de femmes pour représenter les partis aux élections. Cependant, comme la plupart des candidates sont défaites, ce choix est de nature relativement symbolique pour bon nombre d'associations locales. Finalement, sans nier l'importance de présenter des candidates aux élections, il faut reconnaître que les changements sont plus lents à se manifester dans les hiérarchies locales des partis.

LES ASSOCIATIONS DE CIRCONSCRIPTION ET L'ÉTAT

Nous nous penchons, plus loin dans cette étude, sur la réponse des associations à diverses propositions de réforme, dont beaucoup supposeraient une intervention ou une réglementation gouvernementale. Les associations de circonscription sont-elles convaincues de la nécessité d'une telle réforme, alors qu'elles n'ont eu jusqu'à présent aucun lien avec l'État ? Estiment-elles avoir besoin d'une certaine forme de soutien ? L'enquête nous permet d'apporter une réponse très approximative à ces questions. Approximative, parce que nous n'avons recueilli que des données simples, et aussi parce qu'il n'y a manifestement aucun consensus à ce sujet entre les diverses associations des partis canadiens.

Les répondants ont été invités à préciser laquelle des deux propositions suivantes exprimait le mieux leur opinion : a) « Les partis politiques devraient pouvoir diriger leurs affaires internes selon leurs propres règles, comme bon leur semble »; ou b) « Compte tenu des importantes responsabilités publiques des partis politiques, la régie de leurs affaires internes devrait être réglementée au moins en partie par la loi ». Cette question en accompagnait plusieurs autres concernant les liens entre les associations de circonscription et l'État, et visait à déterminer dans quelle mesure les associations considéraient comme légitime une certaine forme de réglementation publique de leurs activités. Un peu plus de la moitié appuient l'idée d'une réglementation, 56 % ayant choisi la deuxième proposition. Les réponses reflètent, au demeurant, le traditionnel clivage entre la droite et la gauche à propos de toute intervention étatique : 77 % des associations néo-démocrates sont prêtes à accepter une certaine forme de réglementation, contre 42 % des associations progressistes-conservatrices ou réformistes. Comme nous le verrons plus loin, la réaction des associations à certains types de réforme dépend, dans une large mesure, du domaine considéré.

Une deuxième question était destinée à déterminer si les associations estimaient avoir besoin d'une aide organisationnelle pour leurs activités courantes. Nous leur avons ainsi demandé si elles étaient d'accord, ou non, avec une proposition visant à leur fournir « des locaux et du mobilier [...] dans des immeubles gouvernementaux ». Un quart seulement étaient d'accord; la grande majorité pensait qu'elle pouvait ou devrait se débrouiller sans cette sorte de faveur. Cette opinion se retrouve d'ailleurs dans tous les partis quoique à divers degrés : 40 % des associations néo-démocrates acceptent cette idée, contre seulement 20 % des associations progressistes-conservatrices et 2 % des associations réformistes. Ce sont les associations les moins actives qui sont les plus ouvertes à cette forme d'aide gouvernementale, ce qui est peut-être normal vu les difficultés qu'elles rencontrent, ne serait-ce que pour maintenir une présence visible dans leur circonscription. Après tout, un bureau dans un immeuble gouvernemental leur conférerait un statut et une image qu'elles sont actuellement incapables d'acquérir par elles-mêmes. Une autre différence dans les réponses à cette question doit être signalée : plus de la moitié des associations des provinces de l'Est sont en faveur de cette idée, proportion beaucoup plus élevée que dans n'importe quelle autre région du pays. Cela reflète des différences de culture régionale en matière de services publics et témoigne aussi de l'image traditionnelle des partis comme institutions de l'élite sociale dans les provinces de l'Est, par opposition aux traditions politiques plus populistes qui caractérisent la moitié ouest du pays.

LES ASSOCIATIONS DE CIRCONSCRIPTION CANADIENNES

Les associations de circonscription du PC et du PLC se ressemblent beaucoup : leur effectif fluctue de manière assez classique, comme celui de tout parti de cadres axé sur le cycle électoral, mais leur niveau d'activité porte à croire qu'elles ont adopté certaines des caractéristiques des partis de masses. Elles continuent d'être actives entre les élections et, quoiqu'une bonne part de leur activité soit orientée vers le maintien de l'organisation, beaucoup s'engagent aussi dans un large éventail d'autres tâches politiques. Dans les associations du NPD, en revanche, l'effectif évolue davantage comme celui d'un parti de masses, bien que peu d'associations néo-démocrates aient un vrai effectif de masses. Les caractéristiques de leurs activités ne diffèrent pas sensiblement de celles de leurs adversaires traditionnels; en fait, les associations du NPD sont peut-être même moins actives que l'association libérale ou progressiste-conservatrice typique.

Pour une association, le fait d'être représentée par un député ou une députée est généralement moins important qu'on aurait pu le croire, dans un système axé sur le leadership et mû par le cycle électoral. Paradoxalement, cela est plus vrai pour les partis de cadres que pour le NPD. Les députés néo-démocrates sont à la tête d'organisations locales qui se distinguent de presque toutes les autres par le nombre de leurs membres et l'intensité de leur activité. Nos données ne permettent pas de dire si cela est dû à la capacité de vraies organisations de masses à élire des députés, ou au fait que les députés néo-démocrates font plus d'efforts pour bâtir et entretenir leur organisation. Ce qui est vrai pour toutes les associations locales, cependant, c'est que la présence d'un député les amène à structurer beaucoup plus leur activité, et que la quasi-totalité de celles qui ont un député déclarent qu'appuyer celui-ci est une tâche constante. À ces réserves près, on peut dire que les associations locales ayant un député ne semblent pas tellement différentes des autres, bien qu'elles aient plus de membres et qu'elles bénéficient d'un bureau de circonscription fourni par l'État. Nous verrons plus loin que cela reste vrai en ce qui concerne leurs ressources financières et leurs capacités électorales.

Le portrait que nous avons su dresser du PRC est fascinant, car il correspond à sa période de démarrage organisationnel : son association typique a généralement un effectif nombreux et en forte croissance, et elle fait plus de choses différentes que l'association typique des partis plus anciens. Bien qu'il y ait certainement une limite à ce développement, notre enquête ne nous permet pas de dire où elle se situe. Le PHCC, quant à lui, est un parti de protestation de nature différente. L'effectif de ses associations semble moins nombreux et plus stable. Par ailleurs, ces deux nouveaux partis ne semblent faire aucun effort pour répondre aux pressions visant à favoriser davantage l'accès des femmes à la vie politique.

Les associations de circonscription diffèrent d'une région à l'autre du pays, comme on pouvait s'y attendre. En règle générale, la démarcation se fait entre l'Est et l'Ouest. Plus on va vers l'ouest, plus les associations ont tendance à être grandes et actives. Cela correspond à la tradition de protestation populiste qui s'est si souvent manifestée dans l'Ouest canadien et qui fonde actuellement l'essentiel des activités du PRC. Ces différences semblent durables, car, six décennies après la fondation de la CCF, bon nombre des mêmes variations persistent encore au sein du NPD.

Néanmoins, il existe beaucoup de points communs entre les partis au niveau des circonscriptions. Si l'on peut se demander pourquoi les partis ne réussissent pas à attirer plus de membres et à rendre leurs associations plus actives, on peut aussi se questionner sur les raisons d'existence de beaucoup de ces associations. La réponse est que le système électoral et notre conception de ce qu'est un parti national obligent chaque parti à entretenir une association dans chaque circonscription, et ce, même s'il y suscite peu d'intérêt. C'est un peu comme si une chaîne de restauration rapide ou une compagnie d'essence décidait qu'elle avait besoin d'une franchise dans chaque agglomération canadienne, même là où n'existe aucune demande pour son produit. Cependant, à la différence des chaînes de restauration ou des stations-service, les franchises des partis doivent être entretenues et gérées par des bénévoles qui ne sont prêts à s'en occuper que de façon intermittente.

Si l'on voit les partis politiques de cette manière, c'est-à-dire comme des réseaux de franchises locales vouées au combat électoral et gérées par des bénévoles, on comprends mieux les variations d'effectif et d'activité décrites plus haut. Les instances nationales du parti peuvent fixer quelques règles communes en matière de structure et de fonctionnement, mais elles ne peuvent guère faire plus pour leurs militants locaux, si ce n'est les encourager et les motiver. Les membres déçus ont toujours la possibilité de s'en aller, ce que beaucoup choisissent manifestement de faire, quitte à perdre leur influence ou à paraître déloyaux (Hirschman 1970). Un parti national ne dispose pas de cette option, bien que, dans des cas extrêmes, il puisse intervenir pour réorganiser une association de circonscription en débandade (*Globe and Mail* 1993). Pour être crédible comme gouvernement potentiel, pour obtenir sa pleine part de temps d'antenne et le remboursement maximum de ses dépenses électorales, il doit maintenir une présence, même symbolique, dans chaque circonscription. En fin de compte, il doit être prêt à confier sa gestion locale aux bénévoles, quels qu'ils soient, qu'il parvient à attirer et à garder à son service.

Mais les associations de circonscription des partis fédéraux ne s'occupent pas seulement de politique fédérale. Les deux tiers partagent leurs membres avec les entités provinciales de leur parti, ou consacrent une part de leur énergie à la politique provinciale, ou les deux. Elles le font parfois dans le respect, parfois au mépris, des statuts officiels de leur parti. Elles le font parce que cela répond à leurs besoins politiques et organisationnels locaux et leur permet d'optimiser leurs ressources.

Nous avons donné un aperçu des ressources dont disposent les associations. Dans le prochain chapitre, nous approfondissons la question de leurs finances — ce que d'aucuns considèrent comme la zone grise du financement des partis canadiens.

4

LE FINANCEMENT DES PARTIS DANS LES CIRCONSCRIPTIONS

~

Depuis plus d'un siècle, les candidats et candidates aux élections fédérales sont tenus de déclarer leurs dépenses électorales. Depuis l'adoption de la *Loi sur les dépenses d'élection*, en 1974, les partis nationaux doivent produire un rapport annuel divulguant leurs dépenses et leurs recettes, ainsi qu'un rapport sur leurs dépenses électorales. En revanche, aucune disposition ne reconnaît le rôle des associations de circonscription dans le processus électoral, ou ne les oblige à rendre compte de leurs finances. De ce fait, à part quelques données aléatoires sur les finances de certaines associations, on ne sait pratiquement rien de cet aspect des partis.

Ce sujet n'est pas d'un abord facile. Au Canada, les questions financières ont longtemps été considérées comme un élément trouble et secret de la vie politique. Cette attitude trouve sans aucun doute son origine dans la politique de favoritisme officieux et individuel pratiquée au XIXe siècle. La série de scandales politiques qui a marqué l'histoire des partis fédéraux et provinciaux a probablement renforcé cette tendance naturelle des militants et militantes (Simpson 1988). Les seules personnes qui pouvaient s'occuper des questions financières des partis étaient celles qui devaient recueillir des fonds ou effectuer des dépenses. Dans les circonscriptions, il s'agissait de une ou deux personnes clés qui étaient — et sont encore souvent — plutôt portées au secret. Dans certains cas, ces personnes relevaient directement du député local plutôt que de l'association elle-même. En outre, soucieuses de ménager leurs ressources locales, bon nombre d'associations se sont efforcées de cacher leur véritable situation financière, même à leur propre parti provincial ou national.

Aujourd'hui, cette tradition va à l'encontre de la transparence qu'exigent de plus en plus les membres pour pouvoir exercer un certain contrôle sur leur parti. Sans cette transparence, les militants et militantes ne pourraient obliger leur chef à rendre compte de sa gestion, ni jouer eux-mêmes un rôle valable dans la vie de leur parti. À une époque où une bonne part des revenus des partis émanent directement ou indirectement (sous forme de crédits d'impôt) du Trésor public, cette tradition de secret financier est devenue inacceptable pour les contribuables. La transparence gouvernementale exige qu'on puisse examiner la gestion des ressources publiques, et tout parti démocratique devrait s'attendre à ce type de surveillance, et même le souhaiter.

Nous ne disposions pas de dossiers officiels ou publics sur les associations de circonscription comme ceux dans lesquels Stanbury (1991) a puisé sa riche base d'information sur le financement des partis nationaux. Par conséquent, nous avons dû nous en remettre aux renseignements divulgués volontairement par les associations. Nous n'avons pas de bilans ni d'états de recettes et de dépenses et, dans plusieurs cas, les données nous ont été fournies sous forme de catégories plutôt que de chiffres précis. Quoi qu'il en soit, les réponses au questionnaire nous permettent de tracer un premier tableau révélateur des activités financières des associations entre les élections. Nous examinerons, au chapitre 8, les recettes et les dépenses électorales des associations.

LA SANTÉ FINANCIÈRE DES ASSOCIATIONS DE CIRCONSCRIPTION

Il est difficile, et relativement arbitraire, d'évaluer la santé financière des associations de circonscription. Leurs activités et leur champ d'action étant très différents, il n'existe aucun critère absolu quant à leurs besoins. De fait, la collecte de fonds est l'une de leurs activités principales (voir le tableau 3.17) et les divers partis se sont dotés de règlements et de méthodes très différents en ce qui concerne le partage des recettes et des dépenses entre leurs entités locales, provinciales et nationales. Stanbury (1991) a réalisé la meilleure étude jusqu'ici du monde complexe des finances internes des partis. Dans les pages qui suivent, nous tentons seulement de décrire la situation financière des associations de circonscription de chaque parti. Au printemps de 1991, soit à mi-chemin entre deux élections générales, nous avons posé aux répondants et répondantes la question suivante : « De combien de fonds votre association dispose-t-elle à l'heure actuelle ? » On trouvera une ventilation des réponses au tableau 4.1, qui révèle certaines différences marquantes.

Ce qui frappe d'abord dans ces données, c'est que les ressources des associations sont généralement limitées. Plus de la moitié (57 %) déclarent avoir moins de 5 000 $ en caisse, et près de 30 %, moins de 1 000 $. À l'autre extrême, environ 1 association sur 4 affirme avoir 10 000 $ ou plus, et 9 %, plus de 25 000 $. Ces sommes sont loin d'être considérables, si l'on en juge d'après les dépenses que bon nombre d'entre elles doivent assumer, même avec un petit nombre de membres. Comme elles savaient qu'elles auraient une lutte électorale à mener dans les deux ans et demi, rien ne permet de penser qu'un grand nombre d'associations se constituent d'énormes caisses électorales entre les élections. On ne trouve pas trace non plus des sommes importantes qui, selon Stanbury (1991, chapitre 12), ont été remboursées en 1988 à titre de dépenses électorales et qui, d'après plusieurs, seraient conservées dans les comptes des circonscriptions (Laschinger et Stevens 1992, 146 et 147). Nous reviendrons sur cette question au chapitre 8.

Tableau 4.1
Finances des associations de circonscription : fonds disponibles, 1991
(en pourcentage)

	< 1 000 $	1 000–4 999 $	5 000–10 000 $	> 10 000 $
Ensemble des partis	29	28	19	24
Progressiste-conservateur	8	19	18	55
Libéral	29	29	25	17
NPD	53	32	11	4
Réformiste	9	29	36	27
Héritage chrétien	48	39	11	2
Avec député	8	21	19	53
Sans député	36	30	19	15
Région				
Atlantique	43	25	15	17
Québec	51	17	10	22
Ontario	23	32	16	28
Prairies	23	26	26	25
Colombie-Britannique	16	31	31	21

La situation est différente pour les associations avec un député ou une députée : plus de la moitié (53 %) déclarent avoir plus de 10 000 $ en caisse, et elles représentent près de 60 % des associations qui ont réussi à accumuler des sommes plus substantielles. Cette tendance vaut pour les trois partis nationaux. Ainsi les députés sortants sont plus susceptibles que leurs adversaires d'engager le combat électoral en s'appuyant sur des associations bien financées. Cela dit, les sommes en jeu restent relativement modestes, et semblent bien inférieures à ce qu'une association aurait besoin pour mener une campagne vigoureuse. Les associations sont donc manifestement tributaires des sommes qu'elles et leurs candidats ou candidates recueillent au moment des élections, ou de l'aide extérieure fournie par d'autres entités de leur parti, ou encore par l'État sous la forme du remboursement des dépenses en vertu de la *Loi électorale du Canada*.

La présence d'un élu contribue manifestement à la santé financière d'une association locale, mais il y a à cet égard des différences notables entre les partis. Les associations du Parti progressiste-conservateur du Canada (PC) se distinguent par leur prospérité. Seulement 8 % d'entre elles avaient, à l'époque de l'enquête, moins de 1 000 $ en caisse, alors que plus de la moitié avaient plus de 10 000 $. En comparaison, les associations du Nouveau Parti démocratique (NPD) semblent bien pauvres. Plus de la moitié (53 %) ont déclaré avoir moins de 1 000 $ en caisse, mais il est vrai que la quasi-totalité de celles-là n'étaient pas représentées à Ottawa. (Plus de 40 % des associations néo-démocrates avec un député avaient plus de 5 000 $ à leur disposition.) Au parti de l'Héritage chrétien du Canada (PHCC), l'autre formation caractérisée par un effectif restreint et stable, une proportion élevée d'associations sont également plutôt pauvres.

La prospérité des associations progressistes-conservatrices et le dénuement des associations néo-démocrates coïncident peut-être avec l'image populaire de ces deux partis, mais pas avec les ressources que rapportent, en principe, les cotisations de leurs membres. Comme nous l'avons vu au chapitre 3 (voir le tableau 3.6), le produit des cotisations de l'association progressiste-conservatrice typique était, en 1990, de 1 250 $ à peine, soit bien en deçà de la somme globale qu'elle avait à sa disposition. En revanche, l'association néo-démocrate typique a recueilli 3 200 $ de cotisations, mais avait apparemment beaucoup moins d'argent à sa disposition. Cela confirme notre hypothèse selon laquelle les cotisations versées au PC ne constituent pas un élément particulièrement important des ressources de ses associations; il s'agit plutôt d'un élément symbolique confirmant le lien entre le parti et ses membres. Cela indique aussi que les associations néo-démocrates doivent remettre à leur organisation provinciale (ou ne reçoivent jamais de celle-ci) une proportion élevée des cotisations de leurs membres.

Ainsi le degré d'autonomie financière des associations de circonscription varie d'un parti à l'autre. Il semble y avoir plus d'autonomie au PC et moins au NPD, ce qui est conforme au modèle de parti confédéral ou intégré proposé par Dyck (1991). Le tableau 4.2, qui indique la proportion d'associations participant régulièrement à des transferts de fonds à l'intérieur de leur parti (entre les élections), donne une idée du niveau d'intégration financière des diverses formations. Ce tableau confirme l'analyse de Dyck, mais il démontre aussi qu'aucun parti ne se conforme à un modèle purement confédéral ou purement intégré. C'est le PC, suivi du Parti réformiste du Canada (PRC), qui a les associations les plus autonomes sur le plan financier, et le PHCC, les moins autonomes. Cela dit, le tiers des associations progressistes-conservatrices participent à des transferts dans un sens ou dans l'autre, avec les échelons supérieurs du parti, alors que 44 % des associations néo-démocrates affirment être financièrement indépendantes dans les années non électorales normales. Comme on pouvait s'y attendre, le Parti libéral du Canada (PLC) se situe entre le PC et le NPD.

Un autre point ressort clairement du tableau 4.2 : c'est la direction des mouvements de fonds et ce qu'elle révèle des rapports entre les associations et les instances supérieures. Dans tous les partis, mais surtout dans les trois plus grands, les associations sont beaucoup plus susceptibles d'envoyer de l'argent que d'en recevoir. Cela montre que les activités de financement à la base sont toujours importantes pour les partis, mais cela indique aussi que les instances nationales voient essentiellement leurs associations locales comme des organismes de collecte responsables entre les élections. Rien n'indique ici que les responsables nationaux (ou provinciaux) des partis investissent de l'argent dans les associations pour leurs activités d'organisation ou d'orientation.

Tableau 4.2
Transferts financiers des associations de circonscription entre les élections
(en pourcentage)

Mouvement de fonds	Progressiste-conservateur	Libéral	NPD	Réformiste	Héritage chrétien
À destination des niveaux supérieurs	32	44	48	30	46
En provenance des niveaux supérieurs	4	5	7	11	33
Pas de transferts notables	64	51	44	59	21

La seule variation régionale notable en matière de transferts internes concerne les provinces atlantiques. Un plus grand nombre d'associations de cette région peuvent être considérées comme autonomes, mais c'est parce qu'elles sont plus pauvres et elles ont donc moins d'argent à verser aux organes supérieurs de leur parti. (Comme nous le verrons plus loin, l'inverse est vrai en période électorale, car c'est alors dans cette région qu'on trouve une proportion beaucoup moins élevée d'associations financièrement autonomes — voir le tableau 8.9.) Les différences régionales ressortent clairement du tableau 4.1. En termes simples, les associations du Québec et des provinces atlantiques sont plus pauvres que celles des cinq autres provinces. On comprend dès lors pourquoi les associations de l'est du pays sont moins actives, plus axées sur la collecte de fonds et plus disposées à accepter l'aide de l'État pour leurs activités d'organisation entre les élections.

Toutes les associations, sauf quelques-unes du PC, du PRC et du PHCC, disent garder leurs fonds dans des comptes qui sont contrôlés à l'échelon local. En ce qui concerne les partis plus intégrés, un pourcentage non négligeable d'associations libérales (29 %) et néo-démocrates (25 %) rapportent, comme on pouvait s'y attendre, que leurs fonds locaux sont détenus par d'autres instances du parti ou qu'ils sont contrôlés conjointement. Elles n'ont pas nécessairement moins d'influence sur la manière dont leurs fonds seront utilisés, mais cela paraît probable. Malheureusement, nos données ne permettent pas d'élucider ce point.

Un excédent ou un déficit ?

La somme d'argent que détient une association de circonscription n'est qu'un indice, et indirect, de sa santé financière. Ce montant peut représenter son solde actuel, mais peut aussi correspondre à des fonds accumulés il y a longtemps, provenant peut-être du remboursement des dépenses électorales du candidat local après les élections de 1988. On peut se faire une idée plus précise de la situation actuelle de l'association en voyant si son budget d'exploitation annuel est excédentaire ou déficitaire, et de combien. Le tableau 4.3 montre que, pour l'année 1990, 84 % des associations affichaient un excédent, et 16 %, un déficit. Le nombre d'associations déficitaires a légèrement baissé par rapport à la période postélectorale de 1989 (chiffres non inclus dans le tableau), et le nombre d'associations ayant été déficitaires deux années de suite (1989 et 1990) n'était que de 12 %. Ce sont les associations du PRC et du PHCC qui ont été excédentaires le plus souvent. Par contre, le nombre d'associations excédentaires était plus élevé au PLC qu'au PC ou au NPD, ce qui constitue un renversement de la situation des partis nationaux par rapport à un passé récent. Enfin, le fait d'avoir, ou non, un député ou une députée n'a pas d'incidence sur la probabilité d'un excédent ou d'un déficit.

Tableau 4.3
Solde du compte courant des associations de circonscription, 1990
(en pourcentage)

	Ensemble des partis	Progressiste-conservateur	Libéral	NPD	Réformiste	Héritage chrétien
Excédent	84	78	86	79	98	97
Déficit	16	22	14	21	2	3

Les associations de circonscription ne sont pas des organisations de grande envergure, ce que reflète l'ampleur typique de leur excédent ou de leur déficit (voir le tableau 4.4). L'ampleur (et non l'existence) de leur excédent ou de leur déficit est liée à la présence d'un député ou une députée : le montant typique est deux fois plus élevé lorsque l'association est représentée à Ottawa. Sur les trois grands partis, ce sont les progressistes-conservateurs qui ont les excédents et les déficits les plus élevés, peut-être parce qu'ils ont moins de revenus provenant des cotisations de leurs membres pour compenser les fluctuations de leurs autres sources de financement. En 1990, ce sont les associations du PRC qui semblaient être dans la meilleure situation financière, l'association typique affichant un excédent de 4 000 $. Le nombre de membres de l'association ne semble pas être un facteur important sur ce chapitre : les associations avec un excédent sont habituellement de la même taille que celles avec un déficit.

Tableau 4.4
Ampleur des excédents ou des déficits des associations de circonscription, 1990
(en dollars, association médiane)

	Excédent		Déficit	
	Avec député	Sans député	Avec député	Sans député
Ensemble des partis	3 000	1 500	2 000	1 000
Progressiste-conservateur	4 000	3 000	2 500	1 000
Libéral	2 000	1 175	2 000	1 000
NPD	2 250	500	1 100	1 000
Réformiste	—	4 000	—	—
Héritage chrétien	—	900	—	—

On constate donc que les associations de circonscription sont généralement gérées avec prudence entre les élections, et qu'elles n'accumulent pas d'obligations financières qui risqueraient de grever plus tard leur budget électoral. Il est possible d'analyser la portée et la nature de leurs activités financières en examinant les grandes tendances en matière de recettes et de dépenses.

LES RECETTES DES ASSOCIATIONS DE CIRCONSCRIPTION

Les rapports financiers de 1990 révèlent une disparité considérable en ce qui concerne les recettes des associations de circonscription (voir le tableau 4.5). Environ 70 % des associations ont eu des recettes peu élevées — 5 000 $ ou moins — mais près de 1 sur 5 a recueilli plus de 10 000 $ durant l'année. Les associations avec un député ou une députée étaient plus susceptibles de faire partie du groupe des associations prospères. Il y a en effet une forte corrélation entre le niveau d'activité d'une association et son revenu annuel, et les députés ont généralement des associations plus dynamiques.

Tableau 4.5
Revenus des associations de circonscription, 1990
(en pourcentage)

	< 1 000 $	1 000–4 999 $	5 000–10 000 $	> 10 000 $
Ensemble des partis	29	40	12	19
Progressiste-conservateur	21	40	13	27
Libéral	23	43	14	20
NPD	51	36	6	8
Réformiste	2	35	26	37
Héritage chrétien	40	47	9	5
Avec député	12	32	14	42
Sans député	35	43	11	10
Région				
Atlantique	48	43	5	5
Québec	54	21	6	19
Ontario	21	44	11	24
Prairies	20	44	19	17
Colombie-Britannique	21	39	14	25

Les différences entre les partis quant au niveau d'activité et aux finances de leurs associations sont les mêmes lorsqu'il s'agit des recettes locales. Sur les trois formations nationales, c'est le PC qui a le plus d'associations à revenus élevés, et le NPD, le moins. De fait, plus de la moitié des associations néo-démocrates ont un revenu annuel inférieur à 1 000 $, ce qui ne suffit manifestement pas pour assurer une action politique, même minimale. Les deux nouveaux partis inclus dans l'enquête sont très différents l'un de l'autre : les associations du PRC, actives et en pleine croissance, se situent vers le haut de l'échelle de la prospérité, alors que celles du PHCC semblent relativement pauvres, comme celles du NPD. Or, les associations du PHCC, à la différence de celles du NPD, sont très actives comme on l'a dit. Donc, l'activité intense du PHCC ne produit pas de revenus plus élevés. Cela s'explique par l'attrait relativement faible pour le parti, dont les associations recrutent peu de membres.

Ces différences entre les partis sont tempérées, dans le cas des trois formations nationales, par un autre facteur : la présence ou l'absence d'un député ou une députée. Les différences de revenus ressortent bien des figures 4.1 à 4.3. Dans chacun des partis, plus des trois quarts des associations sans député avaient des revenus annuels inférieurs à 5 000 $. Par contre, les associations avec un député (et que doivent concurrencer celles qui n'en ont pas) avaient des revenus sensiblement plus élevés : dans chaque parti, entre le tiers et la moitié ont déclaré des revenus de 10 000 $ ou plus. Les tendances varient d'un parti à l'autre, mais les députés libéraux se distinguent par le fait qu'ils ont la proportion la plus élevée d'associations prospères. Ce facteur est difficile à expliquer, car leurs associations ne sont pas particulièrement plus actives que les autres. Il se peut que les députés libéraux, conscients des difficultés financières de leur parti national, aient décidé d'éviter ce genre de situation dans leur circonscription et qu'ils fassent donc beaucoup d'efforts pour bien garnir leur caisse au niveau local.

Figure 4.1
Revenus des associations de circonscription progressistes-conservatrices, 1990

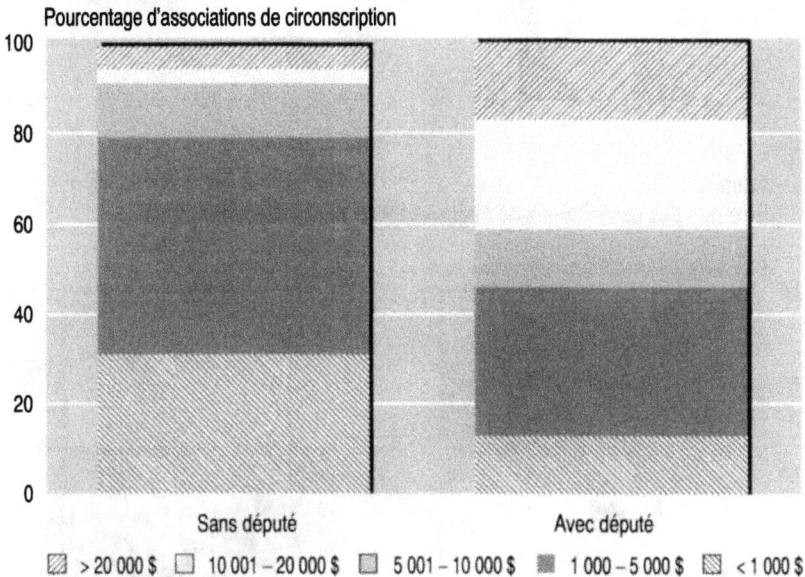

En ce qui concerne les variations régionales, elles sont tout à fait prévisibles. Comme l'indique le tableau 4.5, la moitié des associations des cinq provinces de l'Est font partie du groupe le moins prospère, tandis que l'Ontario et la Colombie-Britannique ont une proportion plus élevée que la moyenne d'associations prospères. La situation au Québec est intéressante : cette région compte le plus grand nombre d'associations pauvres, mais elle englobe aussi un nombre étonnamment

Figure 4.2
Revenus des associations de circonscription libérales, 1990

Pourcentage d'associations de circonscription

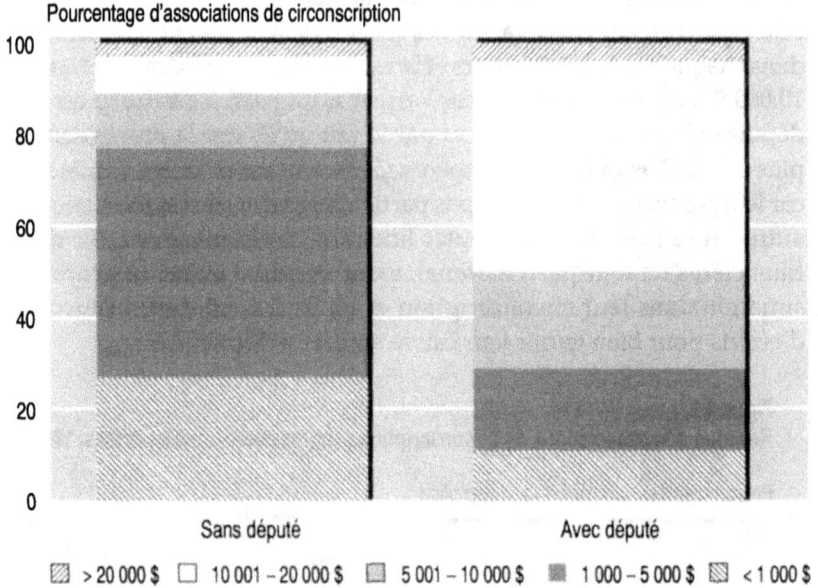

```
        Sans député                    Avec député
```

▨ > 20 000 $ ☐ 10 001 – 20 000 $ ▨ 5 001 – 10 000 $ ▥ 1 000 – 5 000 $ ▨ < 1 000 $

Figure 4.3
Revenus des associations de circonscription néo-démocrates, 1990

Pourcentage d'associations de circonscription

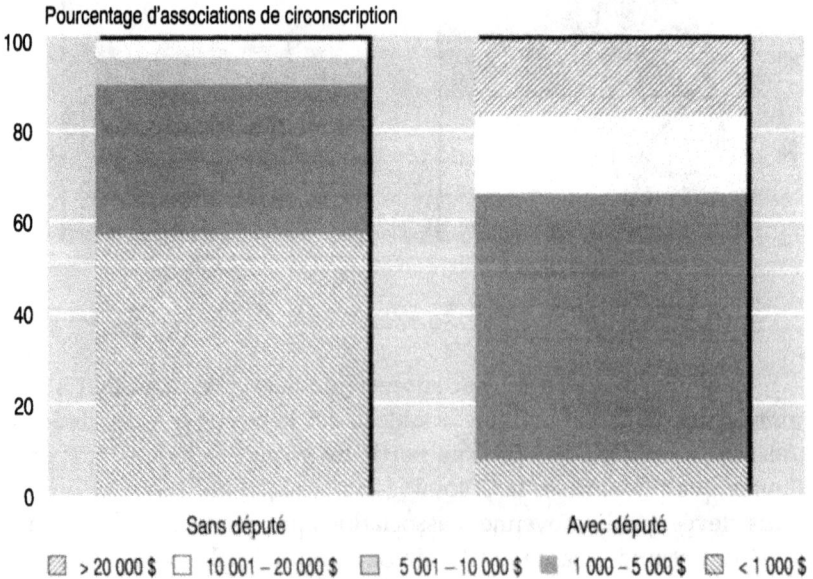

```
        Sans député                    Avec député
```

▨ > 20 000 $ ☐ 10 001 – 20 000 $ ▨ 5 001 – 10 000 $ ▥ 1 000 – 5 000 $ ▨ < 1 000 $

élevé d'associations riches par rapport aux provinces atlantiques. Ces différences témoignent de l'état actuel des partis fédéraux au Québec : toutes les associations ayant des revenus supérieurs à 10 000 $, sauf une, sont progressistes-conservatrices, et 58 % des associations pauvres sont néo-démocrates. Le très grand nombre d'associations ayant des revenus limités dans les cinq provinces de l'Est oblige à se demander comment ces associations peuvent être sur le même pied que les autres par rapport aux instances nationales de leur parti.

Les donateurs

Les cotisations des membres constituent une source importante de recettes, bien que leur montant et leur répartition entre les différentes instances du parti varient considérablement. Les dons de particuliers constituent une deuxième source de revenus potentiels. Les partis nationaux se sont avérés très efficaces sur ce chapitre en exploitant l'attrait du crédit d'impôt ainsi que diverses techniques de publipostage, c'est-à-dire de sollicitation par la poste (Stanbury 1991). Ils ont suscité par là de nouvelles attitudes chez un grand nombre de citoyens et citoyennes, et de nouvelles pratiques en matière de dons politiques. Le tableau 4.6 montre le nombre de personnes ayant fait des dons aux associations de circonscription, exprimé en pourcentage de l'effectif local. Ce ratio donateurs/membres permet un contrôle des variations de taille d'une association et il indique dans quelle mesure l'association stimule la participation financière de l'électorat local. D'après ces données, les associations ne semblent pas avoir été très efficaces, en général, dans leurs efforts pour élargir le bassin de leurs donateurs.

Tableau 4.6
Ratio donateurs / membres des associations de circonscription
(association médiane)

	1988	1989	1990
Ensemble des partis	,35	,19	,20
Progressiste-conservateur	,33	,25	,25
Libéral	,14	,08	,06
NPD	,44	,17	,25
Avec député	,31	,23	,26
Sans député	,37	,17	,17

L'association de circonscription typique a indiqué que le nombre de ses donateurs en 1990 équivalait à 20 % de son effectif. Pour les trois grands partis, le ratio était de 15 % seulement, moitié moins qu'en 1988, année électorale. Il est presque inévitable que le nombre de donateurs culmine au cours d'une année électorale. Par ailleurs, l'effectif des deux partis de cadres chute brutalement dans la période qui suit les élections. Un programme de dons bien structuré devrait stabiliser le nombre de donateurs. Ainsi on aurait pu s'attendre que les ratios donateurs/ membres des associations de circonscription (voir le tableau 4.6) augmentent en 1989 et en 1990 si les associations avaient disposé de solides bassins de donateurs convaincus. Ce n'est évidemment pas le cas. Il y a cependant des différences notables et très révélatrices entre les trois grands partis, différences qui remettent en cause toute catégorisation simpliste comme celle du PC en tant que parti de cadres et du NPD comme parti de masses.

Ce sont les associations progressistes-conservatrices qui semblent avoir les donateurs les plus réguliers. Leur ratio donateurs/membres est le plus stable, et ne diminue que légèrement après les élections de 1988 (de 0,33 à 0,25), demeurant ensuite constant de 1989 à 1990. Cela masque toutefois une chute brutale du nombre réel de donateurs de l'association progressiste-conservatrice typique, car le nombre de membres avait lui aussi chuté durant cette période (voir le tableau 3.5). Il n'en reste pas moins que cette tendance reflète la discipline institutionnelle du PC et le soin qu'il met, depuis un certain nombre d'années, à entretenir son réseau de donateurs. C'est toutefois ce qu'on pourrait attendre d'un parti de masses résolu à maintenir une vie organisationnelle permanente entre les élections, plutôt que d'un parti de cadres axé sur les élections.

À l'inverse, paradoxalement, le ratio donateurs/membres des associations néo-démocrates ressemble à celui d'un parti classique de cadres. Le chiffre de 0,44 pour l'année électorale 1988 est le plus élevé que l'on ait enregistré avec l'enquête, mais sa chute brutale l'année suivante (0,17) dénote une orientation profondément électorale, tout au moins sur le plan financier. L'effectif des associations néo-démocrates étant relativement stable, une bonne partie de cette variation doit provenir du nombre de donateurs locaux. Cela dit, comme c'est souvent le cas avec les associations du NPD, les données du tableau 4.6 masquent d'énormes différences entre les associations qui ont un député ou une députée et celles qui n'en ont pas. En 1988, les premières avaient un ratio deux fois plus élevé que les autres (1,0 contre 0,43), alors que le ratio était quatre fois supérieur dans les deux années postélectorales suivantes. Cela renforce la thèse que nous avancions au chapitre 3, selon laquelle la présence d'un député transforme la nature même des associations néo-démocrates.

Par rapport aux progressistes-conservateurs et aux néo-démocrates, les libéraux sont beaucoup moins aptes à entretenir un bassin de donateurs convaincus au niveau des circonscriptions. Leurs ratios donateurs/membres sont beaucoup plus faibles, même dans une année électorale. Les difficultés financières du parti national ne sont donc pas compensées au niveau local. La situation est quelque peu différente pour les associations libérales qui ont un député ou une députée, mais, même dans ces cas, le ratio typique ne représente que le cinquième de celui du NPD.

Avec ou sans député ou députée, le ratio donateurs/membres des associations néo-démocrates et libérales a atteint son niveau le plus faible l'année où les partis ont tenu une course à la direction à l'échelle nationale : 1989 pour le NPD, 1990 pour le PLC. On peut supposer que bon nombre de partisans réguliers, sur qui l'association pouvait normalement compter pour l'aide financière, ont préféré adresser leur don politique annuel à un candidat ou une candidate à la direction. L'une des conséquences immédiates est qu'une majorité d'associations sont incapables de subventionner leurs délégués locaux aux congrès de direction (voir le tableau 3.20). Certaines, au moins au PLC, demandent l'aide des états-majors des candidats à la direction (Wearing 1988, 77). Ce phénomène est peu propice au développement d'un parti puissant et responsable : il écarte les donateurs de la structure normale des associations, renforce l'importance des factions à l'intérieur des partis et empêche les associations de participer pleinement aux luttes pour la direction. Comme l'atteste le tableau 4.6, les associations avec un élu ont généralement un bassin de donateurs plus important. Cela vaut particulièrement pour le NPD, mais on retrouve la même tendance dans les deux autres grands partis. Même en l'absence de députés, les associations du PRC et du PHCC ont des ratios donateurs/membres élevés. Cela n'a rien d'étonnant, car ces partis sont jeunes et ils œuvraient essentiellement, à l'époque du questionnaire, dans les régions où ils étaient bien implantés. Il reste à voir s'ils réussiront à maintenir cette tendance lorsqu'ils seront actifs à l'échelle nationale.

La collecte de fonds

Nous avons vu, au chapitre 3, que la collecte de fonds est l'activité la plus répandue entre les élections, et la plus fréquemment jugée comme « la plus importante ». Les deux autres activités nommées par la grande majorité des associations de circonscription comme faisant partie de leur action normale en période non électorale sont les campagnes de recrutement et les activités sociales.

Pour s'assurer un financement continu, les associations doivent recourir à une variété de techniques. Le tableau 4.7 indique la fréquence d'utilisation de diverses méthodes de collecte de fonds. Les activités sociales et les campagnes annuelles de recrutement ont, pour une vaste majorité des associations, une importante fonction de financement, qui s'ajoute à leur objectif premier. Pour les associations libérales et progressistes-conservatrices, les activités sociales constituent la forme la plus courante de collecte de fonds; pour les trois autres partis, il s'agit des campagnes de recrutement. Deux autres méthodes seulement — la sollicitation personnelle et le publipostage — sont utilisées par plus de la moitié des associations. Chez les partis traditionnels, ce sont les associations progressistes-conservatrices qui semblent les plus axées sur le publipostage (rappelons qu'elles sont beaucoup plus nombreuses à posséder un ordinateur — voir le tableau 3.8), les néo-démocrates s'en remettant à la méthode traditionnelle de la sollicitation personnelle. Les associations du PRC sont les plus nombreuses à utiliser toutes les méthodes. L'organisation de colloques ou d'autres rencontres pour l'analyse et l'élaboration de politiques n'est pas un outil courant de collecte de fonds pour les vieux partis (elle est mentionnée moins fréquemment par les associations néo-démocrates que progressistes-conservatrices); par contre, près de la moitié des associations réformistes y ont recours.

Tableau 4.7
Activités de collecte de fonds en période non électorale
(en pourcentage)

Activité	Ensemble des partis	Progressiste-conservateur	Libéral	NPD	Réformiste	Héritage chrétien	Avec député
Campagne de recrutement	76	74	74	69	96	89	72
Activités sociales	75	76	78	68	80	69	84
Sollicitation personnelle	56	48	57	61	69	53	44
Publipostage	56	62	47	42	78	79	60
Activités d'analyse et d'élaboration de politiques	19	17	10	15	49	24	13
Activités section femmes	5	5	6	7	—	2	4
Activités section jeunes	7	11	6	5	—	7	9
Autres	8	6	3	12	18	11	2

Beaucoup d'associations ont une section jeunesse ou une section femmes, mais d'après nos données, leurs activités ne sont pas jugées importantes pour la collecte de fonds. Cela renforce la notion selon laquelle ces sections existent non seulement pour mobiliser les groupes en cause, mais aussi pour les tenir à l'écart des activités principales de l'association.

Une méthode de financement a été très rarement mentionnée par les associations des trois grands partis : c'est la formule relativement vieillotte de l'assemblée publique avec un conférencier ou une conférencière. Pourtant, 14 % des associations du PRC ont indiqué qu'elles tenaient de telles assemblées pour recueillir de l'argent. Cela témoigne, pour une bonne part, du charisme du chef du parti, Preston Manning, et des efforts considérables qu'il déploie pour bâtir le parti. Le dernier chef politique canadien à avoir fait quelque chose de semblable fut Réal Caouette, qui réussit à bâtir de la même manière le Ralliement créditiste au début des années 60. Les libéraux et les progressistes-conservateurs organisent, eux, des dîners auxquels participe leur chef (Stanbury 1991, chapitre 10), mais ces rencontres servent à remplir les caisses de l'organisation nationale plutôt que celles des circonscriptions. De fait, il se peut fort bien que les pressions exercées sur les militants et militantes des régions métropolitaines pour vendre ou acheter des billets pour ces dîners en arrivent à priver les associations de circonscription d'une énergie qu'elles pourraient consacrer à leur propre financement, et donc de revenus potentiels.

Invités à dire quelle méthode de financement était la plus importante pour leur association, les présidents et présidentes ont le plus souvent choisi les activités sociales ou les campagnes de recrutement (voir le tableau 4.8), les associations progressistes-conservatrices et libérales préférant la première méthode, et les associations du NPD, du PRC et du PHCC, la seconde. Il y a une différence très nette entre les associations représentées à Ottawa et celles qui ne le sont pas, les premières préférant les activités sociales. Cette différence est cependant due en grande partie aux écarts entre les partis. Les députés et députées semblent très efficaces en matière de collecte de fonds : les associations néo-démocrates qui en ont un sont six fois plus susceptibles que les autres associations néo-démocrates de choisir les activités sociales comme la méthode la plus importante.

Sur les quatre méthodes de collecte de fonds les plus fréquemment utilisées par les associations, le publipostage est celle qui est le moins souvent citée comme la plus importante. Cela s'explique en partie parce qu'il s'agit d'une nouvelle méthode, qui exige des investissements d'ordre technologique, mais aussi parce qu'il n'est pas toujours possible de l'utiliser de manière efficiente auprès de la population relativement restreinte d'une circonscription. À ce niveau, les envois postaux peuvent être adressés aux partisans connus, et l'établissement ou l'actualisation d'une liste de donateurs par la prospection risque de ne pas être particulièrement rentable. Parmi les trois grands partis, les associations progressistes-conservatrices sont celles qui semblent être allées le plus loin sur ce plan. Elles sont plus nombreuses à dire qu'elles utilisent cette méthode et à la considérer comme leur outil le plus important. Encore une fois, les associations sont à l'image de leur parti national, puisque les progressistes-conservateurs ont eu plus de succès que les néo-démocrates et les libéraux avec leur programme de publipostage.

Tableau 4.8
Activité de collecte de fonds la plus importante
(pourcentage d'associations ayant classé l'activité au premier rang)

Activité	Progressiste-conservateur	Libéral	NPD	Réformiste	Héritage chrétien	Avec député	Sans député
Activités sociales	38	38	10	9	14	48	19
Campagne de recrutement	22	30	46	49	51	21	40
Sollicitation personnelle	16	22	27	16	21	14	23
Publipostage	22	8	10	18	7	17	12

Les associations ne s'en remettent pas à une méthode unique de financement : le secret de la réussite dans ce domaine est de multiplier les appels de fonds, de même que les formes d'appel (Sabato 1981; Warwick 1990). Il est donc quasi inévitable que les niveaux de revenu des associations aient un lien avec le nombre de méthodes employées. Ainsi les associations ayant un revenu de moins de 1 000 $ en 1990 déclarent utiliser, en moyenne, 2,4 méthodes différentes, alors que celles dont le revenu se situe entre 1 000 $ et 5 000 $ en mentionnent 3,1, et celles dont le revenu est de 5 000 $ à 10 000 $ en citent 3,5. On trouvera, au tableau 4.9, une indication du nombre de méthodes différentes de collecte de fonds qu'utilise régulièrement l'association typique entre les élections.

Ces données reflètent les différences générales d'activité des associations, par parti et par région (à rapprocher du tableau 3.18), car beaucoup d'activités locales comportent un élément de collecte de fonds. Ce sont les associations du PRC et du PHCC qui utilisent les méthodes les plus diversifiées dans ce domaine, et celles du NPD, les moins diversifiées. Sur le plan régional, l'Est et l'Ouest se distinguent de nouveau. Au Québec et dans les provinces atlantiques, les associations ont recours à un nombre de méthodes inférieur à la moyenne. La situation est inversée dans l'Ouest, la Colombie-Britannique étant la province où l'on emploie le plus grand nombre de méthodes différentes.

Tableau 4.9
Nombre d'activités annuelles différentes de collecte de fonds des associations de circonscription
(médiane)

Ensemble des partis	2,9
Progressiste-conservateur	2,9
Libéral	2,8
NPD	2,6
Réformiste	3,8
Héritage chrétien	3,1
Avec député	2,8
Sans député	2,9
Région	
Atlantique	2,6
Québec	2,4
Ontario	3,0
Prairies	3,0
Colombie-Britannique	3,2

Le publipostage

Le publipostage à l'échelle nationale est l'instrument qui a le plus contribué, au cours de la dernière décennie, à transformer les finances des partis canadiens. Il a permis aux instances nationales de court-circuiter les associations de circonscription en s'adressant directement à leurs membres et sympathisants. Ce mécanisme leur permet, grâce au crédit d'impôt, de recueillir un très grand nombre de dons relativement petits auprès des particuliers. Ces deux aspects des programmes nationaux constituent une menace pour les associations. Premièrement, parce qu'elles deviennent superflues dans un système de participation financière de masse et, deuxièmement, parce que cela menace leur base naturelle. Des campagnes de sollicitation nationales très profession-nelles sont organisées sans égard à la programmation ou à la nature des manifestations locales, et elles peuvent donc supplanter des campagnes locales moins professionnelles. Par ailleurs, avec le publi-postage, les instances nationales sont peu portées à partager leurs revenus avec les associations, alors que, si les fonds sont perçus au niveau local, une partie reste inévitablement dans la circonscription.

Invités à dire si les membres de leur circonscription se plaignaient d'être souvent sollicités par le parti, 52 % des présidents et présidentes d'associations ont répondu par l'affirmative. Les libéraux ont obtenu le pourcentage le plus élevé sur ce chapitre (62 %), même si ce sont eux qui ont eu le moins de succès avec le publipostage. Peut-être les militants libéraux en avaient-ils simplement assez d'être sollicités pour éponger la dette de leur parti national, lequel faisait appel à leur générosité depuis 1984. Les présidents d'association du PHCC (7 %) et du PRC (43 %) sont ceux qui signalent le moins de plaintes à ce sujet de la part de leurs membres. Cela reflète peut-être la mentalité qui est particulière aux membres des partis de protestation, qui sont des cibles toutes désignées pour des campagnes de publipostage.

Il convient de se demander dans quelle mesure la multiplication des campagnes de publipostage a pu affecter l'aptitude des associations de circonscription à recueillir des fonds. La menace évoquée ci-dessus s'est-elle matérialisée ? Ces campagnes ont-elles, au contraire, favorisé les collectes de fonds locales en stimulant l'intérêt envers le parti ? Bien sûr, la troisième possibilité est que l'incidence ait été nulle. Les réponses des présidents et présidentes d'associations sont résumées au tableau 4.10. Environ la moitié estiment que le publipostage n'a eu aucun effet sur la collecte de fonds locale. Mais, parmi ceux qui estiment qu'elle a eu une incidence, on décèle des différences marquées entre les partis quant à la nature de cette incidence.

Tableau 4.10
Incidence des campagnes nationales de publipostage sur la collecte de fonds locale
(en pourcentage)

Incidence	Ensemble des partis	Progressiste-conservateur	Libéral	NPD	Réformiste	Héritage chrétien
Négative	38	44	44	37	29	13
Positive	14	7	5	17	31	37
Aucune incidence	48	50	50	46	40	50

Parmi les associations qui pensent que le programme de publipostage de leur parti national a influé sur la collecte de fonds locale, les progressistes-conservatrices et les libérales estiment, dans une très grande proportion, que l'effet a été négatif (les proportions étant de 6 et de 9 contre 1, respectivement). La réaction des néo-démocrates est elle aussi négative, mais beaucoup moins (environ 2 contre 1). Les répondants et répondantes du PRC et du PHCC sont plus portés à considérer les campagnes nationales de publipostage comme béné-fiques. Comme il s'agit de nouveaux partis tentant de consolider leurs assises, leurs associations locales savent que le publipostage est un outil de plus pour diffuser leur message, et les aide donc sur le plan local. Comme nous l'avons déjà indiqué (voir le tableau 4.7), les associations du PHCC et du PRC ont plus souvent recours au publipostage que celles des autres partis.

Ce genre de sollicitation se répand : 56 % de toutes les associations déclarent qu'elles y ont maintenant recours; dans les cinq provinces de l'Est, c'est le cas d'environ le tiers des associations. Comme un des objectifs du publipostage est d'élargir le bassin des donateurs, on peut mesurer son incidence en examinant le nombre de personnes qui font des dons aux associations. La figure 4.4 présente les ratios donateurs/membres pour 1988 et 1990, en faisant la différence entre les associations qui utilisent le publipostage dans le cadre de leurs activités régulières de financement et les autres. Pour chaque année, on voit que les premières affichent un ratio plus élevé, ce qui confirme que leur bassin de donateurs est plus important. C'est en 1988 que la différence entre les deux catégories a été la plus marquée, ce qui porte à croire que le publipostage local peut s'avérer particulièrement efficace en période électorale. Toutefois, il est clair qu'il a aussi une incidence positive sur le financement local de manière générale. Non seulement le publipostage fait-il augmenter le nombre de donateurs réguliers, encore mobilise-t-il l'intérêt et contribue-t-il à augmenter les effectifs. Il a donc un double effet et le nombre de donateurs est de deux à trois fois plus élevé parmi les associations de circonscription qui ont recours au publipostage qu'il ne l'est parmi celles qui n'y ont pas recours. On peut donc s'attendre qu'un nombre croissant d'associations y fassent appel à l'avenir.

L'atout le plus précieux avec le publipostage, c'est la constitution d'une liste de donateurs confirmés ou de sympathisants. Les associations subissent donc des pressions considérables pour partager leurs listes d'envoi avec les instances provinciales ou nationales. Au PLC, l'accès aux listes de membres pose un problème tel qu'on en a fait l'une des questions principales soumises au congrès de réforme constitutionnelle du parti en février 1992. Incapables de s'entendre sur l'idée d'une liste de membres nationale, les délégués et déléguées ont finalement adopté un système donnant au siège national du parti l'accès aux listes provinciales. Étant donné les enjeux, le problème se pose dans tous les partis.

Figure 4.4
Utilisation locale du publipostage et coefficients donateurs / membres

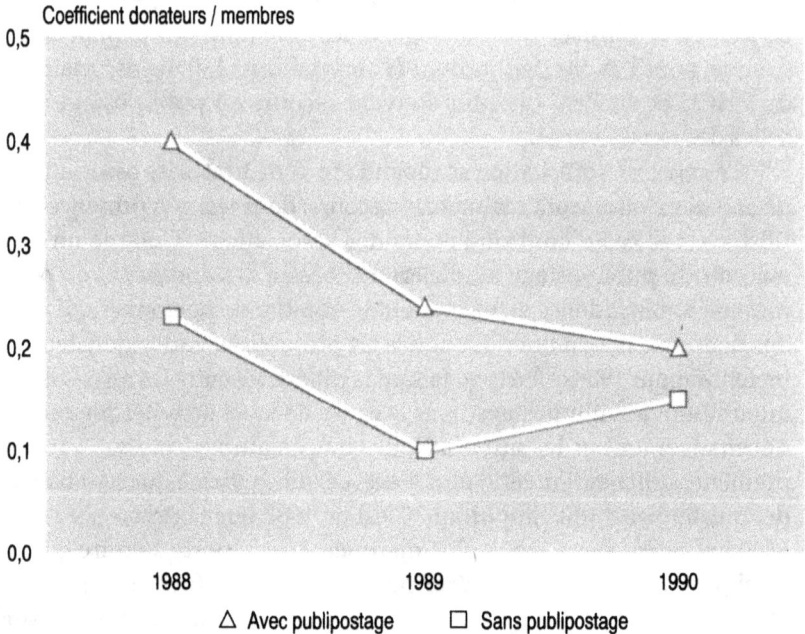

△ Avec publipostage   □ Sans publipostage

Nous avons demandé aux répondants et répondantes si leur association « met ses listes postales à l'entière disposition des bureaux centraux du parti » ou si elle « ne divulgue pas ses listes personnelles afin de ne pas nuire à son propre financement local ». Comme le montre le tableau 4.11, une forte majorité partagent leurs listes locales. Cette pratique est la plus courante dans les nouveaux partis, et la moins fréquente au PC. Dans ce dernier cas, plus du tiers des associations disent ne pas partager leur liste avec le siège national. Cette propension à conserver des listes à usage exclusivement local est deux fois plus marquée parmi les associations progressistes-conservatrices qui font du publipostage que parmi celles qui n'en font pas, ce qui constitue apparemment une double particularité du PC. De ce point de vue, l'utilisation croissante du publipostage au niveau des circonscriptions constitue peut-être une force locale qui freine l'intégration complète de l'effectif progressiste-conservateur à l'échelle nationale.

Tableau 4.11
Propension des associations de circonscription à partager leurs listes d'adresses
(en pourcentage)

	Progressiste-conservateur	Libéral	NPD	Réformiste	Héritage chrétien
Partagent de listes avec le siège national	62	81	88	98	98
Listes réservées pour usage local	38	19	12	2	2

LES DÉPENSES DES ASSOCIATIONS DE CIRCONSCRIPTION

Une nette majorité d'associations de circonscription ont un budget d'exploitation excédentaire. L'examen de leurs dépenses nous réserve donc peu de surprises (voir le tableau 4.12). Plus des trois quarts des associations dépensent moins de 5 000 $ par an entre les élections, et à peine 11 %, plus de 10 000 $. Il y a plus d'associations qui dépensent plus de 10 000 $ au PC (18 %) et au PRC (16 %), alors qu'une proportion élevée des associations du NPD (66 %) et du PHCC (56 %) réussissent à dépenser moins de 1 000 $ par an. Les dépenses sont à l'image des revenus en ce qui concerne les différences régionales : plus de la moitié des associations des provinces atlantiques et du Québec ont des dépenses inférieures à 1 000 $. Les associations avec un député ou une députée ont tendance à dépenser davantage, bien que le Trésor public finance leur bureau de circonscription : plus de la moitié déclarent des dépenses de plus de 5 000 $, proportion qui n'est que de 13 % parmi les associations sans député.

Quelles sont les dépenses des associations entre les élections ? Le tableau 4.13 résume les dépenses jugées « importantes » par les répondants et répondantes. Il est clair que leur souci principal est de fournir des services à leurs membres de l'échelon local (organisation d'assemblées, impression et affranchissement) et d'assurer leur publicité locale (relations publiques, impression et affranchissement). Un quart seulement disent consacrer des fonds à l'examen de leurs orientations politiques. Ce sont les associations du PRC qui mentionnent le plus fréquemment cette activité comme une source importante de dépenses. Ce résultat confirme que les associations du PRC sont dynamiques et en pleine expansion, et qu'elles axent une bonne partie de leur activité sur l'orientation politique. Autrement dit, elles font en sorte que leurs actes et leurs paroles concordent. En comparaison, c'est le Nouveau Parti démocratique, qui s'enorgueillit depuis longtemps d'être le parti le plus sérieux en matière d'orientation politique, qui a le moins grand nombre d'associations citant cette activité comme un poste important de leur budget.

Tableau 4.12
Dépenses des associations de circonscription, 1990
(en pourcentage)

	< 1 000 $	1 000–4 999 $	5 000–10 000 $	> 10 000 $
Ensemble des partis	39	38	12	11
Progressiste-conservateur	23	43	16	18
Libéral	33	39	18	10
NPD	66	24	6	4
Réformiste	19	51	14	16
Héritage chrétien	56	39	2	2
Avec député	12	36	28	25
Sans député	49	39	7	6
Région				
Atlantique	61	27	9	2
Québec	53	23	10	14
Ontario	30	44	12	13
Prairies	33	44	16	7
Colombie-Britannique	40	33	11	26

Tableau 4.13
Dépenses importantes des associations de circonscription dans une année non électorale
(en pourcentage)

Activité	Ensemble des partis	Progressiste-conservateur	Libéral	NPD	Réformiste	Héritage chrétien	Avec député
Impression et affran-chissement	87	87	86	80	100	96	89
Recrutement	67	64	68	67	65	72	69
Relations publiques locales	39	47	32	26	51	59	51
Travaux d'orientation	23	26	18	17	35	24	29
Location de locaux	7	12	9	5	16	2	9
Rémunération du personnel	3	3	2	3	2	2	3
Autres	20	18	17	31	18	6	23

Certaines associations semblent considérer leur participation aux instances supérieures du parti comme une source importante de dépenses locales. Dans chacune des trois formations nationales, environ 7 % des associations affirment qu'envoyer des délégués et déléguées à de telles assemblées représente une dépense importante. Pour 12 % des associations néo-démocrates, les obligations financières (décrites comme étant des cotisations ou des dettes) envers les instances supérieures du parti constituent l'une des principales dépenses annuelles. À cet égard, rappelons qu'une plus petite proportion d'associations néo-démocrates affirment recevoir des autres instances du parti une aide financière entre les élections (voir le tableau 4.2).

Finalement, le tableau 4.14 indique ce que les présidents et présidentes d'associations considèrent comme la dépense la plus importante. Il s'agit, dans tous les cas, des frais d'impression et d'affranchissement. Certes, la hausse constante des tarifs postaux canadiens est le fléau de maints organismes de bénévolat. Mais cette donnée témoigne en outre de l'ampleur et de la portée relativement limitées de la plupart des activités politiques locales. Elles n'est que le reflet d'activités d'entretien, et peut-être de certaines méthodes traditionnelles de recrutement. Rien dans cette analyse des dépenses locales ne permet de penser que les associations jouent un rôle important dans la vie politique de la nation, ou de leurs propres membres, entre les élections.

Tableau 4.14
Dépense la plus importante
(en pourcentage, selon les associations l'ayant classée au premier rang)

Catégorie de dépense	Progressiste-conservateur	Libéral	NPD	Réformiste	Héritage chrétien	Avec député	Sans député
Impression et affranchissement	45	45	40	68	62	37	53
Recrutement	13	23	22	18	21	20	19
Relations publiques locales	19	6	6	5	13	19	7

LES RICHES ET LES PAUVRES

En matière d'argent, les associations de circonscription sont un peu comme les êtres humains. Malgré leur diversité, on constate des distinctions relativement prévisibles dans leur comportement et leur situation. L'une des distinctions les plus constantes est que certaines sont riches et d'autres, pauvres. Évidemment, leur situation individuelle peut changer au cours des années. Ainsi bon nombre d'associations progressistes-conservatrices du Québec ont dû passer d'un état de pénurie relative à une certaine prospérité après le raz-de-marée électoral de 1984, qui a changé la couleur politique de la province. Mais au-delà de ces aléas, les différences de richesse persistent au niveau des circonscriptions.

L'identification des associations riches et des associations pauvres est relativement arbitraire, bien que les données concernant leurs revenus (voir le tableau 4.5) et leurs fonds en caisse (voir le tableau 4.1) constituent deux critères acceptables sur le plan pratique. On peut considérer comme *riches* les associations qui ont un revenu de 10 000 $ (en 1990) et au moins 10 000 $ à leur disposition; et comme *pauvres*, celles qui ont moins de 1 000 $ de revenu et moins de 1 000 $ à leur disposition. Ensemble, ces deux catégories représentent presque une association sur trois, les pauvres (18 %) étant presque deux fois plus nombreuses que les riches (11 %). Comme on peut s'y attendre, les associations pauvres se trouvent le plus souvent dans les régions économiquement défavorisées du pays (les provinces à l'est de l'Ontario). L'enquête n'a permis d'identifier aucune association riche dans les provinces atlantiques, et 43 % des associations du Québec se classent parmi les pauvres. En outre, le Québec a les associations les plus polarisées sur le plan financier : 54 % sont ou riches ou pauvres, proportion deux fois plus élevée que dans toute autre région. Cela semble refléter les cycles d'abondance et de disette qui caractérisent la vie des partis politiques québécois, selon leurs succès électoraux, depuis 1917.

La proportion des associations qui sont ou riches ou pauvres n'est pas la même dans chaque parti (voir le tableau 4.15). Les progressistes-conservateurs ont trois fois plus d'associations riches que d'associations pauvres. C'est le contraire chez les libéraux et les néo-démocrates. Les libéraux ont deux fois plus d'associations pauvres que de riches, et les néo-démocrates, treize fois plus, soit 39 %. Cette proportion, énorme, démontre que la présence locale du parti n'est guère plus que symbolique dans bon nombre de régions. Il est donc peu surprenant qu'en 1988, 42 % des candidats et candidates du NPD n'aient pas réussi à obtenir 15 % des voix et, par conséquent, elles n'ont pas eu droit au remboursement de leurs dépenses électorales.

La répartition des associations riches et des pauvres dans n'importe quelle région a son importance à cause des différences entre les deux catégories. Comme le montre l'encadré ci-dessous, en 1991 les deux tiers des associations riches avaient un député ou une députée, et la moitié étaient très actives; en revanche, une poignée seulement d'associations pauvres avaient un député et pratiquement aucune n'était très active. Les associations riches avaient (en moyenne) près de cinq fois plus de membres, et leur ratio donateurs/membres était deux fois et demie plus élevé. Plus de la moitié des associations riches du pays étaient progressistes-conservatrices (et 20 % étaient réformistes), mais la moitié des associations pauvres étaient néo-démocrates. Cette différenciation entre les partis n'est pas sans conséquences, car, comme nous le verrons plus loin, la situation financière de l'association influe sur son opinion quant à la nécessité d'une réforme.

Qui sont les riches et les pauvres ?		
	Riches	Pauvres
Avec un député	69,6 %	7,5 %
Très actives	50,0 %	2,5 %
Conservatrices	56,5 %	10,0 %
Néo-démocrates	6,5 %	52,5 %
Membres en 1990	515	110
Ratio donateurs/membres	0,71	0,28

Tableau 4.15
Associations riches et associations pauvres, par parti, 1990
(en pourcentage)

	Progressiste-conservateur	Libéral	NPD	Réformiste	Héritage chrétien
Riches	20	7	3	21	—
Pauvres	6	14	39	2	31

DES PROPOSITIONS DE RÉFORME

Nous observions, au début de ce chapitre, que les Canadiens et Canadiennes considéraient les affaires financières des partis nationaux et de leurs candidats et candidates comme des questions d'intérêt public. Depuis près de deux décennies, en effet, l'État canadien intervient considérablement dans les affaires financières des associations et des partis. Par le truchement du remboursement des dépenses électorales et du mécanisme des dépenses fiscales (c'est-à-dire du crédit d'impôt sur le revenu), il fournit aux partis d'importantes subventions qui leur sont utiles pendant et entre les élections. L'État réglemente maintenant les dépenses, au moins en période électorale, en plafonnant les dépenses des candidats et des partis. Toutes ces dispositions s'appuient sur un système prévoyant l'enregistrement des partis et la production de rapports annuels et électoraux.

Le système ne s'applique cependant qu'aux candidats et candidates et aux partis nationaux enregistrés. Il ne vise pas les associations de circonscription, qui constituent pourtant le principal lien structurel entre candidats et partis. Or, c'est l'association qui désigne le candidat, organise la campagne électorale locale, recrute du personnel à cette fin, s'occupe des militants et militantes entres les élections et envoie la majorité des délégués et déléguées aux congrès d'orientation ou aux congrès de direction du parti. Il n'est donc pas étonnant que certains recommandent d'assujettir les associations au système de réglementation financière. Le système, fait-on valoir, serait ainsi complètement intégré, englobant des entités actuellement laissées de côté, et — argument plus pragmatique — certains problèmes de financement des campagnes d'investiture et de direction doivent être réglés comme l'ont été les problèmes relatifs aux dépenses électorales.

Les partis sont globalement d'accord sur le système actuel de réglementation financière, mais pas sur l'intégration des associations dans ce système. On ne décèle en tout cas aucun consensus parmi les présidents et présidentes d'associations, qui seraient les plus touchés par de tels changements. Bien que les présidents locaux s'entendent sur certains détails (en règle générale, pour maintenir le statu quo), certaines propositions de réforme suscitent des réactions bien différentes, généralement assez prévisibles puisqu'elles reflètent des différences d'ordre idéologique et économique. Ainsi les associations des partis de droite sont moins favorables à l'extension de la réglementation des dépenses, ce qui est vrai aussi des associations riches (voir le tableau 4.16).

Une façon de rendre la vie politique locale plus dynamique et plus participative consisterait à assurer aux associations des revenus suffisants pour maintenir un minimum de présence et d'activité. Il n'y a cependant aucun consensus parmi les répondants et répondantes sur la manière de procéder pour ce faire. La moitié des présidents et présidentes néo-démocrates estiment que « le gouvernement devrait doubler les fonds recueillis localement jusqu'à concurrence d'un certain montant (5 000 $, par exemple) », opinion qui n'est partagée que par le quart des présidents progressistes-conservateurs. Même les associations les plus pauvres ne semblent pas particulièrement intéressés par cette idée, peut-être parce que le double d'une somme minime ne donne toujours pas grand-chose. Une autre solution consisterait à limiter les revenus de certaines associations. Sur le plan pratique, cela pourrait se faire (comme l'a fait la province du Québec) en fixant une limite aux contributions financières versées par un particulier à une association au cours d'une année donnée. Cette idée, qui a l'appui des néo-démocrates, est celle qui divise le plus les répondants.

Tableau 4.16
Propositions de réforme du régime de financement des associations de circonscription
(pourcentage d'associations en faveur des propositions)

	Progressiste-conservateur	Libéral	NPD	Ass. riches	Ass. pauvres
Revenus					
Fonds de contrepartie du gouvernement entre les élections	26	40	53	7	49
Plafonnement des dons individuels sur une base annuelle	26	41	71	37	69
Seuls les électeurs résidents auraient le droit de faire un don	11	17	19	15	27
Dépenses					
Réglementation des dépenses entre les élections	16	40	58	13	51
Crédits d'impôt					
Droit pour les associations de délivrer des reçus d'impôt	17	25	44	33	36
Aucun transfert obligatoire de fonds recueillis localement	38	47	36	31	54
Responsabilités					
Inscription des associations et rapport financier annuel	24	41	57	39	41

Une troisième façon de réglementer le revenu des associations consisterait à limiter aux électeurs et électrices de la circonscription le droit de faire un don à une association de cette circonscription. On exclurait ainsi les personnes qui ne résident pas dans la circonscription afin que les associations soient solidement contrôlées par l'électorat local. Cela exclurait aussi les entités n'ayant pas le droit de vote, comme les entreprises, les syndicats ou les groupes d'intérêt; selon les partisans de cette mesure, les partis locaux devraient être influencés par des personnes et non par des groupes. Évidemment, cette disposition exclurait les personnes qui n'ont pas la citoyenneté canadienne et celles qui n'ont pas l'âge de voter, même si elles ont le droit d'adhérer au parti. Quoi qu'il en soit, cette question est l'une des rares à susciter un accord assez général parmi les répondants et répondantes, qui s'opposent à toute limitation de cette nature à leurs activités de financement.

On constate aussi des différences notables entre les partis en ce qui concerne la réglementation des dépenses. Invités à dire si les dépenses des partis devraient être réglementées entre les élections, aussi bien qu'en période électorale, seulement 16 % des présidents et présidentes des associations progressistes-conservatrices ont répondu oui, contre 58 % chez les néo-démocrates. L'écart entre les associations riches et les pauvres est sensiblement le même.

L'un des facteurs qui favorisent le plus la sollicitation de dons de particuliers est le crédit d'impôt fédéral. S'il devenait plus accessible aux associations de circonscription, cela pourrait peut-être stimuler les dons au niveau local. Pourtant, invités à dire s'ils devraient avoir le droit de délivrer des reçus d'impôt ou si ce droit devrait continuer d'appartenir uniquement au parti national (pour prévenir les abus), la majorité des présidents et présidentes d'associations de tous les partis préfèrent y renoncer. Ils estiment que ce pouvoir devrait continuer d'appartenir au siège national du parti. Dans le même ordre d'idée, la plupart des présidents reconnaissent aux partis nationaux le droit de contrôler les livrets de reçus pour prélever une partie des sommes recueillies loca-lement par les associations de circonscription. Les associations les plus pauvres sont les seules à s'opposer majoritairement à cette pratique.

Finalement, toute réforme en profondeur prévoyant la réglementation du processus d'investiture ou de désignation du chef ou des finances des associations, suscite inévitablement un débat sur la transparence et la responsabilité des partis. La solution canadienne à ces problèmes, à l'échelon national, a été d'imposer l'enregistrement des partis et la production de rapports annuels. Cependant, invitées à dire si elles devraient être obligées de s'enregistrer et de produire un rapport financier annuel, seulement le quart des associations progressistes-conservatrices et 41 % des libérales ont exprimé leur accord. Le pour-centage était de 57 % au NPD. Sur cette question, il n'y a aucune différence entre les associations riches et les pauvres.

Les différences que révèle le tableau 4.16 montrent qu'il n'y a aucun consensus évident à l'échelle locale sur le niveau de réglementation qu'il conviendrait d'imposer aux associations de circonscription. Par ailleurs, rien ne dénote ici un désir massif de changement. Outre le fait que certaines associations pauvres ou néo-démocrates souhaiteraient limiter les dons annuels des particuliers, l'impression générale qui se dégage est que la majorité des présidents préfèrent garder le système — c'est-à-dire la place de leur association à l'intérieur du système — essentiellement dans sa forme actuelle.

LES ASSOCIATIONS DE CIRCONSCRIPTION
ET LES PARTIS NATIONAUX

Comme nous le disions à la fin du chapitre précédent, les associations de circonscription ont beaucoup de ressemblances avec des franchises commerciales, mais elles en diffèrent parce que ce sont des bénévoles qui s'en occupent et que leurs portes semblent être fermées la plupart du temps. Un petit noyau de militants convaincus les gardent en vie entre les élections, mais les partis nationaux s'en occupent fort peu. De fait, le caractère relativement unidirectionnel des transferts de fonds (vers le haut) permet de penser que les sièges nationaux des partis les voient essentiellement comme une source complémentaire de revenus. De toute façon, la plupart des associations n'ont pas assez de ressources financières pour avoir beaucoup d'influence locale entre les élections.

Par ailleurs, le parti extraparlementaire national est la somme de ses associations de circonscription, et il est souvent difficile à une formation démocratique d'être plus que la somme de ses parties. Cela nous amène à examiner ce que révèle sur les partis l'image des associations qui se dégage des deux chapitres précédents. À cet égard, nous nous intéresserons essentiellement aux trois grands partis représentés à la Chambre des communes, qui sont les seuls jusqu'à présent à avoir mené des luttes électorales dans le but explicite de former le gouvernement.

Selon le système de scrutin uninominal et compte tenu des conceptions contemporaines relatives aux élections nationales, les partis canadiens sérieux doivent avoir des associations et des candidats ou candidates dans chaque circonscription du pays. Dans un certain nombre de cas, cet effort est purement symbolique, comme permettent de le penser les données concernant les cautionnements perdus (normalement, tous les partis en perdent à chaque élection). Les questions que l'on peut se poser sont donc : comment identifier ces organisations de circonscription symboliques, et que révèlent-elles sur les partis nationaux et sur la compétition politique ?

Nous désignerons ces organisations comme des « associations nominales », parce qu'elles existent de nom, mais guère en réalité. En fait, elles n'existent que « sur papier », sur les listes d'adresses des parlementaires ou des partis, et on aurait bien du mal à trouver trace de leur existence sur le terrain, car elles ne font rien et n'ont pas d'argent. Grâce aux données que nous avons recueillies, nous pouvons maintenant en évaluer le nombre et la répartition géographique. Pour être considérée comme une association nominale, plutôt qu'une association réelle, l'organisation locale du parti doit à la fois être pauvre (c'est-à-dire n'avoir ni revenu ni argent en caisse, selon la définition ci-dessus) et se déclarer inactive (voir le chapitre 3). Le tableau 4.17 nous donne une estimation du pourcentage d'associations de circonscription canadiennes dont l'existence est probablement plus symbolique que réelle.

Tableau 4.17
Associations nominales : associations
de circonscription pauvres et inactives, 1990
(en pourcentage)

Ensemble des partis	22
Progressiste-conservateur	5
Libéral	16
NPD	55
Réformiste	—
Héritage chrétien	21
Avec député	6
Sans député	29
Région	
Atlantique	32
Québec	52
Ontario	15
Prairies	12
Colombie-Britannique	13

Pour l'ensemble des cinq partis, 1 association sur 5 semble être nominale. Le PRC n'en a aucune, et le PC, très peu (5 %). À l'autre extrême, cependant, plus de la moitié des associations néo-démocrates (55 %) tombent dans cette catégorie. Ces données constituent une sorte de casse-tête. En effet, le PC et le PRC sont traditionnellement considérés comme des partis de cadres, et le NPD et le PHCC, comme des partis de masses. Pourtant, ce sont les deux premiers qui ont le plus d'associations réelles, et les deux derniers, le moins. Cela s'explique en partie par l'importance du député ou de la députée pour l'association, la plupart des élus ayant des associations réelles dans leur circonscription, mais aussi, dans une bonne mesure, par les vicissitudes régionales de la politique canadienne.

Il y a relativement peu d'associations nominales dans les provinces de l'Ouest, qui ont une longue tradition, de militantisme populiste que l'on retrouve manifestement dans les partis contemporains. Au Québec, en revanche, une proportion extrêmement élevée (52 %) des associations tombe dans la catégorie des organisations essentiellement nominales. Cela s'explique peut-être par le fait que les Québécois et Québécoises ne s'intéressent pas de près à la politique nationale, mais peut-être aussi par la tendance de l'électorat québécois à concentrer son appui sur un parti fédéral. Ces deux explications ne s'excluent pas nécessairement et il est possible de choisir entre les deux. Si le grand nombre d'associations nominales au Québec découle du désintérêt de la population à l'égard de la politique fédérale, la proportion d'associations nominales ne devrait pas tellement varier d'un parti à l'autre. En revanche, si cela tient plutôt à la tendance de la province à voter en bloc pour un parti à l'échelon fédéral, il devrait y avoir de grandes différences entre les proportions d'associations nominales de chaque parti au Québec.

Il se trouve que la dernière hypothèse, celle du vote en bloc, est la bonne. Pratiquement aucune des associations progressistes-conservatrices du Québec ne répond aux critères d'une association nominale (l'enquête n'en a révélé qu'une). Par contre, 50 % des associations libérales et 94 % des associations néo-démocrates tombent dans cette catégorie. On peut supposer, sans grand risque d'erreur, qu'il y a dix ans, à l'époque où Pierre Elliott Trudeau dominait la scène politique fédérale au Québec, les proportions étaient inversées entre le PLC et le PC — et que les progressistes-conservateurs paraissaient peut-être même encore plus faibles.

Dans le même ordre d'idée, on pourrait s'attendre que le PLC ait un nombre relativement élevé d'associations purement symboliques dans les Prairies, véritable désert électoral pour les libéraux depuis l'époque de John G. Diefenbaker, il y a une génération. Ce n'est pourtant pas le cas : l'enquête révèle qu'aucune des associations libérales des trois provinces des Prairies ne tombe dans cette catégorie, ce qui témoigne de la pérennité de la vocation nationale du PLC.

La proportion d'associations réelles et nominales dans chacun des trois partis nationaux en dit long sur ces derniers et sur la nature de la lutte entre les partis au Canada. La figure 4.5 présente les profils régionaux des associations réelles et nominales des partis. Mis à part la faiblesse des libéraux au Québec, évoquée plus haut, nous constatons que les deux partis historiques sont des entités politiques d'envergure véritablement nationale. La vaste majorité de leurs associations dans chaque région sont réelles et constituent le cœur de machines politiques potentiellement efficaces et dynamiques à l'échelle nationale. Cela ne vaut pas pour le Nouveau Parti démocratique. En réalité, on peut dire que ce parti existe à peine à l'est de l'Ontario. Dans 95 % des circonscriptions du Québec et des quatre provinces atlantiques, les associations néo-démocrates locales ne sont que des organisations nominales, de l'aveu même de leurs dirigeants. Cela est particulièrement frappant au Québec, où l'appareil national du NPD a investi des efforts et des sommes d'argent considérables durant les années qui ont précédé les élections générales de 1988.

Figure 4.5
Profil régional des partis, 1990

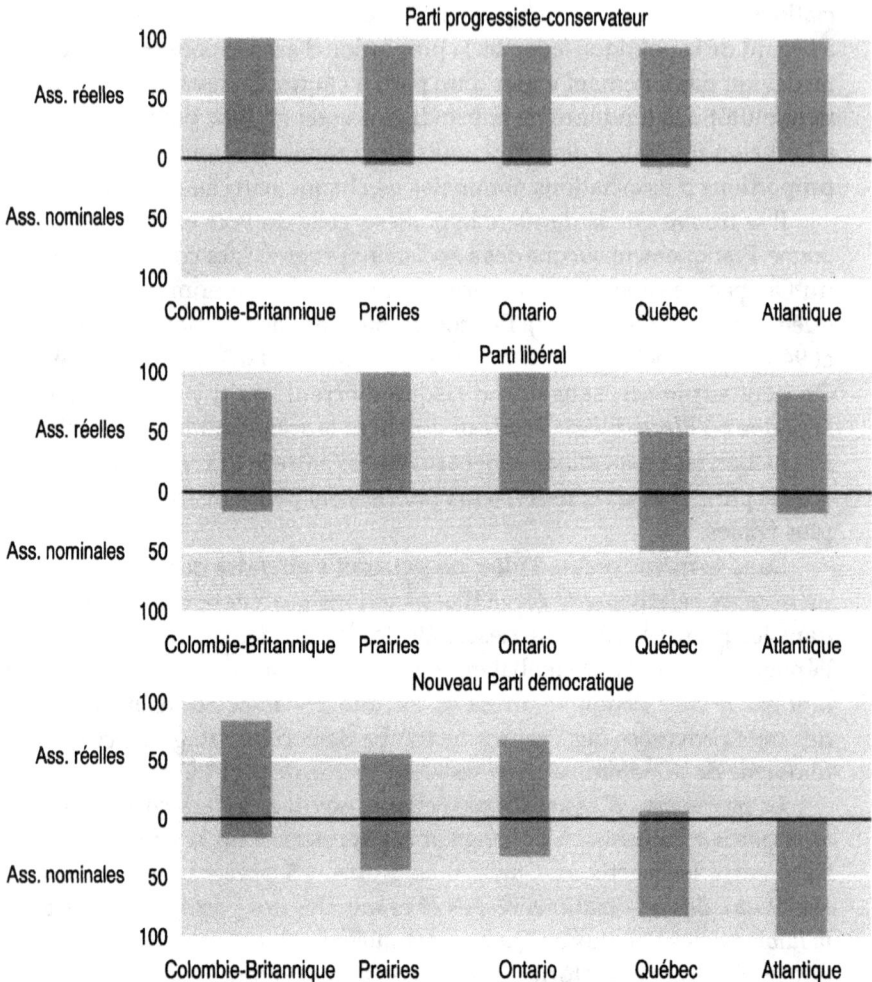

Parti progressiste-conservateur

Parti libéral

Nouveau Parti démocratique

Cette analyse nous amène à conclure que le NPD n'est pas un parti vraiment national, du moins sur le plan de l'organisation, au même titre que le PLC ou le PC. Si tel est le cas, et si l'on tient les associations de circonscription pour des éléments fondamentaux du processus électoral, on ne peut considérer le NPD comme un acteur à part entière du processus électoral dans la moitié du pays. Cela ne fait que confirmer la thèse voulant que le régime des partis se structure de manière tout à fait différente dans les deux moitiés du pays, et que la frontière entre le Québec et l'Ontario constitue à cet égard la ligne de partage fondamentale.

5

LA DÉMOCRATIE INTERNE DES PARTIS

~

LA VITALITÉ DES ASSOCIATIONS de circonscription et la portée de leur action sur la politique canadienne sont particulièrement manifestes dans les trois circonstances suivantes : les élections, les assemblées d'investiture et la sélection des délégués et déléguées aux congrès de direction. La lutte des associations pour obtenir la faveur de l'électorat est un processus public aujourd'hui presque entièrement régi par la loi. Par contre, seule la démocratie interne des partis préside au bon fonctionnement d'activités telles que les assemblées d'investiture, où les membres désignent leur candidat ou candidate à la Chambre des communes, ou font la sélection des délégués à un congrès de direction, ces rassemblements ayant un caractère strictement privé et n'étant pas réglementés par l'État. Ils peuvent néanmoins avoir une portée décisive, comme ce fut le cas du congrès de direction de 1984 du Parti libéral du Canada (PLC), le candidat choisi par les délégués devenant par le fait même le nouveau premier ministre du pays. L'exercice de la démocratie dans les associations de circonscription est censé être régi, en théorie du moins par les statuts du parti. En pratique, on favorise depuis longtemps l'autonomie locale. On observe par ailleurs beaucoup de variations d'une circonscription à l'autre, et assez peu de démocratie dans la mesure où la démocratie est synonyme de lutte électorale, ouverte à tous et toutes pour l'accession à un poste. Dans ce chapitre, nous examinons les processus d'investiture des candidats et les modes de sélection des délégués et déléguées dans les circonscriptions.

La désignation des candidats ou des délégués et déléguées est l'occasion par excellence pour les membres d'une formation politique d'exercer une influence personnelle sur le système. Si, officiellement, ces derniers sont censés pouvoir intervenir dans l'élaboration des politiques du parti, les exigences de la vie parlementaire et électorale font qu'en réalité cette fonction est réservée presque exclusivement aux spécialistes de la politique. Du fait qu'ils ont la haute main sur le processus d'investiture et la sélection des délégués aux congrès de direction, les militants locaux déterminent en quelque sorte l'accès aux postes de commande et ils détiennent un pouvoir considérable sur l'orientation du leadership de leur parti (on en trouvera un exemple probant dans Blake *et al.* 1988). Qu'il s'agisse des mises en candidature ou des choix de délégués, des normes établies depuis longtemps garantissent la participation démocratique de tous les membres des partis aux votes tenus lors des assemblées générales de leur association. L'investiture est une activité régulière, ordonnée en fonction du cycle électoral; la carrière des chefs de partis étant tributaire des aléas de la politique, la sélection de délégués à un congrès de direction est nécessairement une activité plus épisodique.

En raison des présupposés qui sous-tendent le système canadien de scrutin uninominal (Courtney 1978), tous les partis abordent de manière assez semblable l'investiture de leurs candidats et candidates. Toutefois, les conceptions de la démocratie interne ainsi que les règles et les structures qui en garantissent l'exercice étant très différents d'une formation à l'autre, le processus de sélection des délégués et déléguées aux congrès n'est pas du tout le même dans les partis de cadres, comme chez les progressistes-conservateurs et les libéraux, et dans les partis de masses, comme chez les néo-démocrates. L'analyse qui suit est surtout consacrée aux trois grands partis nationaux; au moment de notre étude, bon nombre des associations du Parti réformiste du Canada (PRC) n'avaient pas encore connu leur baptême du feu électoral.

L'esprit de clocher ayant longtemps animé la vie politique canadienne, les associations locales ont toujours été relativement libres de gérer leurs affaires comme elles l'entendaient. Les instances nationales des partis n'ont donc pu jouer qu'un rôle relativement modeste dans des activités aussi importantes que le choix des candidats et candidates. Elles se sont certes efforcées d'établir des règles et un processus communs, mais elle n'ont pas vraiment réussi à les imposer ou à les faire respecter. D'où les pressions de plus en plus fortes sur les partis pour que soient modifiées certaines pratiques dans les circonscriptions, notamment pour que l'investiture soit accordée à un plus grand nombre de femmes. Si les associations n'acceptent pas de modifier leur ligne de conduite, les modalités de leurs rapports avec le siège national du parti devront subir de profonds changements.

Deux aspects de la démocratie contemporaine à l'échelon des circonscriptions ont suscité bon nombre de critiques acerbes, aussi bien à l'intérieur qu'à l'extérieur des partis. Le premier a trait au phénomène des adhésions instantanées, c'est-à-dire suscitées par certains aspirants à l'investiture locale ou à la direction du parti juste avant l'assemblée de mise en candidature ou de sélection des délégués et déléguées, pour tenter d'emporter la décision. Or, on affirme souvent que ces nouveaux membres ne connaissent pratiquement rien du parti, qu'ils s'intéressent fort peu à ses activités et s'en détournent tout de suite après l'assemblée pour laquelle ils ont été recrutés; on prétend en outre qu'ils supplantent souvent des militants et militantes de longue date, qui sont l'assise même de l'organisation locale. On arguera alors que pareille pratique ne peut que nuire à l'efficacité des partis en tant qu'instruments de la participation démocratique dans un régime parlementaire. Si l'on considère, en revanche, la manière dont est envisagée l'adhésion dans les partis de cadres, tels le Parti progressiste-conservateur du Canada (PC) et le PLC, la (re)mobilisation des partisans passe naturellement par les luttes et les choix électoraux (voir la figure 3.1). Car les membres dont l'adhésion a été instantané ne sont pas nécessairement tous des sympathisants ou des partisans de passage. Il reste donc difficile de savoir quel sens donnent à cette pratique les associations de circonscription. Pour bon nombre d'entre elles, peut-être le renouvellement des adhésions selon le cycle électoral représente-t-il une excellente occasion d'attirer de nouveaux membres et d'apporter ainsi au parti du sang frais où il en a le plus besoin.

Le deuxième aspect a trait au financement des campagnes locales au sein des associations de circonscription; comme toute autre élection, les élections internes des partis sont onéreuses. Dans les années 80, une multitude d'articles ont paru sur la hausse du coût de ces élections, coût qui peut atteindre des milliers de dollars dans le cas d'une investiture locale ou des millions pour le choix d'un chef. Le fait que l'argent soit devenu un facteur déterminant a de quoi inquiéter les partis. Mais cela soulève aussi d'importantes questions d'intérêt public. Ainsi, dans les régions nettement dominées par une formation donnée, la lutte pour l'investiture peut s'avérer plus âpre que les élections générales; et dans les congrès de direction, le poste même de premier ministre peut être en jeu. La limitation des dépenses électorales apparaissant aujourd'hui tout à fait légitime pour garantir une lutte démocratique équitable, on est en droit de se demander si elle ne devrait pas s'appliquer aussi aux processus de sélection internes des partis. Toute notre perception des partis politiques s'en verrait du coup modifiée, ceux-ci devenant en quelque sorte des services publics du domaine de la démocratie plutôt que des instruments au service de groupes désireux d'accéder au pouvoir (Epstein 1986). Nous évaluerons plus en détail, sur la base des données que nous avons en main, le rôle de l'argent dans les élections internes des partis et verrons dans quelle mesure il représente un problème important.

Nous examinons d'abord, l'une après l'autre, les deux manifestations de la démocratie interne dans les circonscriptions, qui sont l'investiture des candidats et candidates aux élections et le choix des délégués et déléguées aux congrès, à la suite de quoi nous analysons les commentaires des militants locaux sur le fonctionnement du système et sur les aspects qu'il faudrait réformer ou réglementer éventuellement.

L'INVESTITURE DES CANDIDATS ET CANDIDATES

Le droit de désigner leur candidat ou candidate aux élections fédérales est traditionnellement une prérogative, jalousement protégée, des militants locaux. Bien que les députés sortants puissent généralement obtenir sans difficulté une nouvelle investiture des membres de leur parti, ils sont néanmoins censés se présenter à l'association locale avant chaque élection. Les chaudes luttes pour l'investiture peuvent cependant provoquer beaucoup de ressentiment; bien qu'inhabituelles, elles font depuis longtemps partie de la vie politique au Canada. On lirait aujourd'hui sans sourciller cet article sur le refus de militants progressistes-conservateurs d'accorder une nouvelle investiture à James Beaty en 1887 (*Globe* 1887, 5) ou à W.F. Maclean, le « doyen du Parlement », en 1926 (*Globe* 1926, 1). Dans tous les partis, les responsables des campagnes nationales peuvent réserver certains sièges à des candidats vedettes; la résistance manifestée par des militants libéraux lors des élections générales de 1988 révèle toutefois que cette pratique est souvent perçue comme une intrusion illégitime dans les affaires de l'association (Fraser 1989, 164 et 165).

Les règles du jeu ont changé en 1970, année où la *Loi électorale du Canada* a été modifiée pour autoriser l'inscription des noms des partis sur les bulletins de vote. Les règles de procédure exigent que le chef de parti (ou son représentant) approuve le choix de l'association locale. Les chefs de partis disposent ainsi d'un nouveau droit de veto sur les candidatures présentées par l'organisation locale. Jusqu'à présent, ils n'ont usé de ce pouvoir qu'avec parcimonie, étant conscients que pour bon nombre de militants et militantes, il va de soi que les chefs acceptent les personnes choisies par les associations (Carty et Erickson 1991, tableau 3.1). L'utilisation de ce pouvoir — ou toute pression en ce sens — risque chaque fois de provoquer de vifs conflits au sein des partis. Les présidents d'associations reconnaissent que les impondérables du processus d'investiture rendent parfois indispensable l'application de ce droit de veto, et la majorité d'entre eux l'approuve aujourd'hui, comme nous le verrons ci-après. La conception selon laquelle le parti dans son ensemble a le droit de s'interroger tant sur le processus d'investiture que sur la personne désignée à l'échelon local est manifestement en train de prendre racine chez ceux et celles qui sont le plus directement responsables de la gestion des partis dans les circonscriptions.

Même si l'assemblée d'investiture est l'un des rares moments où les associations peuvent laisser leur marque, rien n'indique dans les faits qu'elles s'organisent vraiment pour en tirer profit. Leur rôle est généralement passif, la démocratie interne étant plus souvent axé sur l'obligation de rendre discrètement des comptes que sur une participation active aux décisions. Dans une étude approfondie des processus d'investiture mis en œuvre par les associations des trois partis nationaux lors des élections de 1988, Carty et Erickson (1991) révèlent qu'une majorité de candidats ou candidates ont été désignés sans opposition. Selon eux, le processus d'investiture est généralement transparent, relativement informel, facilement perméable et peu dispendieux. Bien sûr, il peut donner lieu parfois à de vifs conflits et à des campagnes onéreuses, mais ces cas demeurent exceptionnels.

Les réponses des présidents et présidentes d'associations aux questions portant sur les assemblées de mise en candidature confirment le tableau brossé par Carty et Erickson; il ne nous apparaît donc pas nécessaire d'y revenir ici. Dans leur étude, les auteurs s'intéressaient essentiellement à la dynamique du processus d'investiture; notre analyse vise plus particulièrement à faire ressortir, à travers l'examen de ce processus, la nature et le fonctionnement réel des associations de circonscription. Le fait essentiel est qu'il n'y a, dans la plupart des cas, qu'un seul aspirant à l'investiture — ce qui vaut aussi pour plus de 40 % des associations locales qui sont sans député ou députée, mais qui considèrent néanmoins que le siège est sûr (Carty et Erickson 1991, tableau 3.18). Le tableau 5.1, qui donne un aperçu des récentes assemblées d'investiture des associations de circonscription et fournit des indications sur le nombre de personnes désignées sans opposition en 1988, est éloquent à cet égard.

Les participants et participantes au sondage ont été invités à répondre à la question suivante : « À partir de l'expérience acquise récemment par votre association, qu'ont représenté selon vous les mises en candidature aux élections fédérales : une source de querelles locales; une lutte serrée; une lutte inexistante; une corvée pour trouver un candidat ? » Cette question visant à la fois à mettre en lumière la nature des luttes officielles, d'après le nombre d'aspirants à l'investiture, et à faire ressortir toute concurrence sous-jacente qui n'aurait pas donné lieu à une assemblée pour disputer le titre convoité. Ce dernier facteur demeure difficile à quantifier, mais il existe néanmoins. Le quart des associations où l'on ne comptait qu'un seul aspirant en 1988 (soit par acclamation) ont répondu que la mise en candidature avait été une source de conflits sur le plan local ou qu'elle avait suscité une vive concurrence, ce qui permet de penser qu'une lutte menée en coulisses s'est résolue sans décision officielle des membres à une assemblée d'investiture. En outre, dans tous les groupes présentés au tableau 5.1, la proportion de candidats désignés sans opposition a toujours été plus élevée que celle des aspirants qui ont obtenu l'investiture sans concurrence.

Tableau 5.1
Recherche de candidats et candidates à l'investiture dans les circonscriptions
(en pourcentage)

	Conflits locaux	Avec concurrence	Sans concurrence	Difficulté à recruter un candidat	Désignation sans opposition en 1988
Progressiste-conservateur	11	40	38	12	64
Libéral	23	35	32	11	50
NPD	7	40	35	18	57
Associations nominales	12	16	39	33	73
Classement local en 1988					
Premier	12	46	41	1	59
Deuxième	16	37	30	17	55
Troisième	11	34	34	21	60

Ces données font ressortir quelques différences, tout à fait explicables, quant à la concurrence que suscite l'investiture au niveau des associations de circonscription. C'est au PLC que cette concurrence est la plus vive, et au Nouveau Parti démocratique (NPD) qu'elle est la plus faible. Cela s'explique par le fait que pour un grand nombre de sièges normalement acquis aux libéraux on ne comptait pas de député ou députée en 1988, à la suite du raz-de-marée progressiste-conservateur de 1984. Dans beaucoup de ces sièges, la présence d'un député avait manifestement atténué la vigueur des luttes pour l'investiture chez les progressistes-conservateurs. La situation au NPD est un peu surprenante à première vue : on s'attendrait que l'esprit démocratique dont il se réclame se manifeste par un plus grand nombre de luttes à l'échelle locale. Or, comme nous l'avons vu au chapitre 4, le NPD a beaucoup plus d'associations nominales que les deux autres grands partis (voir le tableau 4.17), et, par conséquent, beaucoup plus de candidats y sont élus sans opposition. Cette situation prévaut dans 71 % de ses associations nominales, contre 43 % dans ses associations réelles; en fait,

39 % de toutes les investitures du parti se sont déroulées sans opposition dans des associations nominales.

Si peu d'associations victorieuses en 1988 affirment que le recrutement a été difficile, 20 % de celles dont le candidat s'est classé troisième affirment le contraire. Étant donné le régime multipartite en vigueur au Canada, et considérant que les candidats sont censés avoir des liens directs avec leur circonscription plutôt que de simplement payer leur cotisation en attendant de passer à un siège plus sûr (comme c'est le cas au Royaume-Uni), il est inévitable qu'un nombre considérable d'investitures soient peu convoitées. Les partis doivent alors déployer tous leurs efforts pour recruter des aspirants à l'investiture. Comme on pouvait s'y attendre, l'efficacité du recrutement est corrélatif du niveau d'activité des associations : dans la majeure partie des organisations qui sont considérées comme actives, la concurrence à laquelle donne lieu la mise en candidature est très forte, alors que 41 % de celles qui sont reconnues inactives éprouvent des difficultés à recruter des personnes de calibre.

Sur le plan régional, on ne distingue aucune différence marquée, sinon au Québec et dans les provinces atlantiques (voir le chapitre 3), où le niveau d'activité des associations est passablement faible. Il est intéressant de noter que c'est à la périphérie du pays, c'est-à-dire dans les provinces atlantiques et en Colombie-Britannique, que les associations ont éprouvé le plus de problèmes de recrutement. Cela reflète en partie la faiblesse réelle (1991) de l'un des partis fédéraux dans chaque région, soit les néo-démocrates dans l'Est et les libéraux dans l'Ouest.

Bien que l'investiture des candidats ou candidates soit l'une des tâches les plus importantes des associations locales, et aussi celle qui permet aux membres d'exercer une influence politique directe, une majorité d'associations continuent de recruter et de désigner leurs candidats de manière assez informelle. Comme le montre le tableau 5.2, la plupart n'ont pas de comité de recrutement permanent, sauf peut-être au NPD (dans une proportion de 44 %), ce qui ne se traduit pas toutefois par des luttes plus serrées au niveau de l'ensemble du parti. Dans tous les partis, les mises en candidature sans opposition sont moins fréquentes dans les associations où un comité de recrutement est en place, ce qui donne à penser qu'un processus mieux structuré peut changer la nature des luttes pour l'investiture.

Quelques associations seulement ont établi des règles sur les dépenses d'investiture; une fois encore, c'est au NPD que cette pratique est la plus courante. Cette absence de réglementation, malgré les nombreux cas d'abus signalés par la presse, reflète un esprit de clocher très marqué. En effet, 3 % seulement des présidents et présidentes d'associations affirment que *leur* organisation a connu un problème de dépenses excessives, 89 % d'entre eux prétendant que ce n'est tout simplement pas un problème et qu'il n'y a pas lieu d'adopter de règles locales sur ce chapitre.

Tableau 5.2
Caractéristiques du processus d'investiture local
(en pourcentage)

	Progressiste-conservateur	Libéral	NPD
Comité de recrutement	17	25	44
Limitation des dépenses	12	13	24
Efforts pour recruter des femmes	34	32	80
Période minimale d'adhésion :			
Une semaine ou moins	23	14	10
Un mois ou plus	23	47	67
Décision d'un groupe restreint	42	49	36

Si le processus d'investiture est relativement peu structuré dans les associations de circonscription des trois grands partis, il faut reconnaître que des efforts sont entrepris au niveau local pour recruter un plus grand nombre de femmes. Invités à dire si leur association déploie des efforts particuliers en ce sens, 33 % seulement des présidents et présidentes d'associations progressistes-conservatrices et d'associations libérales ont répondu par l'affirmative, contre 80 % au NPD. Cela prouve incontestablement que les associations locales du NPD prennent maintenant ce problème au sérieux et elles se sont dotées d'une politique et de structures pour y faire face. Le NPD ne peut cependant offrir aux candidates recrutées que peu de sièges sûrs à la Chambre des communes.

L'idée du recrutement est fondamentale. Les associations qui affirment avoir déployé des efforts spéciaux pour recruter des candidats ont été deux fois plus nombreuses à accorder l'investiture à une femme en 1988 (27 % contre 11 %). Et cette mobilisation ne se limite pas à quelques gestes symboliques. Dans certaines associations, des pressions réelles ont été exercées par le siège national du parti pour encourager la participation des femmes; il ne faut pas s'étonner alors que ces organisations soient deux fois plus portées à agir en ce sens que celles qui estiment les pressions du parti national plus symboliques que réelles (62 % contre 31 %). Comme nous l'avons indiqué au chapitre 3, ce type de pression a cours davantage chez les néo-démocrates que chez les libéraux ou les progressistes-conservateurs. Cela porte à croire que les associations sont sensibles aux interventions du siège national de leur parti sur des questions locales particulièrement délicates, telle la stratégie d'investiture, mais ces données montrent aussi que les associations ne prendront des mesures concrètes que si ces interventions paraissent vraiment sérieuses.

Les partis n'ont évidemment pas tous le même point de vue sur le niveau d'engagement qu'ils attendent de leurs membres avant de leur accorder le droit de voter aux assemblées d'investiture, engagement qui se mesure par une période minimale durant laquelle les membres doivent avoir détenu leur carte du parti. La définition de cette exigence de base donne une idée de l'ouverture du processus d'investiture aux membres nouvellement recrutés, et donc de la perméabilité de l'association locale aux forces politiques extérieures. Les deux tiers des associations néo-démocrates exigent que leurs membres détiennent leur carte depuis au moins un mois; chez les progressistes-conservateurs, moins du quart des associations imposent cette règle. Ces différences restent, somme toute, assez superficielles : elles n'ont d'ailleurs pas eu d'impact majeur sur les luttes pour l'investiture en 1988 ni sur les adhésions instantanés, comme nous le verrons ci-après. Les variations relatives à la période d'adhésion exigée par le NPD et par ses deux adversaires témoignent plutôt de différences d'attitude à l'égard des notions d'adhésion au parti et de concurrence interne.

Le nombre élevé d'investitures accordées sans opposition suggère que le processus est géré en coulisses dans beaucoup d'associations. De fait, 40 % des présidents et présidentes d'association ont répondu affirmativement à la question suivante : Les membres du groupe de base de votre association s'entendent-ils surtout entre eux sur le candidat ou la candidate de leur choix, pour ensuite favoriser sa mise en nomination ? Quand les membres influents de l'association gèrent eux-mêmes le processus, il y a de bonnes chances pour que la lutte pour l'investiture soit beaucoup moins vigoureuse : dans 61 % de ces cas, la désignation s'est faite sans opposition en 1988; la proportion baisse à 44 % lorsqu'on ne relève aucune manœuvre de ce type. Comme le montre le tableau 5.2, il n'y a pas de différence marquée entre les formations à cet égard. C'est au PLC que la domination des élites locales se manifeste le plus souvent, et au NPD qu'elle est la moins fréquente. Il ne faut pas en conclure pour autant, comme on l'a déjà avancé, que les choix électoraux à l'intérieur des partis reflètent des tendances fortement contrastées : l'élitisme chez les libéraux et les progressistes-conservateurs et l'esprit démocratique chez les néo-démocrates.

La mobilisation des membres et l'investiture des candidats et candidates

L'un des aspects caractéristiques du processus d'investiture identifiés dans l'étude de Carty et Erickson (1991, tableau 3.10) est que les aspirants à l'investiture n'hésitent pas à inciter leurs partisans à devenir membres du parti et à assister à l'assemblée. Cette pratique, courante dans les cas de mise en candidature multiple, semble exister aussi dans près de la moitié des assemblées où les candidats sont élus sans opposition. Le fait que la grande majorité des campagnes de recrutement de ce type ne cause pas de controverses locales montre que les pratiques incitatives sont largement tolérées à l'intérieur des partis. Selon ces mêmes auteurs, la presse accorde une attention exagérée aux quelques conflits que suscitent les campagnes de recrutement locales et à l'effet négatif qu'ils peuvent avoir sur les associations (*ibid.*, tableau 3.13).

En 1988, les associations qui comptaient plusieurs aspirants à l'investiture avaient en général plus de membres que les autres et étaient plus actives qu'elles (voir la figure 5.1). Cela vaut pour les trois partis, bien que la différence quant au nombre de membres était, semble-t-il, moindre au NPD que chez ses deux grands rivaux, ce qui est attribuable en partie à l'écart qui sépare à ce niveau les néo-démocrates des deux autres fonctions durant les années électorales. Dans les trois partis, l'effectif des associations qui ont déclaré avoir trouvé le recrutement d'un candidat ou une candidate difficile était assez réduit.

Figure 5.1
Taille des associations de circonscription et compétitivité des luttes pour l'investiture, 1988

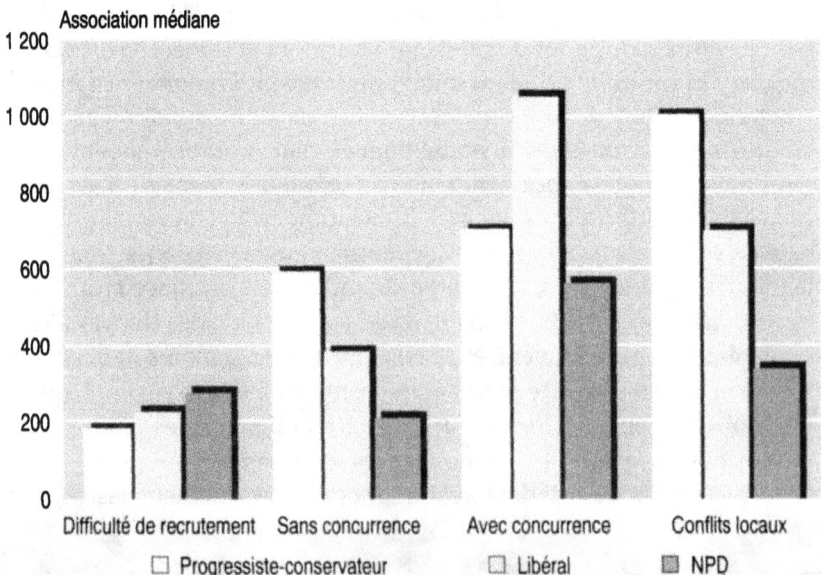

Association médiane

On peut cependant se demander si c'est la taille de la circonscription qui influe sur la lutte pour l'investiture, ou le contraire, car il faut bien reconnaître qu'une chaude lutte pour l'investiture attire de nouveaux membres. Si la plupart des associations connaissent une certaine expansion au cours d'une année électorale dans les partis de cadres tels que le PC et le PLC, des campagnes de recrutement vigoureuses devraient provoquer, ces années-là, une croissance encore plus forte dans les circonscriptions où la lutte est serrée. La figure 5.2, qui confirme cette situation pour 1988, révèle toutefois une grande disparité entre les partis, l'élément le plus frappant étant peut-être la différence de croissance relativement minime de l'association néo-démocrate type (médiane) à la suite des luttes pour l'investiture locale. Comme on peut le voir, les associations du NPD sont peu touchées par les luttes pour l'investiture. Dans ce parti de masses, dont l'effectif est solidement établi, ces luttes sont considérées comme une affaire strictement interne et privée. Contrairement aux associations des partis de cadres, celles du NPD ne semblent pas profiter de la situation pour recruter et mobiliser de nouveaux membres et les amener à s'engager, et ainsi élargir sa base populaire.

Figure 5.2
Croissance de l'effectif et compétitivité des luttes pour l'investiture
(association médiane, 1987–1988)

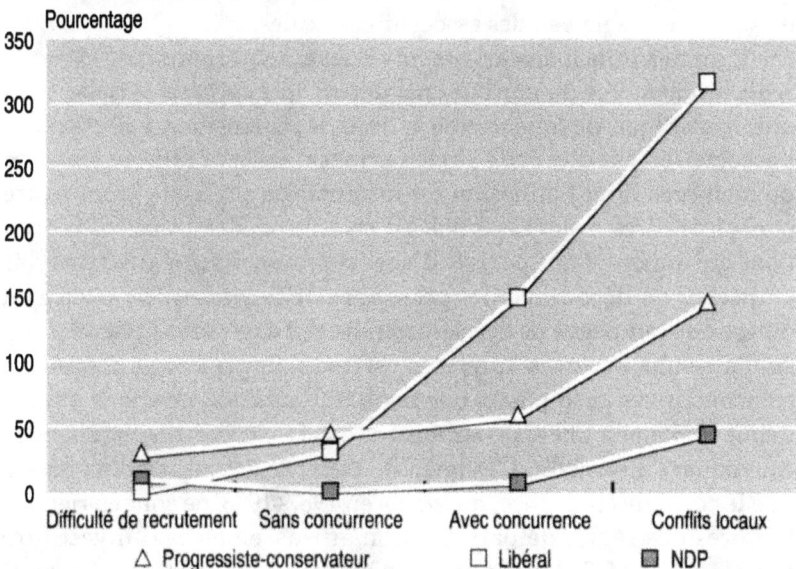

Au PC, c'est dans les associations où l'investiture était disputée que le nombre de membres a augmenté le plus. On constate notamment que, dans les associations où, au dire de leur président ou leur présidente, les luttes pour l'investiture ont été une source de conflits, le taux de croissance médian entre 1987 et 1988 (soit 145 %) est deux fois et demie celui des associations où la lutte a simplement été serrée (58 %), et cinq fois celui des associations où le candidat a été difficile à recruter (29 %). Ce phénomène peut être considéré comme typique de ce qui se passe dans les partis de cadres. Les libéraux offrent, quant à eux, un exemple spectaculaire de l'incidence des luttes pour l'investiture sur l'augmentation du nombre de membres. Dans le cas typique (médian) d'une lutte serrée, on constate une hausse du nombre de membres cinq fois plus forte (150 %) que dans les associations où les aspirants n'ont rencontré aucune concurrence (31 %), et la proportion double dans les cas où la lutte a été une source de conflits (317 %). Ces grandes campagnes de recrutement des libéraux doivent être associées aux luttes pour l'investiture extrêmement vives qui ont été menées en 1988 pour récupérer les circonscriptions qu'ils avaient perdues en 1984. Voilà le type de situation qui attire l'attention des médias, et qui explique l'engouement des militants et militantes du parti pour les campagnes de recrutement. Les différences que l'on a relevées ici entre les associations des divers partis trouveront certes un écho dans l'opinion qu'elles adopteront sur les conséquences du phénomène des adhésions instantanées au niveau des associations locales.

L'un des principaux arguments invoqués à l'appui de l'idée que seuls les membres du parti inscrits depuis une certaine période, plus que symbolique, devraient avoir le droit de participer aux élections de l'association est que cette règle permet d'éviter l'arrivée massive de membres dont l'adhésion est instantanée quelques jours, voire quelques heures, avant l'assemblée d'investiture. Rares sont les associations qui imposent une période d'adhésion assez longue pour pouvoir empêcher ou décourager les personnes de l'extérieur de mettre en œuvre une campagne de dernière minute et d'avoir ainsi la haute main sur l'assemblée d'investiture; il en est toutefois qui tentent d'entraver ces manœuvres en imposant une période d'adhésion minimale dont le début remonte à une date antérieure à celle du préavis requis pour convoquer l'assemblée. L'examen de l'effectif des associations révèle que les taux de croissance, du moins en 1987–1988, ne sont en rien tributaires des règles de participation aux assemblées d'investiture (voir le tableau 5.3). Aurait-on alors surévalué l'importance des préalables ? Une période minimale d'adhésion très brève n'entraîne pas nécessairement une vague d'adhésions instantanées. Ainsi l'association libérale typique exigeant une période d'adhésion de une semaine ou moins a enregistré un taux de croissance sensiblement égal à celui des associations exigeant une période minimale de un mois. Dans le cas du PC et du NPD, ce sont les organisations locales exigeant la plus longue période d'adhésion minimale qui ont généralement connu les taux de croissance les plus élevés. Les restrictions entourant la période d'adhésion n'ont donc pas vraiment d'incidence sur les adhésions instantanées. Elles sont néanmoins très révélatrices de l'ouverture des partis aux nouveaux membres et des efforts qu'ils sont prêts à fournir pour préserver l'intégrité de leur démocratie interne.

Tableau 5.3
Croissance des associations de circonscription selon une période d'adhésion minimale avant l'assemblée d'investiture
(pourcentage de croissance de l'association médiane en 1987–1988)

Période minimale	Progressiste-conservateur	Libéral	NPD
Une semaine ou moins	83	40	3
Une–deux semaines	20	37	7
Deux semaines–un mois	27	83	4
Un mois ou plus	83	44	10

Les conséquences du recrutement massif de nouveaux membres et de leur intégration à l'association dans le cadre d'une lutte pour l'investiture demeurent souvent perceptibles longtemps après cette lutte ou après les élections. En imposant de nouveaux individus, de nouveaux intérêts et de nouvelles méthodes d'action politique à l'association, on risque de provoquer le départ de fidèles partisans très expérimentés. Parmi les nouveaux adhérents, certains demeureront actifs après l'élection et contribueront à dynamiser l'association; mais il s'en trouvera d'autres dont le faible intérêt et la participation éphémère — leur adhésion au parti visant surtout à faire mousser une candidature — ne feront qu'affaiblir l'organisation.

Dans leur étude de la campagne électorale de 1988 dans les circonscriptions de l'Ontario, Bell et Bolan (1991) donnent deux exemples de luttes pour l'investiture qui ont ainsi nui au PLC. L'adhésion hâtive de plus de 2 000 nouveaux membres à l'association libérale de Markham pour appuyer le candidat préféré d'un groupe ethnique a tellement perturbé l'association que les membres du bureau de l'association ont démissionné en bloc, et que le candidat a dû faire cavalier seul, pour enfin perdre l'élection. Dans l'association libérale de Perth–Wellington–Waterloo, une lutte pour l'investiture menée sur la question de l'avortement a provoqué la scission d'une organisation, soudainement enrichie de nouveaux membres. Après que le candidat élu eut tenté de minimiser l'importance de la position qu'il avait prise sur cette question — position même qui lui avait valu l'investiture —, ses partisans l'ont apparemment abandonné et le parti a perdu la bataille aux élections générales.

La mobilisation en période électorale peut donc poser de graves problèmes aux partis de cadres. Il est nécessaire, par conséquent, de s'interroger sur la fréquence et l'incidence des campagnes de recrutement locales durant le processus d'investiture. Un peu moins de la moitié (48 %) des présidents et présidentes d'associations des trois grands partis affirment avoir assisté à les campagnes en vue d'obtenir des adhésions instantanées dans leur circonscription à l'occasion de luttes pour l'investiture. Le phénomène existe dans toutes les régions, mais il semble moins fréquent dans les provinces atlantiques (33 %). La proportion d'associations qui ont connu cette situation varie cependant beaucoup d'un parti à l'autre : seulement 25 % des associations néo-démocrates rapportent avoir été confrontées à ce phénomène, contre 50 % des associations progressistes-conservatrices et 70 % des associations libérales. L'impact de ces adhésions de dernière minute sur leurs associations (voir la figure 5.3) diffère aussi sensiblement selon le type de parti.

Figure 5.3
Réaction aux adhésions instantanées lors des luttes pour l'investiture

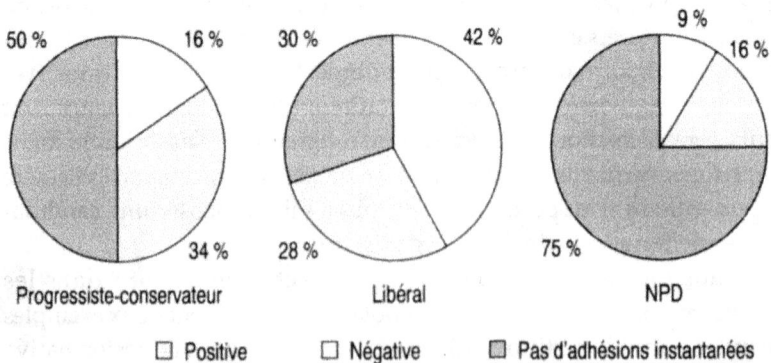

Chez les progressistes-conservateurs et les néo-démocrates, les associations de circonscription sont deux fois plus nombreuses que chez les libéraux à juger positive l'arrivée de ces membres recrutés tout spécialement en prévision des luttes pour l'investiture; le nombre d'associations libérales jugeant l'expérience négative est de une fois et demie supérieur à celui des deux autres partis. On pourrait être tenté d'expliquer cette différence par le fait qu'en 1988 certaines campagnes d'investiture libérales dans la région de Toronto ont été largement commentées par la presse; mais, considérant que parmi les associations libérales ontariennes qui sont défavorables aux adhésions instantanées (soit plus de la moitié des associations de ce parti), une poignée seulement sont de la région de Toronto et qu'en plus les associations torontoises sont loin d'être toutes du même avis là-dessus (le pourcentage des réponses favorables y est à peu près égal aux réponses défavorables), on ne peut conclure que la situation ait un caractère régional. Les différences entre les partis à cet égard s'expliquent donc probablement par l'ampleur de ce type de campagne de recrutement au PLC, plutôt que par la situation géographique des associations où ce phénomène a cours; la fréquence et l'importance d'adhésions instantanées dans les associations libérales semblent confirmer en effet cette hypothèse.

Chez les progressistes-conservateurs et les néo-démocrates, les associations ayant réagi positivement au phénomène ont enregistré une croissance plus forte (en 1987–1988) que celles qui ont réagi négativement (voir le tableau 5.4). Pour ces associations, l'arrivée massive de nouveaux membres constitue manifestement un atout. Au Parti libéral, la situation est tout à fait opposée : les associations ayant exprimé une opinion positive ont enregistré un taux d'expansion de 50 % inférieur à celui des associations défavorables à ces campagnes d'adhésion. Comme nous l'avons déjà souligné (voir la figure 5.2), ce sont les organisations libérales, où les luttes pour l'investiture ont été les plus âpres, qui ont enregistré l'expansion la plus importante. Si l'on compare la situation des associations libérales et celle des associations progressistes-conservatrices, qui s'attendent toutes à voir augmenter le nombre de leurs membres durant les années électorales (voir la figure 3.1), il semble qu'il y ait un niveau que les associations des partis de cadres auraient avantage à ne pas dépasser. Peut-être l'expansion de certaines associations libérales a-t-elle été trop forte et trop subite, ce qui a pu sembler menacer l'équilibre et le fonctionnement de l'association aux yeux des membres réguliers, comme cela a été le cas, selon toute vraisemblance, dans Markham et Perth–Wellington–Waterloo en 1988 (Bell et Bolan 1991).

Tableau 5.4
Croissance des associations de circonscription selon leur réaction aux adhésions instantanées
(pourcentage de croissance de l'association médiane en 1987–1988)

Réaction aux adhésions instantanées	Progressiste-conservateur	Libéral	NPD
Positive	100	100	180
Négative	45	150	25
Pas d'adhésions instantanées	14	14	0

Les dépenses d'investiture

Le fait que les dépenses d'investiture ne soient pas réglementées par l'État, contrairement aux dépenses électorales, pose certains problèmes, à la fois aux partis et au public. Ainsi il devient indispensable dans certains cas de disposer de sommes importantes pour aspirer à l'investiture. Compte tenu du caractère relativement informel et ouvert du processus de mise en candidature dans la plupart des associations, cela risque de faire perdre à l'organisation locale tout contrôle sur le choix de son candidat ou sa candidate. De même, le vainqueur de la lutte pour l'investiture, dans plusieurs circonscriptions, étant pratiquement assuré d'un siège aux Communes, comme ce fut le cas chez les progressistes-conservateurs albertains dans les années 70 et 80, la non-réglementation des dépenses d'investiture risque d'enlever tout son sens à la *Loi sur les dépenses d'élection*. Les commentaires de bon nombre de Canadiens et Canadiennes sur cette question et l'insistance avec laquelle plusieurs réclament une participation accrue des femmes et des membres des minorités visibles laissent croire que les dépenses d'investiture constituent désormais un problème sérieux (Lee 1989, 120 et 121; Brodie 1991). Les présidents et présidentes des associations de circonscription diffèrent toutefois d'opinion là-dessus.

Seulement 2 % des représentants d'associations conviennent en effet que des dépenses d'investiture excessives ont pu poser un problème majeur, 89 % affirmant par ailleurs que cela ne constitue pas du tout un problème, et 9 % que cette question mérite une certaine attention. En fait, dans la plupart des associations, les dépenses d'investiture représentent des sommes très modestes. D'où le peu d'inquiétude à ce propos. En 1988, par exemple, les candidats désignés par les membres de leur association avaient dépensé, en moyenne, à peine 200 $ pour se faire élire; il convient de préciser toutefois que cette moyenne a été établie en tenant compte de toutes les investitures obtenues sans opposition. Par ailleurs, et cela ne saurait surprendre, les dépenses d'investiture de la même année diffèrent beaucoup d'un parti à l'autre, le candidat libéral type ayant dépensé trois à cinq fois plus que ses homologues progressistes-conservateurs ou néo-démocrates; cet écart s'explique en partie par le fait qu'on compte moins d'investitures sans opposition chez les libéraux en 1988. Comme le montre le tableau 5.5, les dépenses sont plus élevées lorsque plusieurs personnes se disputent l'investiture. Ainsi les vainqueurs progressistes-conservateurs ont investi plus d'argent que les libéraux dans la lutte pour l'investiture de 1988; par contre ceux qui sont arrivés deuxièmes chez les libéraux ont dépensé plus que leurs homologues progressistes-conservateurs. On note aussi une différence marquée entre les dépenses des néo-démocrates et celles des candidats des deux partis de cadres. Si l'on considère que les candidats élus chez les néo-démocrates n'ont dépensé que 300 $ en moyenne, l'argent n'est manifestement pas un facteur décisif dans les luttes pour l'investiture du NPD.

Tableau 5.5
Dépenses d'investiture aux élections générales, 1988
(en dollars, association de circonscription médiane)

	Tous les vainqueurs	Luttes à plusieurs candidats	
		Vainqueurs	Deuxièmes
Progressiste-conservateur	300	1 500	800
Libéral	1 000	1 000	900
NPD	200	300	200
Nature des luttes pour l'investiture			
Source de conflits locaux	1 000	2 750	1 000
Avec concurrence	500	850	500
Sans concurrence	0	200	0
Difficulté de recrutement	50	500	50

L'investiture n'est donc pas un privilège acheté par les plus fortunés. Dans les trois partis, moins de la moitié des candidats élus affichent des dépenses d'investiture plus élevées que celles de leurs adversaires. Dans près de 20 % des luttes pour l'investiture, les dépenses du vainqueur sont inférieures à celles des perdants; dans les autres cas, (soit près de 20 % des luttes pour l'investiture chez les libéraux et de 60 % chez les néo-démocrates), les dépenses des deux adversaires sont équivalentes (voir le tableau 5.6). On constate donc que, dans les cas où les dépenses des candidats élus étaient supérieures à celles de leur adversaire immédiat, les différences types (de 200 $ chez les néo-démocrates et 800 $ chez les progressistes-conservateurs) ne sont pas très importantes.

Tableau 5.6
Dépenses des vainqueurs et des deuxièmes dans les luttes pour l'investiture
(en pourcentage)

	Vainqueurs	Deuxièmes	Dépenses égales
Progressiste-conservateur	47	19	34
Libéral	49	19	18
NPD	25	18	57

Les sommes en jeu dans les campagnes d'investiture ne dépassent guère habituellement quelques centaines de dollars. Sauf exception, bien entendu. Ainsi, dans les luttes les plus coûteuses de 1988, les dépenses du vainqueur et du perdant s'élevaient à 5 000 $ ou plus; cette situation concernait 8 % des associations locales. Les dépenses les plus élevées ont été enregistrées en grande partie (58 %) dans les organisations libérales; elles ont servi à financer 14 % de l'ensemble des investitures de ce parti en 1988. La fréquence et le lieu de ces luttes sont aussi sans doute à considérer dans ces élections : elles reflètent des facteurs institutionnels aussi bien que politiques. En 1988, alors que les libéraux avaient manifestement un plus grand nombre de sièges à reconquérir, de multiples luttes pour l'investiture se sont produites dans des circonscriptions dont les limites territoriales avaient subi des changements importants. En 1984, les progressistes-conservateurs avaient connu eux-mêmes bon nombre de ces luttes.

Les dirigeants locaux des partis sont sensibilisés au problème des dépenses excessives quand leur association connaît une lutte pour l'investiture dispendieuse. Alors que seulement 9 % des présidents et présidentes d'associations affirment que cette question mérite tout au plus qu'on y soit attentif, 42 % de ceux et celles qui ont connu l'une de ces luttes extravagantes ont déclaré qu'il y avait là un problème sérieux. Mais, qu'elles se soient ou non dotées de règles internes à cette fin (réglementation qui, en l'absence de sanctions juridiques, est finalement peu efficace), les associations n'arrivent pas, dans les faits, à limiter leurs dépenses d'investiture. Il faut dire que certaines n'en voient tout simplement pas l'intérêt. Les associations ne voient pas toujours la nécessité de rassembler des fonds — comme elles le font durant les élections — pour couvrir les frais des luttes pour l'investiture, cette responsabilité revenant aux aspirants. Une lutte vigoureuse peut représenter au contraire, de leur point de vue, une excellente occasion de regarnir les coffres à un moment critique.

Les luttes pour l'investiture très serrées sont étroitement associées aux campagnes de recrutement de nouveaux membres, surtout dans les deux partis de cadres. Pour une association, l'arrivée de nouveaux membres se traduit notamment par une hausse des revenus. Il reste que la situation varie beaucoup d'un parti à l'autre : chez les progressistes-conservateurs, on enregistre une augmentation importante du nombre de membres au cours des années d'investiture, mais les cotisations annuelles demeurent peu élevées; chez les néo-démocrates, c'est tout à fait le contraire; quant aux libéraux, ils gagnent des deux côtés, l'association typique augmentant à la fois ses cotisations et son effectif à cette occasion. Le tableau 5.7 illustre l'incidence de ce phénomène sur chacun des trois partis en 1988. On constate ainsi que les cotisations des nouveaux membres ont fourni un revenu supplémentaire de 175 $ à l'association néo-démocrate type, où la désignation s'est faite sans opposition, cette hausse s'établissant à 500 $ chez les progressistes-conservateurs, et à 600 $ chez les libéraux. Plus vive est la concurrence, plus élevés sont les revenus : pour l'association libérale médiane, la hausse de revenu s'élève dans ce cas à 2 500 $, et elle peut atteindre jusqu'à 5 900 $ (et même, dans certains cas, 10 000 $ et plus) lorsque la lutte est extrêmement serrée.

Tableau 5.7
Coût des nouvelles adhésions pour les assemblées d'investiture, 1988
(en dollars, association médiane)

	Désignation sans opposition	Avec concurrence
Trois grands partis	500	1 750
Progressiste-conservateur	500	500
Libéral	600	2 500
NPD	175	900

Note : Coût égal à la croissance de l'association en 1987–1988 multipliée par sa cotisation annuelle.

Les cotisations d'une bonne partie des personnes recrutées en vue d'une lutte pour l'investiture sont souvent à la charge des aspirants, les membres dont l'adhésion a été instantanée n'étant pas nécessairement disposés à payer pour participer à l'assemblée. Ces cotisations, qui ne représentent à toutes fins utiles qu'un droit de participation à l'assemblée d'investiture, constituent une sorte de taxe individuelle, que l'aspirant, plutôt que le nouveau membre, se trouve à payer à l'association locale. Celle-ci a donc le pouvoir — surtout si elle est d'allégeance libérale — d'abaisser tout au moins l'une des barrières financières à l'investiture, soit ses cotisations. Pareille décision risque toutefois de provoquer une baisse de revenu durant les années électorales, c'est-à-dire juste au moment où les associations en ont le plus besoin, les mettant ainsi encore davantage à la merci des groupes extérieurs qui cherchent à avoir la haute main sur l'investiture — risque que les associations ne sont pas intéressées à courir.

LA SÉLECTION DES DÉLÉGUÉS AUX CONGRÈS DE DIRECTION

La deuxième occasion qui s'offre aux militants locaux de contribuer aux activités et à l'orientation de leur parti est l'assemblée de sélection des délégués et déléguées aux congrès de direction. Les représentants des associations de circonscription constituent la majeure partie des personnes appelées à voter à ces congrès; leur choix est donc important. En règle générale, les personnes choisies dans chaque association (le nombre variant d'un parti à l'autre), voient leurs responsabilités financières clairement définies par l'association. Contrairement à la procédure d'investiture, bon nombre de membres réguliers des partis peuvent prétendre à la fonction de délégué; leur participation ne se limite donc pas au fait de voter à l'assemblée. Comme nous l'indiquions au chapitre 3 (voir le tableau 3.19), la concurrence est habituellement assez faible pour les postes de délégués des partis aux congrès d'orientation ordinaires tenus tous les deux ans. C'est une tout autre histoire lorsque la direction du parti est en jeu.

Au début du siècle, Siegfried (1906, 118, 119, 136) évoquait l'importance des chefs pour les partis canadiens, et cette importance n'a pas diminué depuis. De fait, l'instauration des congrès de direction extraparlementaires et les révisions de leadership ont probablement renforcé encore davantage le rôle de ces chefs au sein des partis canadiens (Perlin 1988; Carty *et al.* 1992). Ces dernières années, les congrès de direction ont suscité dans les circonscriptions des campagnes préliminaires de plus en plus longues et provoqué des luttes impliquant beaucoup plus de militants et militantes qu'autrefois (Carty 1988a). Les candidats et candidates à la direction ont tout intérêt à faire campagne dans les associations locales pour tenter d'obtenir l'appui des membres dès l'étape de la sélection des délégués et déléguées, ce qui élève inévitablement l'ampleur et le niveau de la concurrence à laquelle donne lieu l'accession à ce titre. Lors des derniers congrès de direction du NPD (1989) et du PLC (1990), le nombre d'associations ayant connu des luttes serrées pour le choix des délégués a été environ trois fois plus élevé que lors des congrès réguliers de ces partis.

Les congrès de direction sont évidemment plus rares que les assemblées d'investiture, lesquelles reviennent à chaque élection générale. De plus, le congrès de direction, n'étant pas lié au processus électoral ordinaire, il varie davantage d'un parti à l'autre. Les partis de cadres cherchent à assurer une représentation égale de chaque association de circonscription, quels que soient sa taille et son niveau d'activité. Ces dernières années, progressistes-conservateurs et libéraux ont également demandé aux délégations locales de répondre à certains critères d'âge et de sexe. Ainsi la moitié des délégués choisis dans les circonscriptions libérales pour le congrès de direction de 1990 étaient des femmes. Le NPD organise différemment la représentation de ses circonscriptions, par souci de démocratie interne. La taille de ses délégations locales y est définie en fonction de l'effectif des associations : les plus nombreuses seront appelées à choisir plus de délégués ou déléguées que les petites. En 1989, par exemple, on comptait deux fois et demie plus de délégués d'associations des 14 circonscriptions de la Saskatchewan que de représentants des 107 associations du Québec et des provinces atlantiques réunies (Archer 1991, tableau 1.2).

Les libéraux et les néo-démocrates ayant élu un nouveau chef durant la période couverte par notre enquête, nous disposons de données nous permettant d'examiner les incidences de cette activité sur leurs associations locales. Bien que la structure du PC soit, à maints égards, différente de celle du PLC, des recherches antérieures consacrées aux congrès de direction où ont été élus respectivement Brian Mulroney (1983) et John Turner (1984) ont montré que le processus de sélection des délégués et déléguées est presque identique dans les deux partis (Carty 1988a). On peut donc penser que l'expérience des libéraux est représentative de celle des progressistes-conservateurs. La comparaison entre les pratiques libérales et néo-démocrates devrait nous permettre par ailleurs de mieux cerner les différentes conceptions du leadership que mettent aujourd'hui de l'avant les associations de circonscription des partis de cadres et des partis de masses au Canada; les partis se trouvant dans l'opposition dans les deux cas que nous avons retenus (NPD en 1989 et PLC en 1990), les luttes n'ont pas été aussi vives qu'elles auraient pu l'être si le poste de premier ministre avait été en jeu.

Dans une course à la direction du parti, chaque voix compte, car elle peut faire pencher la balance. Les luttes pour la sélection des délégués et déléguées sont donc toujours de la première importance, quelle que soit l'ampleur de l'association. En fait, toutes choses étant égales par ailleurs, les états-majors sont beaucoup plus portés à investir leurs efforts dans les associations les plus faibles, où les voix des délégués coûtent moins cher (en fait d'énergie et d'engagements futurs) que dans les associations bien établies et bien organisées. Voilà pourquoi, dans la course à la direction du PC en 1983 et dans celle du PLC en 1984, les candidats et candidates ont plus souvent constitué des listes de délégués dans les régions où leur parti jouissait traditionnellement d'appuis limités (Carty 1988a, 91 et 92). Les partis ne sauraient cependant recourir à cette pratique à l'occasion des luttes pour l'investiture, car c'est précisément dans ce type de région qu'ils ont le moins de chances de gagner les élections; c'est sans doute ce qui les retient de consacrer beaucoup d'efforts aux luttes pour l'investiture (Carty et Erickson 1991, troisième partie). Dans l'ensemble, la sélection des délégués aux congrès de direction donnerait donc lieu à une lutte plus serrée que l'assemblée d'investiture. D'où l'accent mis sur le recrutement de nouveaux membres. Cela expliquerait, entre autres, l'augmentation spectaculaire de l'effectif des associations libérales en 1990 telle qu'elle apparaît au tableau 3.5

Ce modèle stratégique n'est cependant pas applicable aux associations néo-démocrates (voir la figure 5.4). Dans les associations libérales, le choix des délégués et déléguées a suscité davantage de luttes serrées que les assemblées d'investiture, et une proportion plus élevée des assemblées de sélection y ont constitué une source de conflits locaux (en fait, plus de la moitié de toutes ces assemblées, contre 1 % au NPD). Malgré la rareté relative des circonscriptions lui offrant de bonnes perspectives électorales, le NPD a connu des campagnes d'investiture plus chaudement disputées que les assemblées de sélection de délégués tenues l'année suivante.

Ces différences marquées entre les associations libérales et les associations néo-démocrates ressortent aussi sur d'autres plan. Chez les libéraux, la course à la direction est habituellement dominée par un candidat ou une candidate : (Jean Chrétien, par exemple, étant perçu comme le favori, a gagné assez facilement au premier tour de scrutin). Au NPD, en revanche, la lutte a toujours été beaucoup plus incertaine : il a fallu à Audrey McLaughlin quatre tours de scrutin pour remporter la faveur. La concurrence est plus ou moins vive selon la nature et la structure des partis.

Axé principalement sur des impératifs électoraux, le PLC croit en la nécessité de mobiliser ses membres pour les luttes électorales, même internes. Il encourage donc candidats et candidates à formuler une stratégie de combat dans toutes les associations, même les plus petites, chacune ayant droit au même nombre de délégués et déléguées. Au NPD, où l'on considère que les courses à la direction sont l'affaire des militants et militantes de longue date, les membres ne sont pas tous invités à participer au processus (Morley 1992). Les multiples petites associations locales du parti comptent si peu de délégués qu'il ne vaut pas vraiment la peine pour les candidats d'essayer de les rallier. Quant aux associations plus imposantes, dont les délégations sont habituellement nombreuses, elles sont très difficiles à noyauter. On peut s'attendre, dans ce contexte, que la question de la limitation des dépenses pour les campagnes de direction soit traitée différemment par les deux partis : alors que les libéraux ont imposé à chaque candidat une limite de 2 millions de dollars en 1990, les néo-démocrates ont limité ces dépenses à 150 000 $ en 1989. D'où l'impossibilité pour ces derniers de monter, dans la plupart des circonscriptions, des campagnes coûteuses avant la sélection des délégués, comme les libéraux pouvaient se permettre de le faire.

Figure 5.4
Compétitivité des assemblées d'investiture et de sélection des délégués et déléguées chez les libéraux et les néo-démocrates, 1990

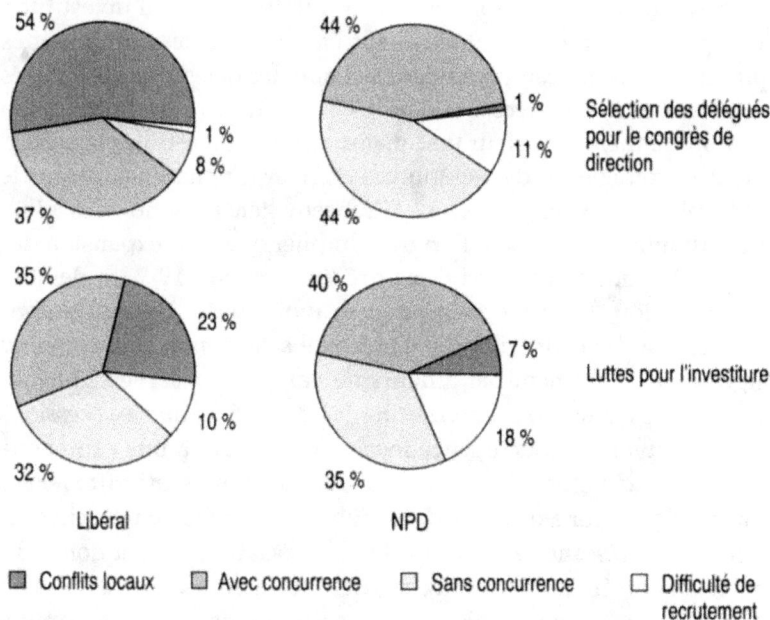

Le processus de sélection des délégués et déléguées aux congrès de direction n'est pas très différent de celui des assemblées d'investiture : on mobilise les membres pour qu'ils viennent voter aux assemblées ou, plus précisément, pour qu'ils appuient tel ou tel candidat ou candidate à la direction du parti. Comme le montre la figure 3.2, cette mobilisation a eu des effets spectaculaires dans les associations libérales en 1990 : plus de la moitié rapportent en effet une croissance de leur effectif davantage marquée en 1990 qu'à n'importe quel autre moment de la période de 1981–1990, y compris durant l'année électorale 1988 (où 80 % des associations progressistes-conservatrices ont atteint leur plus grand nombre d'adhésions). Aucune vague semblable n'a été observée dans les associations néo-démocrates; 3 % seulement ont déclaré avoir atteint leur nombre record d'adhésions en 1989 (sur une période de quatre ans), année de leur congrès de direction, d'ailleurs caractérisée par une baisse du nombre de membres de leur association médiane (voir le tableau 3.5). Manifestement, les courses à la direction du NPD ne sont pas des occasions où les candidats ou le parti tentent de mobiliser des appuis ou de recruter de nouveaux membres; seulement 6 % des associations locales déclarent avoir mené de telles activités, contre 25 % lors des luttes pour l'investiture de l'année précédente.

Dans les partis de cadres comme le PLC, les campagnes de recrutement liées aux courses à la direction diffèrent, sur un point important, de celles qui sont associées aux luttes pour l'investiture. Alors que ces dernières sont axées sur l'ambition et les aptitudes des aspirants locaux, les campagnes de sélection des délégués et déléguées sont soumises à des forces extérieures. Les candidats et candidates à la direction de même que leur état-major imposent à certaines associations des stratégies et des ressources d'envergure nationale, dans le but de rallier les délégués locaux. C'est cette généralisation des adhésions instantanées qui est à l'origine du phénomène d'expansion des associations que nous décrivions précédemment : 19 % seulement des associations libérales disent ne pas avoir assisté à ces adhésions massives dans le cadre des assemblées de sélection des délégués au congrès; 30 % affirment par ailleurs ne pas avoir observé ce phénomène dans les luttes pour l'investiture. Il peut arriver que les pressions externes avivent la concurrence locale; mais, grâce à une campagne particulièrement efficace, un candidat peut aussi réussir à effrayer ses rivaux ou les forcer à conclure des alliances dans telle ou telle circonscription. La croissance et l'effectif d'une association ne sont donc pas, l'année où l'on élit un nouveau chef, des indicateurs aussi valables du niveau de concurrence locale dans les associations de circonscription qu'ils le sont l'année des élections (voir la figure 5.5).

En 1990, les campagnes d'adhésions instantanées orchestrées de l'extérieur ont été, pour la majorité des associations libérales, un facteur négatif et une source de perturbations importantes. Le nombre d'associations désapprouvant cette pratique était alors de 25 % supérieur à ce qu'il était lors des élections générales de 1988. Cette réaction défavorable aux tentatives de noyautage des assemblées de sélection des délégués et déléguées était particulièrement répandue dans les associations qui n'en avaient pas fait l'expérience durant leur processus d'investiture. On réprouve sans doute le caractère impersonnel et mécanique des incursions menées par les candidats ou candidates à la direction, qui se soucient peu des répercussions de ces dernières sur l'effectif local ou de l'impact de la mise à l'écart des élites locales et des militants et militantes de longue date.

Figure 5.5
Taille des associations de circonscription libérales et néo-démocrates pour les assemblées d'investiture et de sélection des délégués et déléguées

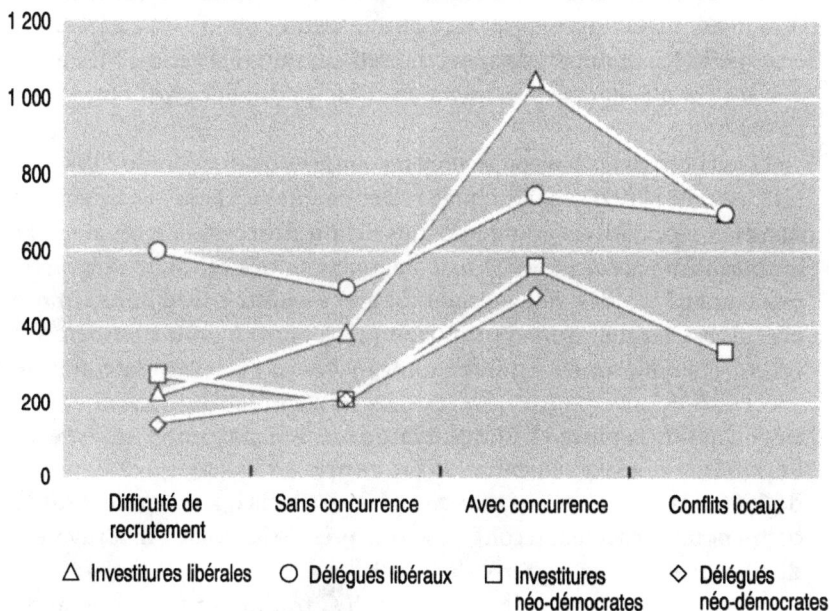

Si autrefois le choix des délégués et déléguées dans les circonscriptions était une activité relativement informelle et quasi automatique, les personnes désignées étant presque toujours des responsables ou autres membres de l'élite locale (Power 1966, 372), ce n'est plus le cas aujourd'hui. Une étude de deux congrès de direction du PC (1983) et du PLC (1984) révèle des différences considérables sur ce chapitre entre les associations. Elle permet aussi de cerner une série d'étapes qui correspondent à différents niveaux d'organisation et de compétition (Carty 1988a) : Ces étapes sont au nombre de cinq : 1) les postes de délégués sont mis aux voix; 2) les intéressés s'associent à un candidat ou une candidate pour faire connaître leur position et rallier d'autres appuis; 3) des listes de délégués potentiels sont dressées pour maximiser l'impact de la campagne locale; 4) ces listes sont associées à un candidat ou une candidate en particulier; 5) enfin, les listes ainsi étiquetées sont confrontées à d'autres listes dans ce qu'on appelle une « guerre de tranchées ». Cette progression n'est toutefois pas immuable, les délégués inscrits dans certaines listes (étape 3) n'étant pas tenus de se ranger derrière un candidat ou une candidate en particulier (étape 2) et n'ayant pas nécessairement eu d'opposant à l'assemblée de sélection (étape 1). De fait, l'existence même d'une liste bien établie peut décourager d'éventuels opposants. Il reste que, d'une étape à l'autre, il faut investir des ressources toujours plus importantes et le processus de sélection des délégués s'intensifie. Ce dernier qui continue d'évoluer, ne concerne en fait que les deux partis de cadres. En témoignent les derniers congrès de direction du NPD et du PLC ainsi que les changements survenus au sein de ce dernier parti entre 1984 et 1990.

Dans l'étude qu'il a consacrée au congrès de direction de 1989 du NPD, Archer (1991) conclut que la sélection des délégués et déléguées dans les associations néo-démocrates est un processus extrêmement individualiste, assez peu lié aux états-majors des candidats déclarés. Seulement 51 % des délégués ont dit avoir eu à se battre pour se faire élire, alors qu'une infime proportion (2 %) ont dit avoir participé, à cette occasion, à une « guerre de tranchées ». Le contraste avec le processus adopté chez les libéraux, très bien organisé, ne saurait être plus éclatant, comme l'indique la figure 5.6. Dans une analyse de l'enquête menée par Perlin (1991a) auprès des délégués libéraux de 1990, Hanson (1992) révèle que plus des trois quarts avaient dû se battre pour participer au congrès et que près de la moitié (47 %) avaient dû mener alors une « guerre de tranchées ».

Ces disparités entre le NPD et le PLC traduisent une orientation très différente des partis de masses et des partis de cadres en matière de démocratie interne. Elles se sont d'ailleurs accentuées au cours de la décennie au fur et à mesure qu'ont évolué les pratiques du PLC. Si l'on compare le processus de sélection des délégués et déléguées mis au point dans les associations de circonscription libérales en prévision des congrès de direction de 1984 et de 1990, (voir la figure 5.7), on voit que le nombre de postes de délégués pour lesquels il y a eu compétition a peu changé. On relève, par contre, des augmentations de 102 %, 216 % et 292 %, respectivement, dans le nombre de délégués associés à un candidat, le nombre de listes associées à un candidat et le nombre de cas de « guerres de tranchées » (Hanson 1992). Les candidats et candidates

au congrès de direction libéral de 1990 semblent donc avoir tiré les
leçons de l'expérience de 1984 pour établir une stratégie plus efficace.

Figure 5.6
Luttes pour la sélection des délégués et déléguées,
Nouveau Parti démocratique, 1989, et Parti libéral du Canada, 1990

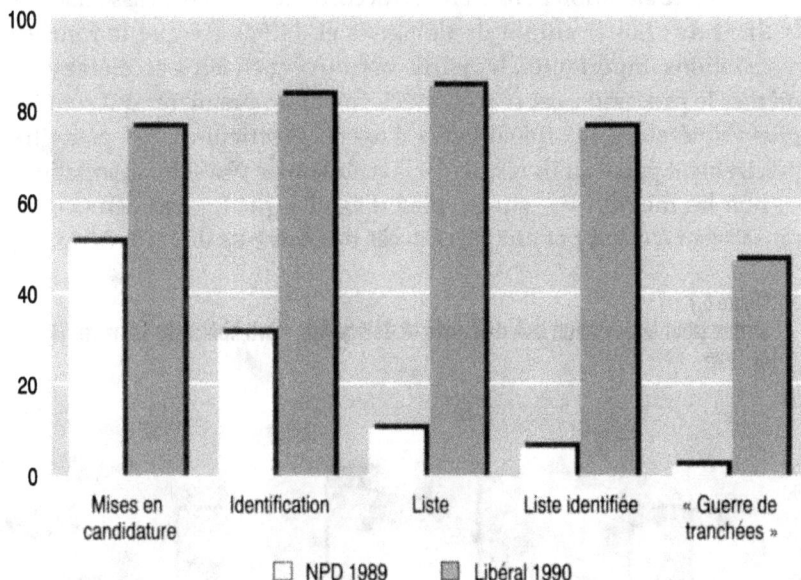

Sources : D'après Archer 1991 et Perlin 1991a.

La comparaison est particulièrement révélatrice dans le cas du PLC,
les enjeux de la sélection n'étant pas les mêmes d'une année à l'autre.
En 1984, le vainqueur accédait en effet automatiquement au poste de
premier ministre; en 1990, il devenait simplement chef de l'opposition.
Tant que les congrès de direction seront assujettis aux mêmes règles,
l'invitation des candidats et candidates — aussi bien progressistes-
conservateurs que libéraux — à mettre sur pied de puissantes organisations capables de pénétrer les associations de circonscription
demeurera toujours aussi forte.

Le processus de sélection fortement organisé qui prévaut actuellement
dans les partis de cadres change profondément le rôle du délégué local
et, par extension, de l'association de circonscription au sein de la formation extraparlementaire. Dès lors moins directement axé sur les circonscriptions comme telles, et moins immédiat, l'exercice de la démocratie
interne s'en trouve affecté. Lorsque des délégués sont élus grâce à
l'appui de l'état-major d'un candidat ou une candidate à la direction,
ils deviennent des agents de cet état-major. En se rangeant derrière une

équipe nationale, ils cessent de défendre les intérêts particuliers de leur association et ne représentent plus celle-ci que de manière officielle. Les associations risquent ainsi de servir uniquement d'arène aux combats entre candidats. Aussi longtemps que libéraux et progressistes-conservateurs mettront sur un pied d'égalité toutes les associations locales, cette situation perdurera. En accordant aux petites associations le droit de choisir autant de délégués et déléguées que le font les associations importantes, les partis se trouvent en fait à accélérer eux-mêmes le processus, car ce sont précisément les premières qui sont les plus vulnérables aux manœuvres d'agents extérieurs. C'est peut-être précisément parce qu'ils résistent à la tentation de placer les associations — non les membres — sur un pied d'égalité que les néo-démocrates réussissent à échapper aux pires excès des combats de leadership.

Figure 5.7
Luttes pour la sélection des délégués et déléguées, Parti libéral du Canada, 1984 et 1990

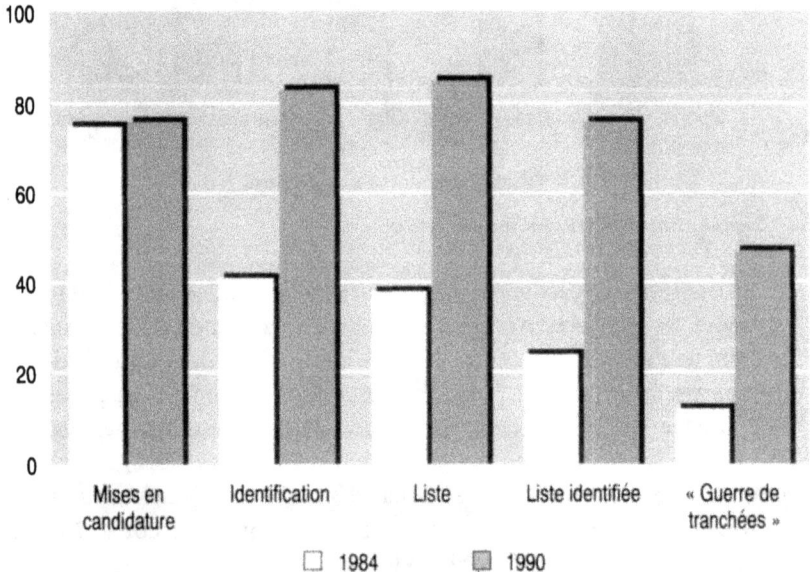

Sources : D'après Archer 1991 et Perlin 1991a.

Dans les partis de cadres, les associations s'attendent à voir grossir le nombre de leurs membres à chaque élection, y compris lors des courses à la direction, qui sont, au sens strict, des élections internes. Si la surveillance étroite de ces courses par les états-majors nationaux des candidats et candidates risque de heurter certains militants ou militantes ou certaines organisations locales, elle n'atteint pas pour autant le tissu même du parti. Le problème est qu'aucune limite, aucune règle ne balise la participation aux élections internes. Qu'on représente des intérêts très limités ou que l'on cherche à reconstituer les grandes coalitions libérales ou progressistes-conservatrices d'antan, on peut toujours, qui que l'on soit, mobiliser des groupes d'intérêt en vue de prendre le contrôle de certaines sections d'un parti. C'est à une manœuvre de cette sorte qu'a été confronté le PLC en 1990.

De l'avis général, la candidature de Tom Wappel à la direction du parti s'inscrivait dans une campagne beaucoup plus large du mouvement pro-vie pour attirer l'attention du public et obtenir des appuis au sein du PLC. En 1988, ses partisans l'aidaient à se faire élire à la Chambre des communes; en 1990, des groupes tels que Liberals for Life et la Saskatchewan Pro-Life Association déployaient beaucoup d'efforts pour inciter le plus grand nombre de personnes possible à venir appuyer, lors des assemblées de sélection, les délégués rangés sous la bannière de Tom Wappel. Lorsqu'on compare la proportion de ces derniers à celle des autres délégués et déléguées ayant reçu l'aide de certains groupes d'intérêt pour se faire élire (voir la figure 5.8), on constate que l'appui de groupes d'intérêt est intervenu quatre fois plus souvent dans le choix des délégués appuyant la candidature de Tom Wappel que dans tout autre cas, quelle qu'ait pu être la stratégie employée. L'on voit ici, sans l'ombre d'un doute, le mouvement pro-vie à l'œuvre, ce que confirment les réponses de 93 % des délégués de Wappel qui ont bien voulu identifier le groupe qui les avait appuyés (Hanson 1992) : près des trois quarts des partisans de Tom Wappel ont en effet déclaré qu'un groupe pro-vie avait appuyé leur élection. Leur candidat ne devait recueillir finalement que 6 % des suffrages exprimés au congrès.

La campagne de Tom Wappel a donc eu peu de répercussions sur le choix du nouveau chef libéral en 1990. Mais les choses auraient pu être différentes si la lutte avait été plus serrée et s'il avait fallu plus d'un tour de scrutin pour désigner le vainqueur. On a déjà vu des congrès de direction avec une lutte très serrée dont le résultat final a été déterminé par quelques suffrages intervenant à un moment critique; un bloc de délégués disciplinés et dévoués à une cause plutôt qu'à une personne peut toujours jouer un rôle décisif de telles circonstances. Et s'il est vrai que libéraux et progressistes-conservateurs tiennent à représenter le plus vaste éventail possible d'intérêts, ils n'ont pas avantage à ce que la désignation de leur chef paraisse dépendre d'un groupe d'intérêt particulier. L'invasion des groupes d'intérêt n'est pas sans conséquences pour les associations elles-mêmes. Pour l'état-major d'un candidat ou une candidate à la direction qui pénètre dans une association locale, l'inondant s'il le faut de membres dont l'adhésion a été

Figure 5.8
Rôle des groupes d'intérêt dans la campagne de direction de Tom Wappel

Pourcentage de délégués ayant reçu de l'aide pour se faire élire

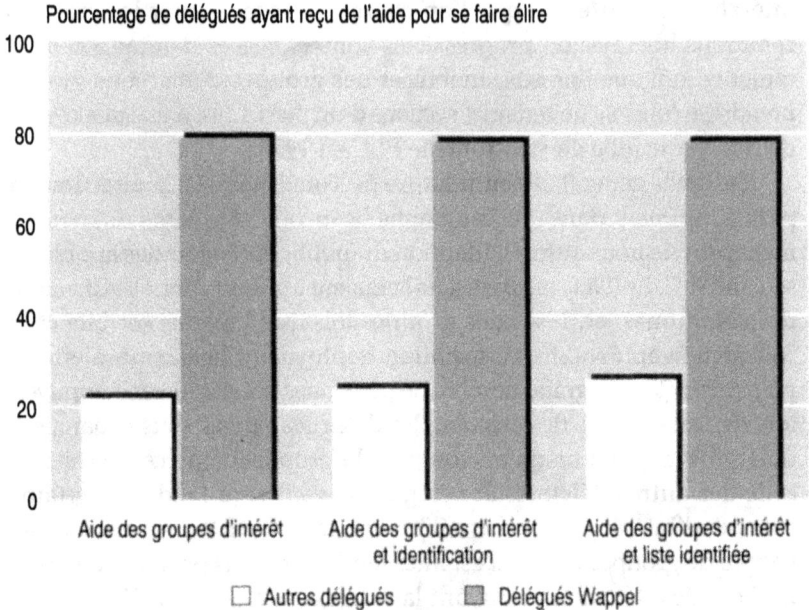

Aide des groupes d'intérêt

Aide des groupes d'intérêt
et identification

Aide des groupes d'intérêt
et liste identifiée

☐ Autres délégués   ▨ Délégués Wappel

Sources : D'après Hanson 1992 et Perlin 1991a.

instantanée, il semble clair que les militants locaux bien connus du parti devraient être favorisés lors de la sélection des délégués et déléguées. Ils escomptent que ces éventuels délégués se rangeront derrière leur candidat quand viendra le moment de voter au congrès. Ce type de manœuvre crée des divisions au niveau local, mais celles-ci finissent habituellement par se résorber si les vainqueurs sont des partisans connus et que le combat a été jugé, somme toute, démocratique. Lorsqu'un groupe d'intérêt s'empare d'une association locale, il privilégiera, dans la sélection des délégués et déléguées, les militants qui se seront montrés loyaux à l'égard du groupe. Ces associations se voient alors envahies non seulement par des membres dont l'adhésion a été instantanée et qui ont droit de vote aux assemblées de sélection des délégués, mais aussi par des délégués provenant de ces adhésions instantanées qui, souvent, ne manifesteront qu'un intérêt limité pour les activités du parti et n'entretiendront que des liens très ténus avec lui. Les membres ordinaires du parti désapprouvent totalement les mainmises de ce genre, sachant d'avance que l'intérêt de ces individus pour la cause particulière qu'ils défendent les amènera inévitablement à ignorer les autres activités du parti, avec leur cortège de compromis difficiles et de débats sur l'ensemble des grands dossiers d'intérêt public. La participation au congrès de direction étant l'une des activités les plus importantes du parti à l'échelon national, et une expérience extrêmement précieuse, les associations locales perdent un lien important avec le reste du parti lorsque ces membres dont l'adhésion a été instantanée quittent l'organisation aussitôt le congrès terminé.

Ce phénomène est tout à fait évident dans la campagne de direction de Tom Wappel en 1990. Comme l'illustre la figure 5.9, les membres à adhésion instantanée recrutés par les groupes pro-vie appuyant Tom Wappel ont généralement élu d'autres adhérents de dernière minute à titre de délégués au congrès : plus de la moitié de ces délégués et déléguées sont en effet devenus membres du PLC durant la campagne, et à peine 13 % avaient leur carte du parti depuis au moins cinq ans. Les caractéristiques sont tout à fait à l'opposé chez les délégués qui appuyaient les autres candidats. Bien que la majeure partie d'entre eux aient été choisis à l'occasion de compétitions locales gérées par des organisations externes, plus de 66 % étaient membres du PLC depuis plus de cinq ans, et seulement 15 % avaient adhéré au parti pendant la course à la direction (Hanson 1992). L'enquête de Perlin (1991a) d'où sont extraites ces données ne permet pas de dire pendant combien de temps les délégués pro-Wappel sont restés membres du parti; on peut néanmoins supposer que les délégués qui étaient des libéraux instantanés avaient de fortes chances de se transformer en ex-libéraux instantanés.

Cette représentation du processus de désignation des chefs de partis, et les comparaisons que nous avons pu établir à ce propos entre le PLC et le NPD, montrent qu'il y a une grande différence entre les deux partis de cadres, dont le processus est structuré en fonction des circonscriptions, et le parti de masses, c'est-à-dire le NPD, dont l'organisation et la démocratie interne s'appuient davantage sur la participation de la base. On ne relève pas de disparités aussi fondamentales en ce qui concerne le processus d'investiture, celui-ci étant directement soumis aux impératifs du régime du scrutin uninominal majoritaire. L'orientation différente des partis en ce qui a trait à l'investiture de candidats ou candidates et à la sélection de délégués ou déléguées devrait normalement entrer en ligne de compte dans la définition d'un mécanisme de réglementation. On s'attendrait ainsi qu'ils puissent s'entendre plus facilement sur un processus d'investiture commun que sur la réglementation du processus de désignation des chefs. Pourtant, il n'en est rien. Dans les trois partis nationaux, les militants locaux ne sont favorables qu'à une réforme limitée.

Figure 5.9
Libéraux instantanés de Tom Wappel

Pourcentage de délégués ayant reçu de l'aide pour se faire élire

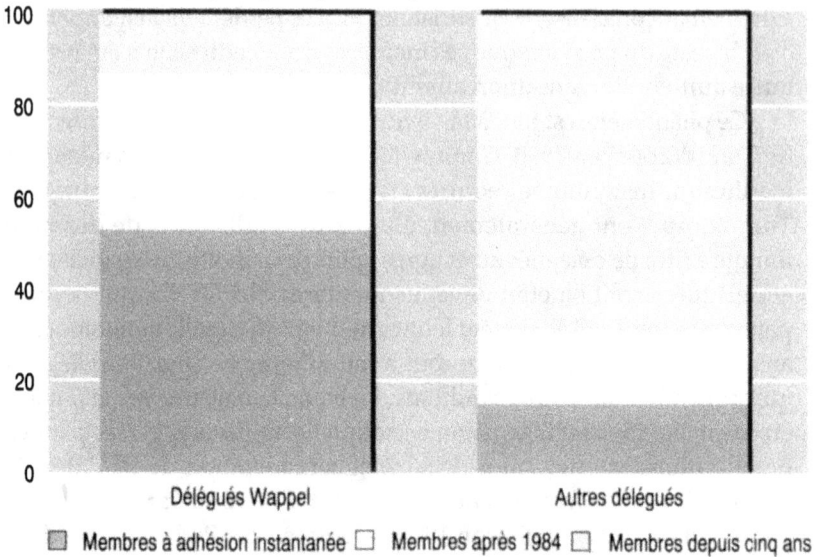

Membres à adhésion instantanée ☐ Membres après 1984 ☐ Membres depuis cinq ans

Source : D'après Perlin 1991a.

LA RÉGLEMENTATION ÉTATIQUE ET LA DÉMOCRATIE PARTISANE

Le débat sur la réforme des mécanismes de démocratie interne des partis tourne en grande partie autour de la question de l'argent. Pour bon nombre d'individus et d'organisations, il est clair que l'argent constitue maintenant un obstacle majeur pour les membres ordinaires intéressés à se porter candidat ou candidate ou à participer à la vie du parti. Il suffit de citer à cet égard l'exemple de Lloyd Axworthy, député de premier plan et jouissant d'une excellente réputation, qui a dû abandonner la course à la direction du PLC en 1990 parce qu'il n'avait pas assez de ressources financières pour contrer efficacement Jean Chrétien ou Paul Martin. Le financement des campagnes électorales générales des partis et des candidats étant réglementé, il semblerait naturel, par ailleurs, que le soient aussi le processus mis en œuvre pour désigner les candidats et les chefs.

Les règles qui régissent les dépenses électorales au Canada visent à rendre égales les chances des candidats et candidates. Elles touchent donc aux dimensions fondamentales du financement électoral : les recettes et les dépenses. Sur le plan des recettes, l'État accorde aux candidats qui ont prouvé (après coup) leur sérieux le remboursement d'une partie de leurs dépenses électorales; cette disposition leur assure la sécurité financière nécessaire pour mener une campagne, au moins sommaire. Un système de crédit d'impôt incite par ailleurs les particuliers à appuyer le candidat ou le parti de leur choix. Comme l'a montré Stanbury (1991) dans son étude magistrale, cette combinaison de mesures a mis à la disposition des (trois grands) partis et de leurs candidats des sommes considérables d'argent, privé et public. Sur le plan des dépenses, cette fois, l'État les limite de manière à ce qu'aucun parti ne puisse investir dans la bataille électorale au point d'écraser financièrement ses rivaux.

Les présidents d'associations ont été invités à donner leur avis sur l'extension possible de cette réglementation aux processus de désignation des candidats et candidates et des chefs. Prendre position en faveur d'une telle extension reviendrait à accepter implicitement que l'État intervienne directement dans la vie interne des partis. Ces derniers ayant toujours été considérés comme les instruments par lesquels les citoyens et citoyennes contrôlent l'État, on a traditionnellement résisté à cette réglementation au Canada. D'aucuns continuent d'ailleurs, par principe, de s'opposer à toute loi allant en ce sens. Selon 40 % des présidents d'associations interrogés, « les partis politiques devraient pouvoir diriger leurs affaires internes selon leurs propres règles, comme bon leur semble »; 56 % acceptent pour leur part l'idée que « la régie de leurs affaires internes devrait être réglementée au moins en partie par la loi ». Les opinions varient d'un parti à l'autre : la plupart des associations progressistes-conservatrices et réformistes favorisent l'autoréglementation, alors que la plupart des associations libérales et néo-démocrates acceptent l'idée d'une certaine réglementation externe.

Ces tendances générales dissimulent les variations d'opinion considérables qui se dessinent, même à l'intérieur des partis, autour de propositions de réforme particulières. On trouvera aux tableaux 5.8 et 5.9 la proportion d'associations de chaque parti favorables à une série de cinq changements (placés par ordre décroissant, selon l'appui qu'ils recueillent) qui permettraient de rendre le processus d'investiture et la désignation des chefs de partis plus conformes au processus électoral. Il est frappant de constater à quel point l'ordre des changements est sensiblement le même d'un parti à l'autre. Comme on pouvait s'y attendre, la réglementation des assemblées d'investiture recueille relativement moins d'appuis, parce que c'est l'activité qui touche le plus directement les activités permanentes des partis à l'échelon local.

On trouve par ailleurs une tendance générale gauche-droite à l'égard de toutes les propositions de changement, sauf une. Dans l'ensemble, les associations du PC (ainsi que du PRC et du parti de l'Héritage chrétien du Canada (PHCC)) ont tendance à privilégier le statu quo, alors que celles du NPD favorisent le changement, mais aucun des partis ne se range massivement dans un camp ou dans l'autre sur quelque proposition que ce soit. Leurs positions sont par contre inversées lorsqu'il s'agit de déterminer qui devrait avoir le droit de voter aux assemblées d'investiture et aux congrès de direction. Une majorité d'associations des partis de cadres préfèrent réserver ce droit aux personnes admises à voter aux élections; 70 % des associations néo-démocrates rejettent cette proposition et recommandent plutôt la participation de tous les membres du parti, qu'ils soient ou non en âge de voter et qu'ils aient ou non la citoyenneté canadienne. Cette différence d'opinion est assez étonnante, dans la mesure où le NPD compte beaucoup moins de membres de moins de 18 ans parmi ceux qui participent à ses congrès de direction que le PLC ou le PC (voir les enquêtes d'Archer 1991 et de Perlin 1991a).

Tableau 5.8
Appui accordé aux propositions de réforme du processus d'investiture
(pourcentage d'associations de circonscription en faveur des propositions)

	Trois grands partis	Progressiste-conservateur	Libéral	NPD
Limitation des dépenses	69	59	69	81
Utilisation de crédits d'impôt	52	48	57	52
Participation réservée aux électeurs	47	58	53	28
Remboursement des dépenses par l'État	35	26	35	46
Processus régi par la common law	33	22	35	44
Abolition du droit de veto du chef	34	30	39	34

Tableau 5.9
Appui accordé aux propositions de réforme du processus de sélection du chef
(pourcentage d'associations de circonscription en faveur des propositions)

	Trois grands partis	Progressiste-conservateur	Libéral	NPD
Limitation des dépenses	76	66	78	86
Utilisation de crédits d'impôt	65	53	76	66
Participation réservée aux électeurs	49	62	53	30
Remboursement des dépenses par l'État	40	29	40	54
Processus régi par la common law	31	20	32	43
Élection par vote direct de tous les membres	59	52	68	57

Les changements approuvés par la majorité des associations sont ceux qui tendraient à égaliser, de façon relative, les règles du jeu financier à l'occasion des élections internes. Le régime actuel de limitation des dépenses électorales est jugé satisfaisant dans l'ensemble (79 %) par les associations, qui sont d'ailleurs prêtes à l'étendre aux processus d'investiture et de désignation des chefs; elles sont aussi d'accord quant à l'utilisation des crédits d'impôt pour faciliter la collecte de fonds à ces deux occasions. En revanche, la majorité s'oppose au remboursement par l'État des dépenses des candidats et candidates aux élections internes; peut-être les responsables locaux redoutent-ils qu'une réglementation plus rigoureuse de l'ensemble de leurs activités ne leur soit éventuellement imposée s'ils acceptent ouvertement des fonds publics (et non plus seulement le crédit d'impôt indirect).

Cet élément est important, car les associations s'opposent à la réglementation étatique de leurs activités électorales internes. À la question dans laquelle on demandait si le législateur devrait fixer les normes et principes régissant l'investiture des candidats et candidates et le choix des chefs, ou si les partis devraient être seuls habilités à les déterminer, près des deux tiers des présidents et présidentes ont choisi la deuxième option. Craignant de voir les activités de leur association assujetties à un dispositif juridique qui normaliserait leurs organisations et leurs activités à l'échelle nationale, ils réitéraient ainsi leur opposition à l'idée d'avoir à s'enregistrer et à produire des rapports financiers annuels (voir le tableau 4.16).

Comme ils jouent un rôle politique déterminant sur le plan local, bon nombre de présidents et présidentes d'associations de circonscription en sont naturellement venus à croire que le système qu'ils gèrent fonctionne bien. Les militants et militantes ne partagent pas tous cet attachement au statu quo, comme le montre la figure 5.10, où sont comparées les positions des délégués et déléguées au congrès de direction libéral de 1990 (Perlin 1991) et celles des présidents d'associations quant aux cinq réformes proposées dans notre questionnaire : les membres de la base semblent plus favorables que les dirigeants locaux à une réglementation accrue dans chacun des cinq domaines envisagés (Perlin 1991a). Cela dit, la tendance générale reste la même : les répondants et répondantes approuvent le projet de limitation des dépenses et l'octroi de crédits d'impôt, tout en s'opposant au remboursement des dépenses par l'État et à une structure juridique commune. La seule question sur laquelle les délégués adoptent une position qui diverge de celle de la plupart des présidents d'associations concerne la participation des membres non autorisés à voter aux élections générales, aux assemblées d'investiture et à l'élection des chefs. À cet égard, les militants libéraux sont beaucoup moins ambivalents que les dirigeants d'associations : 87 % d'entre eux interdiraient une telle participation.

Figure 5.10
Propositions de réforme du processus d'élection du chef : appui des délégués et des associations du Parti libéral du Canada

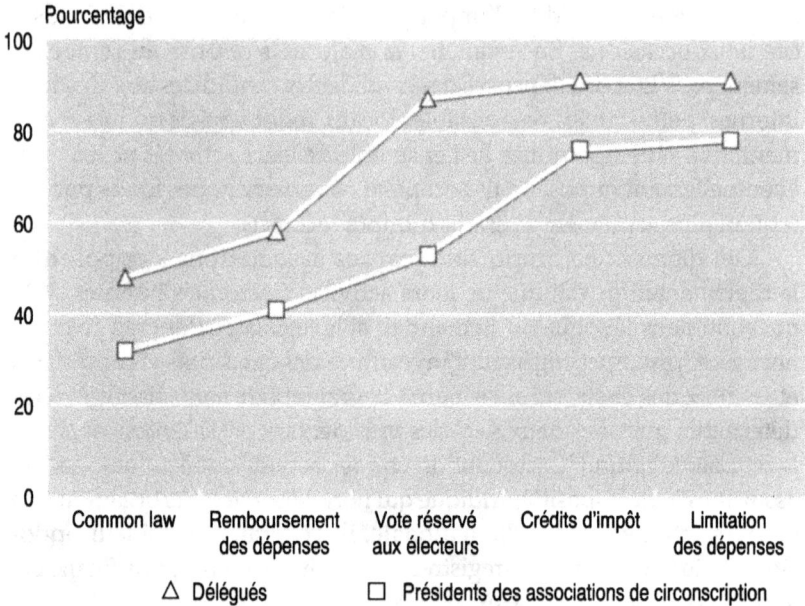

Source : Données sur les délégués d'après Perlin 1991a.

On a aussi invité les associations locales à exprimer leur opinion sur certains changements particuliers relatifs aux luttes pour l'investiture et aux congrès de direction. Le premier changement est l'abolition du droit de veto que détient actuellement le chef du parti à l'égard du choix des candidats ou candidates. En l'absence de toute reconnaissance officielle des associations de circonscription, le parti doit, bien sûr, disposer d'un mécanisme lui permettant d'approuver la candidature de ceux et celles qui aspirent à l'investiture, et de les autoriser ainsi à apposer l'étiquette du parti sur les bulletins de vote. Si les associations locales étaient homologuées, ce droit de veto deviendrait superflu et les associations retrouveraient leur autonomie traditionnelle. Malgré leurs revendications autonomistes, les deux tiers des présidents et présidentes d'associations ont rejeté cette proposition (voir le tableau 5.8). Peut-être craignent-ils qu'une telle réforme porte atteinte à l'ouverture et à la perméabilité mêmes de leur association ?

Beaucoup de recherches ont été consacrées ces dernières années au processus de sélection des chefs de partis (Perlin 1991b; Carty *et al.* 1992). Plusieurs partis provinciaux, notamment le Parti québécois, le Parti progressiste-conservateur de l'Ontario, de l'Île-du-Prince-Édouard et de l'Alberta, et le Parti libéral de l'Ontario et de la Nouvelle-Écosse ont récemment décidé d'élire leur chef selon un mécanisme quelconque de scrutin universel (Latouche 1992; Woolstencroft 1992). Perlin (1991a) et Archer (1991) rapportent qu'une majorité de délégués aux derniers congrès de direction du PLC et du NPD étaient favorables à un système de scrutin direct; on ne s'étonnera donc pas qu'une majorité de présidents et présidentes d'associations abondent dans ce sens (voir le tableau 5.9). C'est au PLC que l'idée recueille le plus d'appuis; ce parti en a d'ailleurs adopté une variante au début de 1992, reproduisant ainsi le scénario des premières années du deuxième régime canadien des partis (Carty 1992). Le PLC avait alors été la première formation nationale à passer du caucus au congrès de direction comme mode de désignation du chef de parti. Si la formule des libéraux s'avère efficace au moment d'assurer la succession de Jean Chrétien, le PLC aura peut-être créé un autre précédent en matière de désignation des chefs nationaux.

Ce nouveau processus, inspiré de l'expérience du Parti libéral de l'Ontario, reste axé sur le congrès de délégués. Le premier scrutin (au congrès) des délégués et déléguées des associations devra refléter les préférences des membres de la base, telles qu'elles ont été exprimées par un vote préalable au sein des associations locales; les délégués seront ensuite libres de voter en fonction de leurs convictions person-nelles. Les votes émanant de chaque délégation de circonscription étant répartis proportionnellement entre les candidats et candidates, les adhé-sions massives instantanées n'auront pas les effets abusifs qu'elles ont dans le système actuel (où le vainqueur ramasse toute la mise). On peut s'attendre aussi, par le fait même, que les associations adoptent de nouvelles stratégies lors des campagnes de leadership, notamment sur le plan des communications directes entre candidats et membres régu-liers du parti, avant le vote des membres, puis, subséquemment, avec les délégués. Pour l'instant, rien ne permet de dire quel effet le nouveau processus aura sur les associations du PLC. Mais il ne fait pas de doute que l'association de circonscription demeure le pivot structurel de la participation de la plupart des membres à la vie démocratique du parti.

LA DÉMOCRATIE INTERNE DES PARTIS
DANS LES CIRCONSCRIPTIONS

Nous tenterons maintenant de tirer, autant que faire se peut, des conclusions générales sur la démocratie locale des partis nationaux du Canada. Des différences notables ressortent d'abord entre les formations sur le plan de l'organisation interne et de l'expérimentation de nouvelles structures et procédures. Les libéraux ont décidé d'accorder à chacun de leurs membres un vote direct lors de la désignation du chef du parti, nonobstant l'idée très floue qu'ils ont des conséquences qu'une telle décision aura à l'échelle nationale. Ce changement leur a été dicté essentiellement par certains militants soucieux de s'adapter au changement des mentalités en matière de démocratie (Perlin 1991a). Les néo-démocrates, beaucoup plus prudents, préfèrent s'en tenir pour l'instant à l'examen du projet de régime de suffrage universel. Et ce, même s'il a été rapidement adopté par plusieurs partis provinciaux, en plus des libéraux fédéraux. Les néo-démocrates hésitent également à modifier leur processus de sélection du chef de parti. L'enquête qu'Archer (1991) a réalisée auprès des délégués et déléguées du NPD au congrès de direction de 1989 révèle que 87 % d'entre eux estiment que leur parti ne devrait pas adopter un système accordant à toutes les associations un nombre égal de délégués, mais qu'il devrait plutôt maintenir son système actuel, où la taille des délégations varie selon l'effectif des associations.

Les partis réagissent aussi différemment à l'idée de réaménager sur de nouvelles bases les rapports traditionnels entre le siège national et les associations de circonscription. Ce sont les néo-démocrates qui sont allés le plus loin dans ce domaine en imposant une répartition plus juste des candidatures entre les hommes et les femmes à l'intérieur du processus d'investiture, mesure qui réduit nécessairement l'autonomie des associations et la marge d'influence des membres locaux dans le choix des candidats et candidates. Cette décision procédait d'un souci réel de voir un plus grand nombre de femmes aspirer à l'investiture, mais elle était facilitée également par le fait que peu de circonscriptions ont un député néo-démocrate.

Nous avons aussi fait état dans ce chapitre de disparités importantes entre les associations de circonscription d'un même parti, ce qui confirme les conclusions que nous avions formulées aux chapitres 3 et 4 en matière d'organisation, d'activité et de financement des associations. On voit une fois de plus l'influence du contexte local sur les pratiques concrètes. Tout en respectant les normes et les règles communes qui régissent l'investiture des candidats et candidates et la sélection des délégués et déléguées aux congrès, les membres de la base assurent de la manière qui leur convient le mieux l'exercice de la démocratie dans leur association. Comme les associations locales sont constituées de bénévoles qui s'adonnent à la politique de façon intermittente, et pour des motifs variés, la possibilité qu'elles ont de modeler et de gérer leur propre démocratie demeure peut-être une de leurs grandes forces.

6

LES ASSOCIATIONS DE CIRCONSCRIPTION ET LE RECENSEMENT

~

Dans le dernier rapport qu'il déposait au Parlement canadien en 1989, Jean-Marc Hamel, alors directeur général des élections, faisait valoir que « l'administration des élections au Canada » était « en crise » (Canada, Élections Canada 1989). Cette crise s'explique en grande partie par certaines exigences contradictoires de la *Loi électorale du Canada* et de la *Charte canadienne des droits et libertés,* mais aussi par l'incapacité du système à s'adapter au nouveau visage que donnent au pays et à l'électorat les constants bouleversements socio-économiques et démographiques. L'un des éléments les plus importants de ce système est l'établissement des listes électorales, selon un processus qui remonte à l'adoption de la *Loi sur les élections fédérales* en 1938.

Contrairement aux autres démocraties libérales occidentales, le Canada n'a pas de liste électorale, et c'est à l'État, plutôt qu'à l'individu, qu'incombe la responsabilité de l'inscription électorale. L'État procède ainsi à un recensement universel, domicile par domicile, aussitôt les élections annoncées, pour dresser la liste des électeurs admis à voter. La période qui s'écoule entre le déclenchement et la tenue des élections est, de ce fait, beaucoup plus longue que dans d'autres pays. Les partisans de cette procédure prétendent qu'elle garantit la tenue d'une liste électorale à jour, complète et efficiente. Il est cependant de plus en plus évident que les failles d'un tel système contribuent à la crise évoquée par le directeur général des élections. Dans son compte rendu des élections générales de 1988, il s'est dit obligé, pour résoudre 17 problèmes particuliers, d'invoquer les pouvoirs spéciaux que lui confère la *Loi électorale du Canada;* cinq de ces problèmes (affectant jusqu'à 76 circonscriptions) concernaient la difficulté de trouver un nombre suffisant de recenseurs et recenseuses, et d'assurer qu'ils auraient tout le temps nécessaire pour faire leur travail.

Cette question intéresse les partis politiques, qui sont directement touchés par la liste électorale, mais aussi les associations de circonscription, qui contribuent directement à sa confection. En vertu de la *Loi électorale du Canada*, les candidats et candidates ainsi que leurs associations locales sont des acteurs importants du système.

Dès qu'une élection est déclenchée, les directeurs et directrices du scrutin de chaque circonscription doivent nommer et former rapidement un grand nombre de recenseurs et recenseures. En 1988, par exemple, près de 90 000 personnes ont dû être recrutées et formées en une semaine. C'est à cette étape qu'interviennent les associations, la Loi obligeant les directeurs du scrutin à attendre que les candidats ou candidates (et, en pratique, leurs associations) s'étant classés au premier et au deuxième rang lors des élections précédentes leur communiquent des noms de recenseurs. Dans les sections de vote urbaines, les recenseurs travaillent à deux, ce qui garantit, en théorie, une surveillance réciproque et permet d'éviter toute partisanerie; dans les sections rurales, les recenseurs sont autorisés à travailler seuls. Cette différence se justifie ainsi : d'abord, il est plus difficile de trouver dans les régions rurales le personnel suffisant pour couvrir un territoire souvent très vaste; ensuite, les électeurs et électrices des régions rurales ont le droit de s'inscrire sur la liste électorale le jour même du scrutin.

Ce système répondait autrefois aussi bien aux intérêts de l'État qu'à ceux des partis. Le premier obtenait, dans un très bref délai, une liste de personnes capables de faire vite et bien un travail qui les intéressait directement. Quant aux seconds, ce système leur offrait plusieurs avantages à l'échelle locale : d'abord, il offrait aux partis l'occasion d'exercer un certain favoritisme, dans la mesure où ils pouvaient récompenser leurs partisans en les proposant comme recenseurs et recenseures; en outre, comme bon nombre des recenseurs travaillaient ensuite pour le parti, l'information et les connaissances obtenues grâce au porte-à-porte, pouvaient être précieuses pour les états-majors des campagnes locales; enfin, les recenseurs et recenseures de certaines régions avaient l'habitude de remettre une partie de leurs gains à la caisse électorale de l'association qui les avait désignés.

La démographie et la culture politique canadienne ont beaucoup changé depuis la création de ce système il y a une cinquantaine d'années et, selon certains, peu d'associations en tirent encore beaucoup d'avantages. La rémunération des recenseurs et recenseures n'est plus assez élevée pour que ceux-ci considèrent leur nomination comme une véritable faveur. Une organisation locale bien structurée saura habituellement utiliser à bon escient les aptitudes de ses bénévoles pendant cette période en leur confiant des tâches proprement partisanes.

Les partis et les candidats et candidates étant aujourd'hui plus au fait des méthodes de financement (Stanbury 1991), la contribution éventuelle des recenseurs à la caisse des associations locales s'avère négligeable.

Au-delà de cette dépréciation des avantages, il y a aussi le fait que pour bon nombre d'associations il devient difficile de trouver le personnel nécessaire pour le recensement. La transformation de la population active, la faible rémunération offerte et la réticence de nombreuses personnes à faire du porte-à-porte le soir dans des quartiers qui leur sont peu familiers ont réduit le nombre de recenseurs potentiels. Voilà ce qui ressort de l'analyse du directeur général des élections. Il semble donc que les associations locales, surtout celles des deux plus grands partis, n'aient pas réussi à assumer l'une des fonctions fondamentales que leur confiait l'État. Dans ce bref chapitre, nous examinons le fonctionnement du processus de recensement du point de vue particulier des associations de circonscription.

LE RECRUTEMENT DES RECENSEURS

La Loi attribue aux partis dont les candidats se sont classés premier et deuxième aux élections précédentes le privilège — ou la corvée, selon le point de vue d'où l'on se place — de désigner les recenseurs et recenseures dans leur circonscription. Cette mesure permet de décentraliser cette responsabilité et de la confier à des partis différents d'une élection à l'autre à l'intérieur d'une même circonscription, et d'une circonscription à l'autre au cours de la même élection. En pratique, la majeure partie des associations progressistes-conservatrices et libérales recrutent régulièrement des recenseurs, ce qui n'est le cas que d'une minorité des autres partis : en 1988, 84 % des présidents et présidentes d'associations progressistes-conservatrices ont dit avoir recruté des recenseurs, contre 61 % chez les libéraux, et seulement 35 % chez les néo-démocrates. Ces différences sont importantes pour la suite de notre analyse, celle-ci traitant essentiellement de la situation des associations qui avaient la responsabilité de fournir des listes de recenseurs aux élections de 1988.

À peine la moitié (49 %) des associations chargées de désigner des recenseurs et recenseures en 1988 ont jugé que ce recrutement avait été une tâche facile, 18 % d'entre elles affirmant, au contraire, n'être pas parvenues à trouver un nombre suffisant de personnes (quant aux autres, elles disent avoir eu « toutes les peines du monde à réunir suffisamment de noms ».) Le tableau 6.1 montre que le succès du recrutement varie selon les partis et les régions : 57 % des associations libérales ont pu trouver le nombre voulu de recenseurs, contre 49 % chez les progressistes-conservateurs, et 38 % à peine chez les néo-démocrates.

Ce dernier pourcentage est d'ailleurs égal à la proportion d'associations du même parti reconnaissant ne pas avoir trouvé suffisamment de recenseurs (ce qui n'est pas le cas dans les deux autres formations). Or, on aurait pu s'attendre qu'un parti de masses comme le Nouveau Parti démocratique (NPD), dont l'effectif est plus stable, soit davantage en mesure de recruter les personnes requises. Cette situation s'explique en partie par la petite taille de l'association néo-démocrate type (voir le chapitre 3), qui rend nécessairement le recrutement plus difficile. En 1988, l'effectif type des associations ayant facilement mené à bien l'opération s'établissait à 955, contre 550 chez celles qui n'y étaient pas parvenues.

Tableau 6.1
Capacité des associations de circonscription à trouver des recenseurs et recenseures
(en pourcentage)

	Facilité à trouver des recenseurs	Difficulté à trouver des recenseurs
Progressiste-conservateur	49	12
Libéral	57	17
NPD	38	38
Région		
Atlantique	65	0
Québec	79	2
Ontario	36	25
Prairies	49	22
Colombie-Britannique	28	32

L'aptitude d'une association à recruter des recenseurs et recenseures dépend également de la région où elle est située. Comme le montre le tableau 6.1, la frontière entre le Québec et l'Ontario est, encore une fois, une ligne de partage importante de la scène politique canadienne. Dans les cinq provinces de l'Est, plus pauvres et dominées politiquement par la concurrence traditionnelle entre libéraux et progressistes-conservateurs, les associations de ces deux partis semblent éprouver moins de difficulté à trouver des recenseurs (ce qui n'est pas le cas du NPD, assez peu présent dans les provinces de l'Est, comme en témoigne la figure 4.5). De fait, selon notre enquête, aucune association des provinces atlantiques n'a fait état de quelque problème que ce soit sur ce plan. Le recrutement semble, en revanche, assez difficile en Ontario, dans les provinces de l'Ouest et dans plus de la moitié des associations de la Colombie-Britannique.

On trouve à la fois des sections de vote rurales et urbaines dans de nombreuses circonscriptions. Les sections urbaines exigent un nombre deux fois plus élevé de recenseurs et recenseures. Or c'est précisément dans les régions métropolitaines qu'il est le plus difficile de trouver des recenseurs compétents et motivés. On ne s'étonnera donc pas que les associations ayant déclaré avoir eu du succès dans leur recrutement comptent, en moyenne, 61 % de sections urbaines, et que la moyenne de celles qui n'ont pu accomplir cette tâche de façon satisfaisante est de 83 %.

La facilité avec laquelle une association réussit à s'acquitter de sa tâche influe inévitablement sur l'évaluation générale qu'elle peut faire du système. Les associations qui sont parvenues aisément à recruter assez de recenseurs ou recenseures sont six fois plus nombreuses à considérer que le droit de les désigner constitue pour elles un avantage pendant la campagne électorale plutôt qu'un désavantage. Celles qui ont échoué dans cette opération sont très partagées sur la question : 30 % trouvent cette prérogative avantageuse et 30 % pensent le contraire. Il semblerait, à la lumière des résultats de l'enquête, que les avantages que tirent les associations de cette prérogative sont plus hypothétiques que réels, et que, paradoxalement, ils sont appréciés davantage par ceux qui n'y ont pas accès que par ceux qui en profitent. Ainsi 71 % des associations qui n'ont pas désigné de recenseurs en 1988 estiment que l'exercice de ce droit aurait constitué un avantage pour leur campagne, proportion qui tombe à 55 % pour celles qui s'en sont effectivement prévalues; de même, les associations ayant désigné des recenseurs sont presque deux fois plus nombreuses que les autres à considérer que ce droit comporte des désavantages (18 % contre 10 %).

Compte tenu de cette diversité d'expériences et d'attitudes, il n'est pas étonnant que la plupart des associations ne se montrent pas plus intéressées à protéger le système actuel. En fait, les deux tiers d'entre elles (et la majorité des associations de chaque parti) croient que l'on devrait accorder à toutes les formations le droit de nommer des recenseurs et recenseures. Cette proposition de réforme est appuyée dans toutes les circonscriptions; les associations qui n'ont pas eu la possibilité de désigner des recenseurs en 1988 se sont montrées particulièrement favorables à cette suggestion. Seules les associations québécoises jouissant actuellement de cette prérogative s'opposent à ce que soit modifiée de quelque manière la loi à cet égard. Rappelons qu'elles n'ont jamais eu de difficulté à s'acquitter de cette tâche.

Nous allons maintenant examiner le rôle joué par les recenseurs et recenseures dans les campagnes des associations locales.

QUAND LES RECENSEURS SE LANCENT DANS LA MÊLÉE ÉLECTORALE

Une fois le recensement terminé, et la campagne électorale amorcée pour de bon, les associations locales tentent de recruter le plus de bénévoles possible. Bon nombre des recenseurs désignés par les associations seront alors sollicités pour participer à la campagne — échange de bons procédés qui fut pendant longtemps l'essence même de la mobilisation électorale à l'échelle locale. Il s'agit de savoir si le recensement contribue encore aujourd'hui à augmenter les ressources des associations de circonscription et des équipes de campagne des candidats et candidates et, dans l'affirmative, quelle importance leur accordent les associations.

Nous adopterons, pour ce faire, deux points de vue différents. Le premier est celui des personnes chargées du recensement : combien d'entre elles continueront de travailler pour le parti une fois leur tâche accompli ? Plus le recrutement est teinté de favoritisme, plus élevé devrait être le nombre de ceux et celles qui resteraient au service des partis. Le deuxième point de vue est celui des campagnes locales : le nombre de bénévoles dont les organisations ont besoin à cette occasion dépend de la nature de leur stratégie électorale. Autrement dit, le rôle et la contribution des recenseurs et recenseures dépendront de l'ampleur et de la nature des campagnes locales (voir le tableau 6.2 pour les données de 1988).

Tableau 6.2
Participation des recenseurs et recenseures aux campagnes locales

	La plupart[a]	Quelques-uns / Aucun[a]	% des bénévoles[b]
Ensemble des partis	29	35	10
Progressiste-conservateur	28	42	10
Libéral	32	30	13
NPD	26	28	10
Région			
Atlantique	33	25	10
Québec	52	19	30
Ontario	19	44	10
Prairies	25	33	10
Colombie-Britannique	25	42	5

[a]Pourcentage d'associations de circonscription ayant donné cette réponse.
[b]Association de circonscription médiane.

Les associations ayant désigné des recenseurs et recenseures en 1988 ont été invitées à dire si « la majorité », « un certain nombre »,

« quelques-unes » ou « aucune » de ces personnes ont ensuite travaillé à la campagne de leur parti. Les deux premières colonnes du tableau 6.2 indiquent pour chacun des trois grands partis et chacune des cinq régions du pays le pourcentage des associations qui ont répondu respectivement : « la majorité » et « quelques-unes/aucune ». On remarque d'abord que, nulle part, sauf au Québec, on retrouve une majorité d'associations déclarant que la plupart des recenseurs désignés ont ensuite continué, dans le cadre de la campagne électorale, à servir leur parti. On constate aussi que c'est seulement au Québec et dans les provinces atlantiques, et uniquement au sein du PLC, que le nombre de ces associations est supérieur à celui des associations ayant répondu que quelques-uns ou aucun des recenseurs ne sont restés au service du parti. Ces données confirment l'hypothèse envisagée lors de l'examen du problème du recrutement des recenseurs, à savoir que des modèles plus traditionnels priment dans les rapports entre recenseurs et associations dans la moitié est du pays. Il reste que seulement 35 % de toutes les associations ont déclaré avoir pu profiter, au cours de la campagne, de l'aide de quelques-unes de ces personnes ou d'aucune d'entre elles, 29 % à peine ayant affirmé, au contraire, avoir pu compter alors sur la majorité des recenseurs. Ces faibles pourcentages laissent croire que les associations ne peuvent plus vraiment compter sur ces ressources durant la période suivant le recensement.

Les campagnes conduites par des associations suffisamment puissantes pour désigner des recenseurs et recenseures disposent habituellement d'un personnel beaucoup plus nombreux que les autres, cela va de soi : 45 % des associations ayant désigné des recenseurs en 1988 affirment avoir obtenu les services de tous les bénévoles dont elles avaient besoin; ce pourcentage n'est que de 22 % chez celles qui n'avaient pas eu à désigner de recenseurs. Cette différence s'explique en partie par le fait que certains recenseurs font ensuite du bénévolat, quoique le cas soit peu fréquent, comme le montre le tableau 6.2. Dans l'association typique, 10 % des bénévoles ont été recenseurs avant la campagne; cette proportion est beaucoup plus élevée au Québec, et relativement moindre en Colombie-Britannique.

Invitées à dire quelle proportion des recenseurs désignés ont consacré une partie de leur salaire à la campagne locale, les deux tiers ont répondu : « aucune »; deux seulement ont répondu : « la majorité ». Une réponse aussi massivement négative suggère peu de variations régionales sur ce plan; il reste que les associations du Québec ont rapporté plus souvent que les autres avoir reçu de leurs recenseurs des dons financiers durant leur campagne.

Le rôle des recenseurs dans les campagnes locales

À la lumière de ces répondes, on peut conclure que la contribution des recenseurs et recenseures aux campagnes électorales des associations locales est relativement modeste. L'enquête ne nous permet pas d'évaluer, cependant, la portée réelle de cette contribution sur le succès des campagnes locales. Invitées à mesurer le rôle joué par les recenseurs dans leur campagne locale, 57 % des associations l'ont jugé très ou relativement important. Notons que les associations ayant répondu de cette manière avaient deux fois plus tendance que les autres à penser que le droit de désigner des recenseurs constitue un avantage incontestable sur le plan local, ce qui n'a rien pour nous surprendre. Les pourcentages relatifs à cette question sont semblables d'un parti à l'autre : 59 % chez les néo-démocrates, 58 % chez les libéraux et 53 % chez les progressistes-conservateurs.

Comme l'indique la figure 6.1, les associations des diverses régions sont loin d'accorder la même importance au rôle des recenseurs et recenseures durant les campagnes locales. On valorise davantage ce rôle à l'est qu'à l'ouest du pays : plus de 70 % des associations du Québec, mais moins de 40 % de celles de la Colombie-Britannique, estiment que leurs recenseurs intégrés ensuite à l'organisation électorale ont joué un rôle important dans leur campagne locale. L'impact du système de recensement sur les organisations en période électorale s'avère donc de nature essentiellement régionale.

Figure 6.1
Recenseurs jugés « importants » pour la campagne locale

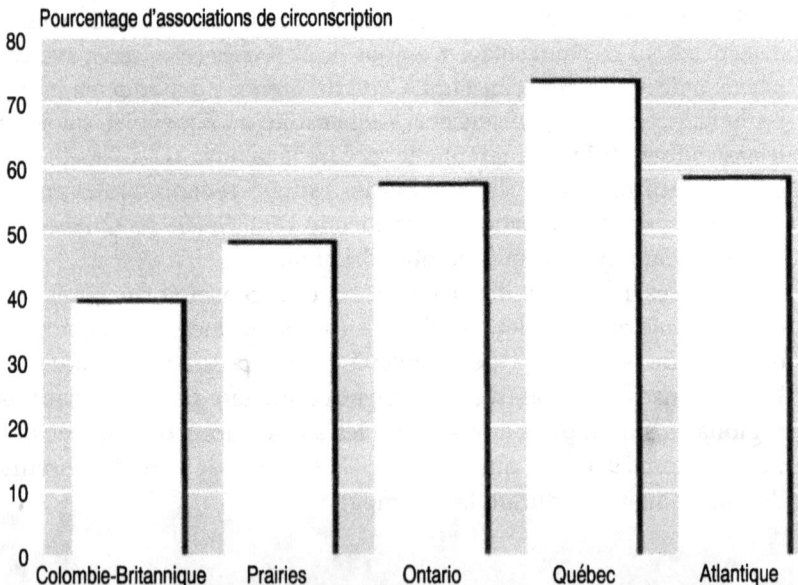

Pourcentage d'associations de circonscription

LE RECENSEMENT ET LES ASSOCIATIONS : DIVERGENCES RÉGIONALES

Qu'elles soient liées à un parti de cadres (associations progressistes-conservatrices et libérales) ou à un parti de masses (associations néo-démocrates) l'aptitude des associations de circonscription à recruter des recenseurs et recenseuses pour l'État et à les intégrer ensuite à leur équipe électorale ne varie pas vraiment des unes aux autres. Une réforme du système actuel d'élaboration des listes électorales n'aurait donc pas de répercussions différentes selon les partis, sauf peut-être pour les associations du Québec et des provinces atlantiques.

Des différences régionales incontestables se dessinent selon un profil cumulatif très cohérent entre les attitudes des associations à l'égard des recenseurs et recenseuses. L'encadré ci-après donne une idée de la solidité des rapports qu'ils entretiennent, sur la base de cinq éléments caractéristiques du système de favoritisme traditionnel. On constate, à la lecture des données, que ces rapports sont relativement solides au Québec et dans les provinces atlantiques, mais qu'ils s'affaiblissent au fur et à mesure qu'on avance vers les régions de l'Ouest. L'idée que l'on se fait des avantages que peuvent retirer les associations de circonscription de l'exercice de cette tâche au nom de l'État et, partant, des facteurs pouvant les inciter à l'accepter, n'est donc probablement valable aujourd'hui que dans les cinq provinces de l'Est. Les associations de l'Ontario, des Prairies et de la Colombie-Britannique, qui tirent peu d'avantages de l'actuel système de recensement n'y semblent pas particulièrement attachées.

	Colombie-Britannique	Prairies	Ontario	Québec	Provinces atlantiques
Trouvent facilement des recenseurs	F	M	M	É	É
Croient que la prérogative est un avantage	M	F	F	É	É
Estiment que la majorité des recenseurs travaillent ensuite pour les élections	F	F	F	É	M

Ont un plus grand pourcentage de recenseurs qui deviennent ensuite bénévoles pour le parti	F	M	M	É	M
Croient que les recenseurs jouent un rôle important dans leur campagne	F	F	M	É	É

F : Faible   M : Moyen   É : Élevé

Il semble, par conséquent, que l'abandon du système actuel n'aurait de conséquences notables que pour les associations des provinces de l'Est, économiquement moins favorisées et relativement petites, comme nous l'avons vu aux chapitres 3 et 4. Réformer le système reviendrait à retirer à l'ancienne structure locale des partis, dont l'origine remonte au XIXᵉ siècle, ses derniers supports — dont l'utilité reste d'ailleurs assez marginale. Les associations des autres régions ont montré qu'elles peuvent fort bien s'épanouir sans cela. La majorité est convaincue qu'il vaut mieux centrer toutes ses ressources humaines sur le combat électoral.

7

L'ORGANISATION ET LA CONDUITE DES CAMPAGNES ÉLECTORALES DANS LES CIRCONSCRIPTIONS

~

Le déclenchement des élections transforme du jour au lendemain la vie des associations de circonscription des partis canadiens. Des organisations jusqu'alors somnolentes se mettent rapidement sur le pied de guerre; d'autres, restées actives, mobilisent en quelques jours des douzaines de bénévoles. Pour reprendre le mot d'un stratège important du Parti progressiste-conservateur du Canada (PC), c'est comme passer de l'état de paix à l'état de guerre. Les associations s'efforcent d'en faire le maximum dans les sept semaines qui leur sont accordées, en sachant fort bien qu'elles n'auront généralement qu'une chance tous les quatre ans. La plupart des militants locaux ne peuvent influer sur le résultat national que par le truchement de la campagne menée par leur association. Si cette dernière gagne, leurs efforts sont récompensés; sinon, ils sont condamnés à une longue traversée du désert.

Malgré la diversité des 295 circonscriptions du pays, la structure et l'organisation des campagnes sont relativement uniformes. Cela s'explique en partie par la similitude fondamentale des tâches de toute association durant les élections : désigner un candidat ou une candidate, arrêter des positions sur les questions d'intérêt public, identifier les appuis populaires, communiquer un message et « faire sortir le vote ». Les différences entre les organisations électorales des partis à l'échelon local reflètent les différences de ressources dont elles (et leurs adversaires) disposent pour s'acquitter de ces tâches. Cette uniformité des campagnes locales découle aussi des efforts délibérés que déploient les partis nationaux pour les aider et les appuyer. Cette approche se manifeste, sur le plan public, par l'apparition, durant les élections, de logos et pancartes électorales standardisés. Sur le plan privé, le phénomène va plus loin encore : sessions de formation intensive, réunions régionales de stratégie entre les états-majors des campagnes des circonscriptions, et diffusion de documents de formation (sous forme écrite ou enregistrée) visant à aider même les plus néophytes à bâtir une machine électorale classique et à gérer une campagne modèle avec les ressources dont ils disposent. Comme l'affirme Preyra (1991, 168) dans son étude des élections de 1988 dans deux circonscriptions de la Nouvelle-Écosse, « ce qui étonne le plus dans cette coordination, c'est qu'au niveau local, tant au sein des partis qu'entre les partis, les structures de la campagne et le mode de gestion [sont] pratiquement identiques ».

Nous constatons donc que les campagnes dans les circonscriptions ont tendance à s'uniformiser avec celles du pays, mais nous connaissons mal les paramètres fondamentaux de cette activité vitale des partis. Il existe bien un petit nombre d'études décrivant l'organisation électorale des partis dans les circonscriptions, mais elles sont presque toutes fondées sur des études de circonscriptions particulières (Meisel 1964; Land 1965). Certes, la série d'études comparées de paires de circonscriptions, commandées par la Commission royale sur la réforme électorale et le financement des partis afin de mieux saisir les relations entre les activités électorales locales et les médias contient une mine d'informations sur la concurrence locale que se livrent les partis à notre époque (Bell et Fletcher 1991). Cependant, elle ne constitue pas un ensemble théorique permettant de préciser la portée et les limites de la structure et de la conduite des campagnes dans les circonscriptions. Voilà donc ce que nous allons tenter de faire dans ce chapitre, dont une bonne partie des données se rapportent aux élections de 1988.

Notre analyse de la structure et des activités des associations de circonscription, au chapitre 3, a montré que le Parti libéral du Canada (PLC) et le PC sont des formations classiques de cadres mues par les impératifs du cycle électoral. Le Nouveau Parti démocratique (NPD), quant à lui, a toutes les caractéristiques d'un parti de masses, même s'il ne semble capable de mobiliser un effectif de masses que dans un petit nombre de circonscriptions. À maints autres égards, cependant, il ressemble à ses deux principaux adversaires et il agit comme eux. Dans l'analyse qui suit, nous tentons de déterminer quel qualificatif — entre semblables et différentes — décrit le mieux les organisations et activités électorales des trois grands partis. Pour ce qui est du Parti réformiste du Canada (PRC) et du parti de l'Héritage chrétien du Canada (PHCC), les élections générales de 1988 ont été le baptême du feu de la plupart de leurs associations de circonscription. Certes, toutes ont beaucoup appris à cette occasion et elles fonctionneront peut-être de manière différente lors des prochaines luttes électorales. Cela vaut notamment pour le PRC, qui se fait fort d'avoir beaucoup plus de ressources à sa disposition pour les prochaines élections. Il convient donc d'interpréter notre analyse de ces deux nouveaux partis dans ce contexte, en se rappelant que les données à leur sujet risquent déjà d'être quelque peu périmées.

Il n'est pas possible, dans le cadre d'une enquête auprès de centaines d'associations de circonscription, d'indiquer en détail comment chacune d'elles ou chaque politicien ou politicienne organise sa participation à la lutte locale. Il est clair que les *thèmes électoraux* locaux peuvent influer sur les résultats individuels, qu'une excellente *organisation électorale* peut emporter la décision, et que les *candidats et candidates* individuels peuvent changer la situation locale (voir Bernier 1991 pour l'analyse des élections dans Outremont en 1988; Bell et Bolan 1991, sur Markham; Sayers 1991, sur Vancouver-Centre). Il est cependant tout aussi évident qu'il y a des tendances communes en ce qui concerne la structure et le personnel des machines électorales locales, les activités des bénévoles et les méthodes utilisées par les partis locaux et leurs candidats pour communiquer avec leur électorat.

À l'échelon local, les partis doivent composer avec le fait que « les campagnes électorales canadiennes s'articulent autour de leaders et d'enjeux nationaux » (Preyra 1991, 164). Par ailleurs, en raison du caractère géographique de l'organisation et de la lutte qui se livre entre candidats et candidates, « [l]'intégration intrapartite en matière de stratégies de campagne [est limitée] » (Sayers 1991, 51). Le jour du scrutin, c'est l'organisation locale qui doit faire sortir le vote, mais ce facteur est de plus en plus écrasé par les médias nationaux et par des messages nationaux qui n'ont pas nécessairement d'écho au niveau local. Comme semble l'indiquer l'analyse des élections dans Kootenay-Ouest–Revelstoke par Sayers, c'est un peu comme si les organisations locales devaient fonctionner dans un environnement national rigoureusement structuré et, en même temps, dans un « vide local ». Nous avons déjà vu comment elles trouvent des candidats et candidates, et répondent à leurs obligations en matière de recensement de l'électorat. Cela nous amène donc au moment le plus important dans la vie de l'association locale d'un parti politique au Canada, l'élection elle-même.

LA CRÉATION D'UNE ORGANISATION ÉLECTORALE

En pratique, la plupart des associations de circonscription n'attendent pas le déclenchement des élections pour se mettre en campagne. Comme nous l'avons indiqué au chapitre 3 (voir le tableau 3.17), près de la moitié nous disent que la planification des campagnes constitue une de leurs activités régulières entre les élections. Deux événements constituent cependant des temps forts et entraînent une intensification des activités. Le premier est l'investiture d'un candidat ou une candidate; le deuxième, la mise en place d'une organisation électorale. Dans leur analyse détaillée du processus d'investiture, Carty et Erickson (1991) ont montré que la plupart des investitures se tiennent désormais, au moins pour les trois grands partis nationaux, durant les mois qui précèdent immédiatement le déclenchement des élections. En 1988, par exemple, près de 4 associations sur 5 ont tenu leur assemblée d'investiture entre janvier et septembre, alors que les élections ont été déclenchées le 1er octobre. Cette proportion était encore plus élevée au PC, alors au pouvoir (*ibid.*, 129 et tableau 3.5).

Certes, il y a souvent de bonnes raisons pour ne pas commencer à mettre la machine électorale sur pied avant la désignation du candidat ou de la candidate. L'entrée en scène du candidat devrait normalement faciliter le rassemblement d'un groupe de personnes capables de travailler de manière harmonieuse et efficace dans l'atmosphère extrêmement tendue des élections. C'est probablement ce qui explique pourquoi un nombre croissant d'associations tiennent leur assemblée d'investiture juste avant le déclenchement des élections. Il n'est cependant pas toujours nécessaire ni souhaitable d'attendre la fin du processus d'investiture pour commencer à mettre une équipe de campagne en place. Si l'association a un député sortant, l'investiture n'est souvent qu'une formalité; si le parti est faible, elle n'est souvent qu'un détail technique; si le parti a de réelles chances de succès, elle est souvent retardée pour permettre d'attirer un candidat vedette. Dans tous ces cas, l'association locale peut fort bien décider de mettre sa machine électorale sur pied avant de choisir son candidat. En 1988, près du tiers des associations ont agi ainsi.

La figure 7.1 fait ressortir certaines différences entre les partis quant au moment où leurs associations locales ont mis sur pied leur organisation électorale. Parmi les associations des trois plus grands partis, ce sont celles du NPD qui ont le plus tendance à constituer leur machine électorale avant de choisir leur candidat ou candidate, puis celles du PC et, enfin, celles du PLC (46 %, 37 % et 28 %, respectivement). Cela correspond à l'image du NPD comme parti de masses, plus bureaucratique, car on peut supposer que les responsables de ses associations ont moins tendance à attendre que leur candidat ait été choisi que ceux des partis progressiste-conservateur et libéral. Pour ce qui est des deux nouveaux partis, plus petits, ils se caractérisent par le fait qu'ils ont très peu d'équipes électorales en place au moment où ils choisissent leurs candidats. Cela révèle un degré moindre de stabilité et de continuité organisationnelles dans les circonscriptions, mais c'est probablement un facteur courant dans la plupart des formations nouvelles ou marginales : tant que l'association locale n'a pas trouvé de candidats motivés et acceptables, elle ne sait pas avec certitude dans quelles circonscriptions elle mènera la lutte.

Figure 7.1
Période de mise sur pied de l'organisation électorale locale

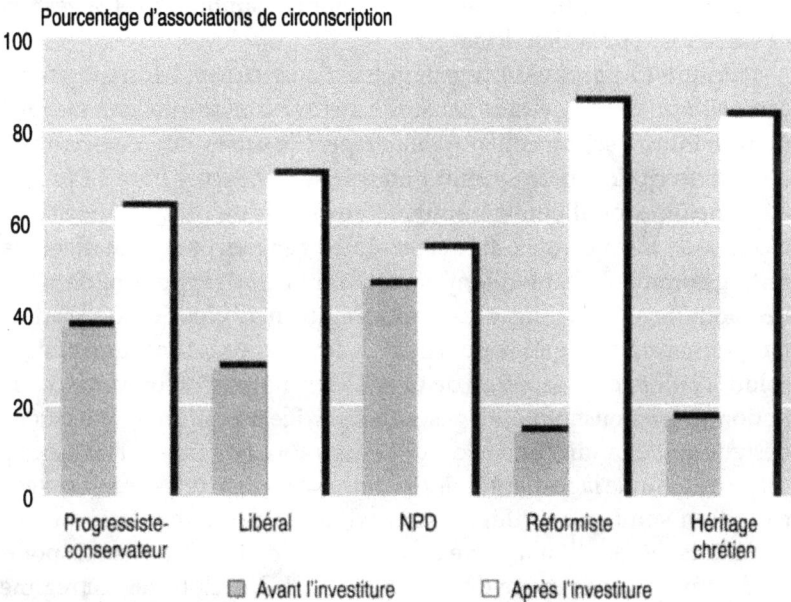

Pourcentage d'associations de circonscription

■ Avant l'investiture   □ Après l'investiture

Avant l'été de 1988, on ne savait pas exactement quelles seraient les limites des circonscriptions pour les élections. Les associations établies dans des circonscriptions dont les limites allaient subir des changements importants auraient pu être perturbées considérablement dans la mise sur pied de leur machine électorale, mais cela ne semble pas avoir été le cas. On constate en effet peu de différences entre les associations ayant dû faire face à des redécoupages importants et celles n'en ayant connu aucun ou très peu, sinon que les premières ont eu relativement plus tendance à choisir leurs candidats ou candidates avant ces changements. Quoi qu'il en soit, même si le redécoupage a pu avoir d'autres conséquences structurelles pour les associations locales, il ne semble pas avoir beaucoup entravé la mise sur pied de leurs organisations électorales.

On constate par ailleurs certaines différences régionales quant à la volonté des associations locales de mettre sur pied une équipe de campagne en l'absence d'un candidat officiel. Les associations du Québec sont deux fois plus nombreuses que celles de la Colombie-Britannique (46 % contre 24 %) à avoir mis leur machine électorale sur pied avant l'investiture. Celles des Prairies ressemblent plus, dans ce domaine, à celles de la Colombie-Britannique, alors que celles de l'Ontario et des provinces atlantiques se situent entre ces deux extrêmes. Quelles que soient les raisons que l'on puisse imputer aux partis, il semble que les traditions régionales en matière d'organisation électorale continuent d'influer profondément sur la planification et la gestion des élections sur le plan local.

Lorsque l'équipe de campagne est constituée, sa tâche est de concevoir une stratégie électorale et de mettre en œuvre un plan tactique pour atteindre ses objectifs. À cette étape, le bureau de l'association de circonscription, peut se retirer pour laisser le champ libre à l'équipe de campagne, ou il peut continuer à participer de près aux décisions électorales. La question est de savoir si les généraux peuvent mener la guerre comme ils l'entendent ou s'ils sont censés répondre de leurs décisions devant les dirigeants démocratiquement élus de l'association. On peut supposer que les partis de cadres adopteront la première solution, alors que les partis de masses seront plus préoccupés par la notion de responsabilité de gestion. En exigeant qu'un agent officiel désigné par le candidat ou la candidate, plutôt que l'organisation locale du parti, assume la responsabilité des finances électorales, le législateur canadien semble privilégier le modèle de campagne axé sur les candidats, et que l'on associe aux partis de cadres. Cela correspond évidemment à la manière dont le PC et le PLC, architectes du régime canadien des partis, pratiquent depuis longtemps la politique électorale.

Pour décrire la relation entre les membres de leur direction (c'est-à-dire le bureau de l'association) et ceux de l'équipe de campagne locale, les associations de circonscription étaient invitées à choisir un des trois éléments suivants : 1) l'exécutif [le bureau de l'association] conserve le contrôle; 2) le contrôle est complètement délégué à l'équipe de campagne; 3) un certain équilibre est assuré entre ces deux positions. Il est probable que leurs réponses reflètent autant l'intention et la théorie locales que la pratique. Dans la plupart des organisations locales, il y a inévitablement un certain chevauchement entre le bureau de l'association et l'équipe de campagne (les mêmes personnes assumant simplement des responsabilités différentes), et c'est pourquoi la relation doit probablement être assez fluide et changer selon les questions et problèmes en jeu. Quoi qu'il en soit, le tableau 7.1 confirme que le PLC et le PC se distinguent notamment du NPD. Dans les deux anciens partis de cadres, une poignée seulement d'associations indiquent que leur bureau garde le contrôle de l'équipe de campagne, alors que la moitié affirment que ce contrôle est laissé entièrement à cette dernière. Un tiers seulement disent essayer de trouver un équilibre entre les deux méthodes. La solution prédominante dans ces deux partis consiste à laisser les coudées franches aux généraux (les directeurs et directrices de campagnes) pendant la guerre. En ce sens, les libéraux et les progressistes-conservateurs révèlent clairement leur style de partis de cadres, et ses affinités avec le modèle qui cadre avec les dispositions de la *Loi électorale du Canada* concernant les agents officiels.

Tableau 7.1
Relation entre le bureau de l'association et l'équipe de campagne
(en pourcentage)

	Le bureau garde le contrôle (1)	Contrôle délégué complètement à l'équipe de campagne (2)	Équilibre entre les positions (1) et (2) (3)
Ensemble des partis	8	52	40
Progressiste-conservateur	5	62	34
Libéral	6	56	38
NPD	10	44	46
Réformiste	18	38	45
Héritage chrétien	5	44	51
Directeur de campagne nommé par			
le bureau de l'association	14	38	48
le candidat	6	60	34

La situation est différente au NPD. Un plus grand nombre d'associations (mais qui ne représentent encore que 10 % du total) s'efforcent de laisser la responsabilité de la campagne à leur bureau, et moins de la moitié en délèguent le contrôle à l'équipe de campagne. Le groupe le plus important s'efforce de trouver un équilibre entre ces deux positions et de fonctionner dans un esprit plus collégial. Cette différence semble refléter la culture organisationnelle distincte du NPD, et pas simplement le fait qu'il ait moins de députés sortants ou de candidats et candidates vedettes : les associations néo-démocrates ayant gagné leurs élections ne diffèrent pas à cet égard de celles qui les ont perdues. Dans son étude des agents officiels des candidats, Carty (1991) a constaté une différence semblable entre les partis en ce qui concerne la participation des agents à la planification des campagnes locales, ce qui renforce cette image du NPD comme ayant des machines électorales plus contrôlées par le parti que celles des libéraux et des progressistes-conservateurs, qui sont plus axées sur les candidats.

Le tableau 7.1 révèle par ailleurs que les associations du PRC sont, des cinq partis considérés, celles qui semblent avoir les organisations électorales les moins axées sur les candidats et candidates. Dans une certaine mesure, cela témoigne peut-être de la jeunesse même du parti et de l'ascendant extraordinaire (même dans le contexte canadien) de son chef, Preston Manning, dont l'image domine celle des candidats locaux. Ce phénomène est cependant conforme à la culture populiste du parti et à l'enthousiasme de sa base militante. Toutes les données disponibles au sujet de l'ancêtre du NPD, la Co-operative Commonwealth Federation, montrent que celle-ci avait les mêmes caractéristiques structurelles à ses débuts. En conséquence, c'est peut-être l'évolution du NPD qui nous donne la meilleure idée de ce que l'avenir réserve au PRC à cet égard.

Le Québec se distingue des autres régions dans la mesure où deux fois plus de ses associations de circonscription que la moyenne nationale déclarent conserver le contrôle de leur équipe électorale. Il n'y a aucune différence à cet égard entre les trois grands partis au Québec, malgré la domination des progressistes-conservateurs au moment de l'enquête et le caractère nominal de la plupart des associations néodémocrates de la province. Cette différence, par conséquent, s'explique peut-être par l'évolution des habitudes d'organisation des partis dans la province. Cette évolution, qui a provoqué une refonte des règles de la politique au niveau provincial, est à l'origine du système unique de *financement populaire*, qui conditionne l'organisation des partis provinciaux.

Enfin, les données du tableau 7.1 montrent que la machine électorale est beaucoup plus susceptible d'être autonome lorsque le candidat ou la candidate nomme personnellement son directeur ou sa directrice de campagne que lorsque l'association a son mot à dire dans cette nomination. Ainsi le choix de cette personne est non seulement une décision cruciale, mais aussi un indice puissant du style de l'équipe électorale en place dans la circonscription.

La figure 7.2 fait ressortir les différences marquées qui existent entre les styles d'organisation des partis de cadres et des partis de masses en ce qui concerne la nomination des deux personnes clés de toute campagne électorale : le directeur ou la directrice de campagne et l'agent officiel. Dans les associations progressistes-conservatrices et libérales, ces nominations sont faites, dans la grande majorité des cas, par le candidat ou la candidate. Au NPD, le bureau de l'association a beaucoup plus d'influence et assume plus fréquemment la responsabilité de nommer le directeur de campagne. Cela n'est pas vrai dans les circonscriptions où le NPD a obtenu la victoire, mais, même dans ces cas, le candidat n'a nommé son directeur de campagne que dans 38 % des cas.

Figure 7.2
Nominations pour les campagnes de circonscription

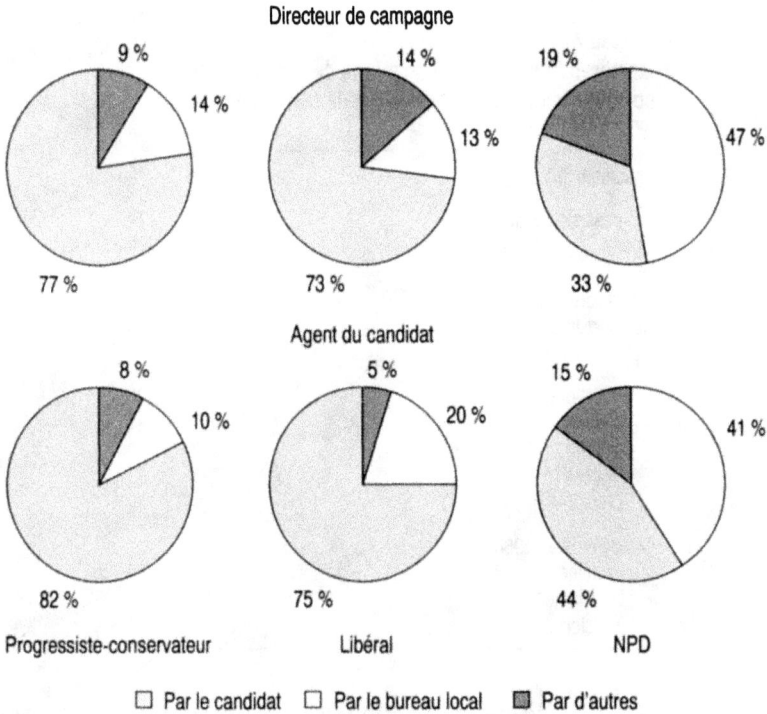

Directeur de campagne

9 %
14 %
77 %

14 %
13 %
73 %

19 %
47 %
33 %

Agent du candidat

8 %
10 %
82 %

5 %
20 %
75 %

15 %
41 %
44 %

Progressiste-conservateur   Libéral   NPD

☐ Par le candidat   ☐ Par le bureau local   ▨ Par d'autres

Source : Données sur les agents d'après Carty 1991.

Les directeurs de campagnes

La cheville ouvrière de toute machine électorale est la personne qui dirige la campagne. Il semble que la logique territoriale du régime électoral canadien et le découpage géographique du système de représentation politique imposent naturellement le choix de personnalités locales pour diriger les campagnes électorales dans les circonscriptions. Si le directeur ou la directrice de la campagne est un militant ou une militante du parti sur le plan local, la campagne sera plus susceptible de refléter les préoccupations de l'association locale et d'exprimer les objectifs de la circonscription et ses intérêts particuliers. Le tableau 7.2 montre que plus des trois quarts de toutes les campagnes de circonscription sont gérées par des personnes qui sont aussi membres en règle de l'association locale du parti. On ne constate aucune différence entre les partis ou entre les régions à cet égard, sinon que ce facteur est moins fréquent au NPD et en Ontario. On constate sur ce dernier point une sorte de phénomène cumulatif; seulement 61 % des associations néo-démocrates de l'Ontario ont déclaré avoir un membre de l'association de circonscription comme directeur de campagne.

Tableau 7.2
Membres réguliers d'associations de circonscription comme directeurs ou directrices de campagnes
(en pourcentage)

Ensemble des partis	78
Progressiste-conservateur	79
Libéral	76
NPD	71
Réformiste	93
Héritage chrétien	88
Région	
Atlantique	82
Québec	84
Ontario	70
Prairies	82
Colombie-Britannique	82
Classement en 1988	
Premier	83
Deuxième	69
Troisième	75

Les associations de circonscription peuvent avoir diverses raisons pour faire appel à un individu de l'extérieur comme responsable de campagne. Dans les régions urbaines, les militants et militantes du parti peuvent ne pas accorder trop d'importance au critère de résidence, leur principal souci étant de trouver la personne la plus compétente de la région. Ainsi, en 1988, plus de la moitié des directeurs ou directrices de campagne de la région métropolitaine de Toronto n'étaient pas des membres des associations de circonscription. Cela dit, confier la gestion d'une campagne à une personne de l'extérieur n'est toujours pas la norme au Canada, et il est probable que les partis n'agissent ainsi que lorsqu'ils pensent qu'un spécialiste des élections leur fera faire des gains électoraux, ou lorsque leur situation est tellement désespérée qu'aucune personnalité locale n'est prête à assumer cette responsabilité. Le tableau 7.2 confirme le premier scénario : le recours à un individu de l'extérieur a été nettement plus fréquent dans les cas où le parti est arrivé deuxième que lorsqu'il est arrivé premier ou troisième. Or, ce sont précisément les associations arrivées au deuxième rang qui ont pu être tentées de faire appel à une personne de l'extérieur, afin de donner un coup d'envoi à leur campagne.

Le NPD a fréquemment recours à cette stratégie. Non seulement fait-il plus souvent appel à des individus de l'extérieur pour diriger ses campagnes, mais il s'efforce aussi de les placer dans des circonscriptions où il espère réaliser des gains. Ainsi, dans 40 % des circonscriptions où il est arrivé deuxième en 1988, sa campagne était dirigée par quelqu'un de l'extérieur. Certes, cette méthode risque de froisser les militants et militantes des associations, surtout si les instances supérieures du parti tentent d'imposer trop brutalement une personne étrangère à la circonscription. Une telle manœuvre a suscité l'hostilité des militants de Halifax lors de la campagne de 1988, et il se peut que cela ait contribué au recul de 13 % enregistré par le parti dans cette circonscription (Preyra 1991).

Le deuxième scénario, où l'on fait appel à une personne de l'extérieur à défaut de mieux, n'est pas aussi fréquent, mais il existe quand même. Vingt-quatre pour cent des équipes de campagne des associations nominales des trois grands partis étaient dans cette situation en 1988. Manifestement, les partis n'avaient pas envoyé leurs plus gros canons pour mener ces batailles. L'analyse de l'organisation libérale dans Kootenay-Ouest–Revelstoke en 1988 en donne un exemple tout à fait éloquent (Sayers 1991). Sayers rapporte en effet que le siège provincial du parti à Vancouver était conscient de « la faiblesse de l'association » et qu'il lui avait donc envoyé un jeune directeur de campagne bénévole plein d'énergie et d'enthousiasme, mais ayant fort peu de moyens pour attirer des fonds (*ibid.*, 44). En somme, celui-ci avait été chargé de diriger la campagne dans une circonscription où le parti se contentait d'être présent.

Jusqu'à présent, les partis ont été lents à mettre en pratique leur engagement d'accroître le nombre de candidates (Erickson 1991). Et on peut, dans l'ensemble, faire la même remarque en ce qui concerne la nomination de femmes à la direction des campagnes locales, sauf qu'on a enregistré, en 1988, un pourcentage plus élevé de directrices de campagnes (28 %) que de candidates. Ce sont les campagnes du NPD qui étaient le plus souvent dirigées par des femmes (38 %), avant celles des libéraux (29 %) ou des progressistes-conservateurs (20 %). En 1988 toujours, les femmes n'ont pas été confinées dans des circonscriptions perdues d'avance par leur parti : la proportion de directrices de campagnes était aussi élevée dans les associations victorieuses que dans les perdantes. En outre, les femmes étaient proportionnellement moins nombreuses qu'on aurait pu le penser à la tête des campagnes des associations nominales, et proportionnellement plus nombreuses parmi les personnes rémunérées pour gérer les campagnes locales, ce qui montre que les femmes n'étaient pas simplement nommées ou confinées dans des circonscriptions marginales. Il est vrai cependant que les femmes étaient plus susceptibles de reconnaître les capacités de gestion d'autres femmes et, parmi les candidates ayant choisi elles-mêmes la personne devant diriger leur campagne, la proportion ayant choisi une femme était nettement plus élevée (40 %).

La gestion d'une campagne dans une circonscription devient de plus en plus un emploi spécialisé à temps plein. De ce fait, un nombre croissant de directeurs et directrices de campagnes sont maintenant rémunérés directement (au lieu de devoir attendre une forme de compensation politique). On trouvera, au tableau 7.3, la proportion de directeurs de campagnes rémunérés en 1988. On y constate des différences marquées entre les partis. Une personne sur cinq était rémunérée, mais cette proportion était beaucoup plus faible dans les associations des nouveaux partis (4 % au PRC et au PHCC, et beaucoup plus élevée au NPD (43 %, ce qui est trois fois supérieur à la proportion chez les progressistes-conservateurs).

Tableau 7.3
Directeurs de campagnes rémunérés
(pourcentage de campagnes de circonscription)

Ensemble des partis	21
Progressiste-conservateur	15
Libéral	18
NPD	43
Réformiste	4
Héritage chrétien	4
Région	
Atlantique	16
Québec	19
Ontario	25
Prairies	18
Colombie-Britannique	18
Nomination par	
Le candidat	16
Le bureau de l'association	27
Autres*	47
Membre local	16
Membre extérieur	40

*Dans « Autres » (11 % de tous les cas), on trouve essentiellement des dirigeants du parti extérieurs à la circonscription.

Cette différence importante entre les partis quant à la proportion de responsables de campagnes rémunérés résulte en partie du régime de réglementation des dépenses électorales. Les salaires des cadres de partis et des syndicalistes qui travaillent pour les campagnes électorales doivent désormais être déclarés dans les dépenses et être pris en considération dans le calcul de la limite admissible (Stanbury 1991, chapitre 12). Par contre, bon nombre d'organisations libérales et progressistes-conservatrices peuvent faire appel à des avocats locaux qui acceptent de diriger leur campagne sans être rémunérés, « dans l'espoir d'être récompensés comme il se doit après l'élection » (Preyra 1991, 200). Il convient de signaler, mais cela ne saurait surprendre, que la machine électorale est beaucoup plus susceptible de devoir rémunérer les personnes qui travaillent pour elle lorsque les dirigeants du parti (et non ceux de la circonscription locale) sont obligés de trouver un directeur ou une directrice de campagne, ou lorsqu'ils doivent engager une personne de l'extérieur. Il y a aussi des facteurs qui varient d'un parti à l'autre. Le tableau 7.3 montre toutefois qu'il y a peu de variations régionales dans le recrutement de directeurs de campagnes rémunérés, mais cela masque des différences importantes au sein du NPD, parti qui a le plus fréquemment recours à cette pratique.

Comme le montre nettement la figure 7.3, il y a une différence importante entre l'Est et l'Ouest en ce qui concerne la proportion de directeurs de campagnes rémunérés dans les associations néo-démocrates. Près des trois quarts (73 %) des organisations électorales du parti en Colombie-Britannique déclarent avoir employé des personnes rémunérées, contre 7 % seulement dans les provinces atlantiques. Encore une fois, la frontière Ontario/Québec s'avère une ligne de partage importante. Dans l'Est, le parti n'a que de faibles chances de remporter des sièges, et il est donc beaucoup moins susceptible de recruter des directeurs de campagnes rémunérés. Il préfère utiliser ses ressources, y compris des directeurs de campagnes professionnels, pour défendre les sièges qu'il détient déjà (rappelons que les associations locales des députés sortants du NPD ont des revenus élevés; voir le tableau 3.7) ou dans les circonscriptions où il a de bonnes chances de gagner. Ainsi, en 1988, 75 % des organisations électorales néo-démocrates victorieuses étaient dirigées par des personnes rémunérées, contre 60 % de celles qui sont arrivées au deuxième rang, et seulement 33 % de celles qui sont arrivées au troisième rang.

L'analyse qui précède fait ressortir des différences systématiques entre les néo-démocrates et leurs adversaires traditionnels. Ces différences reflètent les impératifs organisationnels des partis de masses, par opposition à l'orientation électoraliste des partis de cadres. À ce titre, elles sont tout à fait conformes à l'analyse proposée dans les chapitres précédents au sujet de l'organisation et des activités des associations entre les élections. En résumé, nous pourrions dire que les partis de masses ont un style plus bureaucratique, et les partis de cadres, un style plus traditionnel. Nous pourrions ajouter que, dans une organisation bureaucratique, des *responsables du parti* (locaux ou non) placent un directeur *rémunéré* à la tête de la campagne, alors que dans une organisation traditionnelle, *le candidat* ou *la candidate* nomme un directeur ou une directrice de campagne *bénévole*.

Figure 7.3
Directeurs de campagnes néo-démocrates rémunérés

Pourcentage d'associations de circonscription

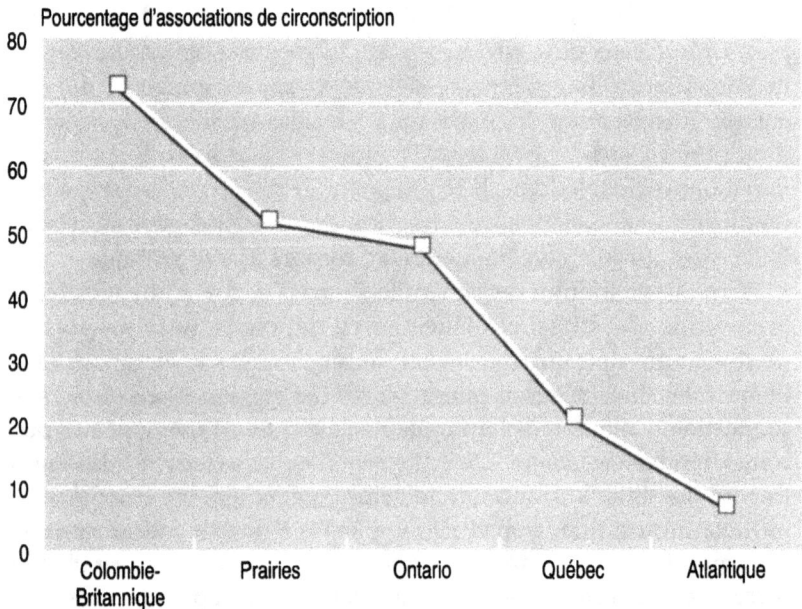

En parlant ici d'organisation traditionnelle ou bureaucratique, nous ne voulons pas laisser entendre que l'une est plus efficace que l'autre. En fait, chaque type d'organisation offre des avantages spécifiques au parti qui l'utilise parce qu'elle répond à ses tendances organisationnelles et à ses besoins en personnel. On voit d'ailleurs, à la figure 7.4, les différences qui existent entre les trois partis nationaux en matière de gestion de campagnes électorales. Alors que les deux tiers des associations libérales et progressistes-conservatrices, de type cadres, ont recours à une organisation de campagne traditionnelle, moins de 1 association néo-démocrate sur 5 a conservé cette ancienne approche. À l'inverse, 23 % des associations néo-démocrates ont maintenant une organisation plus moderne, de type bureaucratique, ce qui n'est le cas que de 2 à 3 % des associations libérales ou progressistes-conservatrices. Finalement, plus d'associations néo-démocrates ont adopté un système intermédiaire, ou mixte, intégrant au moins l'un des deux éléments du modèle bureaucratique. Cette nette différence est particulièrement prononcée chez les associations néo-démocrates victorieuses — celles qui ont fait élire un député ou une députée en 1988 : 44 % d'entre elles avaient une organisation électorale de type bureaucratique, contre seulement 6 % de type traditionnel.

Figure 7.4
Gestion de campagnes, traditionnelle ou bureaucratique

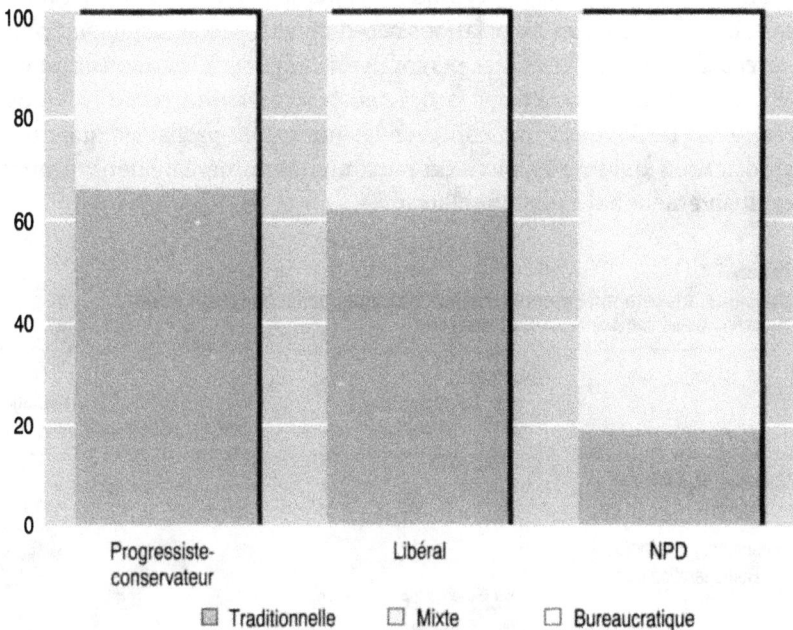

☐ Traditionnelle ☐ Mixte ☐ Bureaucratique

Les ressources en personnel des organisations électorales

Les personnes qui travaillent pour une campagne électorale de circonscription sont en grande majorité des militants locaux qui le font bénévolement. Nous traiterons plus loin de ce groupe fondamental. Dans la présente section, nous nous intéressons à deux autres groupes : le personnel rémunéré et les personnes parachutées de l'extérieur de la circonscription. Les études consacrées aux élections canadiennes montrent que ces deux catégories de personnes ont toujours peu ou prou participé aux campagnes électorales. Notre enquête nous permet d'estimer pour la première fois l'importance de ces deux groupes et la fréquence avec laquelle les partis y ont recours.

Comme l'indique le tableau 7.4, un peu moins de 40 % des associations avaient, en 1988, du personnel rémunéré (y compris le directeur ou la directrice de campagne). La proportion d'associations ayant du personnel rémunéré était très faible dans les nouveaux partis, mais relativement élevée (57 %) au NPD. Ces chiffres révèlent plus encore. Parmi les associations utilisant du personnel rémunéré, celles du NPD ont beaucoup plus tendance à employer un grand nombre de personnes. Plus de la moitié des machines électorales néo-démocrates utilisant du personnel rémunéré avaient plus de deux employés, pour environ le quart dans les autres partis. Fraser (1989, 169) rapporte que les directeurs de campagnes nationales du NPD tiennent pour acquis qu'une organisation de campagne typique doit avoir deux ou trois personnes salariées. En outre, les associations néo-démocrates sont beaucoup plus susceptibles d'employer des personnes étrangères à la circonscription (63 %) que les associations progressistes-conservatrices (14 %) ou libérales (18 %). En ce qui concerne les nouveaux partis, les quelques associations qui employaient du personnel rémunéré avaient recours exclusivement à du personnel local.

Tableau 7.4
Utilisation de personnel rémunéré pour la campagne de circonscription
(pourcentage de campagnes de circonscription)

	Ensemble des partis	Progressiste-conservateur	Libéral	NPD	Réformiste	Héritage chrétien
Utilisation de personnel rémunéré	37	33	39	57	9	14
Si personnel rémunéré Rémunération de plus de deux	37	26	28	54	25	14
Rémunération de personnel local	66	86	82	37	100	100
Rémunération de personnel de l'extérieur	8	6	6	13	—	—
Rémunération de personnel local et de l'extérieur	25	8	12	50	—	—

On semble être en présence ici d'un paradoxe théorique. Selon le modèle du parti de masses classique de Duverger, les partis de ce type comptent avant tout sur le dynamisme de leurs membres pour l'emporter sur les partis de cadres, traditionnellement mieux financés. Dans le cas présent, pourtant, nous constatons que c'est le parti de masses (le NPD) qui rémunère son personnel, dont une bonne partie est d'ailleurs parachutée de l'extérieur des circonscriptions visées. Cette situation est cependant moins paradoxale qu'il n'y paraît, car elle s'explique par les exigences de la législation en matière de déclaration des dépenses, qui stipulent que les salaires de bien des cadres responsables de la gestion des campagnes néo-démocrates soient considérés comme des dépenses d'élection normales. En outre, il faut reconnaître que les partis de masses de gauche, comme le NPD, ont aussi une orientation bureaucratique qui les pousse à avoir recours de manière routinière à du personnel électoral professionnel et rémunéré. Dans un régime de partis régionalisé comme celui du Canada, un troisième parti comme le NPD doit rationaliser ses forces et les concentrer sur les circonscriptions gagnables. Il s'ensuit qu'une bonne partie de son personnel électoral vient de l'extérieur de la circonscription.

La rémunération du personnel de campagnes n'est pas une pratique uniforme dans tout le pays. Dans l'ensemble, les associations de circonscription des quatre provinces de l'Ouest ont beaucoup moins tendance à agir de cette manière que celles des autres régions. En Colombie-Britannique, les associations qui rémunèrent leur personnel électoral (21 %) sont deux fois moins nombreuses qu'au Québec (45 %) et dans les provinces atlantiques (47 %). On retrouve ici les différences régionales constatées dans les proportions des recenseurs et recenseuses qui sont intégrés aux organisations électorales des associations (voir le chapitre 6). On retrouve aussi l'orientation plus populiste qui caractérise traditionnellement l'action politique locale dans les provinces de l'Ouest et qui est particulièrement évidente au PRC.

Le tableau 7.5 montre que ce sont surtout les directeurs et directrices de campagnes que les associations des trois grands partis rémunèrent pour leur travail. Par ailleurs, le NPD a plus tendance à utiliser du personnel rémunéré dans un plus grand nombre de fonctions que ses deux principaux adversaires. Notons particulièrement son utilisation de coordonnateurs du jour du scrutin rémunérés. Ces personnes assument une responsabilité essentielle pour ce qui est de « faire sortir le vote », et le fait que le NPD souvent les rémunère témoigne du professionnalisme bureaucratique de ses machines électorales. C'est d'ailleurs particulièrement évident dans les circonscriptions où le NPD obtient la victoire : en 1988, 44 % d'entre elles avaient des coordonnateurs du jour du scrutin rémunérés.

L'analyse de l'effectif et des finances des associations de circonscription, aux chapitres 3 et 4, a montré que, des trois partis nationaux, c'est le NPD qui souffre le plus de profonds déséquilibres régionaux (voir la figure 4.5). L'analyse que nous venons de faire de son utilisation de personnel professionnel pour gérer ses campagnes électorales montre par ailleurs qu'il n'agit pas ainsi pour compenser ces faiblesses. En effet, lorsque le parti a recours à cette méthode, c'est dans les régions où il est déjà bien implanté. C'est sans doute une stratégie prudente pour le parti et pour ses députés actuels, dans un régime électoral où le vainqueur ramasse toute la mise, mais il s'agit, au fond, d'une stratégie défensive. Elle oblige en effet les associations les plus faibles à adopter le modèle de campagne traditionnel, que le parti juge le moins bon. Or, ces associations se trouvent justement dans des circonscriptions où leurs rivaux maîtrisent le style de campagne traditionnel qu'ils préfèrent. Cette situation n'est pas de nature à améliorer la position électorale du NPD ni à favoriser la transformation des luttes électorales dans les circonscriptions de l'Est.

Tableau 7.5
Principales tâches du personnel de campagnes rémunéré
(pourcentage de campagnes de circonscription)

	Ensemble des partis	Progressiste-conservateur	Libéral	NPD
Directeur de campagne	21	15	18	43
Organisateur du porte-à-porte	6	—	—	24
Directeur du bureau de l'association	10	7	12	16
Employé de bureau	8	13	9	7
Coordonnateur du jour du scrutin	3	—	1	12

Si notre image des partis canadiens comme étant des réseaux de franchises peuplées de bénévoles reflète bien une partie de la réalité, l'utilisation de personnel rémunéré durant les élections offre à leurs instances centrales un mécanisme important pour imposer ordre et discipline dans les activités de planification et de gestion des élections locales. Les employés parachutés de l'extérieur sont enclins à suivre les instructions des instances centrales, surtout si leur salaire et leur carrière en dépendent. Comme le montre le tableau 7.6, une proportion élevée des associations de circonscription ayant recours à du personnel de l'extérieur déclarent que celui-ci est également rémunéré de l'extérieur. Il est tentant d'en conclure que cela atténue l'esprit de clocher qui a longtemps caractérisé le combat électoral dans les circonscriptions canadiennes, et que cela contribue aussi à accentuer la dimension nationale des campagnes électorales.

Tableau 7.6
Origine des fonds servant à rémunérer le personnel de campagnes de l'extérieur
(pourcentage d'associations utilisant du personnel de l'extérieur rémunéré)

	Ensemble des partis	Progressiste-conservateur	Libéral	NPD	Réformiste	Héritage chrétien
Entité nationale / provinciale du parti	43	27	38	45	100	83
Syndicats	16	—	—	29	—	—
Entreprises	1	—	—	2	—	—
Groupes d'intérêt	2	4	—	2	—	—
Ne sais pas	13	32	32	2	—	—
Candidat	9	5	25	7	—	—
Association de circonscription	42	27	13	57	—	50

Note : Les totaux ne sont pas égaux à 100 parce que les associations pouvaient indiquer plusieurs sources.

Le tableau 7.7 donne la proportion d'associations qui utilisaient du personnel de l'extérieur de la circonscription (rémunéré ou non) lors des élections de 1988, et le tableau 7.8 résume les tâches principales qui lui étaient confiées. La tendance qui ressort de ces deux tableaux est maintenant familière : le NPD se distingue par le fait qu'il a la plus grande proportion d'associations utilisant du personnel de l'extérieur (même s'il est celui des trois grands partis qui a la plus faible proportion de sièges gagnables). Cela dit, une proportion élevée d'associations libérales et progressistes-conservatrices utilise aussi du personnel de l'extérieur. Plusieurs facteurs peuvent expliquer que les militants et militantes d'un parti décident de travailler dans une autre circonscription que la leur. Dans son étude des élections en Colombie-Britannique, Sayers (1991) donne deux exemples. Dans le premier, la popularité d'un candidat (Svend Robinson) et ses positions sur une question spécifique (les droits des homosexuels) ont amené un certain nombre de militants néo-démocrates à sortir de leur circonscription naturelle. Dans le deuxième, des travailleurs libéraux ont quitté leur circonscription pour aller donner un coup de pouce à leur parti dans une circonscription voisine (Vancouver Quadra, où se présentait John Turner), qui, à leurs yeux, avait davantage besoin de leur aide. Il se trouve que, dans les deux cas, cela s'est fait au détriment des équipes de Vancouver-Centre et, bien que les campagnes néo-démocrate et libérale auxquelles ces militants ont contribué aient remporté la victoire, le résultat n'a été serré dans aucune des deux. En revanche, les progressistes-conservateurs ont réussi à gagner par une très faible majorité dans Vancouver-Centre, où l'élection s'est inscrite au septième rang parmi les luttes les plus serrées de 1988, la marge de victoire n'ayant été que de 269 voix (Eagles *et al.* 1991). Bien qu'on ne puisse supposer que le résultat final eût été différent si ces travailleurs n'avaient pas « déserté » leur circonscription, il ne fait aucun doute que leur absence a été très ressentie.

Tableau 7.7
Personnes de l'extérieur travaillant pour la campagne
(pourcentage de campagnes de circonscription)

Ensemble des partis	44
Progressiste-conservateur	46
Libéral	41
NPD	58
Réformiste	21
Héritage chrétien	35
Région	
Atlantique	37
Québec	48
Ontario	51
Prairies	44
Colombie-Britannique	31

Tableau 7.8
Travail électoral effectué par des personnes de l'extérieur
(pourcentage d'associations ayant utilisé des personnes de l'extérieur)

	Ensemble des partis	Progressiste-conservateur	Libéral	NPD	Réformiste	Héritage chrétien
Bénévoles	68	80	72	52	60	74
Stratèges / directeurs	34	38	39	31	30	13
Organisateurs rémunérés	26	10	13	56	10	7
Autres	8	8	13	1	—	27

Le rôle le plus couramment attribué aux travailleurs et travailleuses de l'extérieur, dans une campagne locale, est celui de bénévole à tout faire (voir le tableau 7.8), surtout dans les vieux partis de cadres et dans les nouveaux petits partis de protestation. Les associations néo-démocrates se démarquent à cet égard : elles sont plus nombreuses à employer des personnes de l'extérieur comme organisateurs rémunérés que comme bénévoles. Cela traduit, au niveau du personnel électoral, l'approche généralement plus bureaucratique du NPD en matière de gestion des campagnes locales.

LES BÉNÉVOLES

Pour gagner une élection, une association de circonscription a trois tâches critiques à accomplir : identifier ses partisans, communiquer son message, et mobiliser son électorat le jour du scrutin. Même si elle utilise du personnel rémunéré pour diriger l'équipe et coordonner ce travail, elle est obligée de recourir à de petites armées de bénévoles sur le terrain (Brook 1991, chapitre 11). Les bénévoles sont d'autant plus importants au Canada que le système électoral y est extrêmement volatil et que de nombreux sièges sont susceptibles de changer de camp d'une élection à l'autre (Blake 1991). La campagne locale, notamment le porte-à-porte, peut donc avoir un effet très important. Heintzman (1991, 161) estime que « l'influence de la campagne est au moins deux fois supérieure à l'effet de réélection ». L'analyse des élections de 1988 dans Markham, montre bien le rôle crucial des bénévoles (Bell et Bolan 1991). Dans ce cas, la machine progressiste-conservatrice avait réuni dix fois plus de travailleurs et travailleuses que sa rivale la plus importante, ce qui a joué un rôle très important dans sa victoire. Il vaut donc la peine d'analyser ces armées de bénévoles afin de savoir qui les constituent, combien ils sont et pourquoi ils s'engagent (selon les associations).

Les associations ne s'accordent pas sur le nombre de bénévoles nécessaires pour mener une bonne campagne dans la circonscription. Dix pour cent affirment qu'elles peuvent s'en tirer avec 35, mais à l'autre extrême, 7 % disent qu'il leur en faut au moins 500. Selon l'association typique (médiane), il en faudrait 150. Évidemment, toutes les associations n'avaient pas, en 1988, un nombre de bénévoles qu'elles jugeaient suffisant, 16 % seulement affirmant être dans ce cas. Par ailleurs, l'association médiane avait un nombre de bénévoles qui ne couvrait que les deux tiers de ses besoins. On trouvera, aux tableaux 7.9 et 7.10, des précisions sur le nombre de bénévoles des machines électorales locales lors des élections générales de 1988.

On ne distingue pas de différence notable entre les partis ou entre les régions en ce qui concerne l'effectif de bénévoles typique des associations de circonscription. Sur les trois grands partis, les progressistes-conservateurs estimaient, dans une association typique, qu'ils avaient besoin de plus de bénévoles (200) que les libéraux (150) ou les néo-démocrates (123), et ils en avaient davantage. La machine électorale progressiste-conservatrice médiane avait un peu plus de 90 % de l'effectif dont elle pensait avoir besoin, alors que les deux autres partis devaient, dans les cas typiques, se contenter d'environ 60 % de l'effectif qui leur était nécessaire. Nous avons cependant constaté qu'il existe, en fait, deux types bien différents d'associations néo-démocrates — les réelles et les nominales (voir le chapitre 4). Le tableau 7.9 révèle des différences frappantes dans le nombre de bénévoles dont disposaient ces deux groupes distincts d'associations en 1988. Dans les associations réelles, le nombre de bénévoles était beaucoup plus proche de celui des deux grands partis; dans les associations nominales, il était beaucoup moins élevé et ne représentait que le quart environ du nombre (déjà beaucoup plus faible) dont elles pensaient avoir besoin.

Tableau 7.9
Nombre de bénévoles de campagnes, nécessaires et disponibles, par parti et par région
(association médiane)

	Nombre de bénévoles nécessaires	Nombre de bénévoles en 1988	Taux de disponibilité des bénévoles en 1988*	Pourcentage de bénévoles d'une circonscription, selon l'effectif global, en 1988
Ensemble des partis	150	94	,67	20
Progressiste-conservateur	200	150	,91	24
Libéral	150	100	,67	15
NPD	123	70	,60	23
Associations réelles	200	140	,68	24
Associations nominales	100	21	,27	19
Réformiste	225	35	,20	25
Héritage chrétien	100	30	,60	23
Région				
Atlantique	100	100	,73	20
Québec	150	81	,67	20
Ontario	200	100	,67	23
Prairies	200	50	,70	14
Colombie-Britannique	200	100	,67	25

*Nombre de bénévoles disponibles en 1988 divisé par le nombre de bénévoles nécessaires.

Dans les deux nouveaux partis, les associations locales n'avaient qu'un petit nombre de bénévoles à leur disposition. Celles du PRC estimaient avoir besoin d'un nombre beaucoup plus élevé que celles du PHCC (des cinq partis, c'est au PRC que le nombre de bénévoles jugés nécessaires est le plus élevé). Ce faible taux de disponibilité des bénévoles (le nombre de bénévoles nécessaires divisé par le nombre de bénévoles disponibles) chez les associations réformistes traduit leur ambition, et leur volonté de mener une action politique à la base, ce qui leur a été difficile en 1988, précisément à cause de la jeunesse du parti. Cela nous donne cependant une bonne idée de la manière dont évoluera la stratégie électorale des associations réformistes : il semble qu'elles s'orienteront vers des campagnes menées par des armées aussi vastes que possible de bénévoles locaux.

Tableau 7.10
Nombre de bénévoles de campagnes, nécessaires et disponibles, selon le type d'association
(association médiare)

	Nombre de bénévoles nécessaires	Nombre de bénévoles en 1988	Taux de disponibilité des bénévoles en 1988*	Pourcentage de bénévoles d'une circonscription, selon l'effectif global, en 1988
Ensemble des partis	150	94	0,67	20
Avec directeur de campagne rémunéré	200	125	0,80	18
Associations victorieuses en 1988	200	200	1,00	23
Associations riches	300	250	1,00	30
Associations pauvres	100	40	0,40	20
Associations nominales	100	30	0,39	20

*Nombre de bénévoles disponibles en 1988 divisé par le nombre de bénévoles nécessaires.

La dernière colonne du tableau 7.9 indique la proportion du nombre de bénévoles d'une circonscription médiane en 1988 par rapport à son effectif global cette année-là. Normalement, l'équipe de bénévoles d'une association représente environ 20 % de son effectif. Autrement dit, une association typique aurait à recruter cinq nouveaux membres chaque fois qu'elle désirerait engager un bénévole supplémentaire. La comparaison des proportions pour tous les partis porte cependant à croire que cette estimation est excessive et qu'elle est faussée par les associations libérales qui, nous l'avons constaté au chapitre 3, ont enregistré le taux de croissance le plus élevé (à l'exception des associations réformistes) en 1988. Comme nous le verrons ci-après, la situation au PLC est étroitement liée au phénomène des adhésions instantanées.

Il n'y a pratiquement aucune variation régionale quant au nombre de bénévoles des associations, bien que nous ayons identifié de nombreuses variations régionales dans d'autres domaines. Cela s'explique avant tout par le caractère quasi universel des tâches confiées aux bénévoles. Le nombre de bénévoles requis légèrement moins élevé signalé au Québec et dans les provinces atlantiques témoigne de la proportion très élevée d'associations nominales parmi les associations néo-démocrates de cette partie du pays; dans les Prairies, le faible pourcentage de bénévoles par rapport aux adhérents témoigne de la très grande taille de certaines des associations locales du NPD.

Au tableau 7.10, les mêmes données ont été compilées pour cinq groupes particuliers d'organisations électorales en 1988. Dans trois cas — celles qui avaient des directeurs ou directrices de campagnes rémunérés, celles qui ont gagné leurs élections et celles qui étaient gérées par des associations prospères — le nombre de bénévoles était supérieur à la moyenne. Dans deux cas — les associations pauvres et les associations nominales (catégories qui se chevauchent, rappelons-le — toutes les associations nominales sont, par définition, pauvres, mais l'inverse n'est pas nécessairement vrai) — les machines électorales comptaient beaucoup moins de bénévoles. Bien que l'on ne puisse pas expliquer ces phénomènes en détail (avoir beaucoup de bénévoles fait-il gagner les élections, ou les vainqueurs attirent-ils beaucoup de bénévoles ?), les tendances sont claires. Deux éléments méritent une attention particulière.

Premièrement, l'organisation électorale médiane des associations gagnantes de 1988 et des associations riches disposait de tous les bénévoles dont elle avait besoin, mais c'est seulement dans ces deux cas que nous avons obtenu cette réponse. Manifestement, bon nombre d'associations ne recrutent pas toutes les personnes qu'elles pourraient ou voudraient avoir pour faire campagne. Dans leur étude des élections dans deux circonscriptions de l'Ontario, Bell et Bolan (1991) rapportent que plusieurs candidats et candidates se plaignent de ce problème. Dans les circonscriptions, les partis souffrent de l'apathie de la population vis-à-vis des campagnes électorales et cela se répercute sur le système politique dans son ensemble : la participation de la population est moins forte qu'elle pourrait l'être, et les partis et candidats ne sont pas en mesure de communiquer leur message à l'électorat ou de recueillir ses suffrages de manière aussi efficace qu'ils le voudraient.

Deuxièmement, sur les cinq catégories envisagées au tableau 7.10, les organisations qui avaient des directeurs de campagnes rémunérés avaient le pourcentage le plus faible de bénévoles par rapport au nombre de membres. On ne peut démontrer ici l'existence d'un facteur de cause à effet, mais il faut se demander si l'utilisation de personnes rémunérées dissuade les militants locaux d'offrir bénévolement leurs services.

Évidemment, c'est le cercle vicieux classique : on fait appel à des organisateurs rémunérés pour compenser le manque de bénévoles, mais en procédant de cette façon, ce manque de bénévoles ne peut qu'être amplifié. C'est peut-être un dilemme auquel devront s'attaquer les associations si elles veulent trouver un juste équilibre entre leurs objectifs électoraux immédiats et le caractère bénévole de l'activité politique locale qui a toujours été à la base même de la vie politique au Canada.

Dans bon nombre d'associations de circonscription, l'effectif n'est pas très stable et il augmente généralement pendant une année électorale. Cela vaut particulièrement pour le PLC et le PC (voir la figure 3.2). On suppose généralement que cette croissance s'explique par le retour des militants désireux de contribuer à la campagne de leur association. Les données dont nous disposons sur les bénévoles et sur les membres vont nous permettre de voir si tel est vraiment le cas. Le tableau 7.11 indique comment l'accroissement du nombre de membres des associations au cours d'une année électorale influe sur le nombre de bénévoles qui viennent appuyer leur campagne. Afin de limiter l'analyse aux formations politiques de cadres, les données de ce tableau concernent uniquement les associations libérales et progressistes-conservatrices. On constate tout de suite qu'une forte hausse du nombre d'adhérents et adhérentes ne semble pas se traduire par un nombre beaucoup plus élevé de bénévoles. L'élément le plus frappant de ces chiffres est que le pourcentage de bénévoles par rapport aux adhérents diminue à mesure qu'augmente le nombre d'adhérents. Autrement dit, une association qui grossit ne peut pas compter sur une augmentation parallèle de son contingent de bénévoles. Ainsi, l'accroissement de l'effectif au cours d'une année électorale ne semble refléter qu'un engagement politique très limité. L'afflux de nouveaux membres regarnit la caisse de l'association et renforce son image, mais guère plus dans la plupart des cas.

Dans bon nombre d'associations de partis de cadres, l'accroissement de l'effectif l'année des élections est lié aux luttes pour l'investiture. Comme nous l'avons vu au chapitre 5, les associations sont très partagées quant aux avantages qu'elle tirent de ce type de croissance. La deuxième partie du tableau 7.11 nous donne quelques indications à ce sujet. Les associations ayant une opinion positive des campagnes de recrutement provoquées par les luttes pour l'investiture ont apparemment de bonnes raisons de réagir ainsi. Comparées à celles qui ont une opinion négative, elles en ont tiré des avantages incontestables sur le plan de leur effectif de bénévoles en 1988. Elles ont non seulement enregistré un déficit moindre de bénévoles, mais le pourcentage de leurs bénévoles par rapport à leurs adhérents et adhérentes a été plus élevé. En fait, les associations ayant une opinion négative enregistrent un pourcentage de bénévoles-adhérents aussi faible que celles de n'importe quelle autre catégorie que nous avons examinée (voir les tableaux 7.9 à 7.11). Il n'est donc pas étonnant que ces associations expriment une opinion négative, puisque les données empiriques justifient leur réaction : elles accueillent un grand nombre de nouveaux membres et leur permettent de participer au choix de leur candidat ou candidate, mais elles en trouvent ensuite très peu qui acceptent de contribuer à leur campagne.

Tableau 7.11
Nombre de bénévoles conservateurs et libéraux nécessaires et disponibles, selon l'évolution du nombre de membres
(association médiane)

	Nombre de bénévoles nécessaires	Nombre de bénévoles en 1988	Taux de disponibilité des bénévoles en 1988*	Pourcentage de bénévoles d'une circonscription, selon l'effectif global, en 1988
Évolution du nombre de membres, 1987–1988				
< 0 %	200	100	0,67	40
0–24 %	150	87	1,00	27
25–49 %	200	95	0,63	22
50–74 %	100	100	0,87	20
75 % +	200	100	0,78	14
Réaction aux adhésions instantanées en vue des luttes pour l'investiture				
Positive	200	150	0,80	18
Négative	150	76	0,67	14

*Nombre de bénévoles disponibles en 1988 divisé par le nombre de bénévoles nécessaires.

Dans certains cas, cette dynamique peut être renversée. Dans l'association libérale de Markham, 2 000 nouveaux membres ont dû faire face à la démission du bureau local après une lutte pour l'investiture particulièrement chaude (Bell et Bolan 1991). Dans ce cas-là, les nouveaux bénévoles potentiels ont été abandonnés par leur direction locale, laquelle s'était fait déjouer par une vague d'adhésions instantanées. L'association s'était donc retrouvée sans cadres expérimentés en matière de campagnes qui soient capables de diriger les nouveaux bénévoles, et elle a perdu ses élections.

Les données de cette étude révèlent beaucoup de choses sur l'aptitude des machines électorales locales à recruter des équipes de bénévoles, mais elles nous en disent peu sur ces derniers. Notre enquête donne peu de renseignements de nature personnelle, mais elle fournit des indications sur la contribution ultérieure des bénévoles aux activités des associations. Celles-ci ont été invitées à évaluer la proportion de leurs bénévoles de 1988 qui étaient « des membres en règle du parti », qui « versaient régulièrement une contribution financière à [leur] association », et qui « avaient participé à la campagne électorale de 1984 ». Les réponses médianes sont résumées au tableau 7.12. Dans tous les partis et dans toutes les régions, la grande majorité des bénévoles de campagnes sont des membres en règle du parti. Rien n'indique que les équipes de campagnes comptent un grand nombre de personnes qui n'étaient pas déjà suffisamment engagées pour adhérer plus tôt à une association locale.

Tableau 7.12
Caractéristiques des activités partisanes des bénévoles de campagnes locaux, 1988
(en pourcentage, association de circonscription médiane)

	Membres locaux du parti	Donateurs réguliers	Bénévoles en 1984
Ensemble des partis	90	50	50
Progressiste-conservateur	80	25	60
Libéral	90	30	50
NPD	85	60	50
Réformiste	100	75	—
Héritage chrétien	100	80	—
Région			
Atlantique	90	50	60
Québec	90	11	29
Ontario	80	50	50
Prairies	90	50	50
Colombie-Britannique	90	50	40

Il y a, en revanche, des différences considérables d'un parti à l'autre en ce qui concerne le pourcentage de bénévoles qui sont suffisamment engagés pour verser régulièrement une contribution financière à leur parti et pour en devenir membres. C'est dans les nouveaux partis de protestation que la proportion est la plus élevée, et dans les vieux partis de cadres qu'elle est la plus faible. Par rapport aux associations progressistes-conservatrices ou libérales, les associations néo-démocrates estiment que leurs bénévoles de campagnes ont deux fois plus tendance à être aussi des donateurs financiers réguliers. C'est là une différence de taille, qui révèle le caractère plus épisodique et plus intermittent de la participation des militants libéraux et progressistes-conservateurs que des militants néo-démocrates. Le Québec se démarque nettement des autres régions à cet égard, bien que la raison n'en soit pas évidente. Cela ne semble pas être dû à un parti plutôt qu'à un autre, puisque cette tendance vaut pour les trois partis fédéraux. Autrement dit, les militants et militantes des associations progressistes-conservatrices dominantes ne sont pas plus susceptibles d'être des donateurs réguliers que ceux des associations néo-démocrates.

La continuité doit être un aspect aussi important que le changement pour la plupart des campagnes de bénévoles, puisque l'association typique rapporte qu'environ la moitié de ces derniers avaient aussi participé aux élections générales de 1984. Sans données comparatives, il est difficile de savoir si cette proportion est élevée ou faible. Encore une fois, le Québec semble se démarquer, mais dans ce cas, la faiblesse du taux de retour des bénévoles (29 %) est entièrement attribuable au Nouveau Parti démocratique. Les associations médianes du PLC et du PC au Québec déclarent un taux de retour de 50 %, ce qui est comparable aux autres régions du pays. Les associations néo-démocrates, en revanche, rapportent que seulement 5 % de leurs bénévoles de 1988 étaient présents aussi en 1984. Manifestement, les machines électorales néo-démocrates du Québec fonctionnaient en 1988 avec de purs néophytes, œuvrant au sein d'associations nominales. Il n'est donc pas étonnant qu'elles n'aient pas réalisé dans la province la percée que beaucoup prédisaient, et il est évident qu'elles n'y parviendront pas tant qu'elles n'auront pas réussi à rallier beaucoup plus de bénévoles qu'en 1988.

Ce qui attire les bénévoles

Les gens font de la politique pour toutes sortes de raisons. Certains visent des objectifs politiques, mais d'autres agissent pour des raisons manifestement plus sociales, psychologiques ou économiques. Les partis en sont d'ailleurs bien conscients, comme le prouve la fréquence des activités sociales organisées par leurs associations (voir le tableau 3.17). En période électorale, cependant, c'est le travail politique qui domine, et les gens doivent décider s'ils veulent proposer leurs services pour contribuer à la campagne de leur parti. Étant donné qu'il est toujours difficile de trouver du bon personnel (voir Bell et Bolan 1991) et que la grande majorité (84 %) des organisations électorales locales n'a pas assez de bénévoles pour répondre à ses besoins, nous avons tenté de cerner ce problème en demandant aux présidents et présidentes des associations quels sont les facteurs les plus susceptibles d'attirer des bénévoles. Leurs réponses sont résumées au tableau 7.13.

Tableau 7.13
Facteur le plus important pour attirer des bénévoles dans la campagne locale
(pourcentage d'associations ayant classé le facteur au premier rang)

	Candidat	Loyauté envers le parti	Orientation politique du parti	Chef	Adversaire
Ensemble des partis	46	25	22	14	6
Progressiste-conservateur	61*	28	11	7	4
Libéral	53	26	6	22	10
NPD	41	33	21	12	4
Réformiste	15	6	57	25	—
Héritage chrétien	19	7	67	2	15
Ass. victorieuses en 1988	64	26	9	9	5
Ass. perdantes en 1988	38	25	27	15	7

*Ainsi, parmi les associations progressistes-conservatrices qui ont exprimé un avis sur le facteur « candidat », 61 % ont classé ce facteur comme le plus important.

Les responsables d'associations locales ont été invités à évaluer cinq facteurs susceptibles d'attirer les bénévoles : le candidat ou la candidate, la loyauté traditionnelle envers le parti, l'orientation politique du parti, le chef du parti national, et le candidat de l'opposition. Ce dernier facteur était destiné à tenir compte du fait que certaines personnes peuvent décider de travailler pour un parti uniquement pour assurer la défaite d'un adversaire auquel elles s'opposent vigoureusement. Le résultat le plus frappant de cette question est l'importance attribuée aux candidats. Dans les trois partis les plus anciens, c'est ce facteur qui est jugé comme le plus important par le plus grand nombre d'associations pour attirer des bénévoles. C'est seulement dans les deux petits partis qu'une majorité d'associations affirment que les bénévoles sont attirés avant tout par l'orientation politique du parti.

Pour les associations libérales, néo-démocrates ou progressistes-conservatrices, ce n'est pas l'orientation politique qui arrive au deuxième rang, mais la loyauté traditionnelle envers le parti. Quant au rôle du chef, auquel on accorde tant d'importance dans les campagnes nationales, il arrive au quatrième rang. Chez les réformistes, et cela mérite d'être signalé, le rôle du chef arrive au premier rang dans les choix, après l'orientation politique. Cela donne une idée de l'importance de la popularité de Preston Manning, fondateur et chef du parti, dans l'édification d'une organisation électorale viable. C'est au PHCC que l'on trouve la plus forte proportion (15 %) d'associations persuadées qu'assurer la défaite des adversaires est le facteur le plus important pour attirer des bénévoles. Étant donné l'orientation vigoureusement pro-vie du parti, et la détermination des personnes qui la partagent, ce n'est peut-être pas très surprenant. Cela témoigne aussi du fait que bon nombre des membres de ce parti envisagent les campagnes sous un angle essentiellement négatif.

Les associations qui ont gagné leurs élections estiment que leur candidat ou candidate était un facteur déterminant pour attirer des bénévoles, car elles sont presque deux fois plus susceptibles que les associations perdantes de considérer ce facteur comme le plus important. Cependant, ce résultat s'explique en grande partie par les réponses des associations progressistes-conservatrices; en effet, il n'y avait pas de différence aussi importante entre les associations victorieuses et perdantes du PLC et du NPD. On ne saurait dire avec certitude pourquoi il y a un écart aussi marqué entre les partis, mais il reste que ce phénomène est conforme au style d'organisation des progressistes-conservateurs, caractérisé par une plus grande autonomie au niveau des circonscriptions.

Si les candidats et candidates constituent un facteur aussi important dans l'organisation des machines électorales locales, on peut se demander ce que deviendraient les bénévoles d'une association avec un candidat différent. Près des deux tiers des associations progressistes-conservatrices et libérales estiment qu'elles auraient alors un groupe de bénévoles sensiblement différent (voir le tableau 7.14). Une faible majorité de présidents et présidentes d'associations néo-démocrates (57 %) et réformistes (52 %) ne sont pas d'accord, estimant qu'ils auraient essentiellement le même groupe de bénévoles. Au PHCC, les réponses ne laissent aucun doute : l'engagement politique des membres contre la laïcisation de la société canadienne fait que les bénévoles resteraient les mêmes, quels que soient les candidats. Ces résultats sont tout à fait conformes aux différences structurelles déjà constatées entre les partis de cadres et les partis de masses. Les premiers recrutent des bénévoles pour élire leurs notables locaux, les deuxièmes, pour appuyer le parti.

Le tableau 7.14 fait ressortir deux autres différences : le fait que le personnel des machines électorales est apparemment plus axé au Québec qu'ailleurs sur les candidats et candidates et sur le lien étroit qui existe entre les vainqueurs et leurs bénévoles. Le premier facteur reflète la faiblesse du Nouveau Parti démocratique au Québec, mais ce n'est sans doute pas la seule explication si l'on en juge d'après la situation qui prévaut dans les provinces atlantiques (où la loyauté traditionnelle envers le parti semble persister davantage que dans le reste du pays).

Le balayage complet du Québec libéral par les progressistes-conservateurs en 1984 est peut-être à l'origine de cette prééminence des candidats et candidates dans les organisations de circonscription de cette province. Quant à savoir si cela durera, personne ne peut le dire. Ce qui surprend moins, c'est l'attachement des bénévoles aux vainqueurs. Une machine locale victorieuse possède bien souvent une dynamique autonome, à caractère quasi familial, qui ne peut survivre au départ de son chef. C'est ce que reconnaissent ici les présidents et présidentes d'associations (essentiellement progressistes-conservateurs) ayant élu des députés ou députées.

Tableau 7.14
Incidence du candidat ou de la candidate
sur le recrutement de bénévoles
(pourcentage d'associations de circonscription)

	Un autre candidat aurait attiré	
	des bénévoles différents	les mêmes bénévoles
Ensemble des partis	54	46
Progressiste-conservateur	67	33
Libéral	63	38
NPD	43	57
Réformiste	48	52
Héritage chrétien	21	78
Région		
Atlantique	37	63
Québec	77	23
Ontario	50	50
Prairies	54	46
Colombie-Britannique	53	47
Ass. victorieuses en 1988	61	39
Ass. perdantes en 1988	51	49

Ainsi, pour bien analyser l'incidence des candidatures locales sur les résultats électoraux, il semble essentiel de tenir compte de la capacité des organisations locales à mener une campagne et à mobiliser l'électorat (Ferejohn et Gaines 1991; Krashinsky et Milne 1991).

L'opinion des associations quant à l'effet de réélection

Ce qui précède nous amène à ouvrir une brève parenthèse au sujet de l'« effet de réélection ». Il ne fait aucun doute que les associations locales estiment que les députés sortants jouissent d'un avantage spécial dans les élections canadiennes : 86 % sont de cet avis. Cette opinion est un peu moins répandue chez les progressistes-conservateurs (78 %), alors que les néo-démocrates sont presque unanimes à la partager (98 %). Comme on pouvait s'y attendre, les associations ayant un député sortant ne sont pas aussi convaincues : les trois quarts reconnaissent que c'est un avantage, alors que 96 % de celles qui se sont classées au troisième rang en 1988 sont de cet avis.

Invitées à dire quel est l'avantage le plus important dont jouit le député sortant, la moitié des associations (des trois grands partis) répondent que c'est le fait qu'il soit connu dans sa circonscription. Les militants et militantes des partis sont en cela d'accord avec les maisons de sondages et les stratèges nationaux, qui estiment, eux aussi, que le fait d'être connu est essentiel à la victoire à l'échelon local (Laschinger et Stevens 1992, 7). Un pourcentage beaucoup moins élevé de présidents et présidentes d'associations (environ 20 %) affirment que l'avantage principal du député sortant est qu'il a plus de ressources, mais un nombre non négligeable d'associations du PRC et du PHCC pensent également qu'il est mieux traité par la presse. Ces données doivent être rapprochées du fait que les associations considèrent le candidat ou la candidate comme le facteur le plus important pour attirer des bénévoles. La formule est simple : être député signifie être connu, être connu attire des bénévoles, attirer des bénévoles permet de créer une machine électorale puissante, et les machines électorales puissantes ont plus de chances de gagner les élections.

Ce processus semble l'un des moteurs de la dynamique politique au niveau des circonscriptions. Tant que les bénévoles joueront un rôle primordial dans les luttes électorales locales, les aptitudes et les ressources des candidats et candidates (la ressource la plus précieuse étant peut-être le fait d'être député sortant) seront probablement d'une importance critique pour bâtir des machines électorales puissantes. Nous verrons, au chapitre suivant, que l'influence du candidat va bien plus loin, puisqu'elle s'exerce aussi sur l'activité très délicate qu'est la collecte de fonds.

Mais que font donc tous ces bénévoles ?

Après avoir levé ses armées de bénévoles, l'équipe électorale doit en faire le meilleur usage possible. S'ils ont recours à autant de bénévoles, c'est parce que la plupart des partis canadiens continuent de croire que la démarche la plus efficace sur le plan politique est le contact personnel entre le bénévole et l'électeur. Le tableau 7.15 indique les principales tâches que les associations confient à leurs équipes de bénévoles.

Tableau 7.15
Principales tâches des bénévoles
(pourcentage d'associations de circonscription)

	Ensemble des partis	Progressiste-conservateur	Libéral	NPD	Réformiste	Héritage chrétien
Porte-à-porte	60	55	69	71	40	48
Sollicitation téléphonique	43	53	41	39	34	31
Collecte de fonds	35	25	27	43	50	29
Distribution de brochures / cartes	34	23	30	43	34	54
Jour du scrutin (mobilisation électorat)	14	15	16	17	12	2

Dans les trois principaux partis, sauf au PRC, la tâche que les associations attribuent le plus fréquemment aux bénévoles est le porte-à-porte. Les néo-démocrates sont ceux qui attachent le plus d'importance à ce travail et l'on considère généralement que leurs techniques dans ce domaine ont fait école parmi les autres formations. Cela s'explique par les origines du NPD comme parti de protestation, et par sa structure de parti de masses : dans ses premières décennies, il dépendait de ses bénévoles pour diffuser son message dans les foyers canadiens, car il n'avait pas les moyens de faire autrement. Les progressistes-conservateurs semblent être les adeptes les plus convaincus de l'équivalent moderne du porte-à-porte : la sollicitation téléphonique. Il y a aujourd'hui presque autant d'associations progressistes-conservatrices qui utilisent leurs bénévoles pour faire des appels téléphoniques (53 %) que pour le porte-à-porte (55 %).

La collecte de fonds (surtout dans les associations néo-démocrates et réformistes), la distribution de pancartes et de brochures, et la mobilisation pour « faire sortir le vote » le jour du scrutin sont des tâches qui exigent beaucoup de bénévoles. La plupart des organisations peuvent facilement identifier une autre douzaine de tâches qu'elles confient à leurs bénévoles, mais ces dernières n'exigent généralement pas autant de main-d'œuvre. C'est pour prendre contact avec l'électorat qu'on a besoin de gros bataillons, et la machine électorale qui n'en a pas a un sérieux handicap. Sayers (1991) affirme que la campagne libérale de Vancouver-Centre de 1988 était essentiellement une opération tape-à-l'œil médiatique visant à masquer la pénurie de bénévoles prêts à faire du porte-à-porte. Elle a du reste échoué.

LES SONDAGES LOCAUX ET NATIONAUX

Les sondages d'opinion sont désormais indissociables de la vie électorale au Canada. Ils constituent l'un des outils de communication de masse les plus importants; les politiciens et politiciennes ne peuvent et ne veulent pas s'en passer. La plupart des moyens de communication de masse ont essentiellement pour but de permettre à un petit groupe de personnes de diffuser de l'information à une vaste population. C'est ce que font les journaux, la radio et la télévision. Traditionnellement, les politiciens s'en servent pour s'adresser à l'électorat. Les sondages, eux, sont tout à fait différents. Ce sont des moyens de communication de masse dans lesquels l'information dominante circule des masses populaires vers ceux et celles qui veulent bien la capter. En politique, ils donnent l'occasion aux politiciens d'être à l'écoute de l'électorat et vice versa, de même qu'ils permettent aux électeurs et électrices de s'écouter les uns les autres.

Certes, les politiciens et politiciennes ont toujours eu leurs propres moyens de rester à l'écoute de l'électorat, notamment leurs associations locales. Aujourd'hui, les sondages leur permettent de le faire de manière systématique et rigoureuse. Il n'est pas étonnant que le politicien qui réussit prête attention à ces messages et en tire des leçons : il apprend quel jargon parlent ses électeurs et électrices (jargon qui n'est pas nécessairement le sien), il écoute ce qu'ils disent, et apprend ce qu'ils veulent. Quand les résultats des sondages sont rendus publics, d'autres partis peuvent écouter la conversation, dont ils font d'ailleurs partie, par définition. Tout cela change le comportement des partis et des politiciens, et il est probable que cela change aussi l'attitude et le comportement de certains électeurs.

On a beaucoup glosé sur l'usage et l'abus des sondages en politique canadienne (Lee 1989; Johnston *et al.* 1992). Ce qui nous intéresse ici, c'est le rôle et l'incidence des sondages à l'échelle des circonscriptions. La publication dans les grands organes de presse des résultats de sondages nationaux innombrables a-t-elle une incidence sur les campagnes locales ? Les tendances nationales se reproduisent-elles à l'échelle locale, en ce sens que les sondages dans les circonscriptions seraient devenus un outil vital des stratèges locaux ? Si on fait des sondages à l'échelle locale, qui les fait et pourquoi ? On peut maintenant commencer à répondre à ces questions.

Il est devenu banal de dire que les sondages ont plus d'incidence sur les organisations électorales locales que sur l'électorat lui-même. Quoi qu'il en soit, il vaut la peine de se demander si la publication de sondages nationaux a un effet sur les travailleurs et travailleuses des organisations locales, d'autant plus que la plupart des associations ont du mal à trouver assez de bénévoles. Trois des cinq études réalisées pour la Commission royale sur la réforme électorale et le financement des partis au sujet des campagnes électorales dans les circonscriptions indiquent explicitement que les sondages ont un effet négatif sur les machines locales (Preyra 1991; Bernier 1991; Sayers 1991). Selon Bernier, (*ibid.*, 146), l'utilisation de sondages nationaux inquiète les organisateurs et organisatrices parce que ces sondages ont un impact non négligeable sur la motivation des organisateurs politiques. Sayers (*ibid.*, 38) précise que les sondages font plus qu'influer sur le nombre et l'enthousiasme des bénévoles, ils minent l'essence même de la politique locale. Étant donné que ces sondages se concentrent presque toujours sur des considérations autres que locales ainsi que sur les résultats provinciaux, ils exacerbent le sentiment d'inefficacité ressenti par les militants et militantes à l'échelon local.

Cet argument semble plausible. Ces exemples, et beaucoup d'autres que pourraient évoquer les observateurs de la scène politique canadienne, semblent le confirmer. Ils portent à croire que les sondages nationaux donnent lieu de plus en plus à des conversations et à des luttes de portée nationale, et que ce processus est intrinsèquement dysfonctionnel dans un système fondé et structuré sur l'hypothèse qu'une élection est constituée de 295 conversations et luttes distinctes (mais parallèles). Curieusement, les présidents et présidentes d'associations, qui devraient savoir de quoi il retourne, ne semblent pas partager cette vision conventionnelle des choses. Certes, ils croient que la publication de sondages a une influence sur les résultats des élections à l'échelle locale : 78 % sont de cet avis, la proportion étant plus élevée chez les néo-démocrates (88 %) que chez les progressistes-conservateurs (72 %). Mais c'est sur la nature de cette influence qu'ils s'éloignent de la vision conventionnelle.

Invités à décrire l'effet principal des sondages sur les luttes locales, 9 % seulement font allusion au moral des travailleurs et travailleuses de campagnes. Cette réponse est plus fréquente chez les progressistes-conservateurs (17 %) que chez les libéraux (9 %) ou les néo-démocrates (6 %), mais elle arrive de toute façon bien bas dans la liste. Les répondants sont beaucoup plus nombreux à croire que les sondages ont un effet d'entraînement sur l'électorat en incitant les gens à voter pour celui ou celle que les sondages donnent comme vainqueur (41 %), qu'ils influencent les indécis d'une manière ou d'une autre (28 %). Dans l'ensemble, près des trois quarts des répondants et répondantes reconnaissent explicitement une incidence directe quelconque sur l'électorat, plutôt que sur les partis ou sur le système. Quelles que soient les perturbations momentanées que peuvent déclencher les sondages d'opinion, la plupart des responsables d'associations ne semblent pas croire que leur publication affecte leur campagne de manière notable.

Malgré la marge de manœuvre limitée dont jouissent les machines électorales locales, et malgré le coût élevé d'un bon sondage, les associations sont de plus en plus nombreuses à recourir à ce procédé. Globalement, environ le tiers affirment l'avoir fait en 1988 (voir le tableau 7.16), mais la proposition varie considérablement selon les parties et les régions. Un nombre élevé d'associations des deux grands partis de cadres ont adopté les sondages comme outil électoral courant : 48 % chez les progressistes-conservateurs et 44 % chez les libéraux en 1988. Par contre, ces pourcentages chutent de plus de la moitié chez les associations du NPD, du PRC et du PHCC. Fraser (1989, 169) rapporte que les cadres du NPD envisagent les sondages comme une dépense normale de leur parti dans une campagne locale typique. Le fait que les associations du PRC soient proportionnellement plus nombreuses que celles du NPD à avoir commandé des sondages en 1988, élection qui précédait le vrai démarrage organisationnel des réformistes, témoigne de l'attitude plus moderne de ce parti en matière de communications.

Tableau 7.16
Sondages locaux effectués par les associations
aux élections générales de 1988
(pourcentage d'associations de circonscription)

Ensemble des partis	34
Progressiste-conservateur	48
Libéral	44
NPD	18
Réformiste	22
Héritage chrétien	13
Région	
Atlantique	20
Québec	57
Ontario	34
Prairies	26
Colombie-Britannique	33
Résultat en 1988	
Ass. victorieuses	43
Ass. perdantes	30
Ass. riches	52
Ass. pauvres	29

En 1988, les associations de circonscription du Québec ont fait beaucoup plus de sondages que celles des autres régions. Il est cependant difficile de dire si ce phénomène était particulier à cette élection et découlait du raz-de-marée de 1984 qui avait chamboulé un ordre politique établi depuis trois générations, ou si cela reflétait une manière spécifiquement québécoise de faire campagne. Deux autres facteurs ressortant du tableau 7.16 sont moins difficiles à expliquer. En 1988, les vainqueurs étaient plus nombreux que les perdants à effectuer des sondages, mais comme cela reflète, dans une certaine mesure, les différences entre les partis, il est difficile d'établir ici des liens de cause à effet. Ce qui est plus clair, c'est le lien entre l'argent et les sondages. Comme les sondages sont un outil relativement nouveau et coûteux (exigeant souvent des services professionnels), les associations prospères sont bien mieux placées que les associations pauvres pour y avoir recours. En 1988, plus de la moitié (52 %) des premières l'ont fait, comparativement à moins du tiers (29 %) des deuxièmes.

Souvent, un sondage local ne fait que confirmer ce que l'association et son équipe électorale savaient déjà sur la circonscription et sur ses candidats et candidates. Il sert alors à renforcer la stratégie électorale et à maintenir l'orientation fondamentale de l'équipe. Cependant, en écoutant ce que dit l'électorat local, les politiciens peuvent aussi être amenés à repenser ce qu'ils ont dit, comment et à qui ils l'ont dit. Chacune de ces leçons peut provoquer un changement dans la campagne locale. On trouvera, au tableau 7.17, la proportion d'associations qui ont fait des sondages locaux en 1988 (le tiers du total); on constate que 1 association sur 3 seulement affirme que l'information ainsi recueillie a infléchi sa campagne. Le tableau révèle aussi que les progressistes-conservateurs et les libéraux ont eu plus souvent recours aux sondages, et qu'ils avaient deux fois plus tendance que les autres à réorienter leur campagne en fonction des résultats. Cette différence s'explique facilement par l'orientation entièrement électoraliste de bon nombre des associations des partis de cadres par rapport à l'orientation plus diversifiée des partis de masses et de protestation. En outre, les vainqueurs étaient plus susceptibles que les perdants de modifier leur stratégie à la suite de ces sondages. Il semble donc que les politiciens locaux ont intérêt à être à l'écoute de leur électorat.

Pour bien cerner le phénomène, il convient de faire le lien entre les partis qui font des sondages et ceux qui réorientent leur campagne en fonction des résultats. La figure 7.5 permet d'établir ce lien pour les cinq partis. Elle montre, sans équivoque, que les sondages n'ont pas beaucoup d'effet sur les campagnes du PHCC, du PRC ou du NPD, à la fois parce que leurs associations en font relativement peu et parce que celles qui en font ne réorientent pas souvent leur campagne en conséquence. Tel n'est pas le cas du PC et du PLC. Cela dit, la proportion globale d'associations progressistes-conservatrices ou libérales qui ont infléchi leur campagne à la suite d'un sondage local en 1988 est inférieure à 20 % dans les deux cas. Pour ce qui est de l'incidence des sondages locaux sur le régime politique canadien dans son ensemble, les données indiquent que 16,5 % des vainqueurs de 1988 ont réorienté, d'une manière ou d'une autre, leur campagne locale à la suite de sondages. Cela équivaut à environ 49 sièges de la Chambre des communes. En 1988, ces sièges étaient répartis à peu près de la façon suivante, selon nos données : 34 chez les progressistes-conservateurs, 13 chez les libéraux et 2 chez les néo-démocrates.

Tableau 7.17
Associations dont les sondages locaux ont entraîné une réorientation de la campagne
(pourcentage d'associations de circonscription ayant fait des sondages)

Ensemble des partis	33
Progressiste-conservateur	40
Libéral	39
NPD	22
Réformiste	17
Héritage chrétien	11
Région	
Atlantique	42
Québec	33
Ontario	34
Prairies	31
Colombie-Britannique	35
Résultat en 1988	
Ass. victorieuses	38
Ass. perdantes	31

Avant de tirer des conclusions à propos de l'effet des sondages sur la démocratie locale, il convient d'analyser les changements qu'ils entraînent dans les campagnes. Il convient aussi de rappeler que l'organisation électorale locale, quelles que soient les modifications qu'elle apporte à son message, sait qu'elle ne peut « échapper aux courants associés aux organisations mères », et qu'elle ne peut donc espérer être souveraine et autonome dans la conduite de sa campagne médiatique (Preyra 1991, 177). Le tableau 7.18 montre comment les associations ont réorienté leur campagne en fonction de sondages

Figure 7.5
Utilisation de sondages locaux

Pourcentage d'associations de circonscription

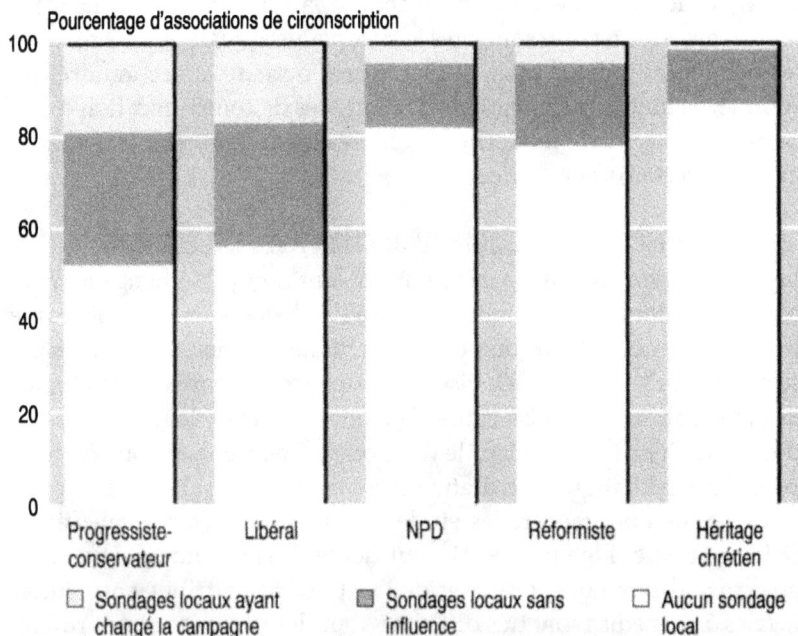

☐ Sondages locaux ayant changé la campagne	▨ Sondages locaux sans influence	☐ Aucun sondage local

locaux. Il révèle qu'assez peu d'associations ont modifié leur message, mais que ce nombre était relativement plus élevé chez les néo-démocrates (25 %) que chez les libéraux (4 %) ou les progressistes-conservateurs (19 %), ce qui est le contraire de ce qu'on aurait pu attendre de partis de masses et de partis de cadres.

Tableau 7.18
Changements apportés à la campagne occasionnés par des sondages locaux
(pourcentage d'associations déclarant avoir apporté des changements à leur campagne)

	Progressiste-conservateur	Libéral	NPD
Réorientation de la campagne	31	39	25
Identification d'un problème local	27	13	38
Connaissance des atouts et faiblesses	12	26	—
Changement du message	19	4	25
Motivation de l'équipe de campagne	8	9	12

La plupart des associations utilisent les sondages pour identifier les préoccupations fondamentales de leur électorat, pour cerner leurs propres atouts et faiblesses, et pour cibler leur campagne de manière à maximiser leurs chances de succès. C'est de cette façon qu'elles engagent le dialogue avec leur électorat, au lieu de simplement lui parler sans écouter. Les sondages locaux peuvent aussi servir à motiver les bénévoles locaux, mais ce facteur est nettement secondaire. En résumé, ils font partie intégrante des activités de communication d'une campagne électorale moderne et sont destinés à favoriser le dialogue avec les électeurs et électrices.

LES MÉTHODES DE COMMUNICATION AVEC L'ÉLECTORAT

Les associations de circonscription doivent inévitablement mener le combat électoral dans l'ombre des grandes batailles médiatiques que les chefs et leurs états-majors se livrent à l'échelle nationale. Ces batailles se livrent sur les réseaux télévisés, qui sont hors de portée de la plupart des associations locales, à cause de leurs tarifs et de leurs champs de diffusion. Pour l'association, le défi consiste à se glisser sous ce vaste parapluie médiatique afin d'atteindre son électorat.

Comme l'ont montré les études sur les campagnes locales et les médias (Bell et Fletcher 1991), tout dépend, en grande partie, de la structure des médias locaux et de l'importance attribuée aux luttes locales. Les médias sont très différents dans les circonscriptions rurales et dans les circonscriptions urbaines. Certaines luttes locales sont suivies de plus près par certains médias que les élections nationales (voir à ce sujet l'analyse très intéressante des élections à Vancouver-Centre, dans Sayers 1991). D'autres se déroulent dans un contexte multilingue. Malgré tout, les méthodes de communication varient peu d'une circonscription à l'autre, et comportent peu d'éléments susceptibles d'étonner les politiciens d'antan.

La figure 7.6 résume l'importance relative attribuée par les associations à huit outils de communication différents. Il est frappant de voir que l'ordre dans lequel ces outils sont classés correspond à celui qui ressort des études de luttes électorales très différentes menées en Nouvelle-Écosse, au Québec et en Ontario (Preyra 1991; Bernier 1991; Bell et Bolan 1991). La sollicitation personnelle, qui se fait d'ailleurs de plus en plus au téléphone, reste l'outil le plus important. L'utilisation des journaux locaux et la diffusion de prospectus sont également considérées comme des méthodes importantes. Comme l'indique Sayers (1991), la renaissance des journaux communautaires dans les zones métropolitaines (souvent distribués gratuitement sur un territoire restreint) a permis de maintenir les médias imprimés à la portée financière de bon nombre d'associations.

Figure 7.6
Méthodes de communication importantes pour les campagnes locales

Pourcentage d'associations de circonscription

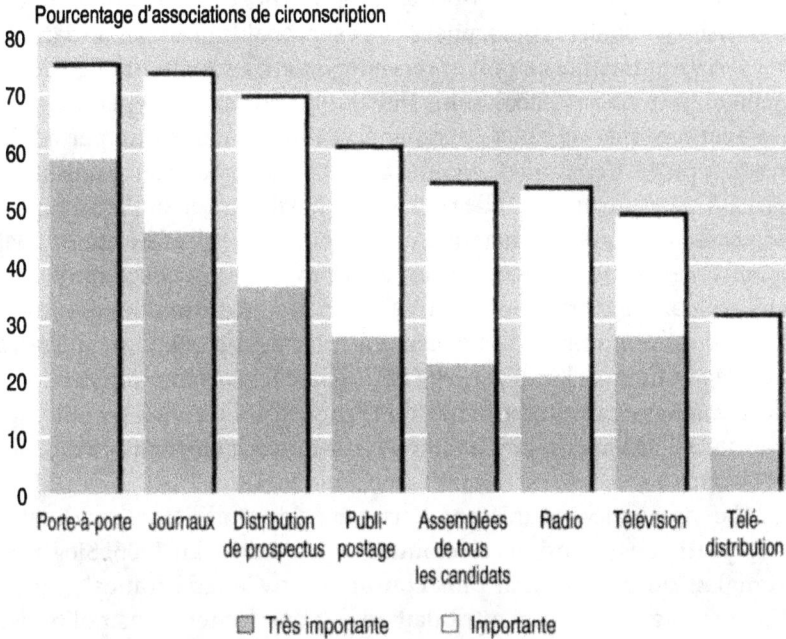

□ Très importante □ Importante

À l'autre bout de l'éventail des communications électorales se trouvent les médias électroniques, c'est-à-dire la télévision et la radio. C'est cette dernière qui semble être la plus largement utilisée, sans doute parce qu'elle coûte moins cher et permet de cibler plus facilement un public donné. Dans certains cas, les campagnes locales peuvent ajouter un message local à une publicité nationale, mais Sayers (1991, 42) rapporte que les progressistes-conservateurs de Kootenay-Ouest–Revelstoke « se sont plaints qu'ils ne pouvaient même pas obtenir de programme pour savoir dans quelle mesure et à quel moment le parti national ferait sa publicité dans la circonscription ». Bien que les auteurs des études consacrées aux circonscriptions mentionnent à plusieurs reprises l'utilisation de la télévision par câble, notamment pour diffuser des débats entre les candidats et candidates, peu d'associations jugent ce média important. Peut-être pensent-elles que personne ne regarde les émissions diffusées par câble (Preyra 1991), ou ne savent-elles tout simplement pas qui les regarde, mais quoi qu'il en soit, il s'agit d'une occasion perdue. La télédistribution sera peut-être plus fréquemment utilisée dans les élections futures, si un plus grand nombre de députés et députées commencent à s'en servir pour faire rapport régulièrement à leur électorat.

Le publipostage et les assemblées de tous les candidats sont aussi considérés comme des outils importants, se situant entre les médias électroniques et le porte-à-porte. Le publipostage est une version moderne des contacts personnels, et il est probable que les associations s'en serviront de plus en plus, à mesure qu'elles se doteront de l'équipement informatique nécessaire. Cette technique n'offre cependant pas les avantages des contacts personnels ni du dialogue que permet le porte-à-porte. Cependant, comme celui-ci (moyen de communication privé plutôt que public), elle permet à la machine électorale d'adapter son message à ses destinataires. Son avantage le plus important est qu'elle n'exige pas la même armée de bénévoles et qu'elle garantit aux états-majors électoraux un contrôle beaucoup plus étroit des messages qui sont communiqués. Cette technique n'offre cependant pas que des avantages. Comme l'indique Lee (1989, 261–265) dans son compte rendu de la campagne de publipostage du PC en 1988, c'est aussi un outil qui permet à l'état-major national de s'adresser directement aux électeurs et électrices en court-circuitant l'association locale.

Les assemblées réunissant l'ensemble des candidats et candidates font partie des traditions électorales canadiennes. En 1906, Siegfried signalait qu'elles étaient plus courantes au Canada français qu'au Canada anglais, ce qu'il attribuait au fait que les réunions politiques anglaises étaient d'ordinaire extrêmement ennuyeuses, alors que les réunions françaises étaient un mélange parfait d'ardeur et de tact (1966, 126). Aujourd'hui, Siegfried serait déçu de constater que ce sont les associations du Québec, et les répondants et répondantes francophones, qui sont les moins portés à considérer ces assemblées comme un aspect important des campagnes locales. Les associations les plus enthousiastes à l'égard de tels débats sont celles des partis de protestation, notamment du PHCC. Cela s'explique sans doute par le fait qu'engager le fer avec les représentants des grands partis fournit à leurs candidats un surcroît de crédibilité et une plus large audience.

L'INTERVENTION DES GROUPES D'INTÉRÊT
DANS LES CAMPAGNES LOCALES

Les associations de circonscription ne sont plus les seules organisations à participer aux luttes électorales. De plus en plus, des groupes d'intérêt de natures diverses interviennent dans le débat pour défendre leurs idées et orienter les résultats. Dans une étude effectuée pour la Commission royale sur la réforme électorale et le financement des partis, Tanguay et Kay (1991) ont dressé un inventaire provisoire des catégories de groupes qui interviennent aujourd'hui dans les campagnes locales, et ils en ont examiné les structures et les méthodes. Leur analyse a porté avant tout sur les groupes eux-mêmes. Dans notre enquête, nous avons envisagé le problème sous l'angle inverse : nous avons posé aux présidents et présidentes d'associations deux questions spécifiques sur le rôle des groupes d'intérêt du point de vue des objectifs électoraux immédiats des associations.

Nous avons d'abord demandé aux répondants et répondantes si « des groupes défendant des intérêts particuliers [étaient] directement intervenus pendant la campagne locale dans le but d'appuyer votre personne candidate ou de s'y opposer ». Cette question était destinée à exclure toute activité visant une question ou un conflit qui n'était pas explicitement lié aux chances électorales des candidats locaux. Comme le montre le tableau 7.19, la moitié des associations affirme que leur candidat a suscité l'appui ou l'opposition spécifique d'un groupe d'intérêt aux élections générales de 1988. La plus grande proportion d'associations répondant ainsi sont progressistes-conservatrices, ce qui n'a rien d'étonnant, le parti au pouvoir étant souvent plus exposé aux activités de ces groupes. Sur le plan national, le Québec se distingue des autres régions par le faible taux d'activité des groupes d'intérêt. Cela s'explique directement par la nature de la question qui a suscité la majeure partie de cette guérilla politique dans les circonscriptions.

Tableau 7.19
Participation de groupes d'intérêt pour appuyer
ou contrecarrer un candidat ou une candidate, 1988
(pourcentage d'associations de circonscription)

Ensemble des partis	50
Progressiste-conservateur	62
Libéral	45
NPD	54
Réformiste	24
Héritage chrétien	41
Région	
Atlantique	49
Québec	33
Ontario	57
Prairies	50
Colombie-Britannique	53
Résultat en 1988	
Ass. victorieuses	55
Ass. perdantes	48

Invitées à dire quel thème avait suscité le plus d'appui ou d'opposition des groupes d'intérêt, les associations confrontées à l'intervention de ces groupes ont massivement répondu : l'avortement (51 %) ou le libre-échange (26 %). Bien sûr, certaines ont signalé l'intervention de camps opposés dans un même débat, et elles ont signalé une multitude d'autres groupes, mais ce sont les deux thèmes précités qui ont nettement dominé les réponses. Le libre-échange était, en soi, l'enjeu fondamental des élections nationales de 1988 : les groupes d'intérêt transposaient simplement sur la scène locale le débat qui se déroulait sur la scène nationale. La grande question qui a réussi à s'imposer dans les campagnes électorales locales a été celle de l'avortement, tout comme lors du congrès de direction du PLC en 1990 (voir l'analyse des données de la figure 5.8 ci-dessus). Certains groupes ont profité de cette question pour s'emparer de l'investiture libérale à Perth–Wellington–Waterloo, et celle-ci a pu contribuer à la défaite de la députée d'Outremont (Bell et Bolan 1991; Bernier 1991). Tandis que les campagnes du PHCC portent essentiellement sur ce type de question, environ le tiers des candidats et candidates de chacun des grands partis ont eu à faire face à l'intervention de groupes d'intérêt sur le problème de l'avortement.

Figure 7.7
Campagnes locales avec participation active d'un groupe d'intérêt

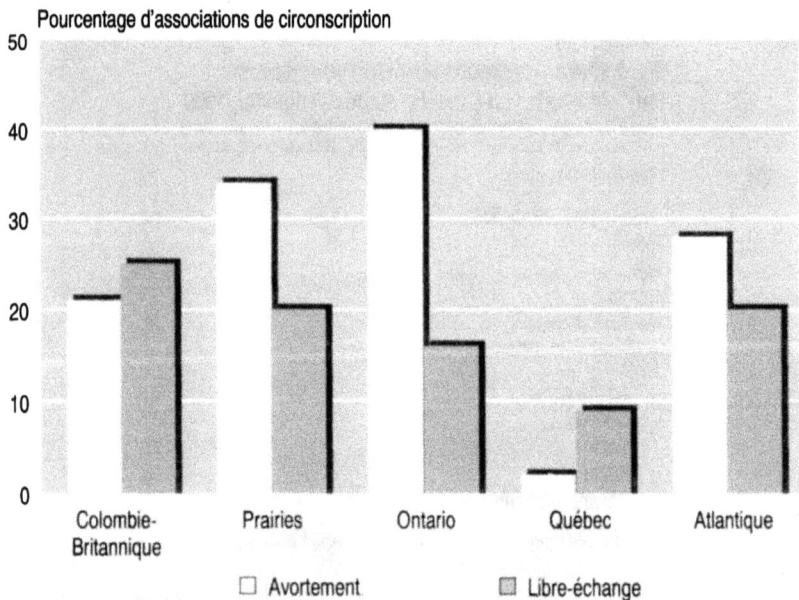

Cela dit, l'avortement ne semble pas avoir été un thème politique important au Québec lors des élections de 1988. Malgré des exceptions notables, comme la défaite de Lucie Pépin dans Outremont

(Bernier 1991), peu d'associations du Québec mentionnent que des groupes sont intervenus activement sur la question de l'avortement. La proportion d'interventions sur ce thème au Québec est de 2 % seulement, contre une moyenne nationale de 29 % et un maximum de près de 40 % dans la province voisine de l'Ontario (voir la figure 7.7). Comme peu de groupes sont intervenus dans les campagnes de la province sur le thème de l'avortement, le Québec se retrouve avec une fréquence beaucoup plus faible de participation directe des groupes d'intérêt dans les campagnes locales.

Il se trouve que l'activité électorale des groupes d'intérêt, au moins en ce qui concerne les efforts déployés pour ou contre l'élection de candidats ou candidates, porte essentiellement aujourd'hui sur une question spécifique. Le débat sur l'avortement pousse manifestement certaines personnes à l'action politique, et il semble peu probable que la question puisse être résolue de manière à satisfaire les deux camps. Que cela leur plaise ou non, les associations locales devront se faire à l'idée qu'il s'agira d'une réalité incontournable de la vie électorale dans les circonscriptions.

L'ACTIVITÉ ÉLECTORALE DES PARTIS DE CADRES ET DES PARTIS DE MASSES

Tout au long de ce chapitre, nous avons été amenés à différencier les partis de cadres et les partis de masses. Cette distinction, très utile sur le plan analytique, permet de cerner les différences fondamentales qui existent, en matière de structure et d'organisation, dans l'activité électorale des associations de circonscription. Bien que les partis se soient rapprochés sur le plan de l'orientation politique ou des techniques de communication, il est clair qu'ils restent, de par leurs origines, des organisations politiques de natures très différentes. Les associations libérales et progressistes-conservatrices, d'une part, et les associations néo-démocrates, d'autre part, ne mènent pas leurs campagnes de la même manière. Il n'y a pas lieu de s'en étonner, puisque la distinction entre partis de cadres et partis de masses trouve son origine dans des visions différentes des candidats, des politiciens, des élections et de l'essence même du processus démocratique.

Les différences concernant les pratiques électorales des partis de cadres et des partis de masses reflètent, comme il se doit, certaines des différences constatées dans leurs activités entre les élections. Dans le prochain chapitre, nous cherchons à déterminer si ces différences se manifestent aussi sur le plan du financement électoral, qui est l'aspect le plus réglementé de la vie des partis.

8

L'ARGENT,
LES ASSOCIATIONS
DE CIRCONSCRIPTION
ET LES ÉLECTIONS

~

Les sept semaines entre la publication du décret d'élection et le jour du scrutin constituent la période d'activité la plus intense pour les partis politiques nationaux. C'est également la seule période durant laquelle les dépenses des partis et de leurs candidats locaux sont étroitement contrôlées et limitées en vertu de la *Loi électorale du Canada*. Paradoxalement, le mécanisme de la Loi qui permet de réglementer les dépenses électorales dans les circonscriptions prive les associations locales des partis de la responsabilité et du contrôle du financement de leur campagne. Chaque candidat ou candidate doit désigner un agent officiel en présentant sa candidature, et toutes les transactions de la campagne (autant les recettes que les dépenses), ainsi que tous les rapports à ce sujet, doivent passer par cet agent, par le truchement de comptes bancaires ouverts à cette fin. Comme nous l'avons déjà indiqué, c'est habituellement le candidat, et non l'association, qui désigne l'agent (voir la figure 7.2; et Carty 1991). Les associations n'exercent donc aucun contrôle direct sur les opérations financières de la campagne qu'elles ont planifiée et qui est gérée en leur nom, et elles n'en ont parfois qu'une connaissance limitée.

Ce divorce officiel entre l'association et les finances de sa campagne compromet la souveraineté de l'association. Le contrôle de la campagne peut poser encore plus de problèmes lorsque le parti national tient à encaisser le remboursement des dépenses garanti aux candidats ou candidates obtenant au moins 15 % des suffrages. Ainsi, en 1988, les libéraux ont obligé tous leurs candidats à s'engager par écrit, au début de la campagne, à remettre au parti national la moitié des sommes qui leur seraient remboursées à ce titre. Certaines sections provinciales du Nouveau Parti démocratique (NPD) ont appliqué une politique semblable, de sorte que certaines associations de circonscription fédérales du NPD étaient traitées différemment de celles d'autres provinces. Certaines organisations de campagnes locales se retrouveront donc avec moins de revenus que d'autres ou avec un pouvoir de décision restreint et assujetti à des pressions très différentes, car elles n'auront pas les mêmes garanties de revenus. Ces pratiques ont inévitablement pour effet d'accroître la complexité des transferts financiers substantiels qui se font à l'intérieur des partis durant les élections, et c'est pourquoi il est difficile à ces derniers de rendre compte de manière cohérente ou exhaustive de leurs recettes et dépenses électorales.

Pour comprendre tous les aspects du financement des élections dans les circonscriptions, il est nécessaire d'examiner les registres des candidats et candidates, et d'analyser comment ceux-ci financent leurs campagnes. La meilleure étude sur ce sujet, et de loin, est celle que Stanbury a consacrée aux recettes et dépenses des candidats durant les quatre dernières élections générales (entre 1979 et 1988), sous le titre *L'argent et la politique fédérale canadienne : Le financement des candidats et candidates et des partis* (1991, notamment le chapitre 12). Bien que Stanbury soit le premier à reconnaître qu'il existe de vastes lacunes dans nos connaissances à ce sujet, notamment sur la situation financière des associations de circonscription, son analyse détaillée le porte à observer que :

- dans l'ensemble, les candidats et candidates des partis fédéraux ont réussi à « s'autofinancer ». Avant même le remboursement de la moitié de leurs « dépenses d'élection », ils ont réussi à réunir assez d'argent pour couvrir leurs « dépenses d'élection » et leurs dépenses personnelles;

- grâce au remboursement, les candidats et candidates se retrouvent aujourd'hui avec un excédent considérable (8,05 millions de dollars en 1988) et il semble que plusieurs millions de dollars de cet excédent aient abouti dans les comptes des associations de circonscription;

- la solidité financière des candidats et candidates varie considérablement d'un parti à l'autre : en 1988, les progressistes-conservateurs ont réussi, en moyenne, à recueillir et à dépenser plus d'argent que les libéraux, et ceux-ci, plus que les néo-démocrates. Par ailleurs, la solidité financière des candidats d'un même parti varie beaucoup d'une région à l'autre;

- le *nombre* de dons de particuliers à des candidats ou candidates n'a cessé d'augmenter au cours des quatre dernières élections générales, et ces dons constituent la plus grosse source de fonds électoraux des candidats.

Dans son analyse des dons importants versés aux candidats et candidates lors des élections de 1988, Padget (1991) confirme l'observation de Stanbury au sujet des dons de particuliers. À son avis, l'aptitude d'un candidat à rassembler des fonds est peut-être l'élément le plus important du financement des campagnes locales, et peut-être même plus déterminant que des facteurs tels que la possession d'un portefeuille ministériel, le parti lui-même ou la région. Cette constatation très intéressante fait ressortir le rôle crucial du candidat dans la collecte de fonds locale. Cette situation est aussi le reflet du régime de dépenses prévu par la *Loi électorale du Canada*, et qui est axé sur les candidats.

Pour brosser un tableau complet du financement des campagnes locales, il faut comprendre le fonctionnement des associations qui appuient les candidats et candidates dans les circonscriptions. Ce sont elles qui sont le lien institutionnel avec le parti national dans son ensemble; ce sont les partis qui ont accès au système de crédit d'impôt qui a tellement stimulé les dons de particuliers; et ce sont les partis qui définissent le contexte dans lequel se livre la bataille électorale. Par ailleurs, aucune étude des associations de circonscription des partis canadiens ne serait complète sans une analyse du financement électoral au niveau des circonscriptions. Nous examinons donc, dans ce chapitre, le financement des campagnes électorales du point de vue des associations locales, étant bien entendu que le législateur ne leur reconnaît une existence qu'après les élections.

Comme dans les chapitres précédents, nous nous intéressons essentiellement ici à ce que font les associations et à la manière dont elles s'organisent pour le faire. Nous abordons d'abord deux questions qui concernent les dépenses électorales des associations, indépendamment de celles de leur candidat local. La première porte sur les dépenses qui sont effectuées avant le déclenchement des élections, et qui ne sont donc assujetties à aucune réglementation. La deuxième porte sur l'argent du parti que les associations dépensent dans le cadre des activités des aspirants à l'investiture. Ensuite, nous examinons le rôle des associations dans le financement électoral et cherchons à voir comment leur activité à cet égard diffère de la collecte de fonds en période non électorale. Nous nous penchons ensuite sur le rôle des candidats et candidates dans cette activité vitale. Selon nos données, leur rôle paraît crucial, ce qui rejoint la conclusion de Padget (1991) dans son étude sur les dons importants.

Nous analysons ensuite les mouvements de fonds à l'intérieur des partis. Nonobstant l'observation de Stanbury (1991, chapitre 12, note 10) selon laquelle « il est impossible d'établir avec exactitude les mouvements de fonds à l'intérieur des partis », notre enquête auprès des associations permet de dégager une information précieuse sur les tendances à l'intérieur des partis et des régions. Elle montre qu'en matière de relations financières avec les partis, on peut distinguer nettement trois catégories principales d'associations. Dans la quatrième section du présent chapitre, nous étudions les excédents des associations et le remboursement de leurs dépenses électorales. Cette question est d'autant plus intéressante que la *Loi électorale du Canada* oblige les agents et agentes des candidats et candidates à verser à une association de circonscription tout excédent de leurs fonds électoraux (ou à le remettre à l'agent de leur parti national ou au gouvernement), bien que les associations locales ne soient ni reconnues ni réglementées par la Loi. Finalement, nous tentons d'évaluer la satisfaction des associations à l'égard du système actuel, et l'appui des présidents et présidentes d'associations aux propositions de réforme visant le traitement des remboursements et des excédents.

Pour que l'analyse soit la plus concrète possible, la plupart des questions posées à ce sujet durant l'enquête portaient explicitement sur les élections générales de 1988. Il n'y a aucune raison de penser que les tendances générales décrites ci-après diffèrent sensiblement de celles d'autres élections générales, mais il convient de signaler que l'analyse et les tableaux renvoient directement aux luttes électorales menées dans les circonscriptions cette année-là, et à la santé financière de chaque parti au début et à la fin de cette campagne.

LES DÉPENSES ÉLECTORALES DES ASSOCIATIONS AVANT LE DÉCLENCHEMENT DES ÉLECTIONS

Les dépenses préalables

Les dispositions de la Loi limitant les sommes qu'un candidat ou une candidate, ou une personne agissant en son nom, peut dépenser dans une campagne électorale n'entrent en application qu'après le déclenchement officiel des élections, c'est-à-dire après la publication du décret d'élection. Avant cette date, les associations peuvent consacrer autant d'argent qu'elles le veulent, ou le peuvent, à des activités axées sur les élections. De fait, l'entrée en vigueur de limites après la publication du décret les incite logiquement à agir ainsi. Au fond, le système encourage peut-être les associations dynamiques à effectuer le maximum de dépenses et d'activités en dehors de la période électorale officielle, ce qui a pour effet d'allonger la période électorale réelle et, en fin de compte, d'accroître les coûts. Il semble par ailleurs que les associations les plus grosses et les plus fortes soient les mieux placées pour exploiter cette possibilité.

Afin de déterminer si les associations tentent régulièrement et systématiquement de contourner ainsi le régime des dépenses électorales, et de voir dans quelle mesure le début des activités électorales traditionnelles a tendance à être avancé dans les semaines et les mois précédant le déclenchement des élections, nous avons demandé aux présidents et présidentes d'associations si le système actuel les incitait « à effectuer certaines dépenses et à réaliser certaines activités avant le déclenchement des élections ». Comme nous nous y attendions, les associations qui ont répondu par l'affirmative étaient sensiblement plus grosses et avaient davantage grossi pendant l'année précédant les élections; il s'agit des associations des partis de cadres à orientation essentiellement électorale. Comme le montre le tableau 8.1, cette différence se manifeste entre les partis.

Tableau 8.1
Associations incitées à s'acquitter de leurs dépenses et de leurs activités avant la publication du décret d'élection
(en pourcentage)

Ensemble des partis	56
Progressiste-conservateur	72
Libéral	59
NPD	38
Réformiste	58
Héritage chrétien	38
Résultat en 1988	
Premier	65
Deuxième	62
Troisième	48
Quatrième	40

En fait, 56 % des associations ont indiqué que le système les encourageait à dépenser et à agir avant le déclenchement des élections. Les associations du Parti progressiste-conservateur du Canada (PC) sont deux fois plus susceptibles que celles du Nouveau Parti démocratique (72 % contre 38 %) de ressentir cette incitation. Les associations du Parti libéral du Canada (PLC) se situent entre les deux, mais sont plus proches à cet égard des associations progressistes-conservatrices. En ce qui concerne les petits partis, ils diffèrent l'un de l'autre : les associations du Parti réformiste du Canada (PRC) se rapprochent ici davantage d'un parti typique de cadres, et celles du parti de l'Héritage chrétien du Canada (PHCC), du NPD. Il ne semble pas qu'il s'agisse simplement d'une question de disponibilité de fonds, car il n'y a pas de différence notable entre les associations riches et les pauvres sur ce chapitre. Il existe cependant une différence générale entre les associations les plus compétitives (celles arrivées au premier ou au deuxième rang dans leur circonscription) et les autres : les plus compétitives sont plus nombreuses que les autres à affirmer que le système incite aux dépenses anticipées. Bien sûr, on se trouve devant le dilemme de la poule et de l'œuf. Il se peut que les dépenses anticipées contribuent à de meilleurs résultats électoraux, mais les différences entre les partis brouillent la situation : les associations progressistes-conservatrices qui se sont dites incitées à dépenser à l'avance ont été moins nombreuses à remporter la victoire en 1988 (que les autres associations progressistes-conservatrices), alors que c'est le contraire chez les associations néo-démocrates.

Des trois grands partis, c'est le NPD qui semble généralement résister le plus à la logique du système d'incitation engendré par le régime des dépenses électorales. Cependant, comme le montre le tableau 8.2, la situation varie considérablement à l'intérieur du parti. Ainsi les associations du Québec et de la Colombie-Britannique sont beaucoup plus portées à faire des dépenses préalables à la publication du décret que celles des autres régions, mais d'autres facteurs locaux peuvent également exercer une influence en la matière. Les associations néo-démocrates riches sont autant portées à dépenser avant le déclenchement des élections que les associations victorieuses du parti. Naturellement, ces facteurs ont tendance à se renforcer mutuellement; par exemple, les trois quarts des associations néo-démocrates victorieuses de la Colombie-Britannique disent ressentir une incitation à modifier leur comportement dans ce sens.

Les données ne révèlent pas si cette pratique s'est accrue lors des élections récentes, à mesure que les associations et leurs candidats sont devenus plus prospères. Quoi qu'il en soit, les associations locales qui se disent incitées à effectuer des dépenses anticipées sont partagées quant au bien-fondé de cette pratique. Pour un peu plus de la moitié (53 %), il ne s'agit pas d'une bonne chose. Les partis diffèrent considérablement pour ce qui est de la fréquence de cette pratique (voir le tableau 8.1), mais on décèle fort peu de différences quant aux mérites qu'on lui attribue. Dans chaque parti, le partage est à peu près égal. Comme on pouvait s'y attendre, les associations riches sont plus nombreuses que les pauvres à voir les dépenses anticipées d'un bon œil.

Tableau 8.2
Associations néo-démocrates incitées à s'acquitter de leurs dépenses et de leurs activités avant la publication du décret d'élection
(en pourcentage)

Ensemble des associations	38
Région	
Atlantique	33
Québec	50
Ontario	27
Prairies	35
Colombie-Britannique	60
Type d'association	
Riches	67
Pauvres	39
Victorieuses en 1988	63
Avec directeur de campagne rémunéré	49

Les dépenses des associations pour favoriser un aspirant à l'investiture

Nous avons examiné, au chapitre 5, le problème du coût de l'investiture, essentiellement du point de vue du fardeau que cela impose aux candidats et candidates de celui de la compétitivité du processus. Nous avons noté que l'argent n'est pas un facteur important dans la grande majorité des cas, notamment parce que beaucoup de candidats sont désignés sans opposition (voir aussi Carty et Erickson 1991). Nous avons également constaté que, dans un nombre non négligeable (mais toujours minoritaire) de cas, un petit noyau de militants influents décident entre eux qui devrait être le candidat ou la candidate, puis s'efforcent de lui faire obtenir l'investiture (voir le tableau 5.2). Une des façons de le faire consiste à engager les ressources financières de l'association pour aider l'aspirant qui n'a pas encore obtenu l'investiture officielle.

Il peut y avoir deux réactions à de telles dépenses. Certains membres peuvent s'y opposer, estimant que l'élite locale ne devrait pas utiliser les fonds de l'association pour tenter d'infléchir le résultat de la campagne d'investiture, à moins que le processus soit ouvert et que tous les membres du parti désirant briguer l'investiture soient traités de manière égale. Pour d'autres, en revanche, les associations doivent être prêtes à appuyer vigoureusement les activités de recrutement de candidats et candidates, surtout si elles veulent attirer des femmes et des membres des minorités visibles, qui ont toujours eu plus de mal à entrer dans l'arène électorale fédérale. Quoi qu'il en soit, le public a le droit de savoir comment les associations utilisent leur argent dans les luttes pour l'investiture, étant donné qu'une proportion non négligeable des recettes des partis provient des deniers publics (sous forme de dépenses fiscales), par le truchement du crédit d'impôt.

Les partis profitent d'avantages fiscaux pour recueillir des sommes substantielles qui servent en partie à financer leurs courses à la direction (Archer 1991; Perlin 1991a). Il n'en est pas de même du processus d'investiture. En règle générale, les associations sont très peu portées à aider les aspirants à l'investiture : seulement 6 % l'ont fait en 1988. Lorsqu'elles le font, il s'agit apparemment de cas particuliers liés au contexte local, puisque aucune tendance générale ne se dégage. À l'exception du PHCC, dont aucune association ne déclare avoir agi ainsi, la proportion d'associations offrant une aide financière à des aspirants à l'investiture est à peu près la même dans chaque parti, la seule différence a trait au montant de cette aide. Étant donné la rareté des cas, il est impossible d'avancer des chiffres sûrs, mais on peut dire que l'association médiane rapporte avoir dépensé 2 000 $ à cette fin, les sommes étant généralement plus élevées dans les associations progressistes-conservatrices que libérales, et un peu plus dans ces dernières que dans les associations néo-démocrates.

Le contexte politique de l'investiture ne constitue pas un élément d'explication : il ne semble pas que les associations soient plus portées à dépenser pour un des aspirant lorsqu'elles pensent avoir de bonnes chances de l'emporter dans la circonscription. De fait, seulement un cinquième de celles qui ont consenti une telle aide financière ont gagné leur élection locale en 1988. Un plus grand nombre (33 %) sont arrivées au troisième rang, et les autres, au deuxième. Il faut aussi exclure l'hypothèse selon laquelle les associations sont obligées de faire de telles dépenses quand il leur est particulièrement difficile de trouver un candidat ou une candidate. La moitié des candidats qui ont reçu une aide financière n'ont pas eu d'adversaires et ils ont donc obtenu l'investiture sans opposition. Or, cette proportion est inférieure à la proportion nationale des investitures sans opposition (voir le tableau 5.1). En outre, dans 19 % des cas, trois personnes ou plus briguaient l'investiture. Finalement, la sensibilité locale au problème de l'argent — dont témoigne le fait que certaines associations se donnent des règles de dépenses pour les campagnes d'investiture — ne semble pas avoir de lien avec cette catégorie de dépenses.

En revanche, les associations dotées d'un comité de recrutement chargé de trouver un candidat ou une candidate se distinguent dans la mesure où elles ont plus tendance à dépenser de l'argent pour aider leurs aspirants. Lorsqu'une association fournit une aide financière à des individus avant l'étape de l'investiture, cela semble souvent procéder d'un effort délibéré de recrutement de candidats : dans 70 % des cas, l'association a dépensé plus que la personne qui a finalement obtenu cette investiture. Cela ne constitue pas un trait distinctif des associations qui ont désigné une candidate en 1988. Par ailleurs, les associations ayant des candidats des minorités visibles étaient sensiblement plus portées à dépenser des fonds de cette manière. De plus, bien que relativement peu de membres de minorités visibles aient obtenu l'investiture en 1988 (5 % seulement des associations déclarant avoir choisi une personne d'une minorité visible), cette donnée pourrait éclairer les associations sur la nécessité d'utiliser plus vigoureusement leurs ressources si elles veulent recruter un plus grand nombre de candidats non traditionnels.

La plupart des associations n'ont pas de véritable programme de recrutement ni de système de contrôle du processus d'investiture (Carty et Erickson 1991). Il n'est donc pas étonnant que quelques-unes seulement dépensent des fonds du parti pour aider des aspirants à l'investiture. Cette situation ne changera que si les associations assument une responsabilité accrue dans la direction et la gestion de ce processus, ce qui implique qu'elles deviennent généralement plus actives que par le passé.

LE FINANCEMENT ÉLECTORAL DES ASSOCIATIONS

La collecte de fonds est l'activité la plus répandue des associations de circonscription canadiennes entre les élections (voir le tableau 3.17). Et bien que les agents officiels des candidats et candidates soient légalement responsables des fonds recueillis durant la campagne, le financement reste une préoccupation importante des associations pendant les élections, période durant laquelle la plupart ne font qu'intensifier l'ensemble de leurs activités dans ce domaine. Comme nous l'avons indiqué au chapitre 4, le nombre de personnes donnant de l'argent aux associations augmente de façon marquée durant une année électorale, et ce, même si l'on ne tient pas compte de l'accroissement de l'effectif très prononcé qu'enregistrent les associations des partis de cadres ces années-là (voir le tableau 4.6). Stanbury (1991) s'est penché sur la hausse des recettes des candidats au cours des quatre dernières élections générales. Dans les pages qui suivent, nous examinons le rôle des associations dans la collecte de ces fonds.

La collecte de fonds en période électorale

Les candidats et candidates et les associations recueillent des sommes importantes pendant les élections, parce qu'il leur est plus facile de réunir des fonds pendant cette période. En outre, elles y consacrent plus d'énergie à ce moment parce qu'elles ont alors besoin de plus d'argent, mais aussi parce que l'électorat canadien voit dans les partis de cadres des machines essentiellement électorales, ce qui le rend plus sensible à leurs appels de fonds au moment où ils semblent en avoir tellement besoin. Les associations de circonscription sont manifestement conscientes de ces différences, résumées au tableau 8.3, concernant la collecte de fonds en période électorale et entre les élections.

Tableau 8.3
Différences dans la collecte de fonds en période électorale et entre les élections
(en pourcentage)

	\« Principale différence \» en période électorale				
	Plus de dons	Plus facile	Un plus grand intérêt de l'électorat	Sommes plus élevées	Aucune
Ensemble des partis	29	30	8	5	7
Progressiste-conservateur	30	27	10	3	9
Libéral	21	39	6	1	6
NPD	39	27	2	9	4
Réformiste	26	23	16	7	13
Héritage chrétien	19	30	13	8	3
Region					
Atlantique	21	44	15	6	3
Québec	24	14	2	—	22
Ontario	27	31	9	8	3
Prairies	36	29	8	3	5
Colombie-Britannique	30	36	5	2	4
Type d'association					
Riches	19	35	5	3	19
Pauvres	36	32	2	8	6
Nominales	42	29	3	11	6
Victorieuses en 1988	30	33	5	1	9

Note : Le total des rangées n'est pas nécessairement égal à 100, car nous n'avons inclus que les associations qui ont cité l'une des cinq raisons principales.

Les associations ont donné beaucoup de réponses différentes à une question concernant le financement politique pendant ces deux périodes, mais cinq réponses prédominent. Vingt-neuf pour cent des associations déclarent que les dons de particuliers sont plus nombreux en période électorale et à peu près autant signalent qu'il est tout simplement plus facile de faire appel à la générosité des gens à ce moment-là. Environ 1 association sur 12 donne une raison plus explicite, à savoir que les élections suscitent plus d'intérêt dans l'électorat, et que la collecte de fonds se déroule alors dans un contexte fondamentalement différent. Ces diverses explications ramènent néanmoins à la même constation : le regain d'intérêt qu'engendrent inévitablement les élections fait qu'il est plus facile aux partis de demander de l'argent, et aux électeurs et électrices de comprendre pourquoi on leur en demande, ce qui amène plus de gens à faire des dons. Les autres réponses principales sont de nature relativement différente. Sept pour cent des associations affirment qu'il n'y a pas de différence fondamentale entre les deux périodes, et une plus petite proportion (5 %), que la différence essentielle est que les dons sont plus élevés pendant les élections.

Les réponses ne varient pas de manière notable d'un parti à l'autre. Les progressistes-conservateurs et les deux petits partis sont relativement plus portés à évoquer le regain d'intérêt de l'électorat, mais ce sont aussi les associations progressistes-conservatrices et réformistes qui nient le plus fréquemment qu'il y ait une différence quelconque. Ce phénomène s'explique peut-être par le fait que les associations de ces deux partis ont de meilleurs programmes permanents de financement. Malgré la différenciation théorique entre partis de cadres et partis de masses, ce sont les associations du NPD et du PHCC qui affirment le plus souvent que les sommes données sont plus élevées en période électorale. Aucune de ces variations n'est cependant très importante, et toutes sont négligeables par rapport à certaines différences régionales.

C'est dans les provinces à l'est de l'Ontario que les réponses s'écartent le plus de la tendance nationale. Dans les provinces atlantiques, les associations sont plus nombreuses (50 % de plus qu'à l'échelon national) à dire que la collecte de fonds est plus facile en période électorale et que le regain d'intérêt de l'électorat favorise les dons. Il est d'ailleurs normal que dans la région la plus pauvre du pays, les associations n'obtiennent des contributions que lors des élections. La situation est cependant bien différente au Québec, autre région défavorisée sur le plan économique. Dans cette province, beaucoup moins d'associations sont portées à dire que la collecte de fonds est plus facile, et beaucoup plus (trois fois le chiffre national) à dire qu'il n'y a aucune différence entre les périodes électorales et non électorales. Les Québécois et Québécoises semblent donc se comporter de manière très différente en matière de financement des associations locales. Cela tient peut-être à l'existence au Québec d'un régime distinct de financement des partis provinciaux, fondé sur des dons réguliers émanant uniquement de particuliers (Massicotte 1991).

Les associations prospères sont moins nombreuses à dire qu'elles reçoivent plus de dons en période électorale, et beaucoup plus nombreuses à ne voir aucune différence entre les deux périodes. Cela témoigne sans doute du succès de leurs activités de financement entre les élections, car elles ont, par définition, des revenus interélectoraux plus élevés. À l'inverse, les associations nominales ont beaucoup plus tendance à recevoir des dons plus nombreux et plus importants pendant les élections, ce qui témoigne peut-être simplement de leur manque d'activité entre les élections et de leur difficulté à récolter des revenus importants pendant cette période. Les associations qui ont été victorieuses en 1988 ne se démarquent pas des autres; elles n'ont donc pas de formule secrète pour recueillir des fonds en période électorale.

Les sources de fonds électoraux dans les circonscriptions

Nous avons vu, au chapitre 4, que les activités sociales et les campagnes de recrutement sont les outils les plus importants des associations locales pour la collecte de fonds entre les élections (voir le tableau 4.8). Cela change pendant les élections : les associations deviennent alors plus dynamiques et plus directes dans leur quête d'appuis financiers. Nous résumons, au tableau 8.4, les activités qu'elles ont jugées « importantes » ou « très importantes » à cet égard lors des élections de 1988. La réponse qui arrive en premier, et de loin : les contacts directs du responsable du financement avec des particuliers. Cela rejoint la constatation de Stanbury (1991, tableau 12.2) selon laquelle les particuliers sont à l'origine de la part la plus importante des recettes des candidats et candidates. Pas moins de 97 % des répondants et répondantes semblent partager l'avis du stratège néo-démocrate Tom Brook (1991, 149), pour qui « le contact personnel est la meilleure source de fonds ». La méthode qui arrive au deuxième rang est celle des contacts auprès des entreprises, des syndicats et des organismes locaux; il est à noter que les deux partis de cadres traditionnels la mentionnent davantage que les trois autres. La méthode la moins souvent mentionnée est le transfert de fonds provenant d'autres entités du parti; les associations pour qui cette source est importante citent plus souvent les instances nationales que provinciales ou locales.

Près de la moitié des associations considèrent la technique très moderne du publipostage comme un outil important. C'est le PHCC qui semble l'employer le plus en période électorale, peut-être parce qu'il s'agit d'un moyen particulièrement utile pour une clientèle plus étroitement ciblée. Par ailleurs, les associations du PHCC sont plus rares que les autres à considérer la sollicitation postale comme la méthode de financement la plus importante entre les élections (voir le tableau 4.8). La moitié des associations accorde aussi beaucoup d'importance à la bonne vieille méthode des assemblées de militants et militantes.

Ce type de manifestation s'inspire de la célèbre tournée des terrains de pique-nique de l'Ontario effectuée par J.A. Macdonald en prévision des élections de 1878, et dont le succès légendaire continue de faire école parmi les associations locales. Il y a cependant beaucoup de différence entre les partis quant à l'importance qu'a pu avoir cette méthode en 1988. Les nouveaux partis, qui l'ont peut-être utilisée pour attirer de nouveaux membres en plus de récolter des fonds, semblent avoir plus souvent organisé des activités sociales que leurs adversaires plus anciens. Deux fois plus d'associations réformistes que d'associations néo-démocrates estiment que cette technique a été importante pour les élections de 1988.

Tableau 8.4
Méthodes importantes de financement électoral pour les associations de circonscription
(pourcentage d'associations jugeant la méthode « importante » ou « très importante »)

Méthode de financement	Ensemble des partis	Progressiste- conservateur	Libéral	NPD	Réformiste	Héritage chrétien
Contacts directs						
Particuliers	97	97	98	99	93	97
Entreprises, syndicats,						
organismes	83	90	91	76	58	79
Publipostage	51	59	45	44	57	64
Assemblées spéciales						
(dîners, etc.)	50	45	59	36	73	60
Don du candidat	35	23	37	45	32	46
Dons spontanés	32	30	24	37	50	35
Transferts du parti national	20	22	23	16	14	24
Transferts du parti provincial	7	6	11	9	—	—
Autres associations						
de circonscription	5	5	7	5	—	4
Autres	4	3	5	4	2	7

Deux autres méthodes méritent d'être mentionnées. La première est ce que nous pourrions appeler les dons spontanés : les contributions versées spontanément par des citoyens ou citoyennes qui perçoivent un besoin local au moment des élections et décident d'y répondre. Ce type de geste s'inscrit dans la tradition de nos partis de cadres, et les campagnes électorales ont du reste toujours stimulé la combativité de l'électorat canadien. Quoi qu'il en soit, le fait que près du tiers des associations voient les dons comme une source importante de revenus électoraux témoigne d'une curieuse dépendance envers des ressources aléatoires. Dans le cas du PRC, le fait que la moitié de ses associations ait jugé ces dons importants en 1988 reflète l'expansion spectaculaire qu'il commençait à connaître cette année-là. Autre aspect important des dons spontanés : leur répartition géographique. On constate une fréquence croissante du phénomène à mesure qu'on avance vers l'ouest : 20 % des associations des provinces atlantiques jugent cette méthode importante, contre 48 % en Colombie-Britannique. Nos données ne permettent pas d'expliquer cette différence, mais il se peut qu'elles reflètent la tradition populiste de mobilisation spontanée qui a si longtemps caractérisé les élections dans les provinces de l'Ouest.

Une autre source de fonds électoraux est à signaler : les dons des candidats ou candidates. Pour le tiers des associations, cette source est importante ou très importante. On aurait pu penser qu'elle l'est surtout dans les partis de cadres, organisés autour du candidat et de sa machine électorale. Or, ce sont les associations des partis de masses, c'est-à-dire du NPD et du PHCC, qui sont les plus portées à y voir un moyen de financement important. C'est seulement au PC, alors au pouvoir, que moins du quart des associations ont jugé ce moyen peu important en 1988. Nous avons constaté, au chapitre précédent, que le candidat local peut être un élément critique dans le recrutement de bénévoles pour la campagne locale. Nos données sur le rôle des candidats dans le financement de leur campagne viennent renforcer cette constatation. La participation active des candidats au financement de leur campagne est une pratique qu'on avait longtemps tenue pour acquise, à l'époque du premier régime canadien des partis, c'est-à-dire avant la Première Guerre mondiale (Carty 1992). Le fait qu'elle ait survécu jusqu'à nos jours est l'une des découvertes imprévues de cette enquête.

Paradoxalement, ce sont les contributions des candidats et candidates des associations les plus faibles et les plus pauvres qui revêtent le plus d'importance pour leur caisse électorale. Comme il s'agit des partis qui sont les plus susceptibles de perdre, leurs candidats se trouvent en quelque sorte à payer le privilège de se faire immoler sur l'autel électoral. Ainsi plusieurs candidats libéraux de la Colombie-Britannique ont fini par investir plusieurs milliers de dollars (et certains, beaucoup plus de dix mille) dans des causes perdues d'avance. Cette règle s'applique aux trois partis nationaux, et plus particulièrement au NPD (voir le tableau 8.5). Ainsi la moitié des associations néo-démocrates perdantes de 1988 ont considéré les dons de leurs candidats comme importants, mais ce ne fut le cas d'aucune association victorieuse.

Tableau 8.5
Importance de la contribution du candidat ou de la candidate pour le financement de la campagne locale
(pourcentage d'associations jugeant la contribution « importante » ou « très importante »)

Type d'association	Progressiste-conservateur	Libéral	NPD
Nominales	66	40	67
Réelles	22	30	24
Pauvres	50	55	66
Riches	11	—	33
Perdantes en 1988	34	39	51
Victorieuses en 1988	14	32	—

Comme il existait des variations régionales entre les trois partis nationaux sur le plan de l'organisation à la fin des années 80, il existait aussi des variations régionales marquées quant à l'importance des contributions des candidats et candidates à la caisse électorale locale. Certes, ces différences étaient peu prononcées au PC en 1988, car il formait déjà le gouvernement et il était sur le point de se faire réélire. Quant au PLC et au NPD, ils se trouvaient en quelque sorte à l'opposé l'un de l'autre (voir la figure 8.1). Chez les libéraux, la proportion d'associations jugeant que les dons des candidats étaient importants augmente d'est en ouest. Au NPD, c'est le contraire, et les écarts sont encore plus prononcés : en Colombie-Britannique, aucune association n'affirme que les dons de son candidat étaient importants, alors que 75 % déclarent le contraire dans les provinces atlantiques.

Ce fardeau imposé aux candidats et candidates est une réalité locale dont les partis nationaux doivent tenir compte dans leurs efforts en vue d'élargir leur bassin de candidatures, notamment de candidatures féminines. Il y a toujours de plus fortes chances pour que les nouvelles candidates obtiennent l'investiture dans des circonscriptions politiquement moins attrayantes, disponibles simplement parce qu'un autre parti détient le siège. Dans le contexte décrit ci-dessus, les associations qui ont de nouvelles candidates féminines sont peut-être parmi celles pour qui la contribution financière du candidat ou de la candidate est importante. Or, il est généralement reconnu que les femmes ont moins accès à des sources de financement que les hommes et qu'elles sont donc moins à même de répondre à cette attente. Si les candidates potentielles savent que leur parti national ou provincial ne leur accordera son appui officiel qu'à condition de pouvoir prélever une partie du remboursement de leurs dépenses électorales, elles risquent fort d'être moins intéressées par l'investiture.

Figure 8.1
Importance de la contribution financière du candidat ou de la candidate

Pourcentage d'associations de circonscription

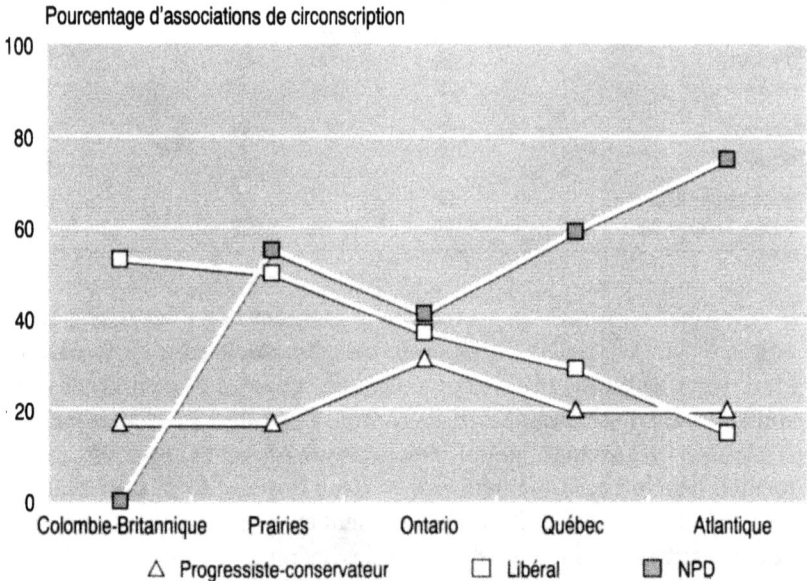

Note : Nombre d'associations affirment que la contribution du candidat a été « importante » ou « très importante » pour la collecte de fonds aux élections de 1988.

Au-delà de la contribution du candidat ou de la candidate à la caisse électorale de l'association, il convient de se pencher sur le problème plus général du rôle du candidat comme collecteur de fonds. Ce rôle, trop souvent négligé dans les études sur les activités des candidats en période électorale, se révèle important à la lumière de notre enquête.

Le rôle du candidat comme agent de collecte de fonds pour son association

Selon une vision simpliste des élections, la tâche essentielle du candidat ou de la candidate consiste à être le porte-étendard de son association de circonscription et à communiquer avec l'électorat en vue d'obtenir son appui le jour du scrutin. En réalité, un candidat doit faire beaucoup plus pour se faire élire. Il doit mettre sur pied et animer une organisation de campagne efficace, nommer des personnes compétentes aux postes clés, par exemple ceux de directeur ou directrice de campagne et d'agent officiel (voir la figure 7.2), et attirer des bénévoles (voir le tableau 7.14). Il doit aussi aider à amasser les fonds nécessaires à la campagne. Nous reconnaissons volontiers que les politiciens américains doivent consacrer beaucoup d'énergie à la collecte de fonds, mais cet aspect du rôle des candidats au Canada est trop souvent mal compris ou passé sous silence.

La plupart des candidats et candidates reçoivent peu d'aide financière de leur association locale avant d'être officiellement désignés, et ils doivent donc financer eux-mêmes leur campagne d'investiture. Cependant, après leur mise en candidature, ils ne peuvent pas présumer que leur association prendra les choses en main et les libérera de toute responsabilité financière. Dans une campagne de circonscription bien gérée, le candidat est habituellement au cœur des activités de financement. Dans certains cas extrêmes où la campagne d'investiture a été particulièrement dure, il est obligé de se débrouiller tout seul (Bell et Bolan 1991). Quoi qu'il en soit, le candidat est toujours un des atouts principaux (ou le boulet) d'une machine électorale.

Comme Stanbury l'indique à juste titre (1991, chapitre 12), l'aptitude d'un candidat ou une candidate à rassembler des fonds varie d'un parti et d'une province à l'autre. Il est également évident que certaines personnes sont plus douées que d'autres dans ce domaine (Padget 1991). Nous examinons ici deux aspects de cette question. Le premier est l'intérêt suscité par le candidat auprès des électeurs et électrices. Un bon candidat attirera plus de fonds. Évidemment, bon nombre de facteurs peuvent rendre un candidat plus ou moins attrayant. Certains jugent les ministres particulièrement intéressants comme candidats, estimant qu'ils détiennent plus de pouvoir pour aider la circonscription ou pour influer sur certaines décisions politiques. D'autres préfèrent un candidat dont ils partagent des caractéristiques collectives ou des valeurs idéologiques. Cela dit, le candidat joue aussi un rôle actif en matière de collecte de fonds. Comme les contacts personnels sont la méthode la plus importante pour recueillir des fonds électoraux, le candidat est la personne la mieux placée pour solliciter la population. Avant de demander des votes, il faut demander de l'argent.

Le tableau 8.6 (colonne 1) présente l'opinion des associations sur l'importance des candidats et candidates en matière de financement. Plus de la moitié (58 %) estiment que leur candidat a contribué de manière « très importante » au succès de leur campagne de financement. Cela vaut particulièrement pour les associations des vieux partis de cadres, soit le PC (68 %) et le PLC (61 %). Le candidat n'est pas jugé aussi important sur ce plan dans les partis de masses que sont le NPD (48 %) ou le PHCC (44 %). Cela dit, très peu tiennent son rôle pour négligeable :

seulement 2 % de toutes les associations sont d'avis que leur candidat n'a pas joué un rôle important.

Tableau 8.6
Importance du candidat ou de la candidate pour le financement électoral local
(pourcentage d'associations de circonscription)

	Candidat jugé « très important » pour le financement	Effet personnel du candidat jugé « vital » ou « important » pour le financement
Ensemble des partis	58	44
Progressiste-conservateur	68	44
Libéral	61	52
NPD	48	43
Réformiste	56	56
Héritage chrétien	44	34
Région		
Atlantique	69	42
Québec	52	67
Ontario	58	39
Prairies	59	46
Colombie-Britannique	57	49
Type d'association		
Victorieuses en 1988	67	39
Riches	56	44
Pauvres	55	65
Nominales	46	62
Candidat	59	48
Candidate	54	38

Cette vision générale de l'importance des candidats et candidates est largement répandue, particulièrement dans les provinces atlantiques, où l'on trouve encore un style politique traditionnel plus axé sur l'individu, et où les partis de cadres continuent de dominer les luttes électorales. En général, les associations nominales dépendent moins de leur candidat que l'association typique. Au NPD, cependant, les associations nominales sont plus portées que les autres à considérer leur candidat comme un atout très important.

Comme une majorité d'associations voient dans leur candidat ou candidate un élément très important de leur campagne de financement, il convient de se demander si les candidats non traditionnels constituent un handicap sur ce chapitre. Si tel est le cas, les partis doivent en tenir compte dans leurs stratégies de recrutement. Sinon, l'argument classique du handicap apparaîtra comme un prétexte pur et simple pour maintenir le statu quo quant à la participation des femmes ou des membres des minorités visibles. Les présidents et présidentes d'associations ont donc été invités à dire si le fait d'avoir présenté la candidature d'une femme ou d'un membre d'une minorité visible avait nui à leurs activités de collecte de fonds. La plupart ont répondu, à juste titre, qu'ils n'avaient aucune expérience en la matière. Seulement 5 % de ceux qui avaient choisi une candidate ont dit que cela avait été un obstacle, et une proportion un peu plus élevée, mais qui n'est encore que de 17 %, de ceux qui avaient choisi un candidat d'une minorité visible ont répondu de la même manière. Ces proportions, peu élevées, montrent que les candidats non traditionnels n'imposent pas souvent un fardeau financier supplémentaire à leur organisation électorale. Il se peut toutefois que certains candidats des minorités constatent qu'il leur est plus difficile de rassembler des fonds. Le sachant, les partis nationaux pourraient facilement prendre des mesures spéciales pour les associations désignant de tels candidats, peut-être en leur donnant plus d'argent ou en veillant à ce que les sommes qui leur sont remboursées par l'État ne soient pas confisquées par le siège national.

L'autre aspect du rôle du candidat ou de la candidate dans le financement électoral est sa participation active dans la collecte de fonds. Le tableau 8.6 (colonne 2) montre l'opinion des associations quant à l'effort que le candidat doit personnellement y consacrer. Pour 44 % des associations, il s'agit d'un rôle « indispensable — une tâche essentielle du candidat » ou un rôle « important — qui accapare une bonne partie de son temps ». En revanche, seulement 16 % sont d'avis que « le candidat ou la candidate ne doit pas s'en mêler ». On perçoit une certaine différence entre les partis à ce sujet en 1988, le nombre d'associations considérant leur candidat comme indispensable à la collecte de fonds étant plus élevé au PLC et au PRC, et moins au PHCC. C'est au Québec que les candidats semblent avoir été les plus actifs sur ce plan : les deux tiers des associations fédérales de cette province s'attendaient que leur candidat soit très actif dans ce domaine.

Les candidats choisis par les associations pauvres sont plus nombreux à devoir recueillir de l'argent pour leur propre caisse électorale que ceux des associations riches. Étant donné que les candidats victorieux représentent moins fréquemment des associations pauvres, la plupart des députés à la Chambre des communes ne viennent pas de circonscriptions où ils doivent consacrer beaucoup de temps à la collecte de fonds — par contre, seulement 15 % d'entre eux (en 1988) venaient d'associations de circonscriptions où l'on n'avait aucune attente à ce sujet.

Nonobstant ces différences, les candidats et candidates consacrent manifestement plus de temps et d'énergie à la collecte de fonds qu'on ne le croit généralement. C'est là la face cachée des campagnes locales, qui font maintenant de l'autofinancement. Hausser les limites de dépenses, comme le recommande Heintzman (1991, 161) pour contre-balancer l'avantage du député sortant, ou réduire les sommes remboursées aux associations locales (que ce soit par l'État ou par le parti lui-même), comme le propose Stanbury (1991, chapitre 14) qui juge les remboursements désormais inutiles, ne ferait qu'exacerber les pressions exercées sur les candidats et candidates. Si les Canadiens et Canadiennes ne veulent pas imposer à leurs représentants locaux certains des fardeaux financiers qu'assument leurs homologues américains, ils doivent résister à ces deux types de solutions.

Comme nous l'avons vu au tableau 8.4, les organisations locales de campagnes tirent une partie de leurs fonds d'autres instances du parti. De même, tout l'argent qu'elles recueillent ne reste pas dans leurs coffres, une certaine proportion étant envoyée à d'autres instances du parti. Faire la lumière sur ces transactions internes n'est pas facile. Les rapports officiels des candidats concernant leurs dépenses d'élection ne sont guères utiles. Notre enquête auprès des associations de circonscription nous permet cependant d'aborder ce labyrinthe financier sous un autre angle. Elle nous donne une idée de la structure de ces flux financiers et de la place que les associations y occupent.

LES TRANSFERTS DE FONDS ÉLECTORAUX À L'INTÉRIEUR DES PARTIS

En période électorale, les agents et agentes des partis, les candidats et candidates et les responsables traditionnels du financement recueillent et empruntent des fonds, mais ces derniers sont ensuite acheminés là où ils peuvent le mieux servir. À cause du caractère informel et confidentiel d'une bonne partie des affaires internes des partis canadiens, nous ne pouvons pas suivre la trace des nombreux mouvements de fonds qui ont lieu à l'intérieur d'un parti pendant la période électorale. Cela dit, on peut se faire une idée de la structure du financement élec-toral des partis en centrant notre analyse sur les associations de circonscription, qui sont situées à l'une des extrémités d'un ensemble particulièrement important de points du transfert. Les partis canadiens ont des organisations et des équipes électorales aux échelons provincial et national, mais c'est en définitive dans les 295 circonscriptions indi-viduelles que se jouent les élections. Cela fait de l'association locale une entité électorale primordiale, d'où l'intérêt d'analyser les liens financiers entre la campagne locale et celles des autres entités du parti.

Nous avons demandé aux associations si, lors des élections de 1988, elles avaient : 1) bénéficié d'une aide financière du siège national, de leur parti provincial (ou territorial) ou d'autres associations; ou 2) versé des contributions financières à ces entités. Beaucoup ont répondu oui à l'une ou l'autre des deux questions, et parfois aux deux. Un certain nombre n'ont pas donné de réponse, mais sans qu'on puisse distinguer celles qui ont préféré ne pas répondre de celles qui n'ont ni reçu ni versé de contributions internes. De ce fait, l'analyse qui suit risque de sous-estimer la proportion d'associations qui sont isolées et qui ne font pas partie des réseaux financiers internes du parti pendant les élections. Par ailleurs, les données permettent d'identifier les canaux par lesquels les associations ont envoyé ou reçu des fonds, mais elles ne nous disent rien sur les sommes en jeu. (Pour obtenir une estimation des montants globaux de ces transferts aux candidats et candidates, mais non aux associations, on peut se reporter à Stanbury 1991, tableaux 12.4 et 12.4a.) Bien que certaines de ces sommes aient pu être importantes, d'autres étaient peut-être modestes. À ces deux réserves près, examinons maintenant comment l'argent circule entre les associations et les autres entités des partis lors d'élections générales.

Pour les associations de circonscription, les dons des autres instances du parti ne sont pas une source de financement particulièrement importante (voir le tableau 8.4). Néanmoins, 53 % des associations affirment avoir reçu un appui financier d'une autre instance du parti lors des élections générales de 1988. Nous résumons, au tableau 8.7, les principales caractéristiques de ces transferts destinés aux associations, en fonction de leur origine. Au total, 37 % des associations ont reçu de l'argent du siège national, 6 % d'un parti provincial, 5 % d'autres associations, et 5 % ont reçu des fonds de plus d'une autre instance du parti.

Les différences d'un parti à l'autre sont faibles, compte tenu surtout des différences structurelles marquées qui existent entre les trois grands partis ainsi que des ressources financières et des modes de répartition très différents qui les caractérisent depuis plusieurs années (Dyck 1991; Stanbury 1991; Morley 1991). Cela vaut particulièrement pour les associations du PC et du NPD, qui présentent une image presque identique sur ce plan, alors que le PLC, par rapport à ses deux adversaires nationaux, compte plus d'associations déclarant avoir reçu une aide financière d'un parti provincial. Pour ce qui est des associations des deux partis mineurs, la situation est sensiblement différente. Il y a eu moins de transferts internes au PRC en 1988, mais les associations qui en ont bénéficié ont souvent obtenu une aide de plusieurs sources. La situation au Parti de l'Héritage chrétien est différente dans la mesure où 11 % des associations — proportion plus grande que dans tout autre parti — affirment avoir reçu une aide financière d'une autre association.

Tableau 8.7
Fonds électoraux locaux reçus d'autres instances du parti, 1988
(en pourcentage)

	Appui financier reçu de				
	Parti national	Parti provincial	Autres circonscriptions	Diverses instances	Aucun appui
Ensemble des partis	37	6	5	5	47
Progressiste-conservateur	36	4	5	6	49
Libéral	41	12	3	—	44
NPD	37	5	5	8	45
Réformiste	32	—	—	10	58
Héritage chrétien	38	—	11	4	46
Région					
Atlantique	36	7	11	18	29
Québec	53	11	2	—	34
Ontario	32	4	3	6	55
Prairies	30	6	8	2	54
Colombie-Britannique	37	—	3	10	50
Type d'association					
Riches	42	—	4	4	50
Pauvres	41	2	4	11	41
Nominales	36	—	3	9	52
Victorieuses en 1988	37	7	3	1	52

Les différences régionales à cet égard sont plus prononcées que les différences entre partis. Comme pour le financement électoral, les provinces économiquement plus faibles, situées à l'est de l'Ontario, se distinguent de l'ensemble. Un plus grand nombre d'associations des provinces atlantiques ont reçu une aide financière d'un plus grand nombre de sources différentes que celles des autres régions : 11 % ont reçu l'aide d'autres associations, 18 %, de plusieurs instances différentes du parti, et 29 % seulement n'en ont pas reçu du tout. Au Québec, les associations étaient plus nombreuses que celles des autres régions à avoir reçu l'aide du siège national et, comme pour les provinces atlantiques, la proportion d'associations déclarant n'avoir reçu aucune aide financière (34 %) y était plus faible que dans le reste du pays.

En 1988, la situation des associations victorieuses n'était pas très différente de celle de l'association typique. Comme le montre le tableau 8.7, un plus grand nombre d'associations riches que d'associations nominales ont reçu de l'aide du siège national et un plus grand nombre de ces dernières ont affirmé n'en avoir reçu aucune. Les différences ne sont pas considérables, mais elles révèlent néanmoins que les transferts financiers ne procèdent d'aucun souci de péréquation interne. Les partis sont simplement beaucoup plus portés à investir leurs ressources là où leurs chances de succès sont les plus élevées, et ils n'hésitent pas à laisser les associations faibles se débrouiller seules.

Le tableau 8.8 permet de se faire une idée des transferts effectués dans l'autre sens, c'est-à-dire de l'association de circonscription vers d'autres instances du parti. Deux remarques préliminaires s'imposent. Premièrement, un plus grand nombre d'associations (7 %) ont répondu à cette question, ce qui porte à croire que verser de l'argent à d'autres instances est plus fréquent que d'en recevoir. Deuxièmement, parmi celles qui ont répondu, la proportion disant ne pas avoir versé de dons à une autre instance (25 %) est beaucoup plus petite que celle des associations disant ne rien avoir reçu (47 %). Cela tend fortement à prouver que les associations sont moins susceptibles de bénéficier de l'appui financier d'autres instances de leur parti que d'être intégrées à un réseau complexe où elles se trouvent à jouer le rôle de vaches à lait de l'organisation nationale.

Tableau 8.8
Fonds électoraux locaux envoyés à d'autres instances du parti, 1988
(en pourcentage)

	Appui financier donné à				
	Parti national	Parti provincial	Autres circonscriptions	Diverses instances	Aucun appui
Ensemble des partis	57	4	3	12	25
Progressiste-conservateur	49	1	4	5	41
Libéral	42	8	7	14	30
NPD	58	6	—	23	13
Réformiste	57	—	9	—	35
Héritage chrétien	97	—	—	—	3
Région					
Atlantique	44	13	4	17	22
Québec	51	6	2	11	30
Ontario	68	3	3	5	21
Prairies	54	—	6	13	28
Colombie-Britannique	44	5	3	28	21
Type d'association					
Riches	61	—	—	9	30
Pauvres	56	—	—	13	20
Nominales	51	—	—	12	26
Victorieuses en 1988	49	—	6	16	24

Comme le montre le tableau 8.8, 57 % des associations qui ont fait des dons électoraux internes les ont adressés au parti national. Rares sont celles qui ont envoyé des contributions au parti provincial (4 %) ou à d'autres associations de circonscription (3 %), et 12 % affirment avoir aidé plus d'une instance de leur parti en 1988. Le PC a la proportion la plus élevée (41 %) d'associations ne donnant pas d'argent à d'autres instances; c'est au Nouveau Parti démocratique qu'on trouve la plus faible proportion (13 %) des trois grands partis. Comme les progressistes-conservateurs attachent plus d'importance à l'autonomie financière locale (Stanbury 1991, chapitre 12, partie 2.1), et que la structure du NPD est plus intégrée, ces tendances n'ont rien d'étonnant. En ce qui concerne le PHCC, il semble extraordinairement tributaire de sa base : 97 % de ses associations ont versé des fonds à l'organisation nationale lors des élections de 1988.

Les variations régionales constatées au sujet des dons consentis aux associations de circonscription n'apparaissent pas de manière aussi claire au sujet des dons versés par les associations à d'autres instances. Ainsi, moins d'associations de la région atlantique ont donné de l'argent à leur parti national, mais plus à leur aile provinciale. À l'autre bout du pays, en Colombie-Britannique, les associations ont plus tendance que celles des autres provinces à donner une aide financière à plusieurs instances de leur parti. Les associations riches ont donné de l'argent plus souvent que les pauvres à leur parti national, mais elles sont aussi plus susceptibles de n'avoir fait aucun don interne.

On constate clairement, par conséquent, que les associations font partie d'un réseau complexe de transferts financiers internes. Cependant, l'analyse séparée des entrées et des sorties de fonds ne permet toujours pas de comprendre le système dans toute sa complexité, car il se peut qu'une même association participe aussi bien à des entrées qu'à des sorties de fonds durant une campagne électorale. Si nous envisageons les cinq sources internes identifiées au tableau 8.7 (en comptant « aucune » comme source possible pour les fins de cette analyse), et si nous les comparons aux cinq instances destinataires identifiées au tableau 8.8, nous obtenons une grille de 25 canaux par où l'argent peut circuler à l'intérieur des partis en période électorale. Cette grille est reproduite à la figure 8.2.

Les données résumant les mouvements de fonds vers les associations (voir le tableau 8.7) et en provenance de celles-ci (voir le tableau 8.8) montrent clairement que les principaux canaux ou bien aboutissent au siège national ou bien ils sont bloqués (« aucune »). Il s'ensuit que les quatre cases de coin de notre grille sont les cases principales; ce sont elles qui englobent le plus grand nombre d'associations. On peut

Figure 8.2
Mouvements de fonds entre les associations de circonscription et d'autres entités du parti en période électorale

Argent acheminé de l'association de circonscription vers	Argent acheminé vers l'association de circonscription en provenance de				
	Parti national	Parti provincial	Autre circonscription	Plus d'une source	Aucun argent
Parti national	*Associations intégrées*				*Associations taxées*
Parti provincial					
Autre circonscription					
Plus d'un destinataire					
Aucun argent	*Associations dépendantes*				*Associations autonomes*

aussi affirmer qu'elles définissent les formes idéales d'une typologie relativement simple comprenant quatre catégories d'associations. Première catégorie : l'association qui donne de l'argent au siège national du parti mais aussi qui en reçoit. On peut affirmer qu'une telle association est pleinement *intégrée* à son parti politique. Deuxième catégorie, à l'autre extrême : l'association *autonome*, qui est livrée à ses propres moyens financiers pendant les élections. Elle ne donne rien aux autres instances du parti et elle n'en reçoit rien. Troisième catégorie : l'association que nous qualifierons de *taxée*. Pendant les élections, elle donne de l'argent (peut-être pas toujours volontairement) au siège national, mais n'en reçoit pas. Certes, elle peut bénéficier des dépenses électorales générales du parti, mais ne reçoit pas du siège national des fonds qu'elle pourrait consacrer à sa propre campagne locale. On pourrait penser que c'est ainsi que les partis nationaux traitent leurs associations prospères. Quatrième catégorie : l'association financièrement *dépendante*, qui reçoit de l'argent du siège national, mais qui ne peut rien lui donner en retour. Soucieux de présenter des candidats ou candidates dans toutes les circonscriptions, les partis nationaux peuvent fort bien se retrouver dans cette situation dans les régions où ils ont peu d'appuis électoraux. Autrement dit, les associations nominales sont plus susceptibles d'être dépendantes.

Nous avons utilisé la grille de la figure 8.3 pour classer l'ensemble des associations en fonction de leurs réponses relativement aux élections de 1988. On peut en tirer plusieurs observations importantes. Premièrement, nous avons identifié 25 canaux possibles, sur le plan empirique, mais 10 sont vides, c'est-à-dire qu'ils ne comportent aucune association. Deuxièmement, 79 % des associations tombent dans l'une ou l'autre des quatre catégories classiques situées aux quatre coins de la grille. Troisièmement, la répartition entre ces quatre catégories est tout à fait asymétrique : il y a très peu d'associations dépendantes (4 %) et les trois quarts se répartissent entre les trois autres catégories. Le groupe le plus important (31 %) est celui des associations autonomes.

Intégrées, taxées ou autonomes : en matière de financement électoral, la plupart des associations se situent dans l'une de ces trois catégories. À partir de l'analyse de Dyck (1991) sur l'organisation des partis, de celle de Stanbury (1991) sur les finances des sièges nationaux des partis, et de notre propre analyse du financement des associations entre les élections (voir le tableau 4.2), nous pourrions avancer les hypothèses suivantes : le PC devrait avoir la proportion la plus élevée d'associations autonomes, et le NPD, d'associations intégrées; quant au PLC, qui utilise deux modèles (avec des variantes provinciales) de relations entre le siège national et les circonscriptions, il devrait présenter la plus grande diversité. De plus, dans la catégorie des associations taxées, on devrait trouver moins d'associations des deux régions de l'Est mais plus de riches. Finalement, il devrait y avoir peu d'associations dépendantes, et cette catégorie devrait être dominée par les associations nominales. Le tableau 8.9 va nous permettre de vérifier ces suppositions.

Nos hypothèses ne sont que partiellement confirmées par les données. Les progressistes-conservateurs ont des structures et des méthodes qui encouragent l'autonomie des associations de circonscription, et ils sont parvenus à assumer cette autonomie beaucoup mieux que les autres partis. Environ la moitié des associations progressistes-conservatrices sont autonomes, contre à peine le cinquième de celles des néo-démocrates. Au NPD, par ailleurs, l'intégration entre les associations et le siège national ne semble pas plus

Figure 8.3
Mouvements de fonds au sein des partis, élections générales de 1988
(Pourcentage de toutes associations de circonscription)

Argent acheminé de l'association de circonscription vers	Argent acheminé vers l'association de circonscription en provenance de				
	Parti national	Parti provincial	Autre circonscription	Plus d'une source	Aucun argent
Parti national	23 associations intégrées	2	3	2	21 associations taxées
Parti provincial	1	1			1
Autre circonscription	2				2
Plus d'un destinataire	2				4
Aucun argent	4 associations dépendantes	1			31 associations autonomes

poussée que dans les deux partis de cadres. Une proportion moins élevée des associations néo-démocrates tombent dans chacune des quatre catégories principales, ce qui prouve que les relations internes au sein du NPD sont plus complexes que chez les deux autres formations. Ce sont cependant les libéraux qui ont le réseau le plus diversifié. Ils se distinguent des autres partis nationaux par le fait qu'ils ont une proportion particulièrement élevée (11 %) d'associations indépendantes. La raison n'en est pas claire; cela est peut-être simplement dû au fait que le PLC se trouvait dans une mauvaise passe politique en 1988.

Peu d'associations à l'est de l'Ontario font partie du groupe des associations taxées, puisqu'il y a dans ces régions moins d'argent à consacrer à la politique nationale et aux partis fédéraux. Il faut par contre préciser qu'il n'y a pas beaucoup d'associations dépendantes dans les cinq provinces de l'Est. Les associations de cette région sont sans doute plus aptes à s'adapter en exploitant comme elles peuvent les canaux qu'elles ont à leur disposition. Ainsi à peine la moitié des associations de la région atlantique correspondent à l'une des quatre catégories dominantes, proportion qui est la plus faible de tous les groupes considérés.

Tableau 8.9
Types d'associations en fonction du financement électoral des circonscriptions, 1988
(en pourcentage)

Fonds (à / de)	Intégrée parti national / parti national	Taxée (parti national / aucun)	Autonome (aucun / aucun)	Dépendante (aucun / parti national)	% du total dans quatre types idéaux
Ensemble des partis	23	21	31	4	79
Progressiste-conservateur	19	14	49	2	84
Libéral	21	13	29	11	74
NPD	20	27	20	2	69
Région					
Atlantique	17	6	28	—	51
Québec	34	9	34	6	83
Ontario	24	30	26	4	84
Prairies	15	21	38	2	76
Colombie-Britannique	29	21	29	4	83
Type d'association					
Riches	28	16	32	8	84
Pauvres	20	21	27	—	68
Nominales	19	23	35	—	77

Les associations riches sont apparemment moins susceptibles que les pauvres ou les nominales d'être taxées, et plus susceptibles de bénéficier de l'aide à sens unique du parti national (ce qui les rend dépendantes). On semble ainsi s'occuper des associations riches et des puissants, en laissant les pauvres et les faibles se débrouiller seules. Ce n'est pas la recette idéale pour une campagne nationale homogène, mais c'est incontestablement la meilleure manière d'utiliser des ressources financières limitées dans le cadre d'un régime électoral pluraliste, avec des appuis électoraux géographiquement dispersés. Les associations nominales se trouvent essentiellement, et presque par définition, dans des circonscriptions où elles n'ont aucune chance (7 % d'entre elles ont gagné leur élection en 1988, et 71 % sont arrivées au troisième rang ou après), et le fait de leur verser un peu plus d'argent ne change pas grand-chose à cette réalité. Voilà pourquoi aucune d'entre elles ne se trouvait dans la catégorie des associations dépendantes en 1988.

Ainsi les associations semblent faire partie de réseaux internes spécifiques définis par la culture et les ressources de leur parti, et réagir aux impératifs du régime électoral et aux disparités économiques du pays. Pour comprendre pleinement les campagnes électorales dans les circonscriptions, il faut les envisager en tenant compte de l'approche spécifique de chaque parti en matière de financement interne et des systèmes structurels qui sous-tendent cette approche.

LES REMBOURSEMENTS ET LES EXCÉDENTS

Le remboursement des dépenses électorales dans les circonscriptions

L'une des réformes les plus ambitieuses du régime canadien de financement électoral a été l'institution du remboursement partiel des dépenses des candidats et candidates qui recueillent au moins 15 % des suffrages. Cette mesure visait à garantir que les candidats sérieux auraient les ressources nécessaires pour mener leur campagne avec un minimum de compétitivité. Non seulement elle garantissait l'octroi de fonds publics pour appuyer les ressources locales, mais elle permettait aussi aux machines électorales de disposer de certaines ressources en début de campagne, quand les dépenses sont élevées et les recettes relativement incertaines. On estime généralement que cette réforme a été positive, quoique Stanbury (1991, chapitre 12) est d'avis que les candidats n'en ont plus besoin aujourd'hui pour couvrir leurs dépenses.

Les partis nationaux, qui ont du mal à financer leurs élections, commencent à réagir comme Stanbury à l'égard de ces remboursements. En effet, ils les jugent maintenant superflus pour la plupart des circonscriptions et y voient donc une source potentielle de recettes pour les instances nationales. Les sommes en jeu ne sont pas négligeables. Comme elles sont fonction des sommes dépensées, c'est dans les partis qui dépensent le plus qu'elles sont les plus élevées : en 1988, le remboursement des dépenses des candidats et candidates a représenté 6 millions de dollars pour les progressistes-conservateurs, 4,7 millions pour les libéraux et 2,8 millions pour les néo-démocrates (voir le tableau 8.10, mais sans oublier que les remboursements et les excédents sont, à strictement parler, l'affaire des candidats et non des associations). Les libéraux, s'appuyant sur le système d'avalisation des candidats par le siège national, obligent les associations à remettre au siège national une partie des sommes remboursées aux candidats; les néo-démocrates ont appliqué une politique semblable dans certaines provinces.

Tableau 8.10
Remboursements et excédents électoraux importants, 1988

	Progressiste-conservateur	Libéral	NPD
Remboursements			
N	293	264	170
Pourcentage	99	89	58
Total (milliers de $)	6 056	4 656	2 839
Montant moyen ($)	20 669	17 636	16 700
Excédents			
N	231	234	167
Pourcentage	78	79	57
Montant moyen ($)	20 080	12 727	10 421

Source : Stanbury 1991, tableaux 12.32 et 12.33.

Notre enquête comprenait la question suivante : « Votre personne candidate ou votre association a-t-elle dû remettre aux instances du parti la totalité ou une partie du remboursement des dépenses d'élection versé par le gouvernement ? » La figure 8.4 révèle des différences frappantes entre les partis à ce sujet. Étant donné la position des sièges nationaux sur leur droit à une part des remboursements locaux, les résultats illustrés par cette figure ne sont pas très étonnants. On constate néanmoins qu'une petite proportion d'associations progressistes-conservatrices (11 %) ont dû céder une partie de leur remboursement, alors qu'environ le quart des associations libérales (27 %) n'y ont pas été obligées. Cela témoigne peut-être d'une certaine ambivalence des responsables d'associations locales au sujet des méthodes appliquées par leur parti (ce qui vaut en soi la peine d'être signalé, compte tenu des sommes en jeu), mais peut-être aussi de la capacité variable des sièges nationaux des partis à appliquer leurs politiques de manière uniforme dans les circonscriptions.

Ce sont les deux formations nationales de cadres, le PLC et le PC, qui s'opposent le plus l'une à l'autre en ce qui concerne la confiscation des remboursements locaux. De toute évidence, la décision de confisquer, ou non, ces remboursements n'a rien à voir avec la structure du parti. Pour les progressistes-conservateurs, il semble s'agir d'une question de principe, leur souci primordial étant d'assurer l'autonomie du plus grand nombre possible de leurs associations. Chez les libéraux, la situation reflète simplement l'état lamentable des finances du parti national à l'époque et la volonté de la direction de profiter de cette formule simple pour prélever des sommes importantes auprès des candidats et candidates. Les néo-démocrates, qui en 1988 se situaient

Figure 8.4
Associations de circonscription et remboursement des « dépenses d'élection », 1988

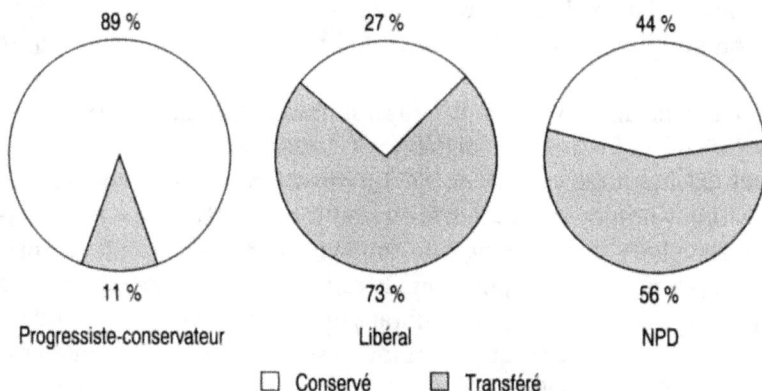

89 %	27 %	44 %
11 %	73 %	56 %
Progressiste-conservateur	Libéral	NPD

☐ Conservé   ▨ Transféré

entre les progressistes-conservateurs et les libéraux sur ce plan, semblent avoir laissé aux instances provinciales du parti le soin de trancher la question des remboursements fédéraux. Il s'ensuit que les associations néo-démocrates (56 %) qui ont cédé une partie de leur remboursement en 1988 se trouvent toutes dans la moitié des provinces de l'Ouest : nous n'en avons trouvé aucune dans les provinces atlantiques ni en Saskatchewan.

Quand les sièges nationaux des partis s'approprient des sommes remboursées à leurs candidats locaux, ils se trouvent à en priver les associations, puisque la *Loi électorale du Canada* exige que tout excédent final soit versé à l'association locale. Dans l'ensemble, les sièges nationaux utilisent ces remboursements à leurs propres fins. Seulement 21 % des associations croient qu'une partie de cet argent est conservée en fiducie pour leur usage futur. C'est chez les libéraux que cette proportion est la plus élevée (28 %), et chez les néo-démocrates qu'elle est la plus faible (11 %).

Les excédents électoraux

Stanbury (1991, chapitre 12) a montré combien il est difficile de calculer les excédents électoraux au niveau des circonscriptions, selon leur définition actuelle, et aussi combien le montant total peut être élevé (plus de 13 millions de dollars en 1988). Ce sont les agents officiels des candidats et candidates qui en assument la responsabilité, et la *Loi électorale du Canada* indique très clairement ce qu'il faut en faire : les excédents doivent être remis par les agents officiels « à une organisation ou association locale des membres du parti dans la circonscription du candidat ou à l'agent enregistré du parti » (alinéa 232*h*), mais il est aussi permis de les remettre à l'État. Cette disposition laisse entendre que c'est l'agent officiel du candidat, agissant présumément avec l'accord de ce dernier, qui décide de ce qu'il faut faire de l'excédent, et l'on suppose qu'il sera normalement versé à une association de circonscription.

La réalité n'est pas toujours aussi simple. Le premier problème est que l'excédent (on trouvera au tableau 8.10 la proportion d'associations ayant déclaré un excédent en 1988) n'est connu que des mois après l'élection. Certains candidats battus sont peu intéressés à régler les derniers détails financiers de leur campagne après leur défaite. Bernier (1991), par exemple, rapporte que le candidat néo-démocrate dans la circonscription de Frontenac était rarement apparu en public pendant les élections, et on peut supposer qu'il s'est complètement désintéressé du processus par la suite. Dans de telles circonstances, l'agent ou l'agente risque de devoir décider seul de ce qu'il fera d'un excédent. Par ailleurs, alors que le législateur ordonne à l'agent de verser les fonds à « une organisation ou association locale des membres du parti », il ne reconnaît pas officiellement l'existence de ces organisations, qui ne sont pas tenues de s'enregistrer, ce qui laisse manifestement une certaine latitude à l'agent. (Comme nous l'indiquions à la figure 7.2, la plupart des agents ne sont pas nommés par les associations.) Finalement, comme près du quart des associations des trois grands partis sont des associations nominales, l'agent risque d'avoir de la difficulté à trouver celle à laquelle il destine l'excédent, ou à en trouver les responsables.

Le tableau 8.11 indique qui a pris les décisions au sujet des excédents électoraux des candidats et candidates aux élections de 1988. Seulement 2 % des associations rapportent que la décision a été prise par l'agent officiel. Un peu plus (8 %) affirment que ce sont les candidats qui ont pris la décision. Cependant, dans la grande majorité des cas (74 %), c'est l'association elle-même qui l'a fait. Et ce, même si les associations n'ont pas le contrôle des fonds, n'en assument pas la responsabilité, n'existent pas sur le plan juridique, et sont potentiellement les principaux bénéficiaires des décisions prises dans ce domaine. Étant donné que les agents sont censés constituer un mécanisme de contrôle juridique, cet aspect du système ne fonctionne manifestement pas comme l'envisageait le législateur.

Ce sont les associations libérales qui participent le moins aux décisions concernant l'utilisation des excédents électoraux de leurs candidats et candidates. Cela s'explique par le fait qu'un plus grand nombre (19 %) d'entre elles affirment qu'il s'agit d'une décision conjointe prise par plusieurs acteurs (cadres du parti, agents, candidats, etc.). Comme nous l'avions prévu, les associations nominales sont moins nombreuses à prendre des décisions au sujet des excédents, sans aucun doute parce que certaines sont tellement mal organisées qu'elles en sont virtuellement incapables. Il convient aussi de signaler que les nouveaux élus ne sont pas particulièrement disposés à prendre de décision dans ce domaine et qu'ils sont satisfaits de s'en remettre à leur association de circonscription. Manifestement, ils ne semblent pas considérer l'excédent comme une sorte de caisse électorale personnelle qu'ils auraient le droit de gérer à leur guise.

Tableau 8.11
Responsables des décisions quant à l'utilisation des excédents électoraux, 1988
(en pourcentage)

	Bureau de l'association	Candidat	Autre*
Ensemble des partis	74	8	18
Progressiste-conservateur	81	5	14
Libéral	58	15	27
NPD	80	2	18
Réformiste	84	16	—
Héritage chrétien	74	11	15
Type d'association			
Riches	83	3	14
Nominales	58	17	25
Victorieuses en 1988	81	4	15
Perdantes en 1988	71	11	18

*Cette catégorie comprend beaucoup d'acteurs différents. Dans plus de la moitié des cas, la décision a été prise conjointement.

Ce qui est toutefois plus important, c'est de savoir où aboutit l'argent. Comme nous l'avons vu, l'hypothèse inhérente à la Loi est que l'excédent est remis à une association locale du parti, et c'est effectivement ce qui se passe dans la plupart des cas, comme le montre le tableau 8.12. Pas moins de 95 % des associations rapportent que l'excédent a été versé soit dans leur compte général, soit dans un compte en fiducie spécial. Il semble que les libéraux soient particulièrement portés à déposer l'argent dans un compte en fiducie, peut-être pour éviter qu'il soit pillé par ceux qui tentent de résoudre les problèmes financiers du siège national. Les associations nominales se démarquent des autres sur ce plan, 30 % d'entre elles déposant leur excédent ailleurs. Ce phénomène ne peut que perpétuer leur état financier et structurel déjà peu enviable, mais il représente peut-être une décision réaliste des partis quant à l'utilisation optimale de ces fonds.

Tableau 8.12
Bénéficiaires des excédents électoraux, 1988
(en pourcentage)

	Excédent versé dans le compte général de l'association	Excédent versé dans le compte en fiducie de l'association	Excédent remis au parti provincial	Excédent remis au parti national	Autre
Ensemble des partis	67	28	2	1	1
Progressiste-conservateur	71	29	—	—	—
Libéral	49	42	4	4	2
NPD	69	19	3	3	6
Réformiste	79	21	—	—	—
Héritage chrétien	94	—	6	—	—
Type d'association					
Riches	66	34	—	—	—
Pauvres	50	20	10	10	10
Victorieuses en 1988	67	32	—	—	1
Responsable de la décision					
Candidat	71	21	7	—	—
Bureau de l'association	73	25	1	—	1

À partir de son estimation de l'excédent moyen (voir le tableau 8.10), Stanbury conclut que des millions de dollars d'excédents électoraux aboutissent dans les comptes des associations locales. Or, celles-ci rapportent qu'elles reçoivent effectivement la plupart de ces fonds. Cela dit, notre estimation de leurs ressources financières, au chapitre 4 (voir le tableau 4.1), ne concorde pas tout à fait avec cette conclusion. Bien qu'il ne soit pas possible de comparer les comptes (nous n'avions pas demandé d'états financiers aux associations dans le cadre de notre enquête, et aucune n'en a fourni spontanément), il semble que certaines associations doivent avoir plus d'argent qu'elles ne le disent, à moins que certaines sommes, dans les deux années qui ont suivi les élections, aient été retirées de leurs comptes pour d'autres activités partisanes. Prenons le cas du Nouveau Parti démocratique. Stanbury constate que 57 % de ses associations avaient, en 1988, un excédent électoral moyen de plus de 10 000 $. Près de 90 % des associations du parti affirment avoir conservé cet excédent, mais au printemps de 1991, seulement 15 % (voir le tableau 4.1) disent avoir plus de 5 000 $ en caisse. Certes, ces chiffres sont tout à fait concevables, étant donné la complexité des procédures comptables et financières du NPD (Morley 1991). Il n'en reste pas moins que cela devrait nous inciter à faire preuve de prudence dans nos conclusions. Pour obtenir une image exacte du financement électoral dans les associations de circonscription, il faudrait reproduire, à l'échelle locale, l'analyse des finances des partis nationaux effectuée par Stanbury.

LE SYSTÈME FONCTIONNE-T-IL ?

Plusieurs élections générales se sont tenues sous l'actuel régime de dépenses électorales et de financement des partis. Nous avons montré, dans les chapitres précédents, que les associations de circonscription sont généralement satisfaites de ce régime. Certes, toutes n'ont pas la même opinion quant aux avantages éventuels d'une réglementation accrue du financement des luttes pour l'investiture et des courses à la direction des partis (voir les tableaux 5.8 et 5.9), mais rares sont celles qui approuvent l'idée d'une réglementation rigoureuse de leurs activités financières entre les élections (voir le tableau 4.16). Et il semble qu'elles réagissent de la même manière au sujet de la réglementation du financement électoral au niveau des circonscriptions.

Invitées à s'exprimer sur les règles actuelles concernant la limitation de leurs dépenses et l'obligation de divulguer leurs recettes et leurs dépenses, 79 % des associations les ont jugées satisfaisantes ou très satisfaisantes, et 4 % seulement, insatisfaisantes (voir le tableau 8.13). Pour ce qui est de la rigueur de la réglementation, les trois quarts (73 %) l'ont jugée relativement adéquate. Celles qui n'étaient pas d'accord se répartissaient également entre celles qui la jugeaient trop laxiste (15 % — essentiellement des associations néo-démocrates) et celles qui la trouvaient trop restrictive (11 % — essentiellement progressistes-conservatrices). Dans l'ensemble, cependant, on décèle un niveau élevé de satisfaction parmi les associations de tous les partis à l'égard du système actuel. Bien que les associations riches soient plus nombreuses à l'approuver que les pauvres, même ces dernières en semblent relativement satisfaites.

Cette satisfaction générale est d'autant plus frappante que 44 % de tous les présidents locaux affirment que, selon leur propre expérience, « les règles actuellement en vigueur concernant les dépenses d'élection sont si complexes que la plupart des bénévoles et des travailleurs de la campagne ne les comprennent pas ». En outre, 59 % ajoutent que le fait que la plupart des travailleurs ne puissent pas bien respecter ces règles n'a pas vraiment d'importante. Autrement dit, ils estiment apparemment pouvoir laisser aux stratèges et aux gestionnaires le soin d'appliquer les règles et de comptabiliser les fonds, dans la plupart des cas. Ceux pour qui cette ignorance constitue un problème important se disent soucieux d'éviter des erreurs dont ils pourraient être tenus responsables, ou de respecter la réglementation, mais certains néo-démocrates et certains membres de partis mineurs mentionnent aussi le stress que la réglementation cause à leur personnel.

Tableau 8.13
Opinion des associations de circonscription sur la réglementation des « dépenses d'élection »
(pourcentage d'associations en faveur des propositions)

	Ensemble des partis	Progressiste- conservateur	Libéral	NPD	Ass. riche	Ass. pauvre
Réglementation actuelle des dépenses						
Satisfaisante / très satisfaisante	79	77	85	74	84	62
À peu près correcte	73	71	80	65	76	67
Règles incompréhensibles pour la majeure partie du personnel électoral	44	44	47	41	43	43
Aucune importance, étant donné la complexité du système	59	65	57	57	58	54
Changements proposés Remise de l'excédent électoral à l'association de circonscription	84	91	82	82	94	82
Interdiction au parti national de prélever une partie du remboursement	63	78	62	55	70	68

Ce qui manque ici, à l'évidence, c'est le souci sincère de protéger la santé de notre régime démocratique. Comment se satisfaire d'un régime électoral dont les règles sont incompréhensibles à bon nombre de ses participants les plus actifs ? Après tout, ces règles sont destinées à favoriser l'équité et l'égalité des luttes électorales, et donc à assurer la légitimité du système et sa crédibilité auprès des Canadiens et Canadiennes. Si les responsables d'associations ont raison, même les citoyens les plus politisés sont obligés de croire aveuglément que les règles ont cet effet, car l'expérience locale leur en donne peu de preuves concrètes.

Nous avons demandé aux présidents et présidentes d'associations ce qu'ils pensaient de deux propositions visant à modifier légèrement la place de leur organisation au sein du système actuel. Nous leur avons d'abord demandé s'ils seraient d'accord pour que les excédents élec- toraux soient versés intégralement aux associations de circonscription. La Loi actuelle semble aller dans ce sens et c'est d'ailleurs la pratique la plus courante. Quatre-vingt-quatre pour cent des présidents estiment que cela devrait continuer. Les présidents d'associations progressistes-conservatrices et ceux d'associations riches sont encore plus favorables à l'idée que les autres (voir le tableau 8.13). En revanche, l'idée d'interdire aux sièges nationaux de confisquer le remboursement de dépenses électorales du candidat recueille moins d'appuis. Seulement 63 % des présidents l'approuvent, mais on constate une nette démarcation partisane (droite-gauche) dans les réponses : 78 % de progressistes-conservateurs l'appuient, contre seulement 55 % de néo-démocrates. Cela dit, les présidents favorables à cette interdiction n'ont pas nécessairement été victimes de confiscation de remboursement. En effet, seulement 56 % des associations qui ont dû remettre la totalité ou une partie de leur remboursement en 1988 sont favorables à cette proposition, contre 71 % de celles qui n'ont pas eu à le faire.

Les associations de circonscription canadiennes semblent fondamentalement satisfaites de la réglementation actuelle des dépenses électorales. On ne perçoit aucune volonté généralisée de changement important, sauf peut-être en ce qui concerne la réglementation du processus d'investiture (voir le chapitre 5). Notre enquête révèle que le système actuel est déjà trop complexe pour bon nombre de ses participants; la mise en œuvre d'une réglementation encore plus complexe risquerait de le rendre incompréhensible à tous, sauf à une élite encore plus restreinte.

LES RÉSEAUX NATIONAUX DES ASSOCIATIONS DE CIRCONSCRIPTION

Cette analyse du financement électoral des associations de circonscription nous oblige à jeter un nouveau regard sur la nature des partis canadiens et les facteurs qui les distinguent. Certaines des différences apparemment claires que nous pensions avoir identifiées semblent s'estomper quand on les scrute dans le contexte du financement électoral.

Dans notre analyse de l'organisation et de l'activité des associations en période électorale, la distinction entre partis de cadres et partis de masses était essentielle à la compréhension des différences entre les partis canadiens. Pourtant, l'opposition entre partis de cadres et partis de masses n'a pas été un thème dominant de notre examen des méthodes de financement électoral. Il semble que la structure des partis n'ait qu'une incidence relativement limitée sur les méthodes de collecte de fonds des associations. Les réalités brutales de la géographie économique du pays, avec cette puissante ligne de démarcation que représente la frontière Ontario/Québec, s'imposent bien plus souvent comme les facteurs pertinents et dominants dont il importe de tenir compte. Il est clair que des différences régionales caractérisent les activités financières des associations entre les élections, et il n'est donc pas étonnant que ces différences semblent importantes dans le contexte des élections. En somme, même si des différences structurelles influent sur une bonne partie des activités des associations, ces différences cèdent la place, lorsqu'il est question d'argent, aux réalités économiques du milieu dans lequel opèrent les organisations locales.

Notre analyse du financement électoral des associations nous a fait découvrir plusieurs domaines caractérisés par de faibles différences entre partis ou entre régions. De fait, c'est peut-être sur les méthodes les plus adéquates de financement électoral local qu'apparaît le plus large consensus entre les associations, et c'est peut-être aussi le domaine dans lequel on réclame le moins vigoureusement une réforme. Ce résultat est contraire à ce qu'on aurait pu attendre, étant donné l'existence de nombreuses inégalités économiques et financières. Ce qui est particulièrement intéressant, c'est qu'il s'agit peut-être là aussi de l'aspect le plus réglementé de la vie des partis canadiens. Cela porte à croire que le fait de travailler dans le cadre d'une structure de réglementation commune a incité les associations, dans toute leur diversité, à adopter sensiblement les mêmes méthodes, et à en reconnaître les vertus.

Nous avons comparé les associations de circonscription des partis canadiens à un système de franchises national dans lequel les franchises locales sont contrôlées et gérées par des groupes changeants de bénévoles sur lesquels le siège national n'a qu'une influence limitée, et une autorité encore moindre. Le siège national est de plus handicapé dans ses relations locales par le fait qu'il est obligé d'avoir une franchise dans chaque circonscription, même en l'absence d'appuis ou de demande. De ce point de vue, les associations puissantes ont les coudées relativement franches, et les faibles sont simplement tolérées. Voilà une image frappante. Elle est utile pour envisager les partis comme des groupes de bénévoles organisés, et elle permet de faire la lumière sur leur mode et leurs mobiles de fonctionnement. Cela dit, ce modèle met l'accent sur le particularisme des organisations partisanes à l'échelon des circonscriptions et porte à croire que les partis canadiens ne sont guère, dans l'abstrait, que des groupes dispersés de partisans dont la motivation est très variable.

L'analyse des canaux de financement internes des partis nous amène à dépasser cette image et à découvrir certains fils conducteurs qui unissent les associations de circonscription à l'époque des élections, où il importe que l'organisation extraparlementaire d'un parti rassemble ses forces et œuvre efficacement comme un ensemble cohérent. Ce tableau fait ressortir la position commune, mais aussi les intérêts divergents, des associations de circonscription dans le contexte des relations qui constituent le réseau financier à la base des activités électorales des partis.

Dans cette optique, le PC se présente comme la formation nationale la plus originale. Les autres partis possèdent des réseaux d'associations dans lesquels les principales catégories sont plus ou moins équilibrées. Le PC est le plus proche d'un modèle pur. Il valorise et maximise l'indépendance locale, ce qui l'amène à avoir un nombre disproportionné d'associations de circonscription autonomes. En revanche, de par sa nature même, cette structure minimise les liens entre les associations et les autres instances du parti. Cela nous ramène, de manière assez ironique, au modèle des franchises, dans lequel un parti se définit comme la somme de ses entités locales.

On ne peut envisager les partis nationaux séparément de leurs associations de circonscription. Dans les pages qui suivent, nous reprenons notre examen des partis nationaux à la lumière de ce que notre analyse nous a révélé de leurs associations.

9

UN PORTRAIT
DES PARTIS CANADIENS
À PARTIR
DES CIRCONSCRIPTIONS

~

LE PORTRAIT DES PARTIS politiques canadiens qui ressort des chapitres précédents témoigne bien de leur diversité comme organisations nationales. Tenter de les décrire à partir de leurs associations de circonscription n'est pas chose simple. Cela rappelle l'histoire des aveugles invités à décrire un éléphant; ceux qui avaient touché seulement la queue, ou une défense, ou la trompe, ou une patte, ou une oreille, étaient incapables d'en donner une description réaliste. De même, si nous devions décrire un parti canadien en fonction de telle ou telle association locale, nous en donnerions une image peu satisfaisante. Voilà pourquoi les militants et militantes présentent souvent des images contradictoires de leur parti : bon nombre ne connaissent vraiment qu'un petit nombre de ses associations.

Chacun des partis nationaux compte jusqu'à 295 associations de circonscription qui sont très différentes les unes des autres, bien que toutes fassent partie d'une organisation commune et souscrivent aux mêmes principes et aux mêmes règles de fonctionnement. Dans une large mesure, les chapitres précédents portaient sur l'ampleur et la nature de ces différences, et sur ce que celles-ci révèlent concernant l'organisation et le fonctionnement de la politique partisane dans les circonscriptions. Certaines de ces différences sont purement locales et reflètent les aléas de l'histoire, des personnalités ou du hasard. Ainsi une association libérale soudainement dominée par un Frank Stronach, ou une association néo-démocrate du Québec prise en main par Paul « Le boucher » Vachon aura peu de chances de ressembler à celles des circonscriptions voisines (Lee 1989, chapitres 6 et 7). Les différences reflètent cependant aussi des facteurs plus importants et plus durables (souvent de nature régionale) résultant des clivages socio-économiques et culturels qui caractérisent l'électorat canadien. Il suffit de rappeler à cet égard le nombre de fois où la frontière Ontario/Québec est apparue comme une ligne de partage importante. Bien sûr, il y a aussi des facteurs d'ordre institutionnel. Les associations qui ont un député ou une députée en place en sont un exemple évident. Ce facteur était particulièrement net dans notre analyse des associations néodémocrates, mais il est également peu douteux que le fait d'appartenir au parti au pouvoir a transformé la quasi-totalité des associations progressistes-conservatrices du Québec pendant la dernière décennie.

La diversité structurelle des grands partis s'explique aussi par les efforts qu'ils déploient pour entretenir des associations dans chaque circonscription du pays, et par leur habitude d'y présenter des candidats ou candidates même là où ils ont peu d'appuis populaires. Comme nous l'avons vu au chapitre 2, aucun des trois grands partis n'a été en mesure d'identifier une association locale dans chaque circonscription du pays au début de 1991, et tous avaient, aux élections générales de 1988, des associations tellement faibles que leur candidat n'a pu récupérer son cautionnement ni obtenir un remboursement de dépenses électorales. Il n'empêche que les partis canadiens persistent à maintenir des associations nominales et à déployer des efforts qui peuvent souvent paraître futiles, mais c'est parce qu'ils estiment que tout parti national sérieux doit se présenter (tout au moins sur le plan électoral) devant l'électorat de toutes les régions.

Malgré leur diversité, les associations de circonscription restent les entités structurelles fondamentales des partis extraparlementaires. Comme les nombreuses pièces de formes et de couleurs différentes d'un casse-tête, c'est seulement une fois triées et assemblées qu'elles révèlent l'image dont elles font partie, à savoir les partis politiques nationaux. Notre intérêt n'était pas tant d'examiner telle ou telle des centaines d'associations individuelles, malgré toute l'information qu'elles nous livrent sur la vie politique canadienne telle qu'elle se vit à la base, mais plutôt ce qu'elles ajoutent à notre compréhension générale des partis. Chacun de ceux-ci s'organise à sa manière et fait son travail à la mesure de ses capacités, mais chacun est aussi la somme de ses diverses parties. Dans ce dernier chapitre, nous nous penchons donc sur cette image plus générale, afin de présenter un portrait des partis canadiens à l'échelon des circonscriptions.

LE MONDE CHANGEANT DES PARTIS CANADIENS

L'organisation des partis et de leurs associations a changé de manière radicale ces deux dernières décennies. Il ne serait ni possible ni nécessaire de décrire ici tous les changements en cause, mais il convient d'en évoquer certains qui influent de manière importante sur les associations et qui, par voie de conséquence, transforment la nature, la structure et le comportement des partis.

Le premier est le régime de financement des partis et des élections mis sur pied dans les années 70 et qui a rapporté tant d'argent aux partis canadiens. Ceux-ci, n'aguère relativement pauvres, sont devenus relativement riches. Comme l'affirme Stanbury (1991, chapitre 12), plus des trois quarts des candidats et candidates du Parti progressiste-conservateur du Canada (PC) et du Parti libéral du Canada (PLC), et près de 60 % de ceux du Nouveau Parti démocratique (NPD) ont terminé les élections générales de 1988 avec un excédent financier. Ainsi, l'argent n'est pas nécessairement un obstacle important à la création d'une association compétitive ou d'une organisation viable, même s'il faut bien admettre que le PLC, sur le plan national, a réussi à en faire un obstacle, pendant la majeure partie des années 80, en dépensant toujours plus qu'il ne récoltait. Les associations locales, et les partis nationaux auxquels elles appartiennent, ont désormais (ou peuvent obtenir) l'argent nécessaire pour fonctionner de manière beaucoup plus dynamique entre les élections et susciter la participation constante de leurs membres. Paradoxalement, cet argent permet aussi aux élites politiques locales de se passer de bases actives, dans la mesure où la plupart des outils des campagnes électorales modernes peuvent désormais s'acheter sur le marché libre. Mais un tel comportement expose l'organisation locale au discrédit de ses membres, et à une dégradation rapide. À tout le moins, le nouveau régime financier et les outils de communication qu'il permet d'acheter risquent de dévaloriser l'avantage que représentait autrefois un vaste bassin de membres actifs (Axworthy 1991).

Après avoir analysé ces changements concernant le financement des partis, Paltiel (1989) concluait qu'ils avaient resserré l'emprise des trois grandes formations sur le système national en renforçant leurs organisations centrales au point de les rendre quasi invincibles. L'expérience récente du Parti réformiste du Canada (PRC) et du parti de l'Héritage chrétien du Canada (PHCC) jette cependant un certain doute sur cette conclusion. Ces deux partis ont en effet réussi à rassembler des ressources non négligeables (et, dans le cas du PRC, un effectif qui ne l'est pas moins) grâce aux nouvelles techniques de collecte de fonds. Ces ressources leur ont permis de devenir des organisations viables et dynamiques, capables de s'adresser à un vaste public par le truchement de la télévision et du publipostage informatisé. Même si le PHCC paraît peu susceptible de gagner beaucoup de sièges, étant donné son attrait limité, il semble que la scène électorale canadienne soit aujourd'hui beaucoup plus accessible aux nouveaux participants qu'elle ne l'a pas été depuis une génération.

Par ailleurs, les revendications de participation accrue à la politique électorale et partisane impriment des changements importants et peut-être permanents au monde des partis. L'histoire du Canada a été marquée par plusieurs périodes au cours desquelles des mouvements sociaux ou des groupes d'intérêt se sont politisés. Ce phénomène cyclique semble avoir connu un nouveau sommet durant la dernière décennie. Les pressions émanent d'une foule de directions différentes et touchent plusieurs aspects différents des partis. On exige, par exemple, que les partis et leurs candidats et candidates reflètent mieux la diversité des populations qu'ils veulent représenter. Des groupes comme les femmes et les minorités visibles, dont la politisation s'est intensifiée à la suite de l'adoption de la *Charte canadienne des droits et libertés*, exigent de jouer un rôle politique proportionnel à leur poids démographique. Cette exigence n'est pas liée à des questions spécifiques d'intérêt public : ces groupes demandent que les partis se transforment de manière à garantir la pleine participation de leurs membres respectifs. D'autres groupes, en revanche, voués à la défense de telle ou telle cause particulière, se contentent d'infiltrer certaines entités d'un parti donné afin de servir leurs objectifs immédiats. Exemples révélateurs de cette tendance, la campagne menée en 1990 par Tom Wappel pour obtenir la direction du PLC (décrite au chapitre 5), et la victoire des adversaires de l'avortement dans la lutte pour l'investiture de l'association libérale de Perth–Wellington–Waterloo, décrite par Bell et Bolan (1991) dans leur étude des stratégies électorales utilisées en Ontario en 1988.

Par ailleurs, les groupes d'intérêt, qui ont désormais les moyens d'accéder aux médias de masse (publics et privés), entrent dans l'arène électorale nationale et locale à titre de participants à part entière. Ce faisant, ils envahissent le domaine traditionnellement réservé aux partis et remettent en cause tout le régime de limitation des dépenses conçu pour équilibrer la lutte électorale. Comme le montre le tableau 7.19, la moitié des associations de circonscription du pays indiquent qu'elles doivent maintenant faire face, en période électorale, à un groupe d'intérêt intervenant activement pour ou contre leur candidat ou candidate. Cette tendance, conjuguée aux efforts de ceux qui réclament des référendums et le droit de révoquer les élus, remet en cause l'emprise traditionnelle des partis sur la politique électorale.

Réactions traditionnelles

Face à ces tendances, les partis ont réagi de manière traditionnelle en tentant d'intéresser et d'intégrer les groupes actuellement exclus, mais seulement pour les coopter à l'intérieur de leurs structures existantes et à leurs propres conditions. Tel était, par exemple, l'objectif d'une modification controversée proposée en 1983 à l'article 70.1 de la *Loi électorale du Canada* (jugée ensuite anticonstitutionnelle par la Cour du Banc de la Reine de l'Alberta, pendant la campagne électorale de 1984), qui tentait d'obliger tout particulier ou groupe d'intérêt désirant participer au débat électoral à le faire par le truchement de l'un des partis enregistrés ou de ses candidats ou candidates. Les associations de circonscription citent les campagnes annuelles de recrutement comme l'une de leurs activités les plus courantes entre les élections, et beaucoup affirment qu'elles font désormais des efforts spéciaux pour accroître la participation de certains groupes, comme les femmes ou les minorités visibles, à leurs principales activités. Cependant, à en juger par les résultats décrits ci-dessus, les partis ne parviennent que bien lentement à changer l'image qu'ils présentent à l'électorat.

Comme la plupart des organisations, les partis sont plus susceptibles de s'engager à modifier leur comportement lorsqu'ils y voient un intérêt direct et immédiat. Étant donné qu'une grande majorité des présidents et présidentes d'associations de circonscription progressistes-conservatrices (88 %) et libérales (81 %) estiment qu'il « est exagéré de prétendre que les possibilités offertes aux femmes sont limitées, [et que celles-ci] n'auraient aucune difficulté à se tailler une place dans notre circonscription si elles se montraient davantage intéressées », il n'est guère surprenant que le rôle des femmes ait peu changé dans ces deux partis. En revanche, seulement 27 % des présidents d'associations néo-démocrates partagent cette opinion, la majorité reconnaissant au contraire qu'il « est plus difficile pour les femmes de s'imposer sur la scène politique [et que] des dispositions spéciales devraient être adoptées par les partis dans le but de garantir l'égalité des chances ». Étant donné cette nette différence d'opinions, on peut prévoir que le NPD réussira mieux que ses deux principaux adversaires à accroître la participation des femmes dans ses instances, même si, jusqu'à présent, ses efforts ont plus porté sur le recrutement de candidates que de dirigeantes d'associations.

La difficulté que les partis canadiens éprouvent à s'adapter aux pressions de la société tient notamment à leur caractère décentralisé. Tant que les militants locaux ne sont pas convaincus qu'un problème existe, il est difficile de les faire changer; de plus, comme l'entité fondamentale des partis est l'association de circonscription, celle-ci est souvent relativement libre de décider elle-même si le problème est important, ou non, dans sa région, et comment elle doit y réagir. Certes, les instances nationales du parti peuvent imposer des règles sur des questions comme l'investiture (le NPD, par exemple, a imposé des quotas de candidates dans certaines de ses instances), mais les réalités politiques locales sont souvent de plus puissants moteurs de changement, comme dans tout régime électoral structuré sur une base territoriale.

Figure 9.1
Mobilisation et participation de nouveaux participants : le cas des minorités visibles

Pourcentage d'associations de circonscription

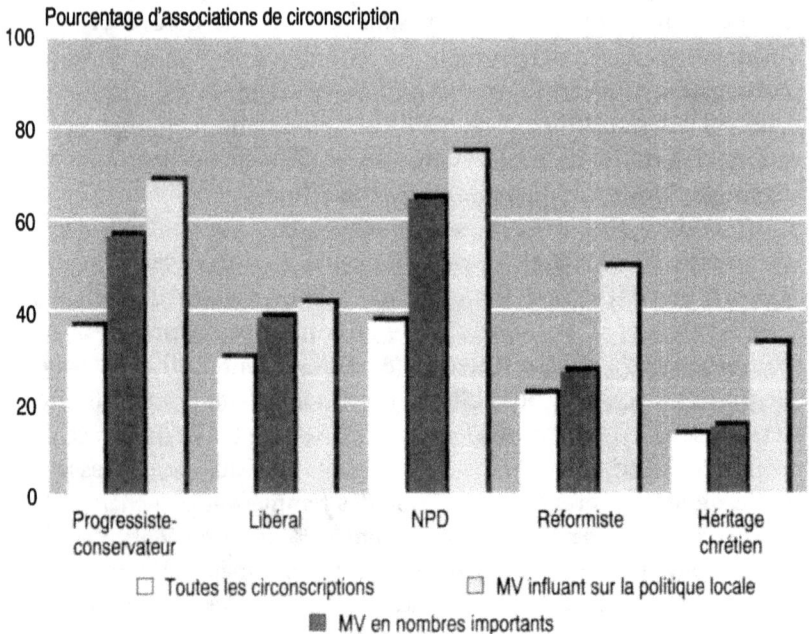

MV : Minorités visibles.

La figure 9.1 montre que si les associations locales font des efforts particuliers pour accroître la participation des groupes exclus, c'est par pur calcul électoral. Elle illustre la proportion d'associations qui consentent des efforts particuliers pour faire participer les minorités visibles. Il apparaît que les associations sont plus nombreuses à agir ainsi quand ces minorités sont très présentes dans la circonscription, et encore plus quand les responsables ont le sentiment que ces minorités y exercent une influence politique quelconque sur le plan local. Cette figure révèle aussi que, parmi les trois grands partis, ce sont les libéraux qui font actuellement le moins d'efforts pour rallier les minorités visibles. Cela dit, il convient de signaler que c'est chez les libéraux que l'on compte le plus grand nombre de membres des minorités visibles occupant des postes de direction dans les circonscriptions. Autrement dit, comme ces minorités réussissent à se faire une place dans les associations libérales, ce parti se sent peut-être beaucoup moins obligé que le PC ou le NPD à faire des efforts particuliers pour les attirer. Cette conclusion correspond à l'argument voulant que les besoins pressentis et l'opportunisme électoral restent les aiguillons les plus puissants pour inciter les partis à se faire plus accueillants pour les groupes qu'ils ne représentent pas encore.

Des partis en évolution

Tous ces phénomènes ont affecté les partis et le régime des partis. Devant la vulnérabilité des formations politiques à l'infiltration de groupes d'intérêt, certains ont préconisé une plus grande réglementation interne, dans le but d'éviter toute manipulation en faveur de causes particulières. Ces appels ont provoqué l'ouverture des partis vers une plus grande participation des membres, mais aussi, parallèlement, un resserrement des règles et un contrôle plus étroit des processus internes.

À cet égard, le changement le plus frappant, et peut-être aussi le plus lourd de conséquences, est l'adoption d'un processus de sélection du chef qui permet à chaque membre de participer à un vote direct. Plusieurs systèmes différents ont déjà été mis en œuvre à cette fin par des partis provinciaux (Parti québécois en 1985 et en 1988; Parti progressiste-conservateur de l'Île-du-Prince-Édouard et de l'Ontario en 1990; Parti libéral de l'Ontario et de la Nouvelle-Écosse, et Parti progressiste-conservateur de l'Alberta, en 1992). Au début de 1992, le PLC a également adopté un nouveau système pour la sélection de son prochain chef. Ces systèmes n'ont pas tous pour effet de supprimer les congrès réunissant des délégués et déléguées des circonscriptions, mais ils réduisent immanquablement l'intérêt des campagnes traditionnelles menées auprès des directions des associations de circonscription, au profit de stratégies axées sur l'accumulation de votes de la base. Quels que soient les mécanismes adoptés par les partis pour protéger les petites circonscriptions (Woolstencroft 1992, 220), ce sont les grosses associations qui vont finir par dominer. En revanche, celles-ci ne seront plus obligées de s'exprimer d'une seule voix s'il n'y a plus, dans les circonscriptions, de batailles permettant au vainqueur de gagner l'assentiment de délégations complètes.

Cette ouverture accrue des partis, qui consiste, en l'occurrence, à donner à tous les membres le droit de participer au choix du chef, peut engendrer des luttes partisanes relevant du domaine de la politique de masses et où l'organisation et l'activité des associations de circonscription auront beaucoup moins d'importance que les machines professionnelles centralisées. Cette dégradation du rôle des associations locales risque d'amener les membres à penser qu'ils ont encore moins de possibilités qu'avant d'influer sur les résultats, et les citoyens et citoyennes à croire qu'ils ont encore moins de raisons que jamais d'adhérer à une association de circonscription pour tenter d'en faire une organisation dynamique et efficace. L'expérience du Parti progressiste-conservateur de l'Ontario va clairement dans ce sens (Woolstencroft 1992), et le phénomène risque d'être encore plus fort lorsqu'il se manifestera dans le contexte plus hétérogène et ouvert d'un parti national. Comme les partis nationaux ont déjà peu de membres, et comme les deux grands partis sont déjà caractérisés par de vives luttes internes locales, la multiplication de luttes électorales sans intermédiaire, à l'échelle globale des partis, constitue un défi de taille pour les associations désireuses d'encourager la population locale à participer à leurs activités.

Permettre à tous les membres de participer au choix du chef est l'une des méthodes adoptées par les partis pour résister à l'infiltration des groupes d'intérêt. L'objectif consiste à diluer l'influence que peuvent exercer ces groupes, afin qu'ils soient moins tentés d'envahir et de détourner des associations de circonscription. Toutefois, si cette stratégie d'ouverture peut fonctionner pour le choix du chef, elle ne pourra s'appliquer aux luttes pour l'investiture, où le but de l'association est de désigner la personne qui portera sa bannière électorale. Les partis s'efforcent donc de plus en plus de fermer ou de limiter le processus d'investiture, soit pour se protéger contre les tentatives d'infiltration, soit pour pousser leurs associations locales à prendre des décisions qu'elles pourraient ne pas prendre spontanément, soit pour ces deux raisons. Voilà pourquoi le PRC et le PLC ont commencé à mettre en place des procédures beaucoup plus rigoureuses de contrôle des aspirants à l'investiture, en donnant au siège national plus de pouvoir sur le choix du candidat ou de la candidate. Dans le cas du PLC, l'application de ces règles aux campagnes d'investiture de 1992 était en partie destinée à protéger les députés sortants. Le Nouveau Parti démocratique, quant à lui, commence à se doter de mécanismes visant à favoriser un meilleur équilibre des deux sexes, sur le plan des candidatures. Cela amène les stratèges du siège national à inciter les associations à prendre des décisions qu'elles ne prendraient pas autrement, du moins le parti le suppose-t-il. L'élément commun à tous ces changements est qu'ils semblent tous restreindre le pouvoir de décision local, voire, dans certains cas, étouffer la concurrence locale. Ainsi, comme pour les changements visant à ouvrir les partis, ces modifications risquent aussi de réduire la vitalité des associations.

Comme cette transformation des structures et des règles n'en est qu'à ses débuts, il est impossible de savoir quelles en seront les conséquences ultimes sur les associations de circonscription. Cela dit, ces changements internes constituent, jusqu'à présent, la seule réponse des partis à l'évolution du monde extérieur. En fait, c'est le régime des partis lui-même qui est remis en cause et, pour la première fois depuis les années 60, les trois grands partis se trouvent confrontés à plusieurs petites formations qui veulent toutes prendre place sur la scène politique.

La politique multipartite n'est pas un phénomène nouveau au Canada, bien que sa fréquence et ses conséquences aient pu varier au cours de notre histoire. Les périodes les plus importantes à cet égard ont été les années postérieures à la Première Guerre mondiale, puis les années 60, époque où cinq partis ont partagé le pouvoir au sein de trois gouvernements minoritaires successifs. Aujourd'hui, le Canara risque d'assister une autre fois à l'entrée en scène de plusieurs nouvelles formations désireuses de jouer un rôle important au sein du système. Comme par le passé, ces nouveaux partis seront de nature différente et aborderont différemment la politique, mais ils reprendront aussi certains thèmes familiers. Par exemple, le Bloc québécois semble être un exemple classique de parti nationaliste canadien-français, le PHCC, un exemple typique de parti de masses voué à une cause idéologique relativement limitée (rappelant les premiers partis socialiste ou créditiste), alors que le PRC, défendant un programme socio-économique de droite conjugué à une revendication de réforme politique, rappelle le Mouvement progressiste des années 20 dans les provinces de l'Ouest.

Dans les pages qui suivent, nous faisons la synthèse des données que nous avons recueillies, de manière à esquisser un portrait plus précis des partis politiques nationaux, vus des circonscriptions.

LES PARTIS POLITIQUES DU CANADA

Deux nouveaux partis

Les élections générales de 1988 ont été le baptême du feu du PHCC et du PRC, qui n'ont alors joué qu'un rôle mineur : le PHCC n'a recueilli que 0,8 % des suffrages nationaux (3,6 % dans les circonscriptions où il était présent), et le PRC 2,1 % (mais 8,5 % dans les circonscriptions où il était présent). Sur les 135 candidats et candidates présentés par ces deux partis, seulement 11 réformistes (15 % des 72 présentés), et aucun candidat du PHCC, ont dépassé le seuil des 15 % de suffrages requis pour avoir droit à un remboursement de leurs dépenses électorales. Ces deux formations commencent à peine à forger leur style électoral particulier et leurs méthodes d'action, qui s'affineront sans doute quand elles auront assimilé les leçons de cette campagne. Notre tableau est donc, dans leur cas, plus provisoire et ponctuel que celui des partis plus anciens.

Ces deux nouveaux partis sont nationaux en ce sens qu'ils évoluent au sein du système national de partis et qu'ils n'ont pas de liens structurels importants avec des entités provinciales. Cela dit, aucun n'est vraiment d'envergure nationale. Aux élections de 1988, et même au moment de notre enquête, au printemps de 1991, le PRC se confinait aux quatre provinces de l'Ouest. Bien qu'il ait, depuis, commencé sa marche vers l'est, il n'a encore aucune présence au Québec et fort peu dans les provinces atlantiques. De même, le PHCC est très peu présent dans la moitié est du pays. En 1988, il était surtout confiné à l'Ontario et aux deux provinces les plus à l'ouest, régions qui lui ont donné 90 % de ses suffrages.

Les deux partis sont principalement à caractère idéologique. Selon leurs présidents et présidentes d'associations, la personnalité de leurs candidats locaux influe très peu sur leur organisation ou leurs activités. Dans les deux cas, l'absence de députés ou députées en place renforce sans doute le rôle de l'organisation extraparlementaire et des militants et militantes qui la gèrent. En revanche, les deux formations se distinguent l'une de l'autre par l'étendue de leurs appuis populaires. Le PHCC est délibérément axé sur la défense des valeurs familiales traditionnelles, alors que le PRC est engagé dans un assaut massif contre les normes et la structure mêmes du régime politique canadien. Autre différence importante : le chef du PRC, Preston Manning, est imposant dans son parti comme aucun autre chef politique canadien contemporain, alors que le chef du PHCC est tout à fait inconnu du public. De fait, le charisme de Preston Manning semble avoir beaucoup contribué à l'expansion de son parti. Comme le disait Siegfried (1906, 136) en parlant des chefs politiques canadiens d'il y a quatre générations, son nom est déjà tout un programme.

Malgré leur jeunesse, ces partis reflètent aussi certaines vieilles tendances bien ancrées dans la vie politique canadienne. En effet, ni l'un ni l'autre ne semble particulièrement sensible aux revendications de groupes, comme les femmes ou les minorités visibles, traditionnellement sous-représentés en politique. Tous deux semblent d'ailleurs être essentiellement dirigés par des hommes de race blanche, ce qui les place à contre-courant de l'une des tendances dominantes de la société canadienne contemporaine, à savoir l'intégration des groupes non traditionnels. Malgré leurs appels au changement, leur principale motivation, d'ordre réactionnaire, semble être de contrer l'évolution actuelle des normes politiques.

Le parti de l'Héritage chrétien du Canada

Le PHCC, enraciné dans quelques enclaves du Canada anglais protestant, est un petit parti stable et simple. Petit, au sens où il a des associations dans seulement le cinquième des circonscriptions du pays, mais aussi au sens où ses associations ont généralement moins d'adhérents que celles de tout autre parti national. Depuis les élections de 1988, qui lui avaient donné un certain élan, le nombre de ses membres est resté relativement stable et indépendant du cycle électoral. L'effectif de ses associations semble par contre un peu plus volatil, mais il faut dire que son taux de roulement (relatif) est légèrement accentué par la petite taille de la plupart de ses associations. Le PHCC est un parti simple, aussi, dans la mesure où ses associations sont presque exclusivement fédérales, indépendantes de tout parti provincial, et essentiellement tournées vers la politique fédérale. Elles ont peu de sections distinctes (et celles qui existent regroupent uniquement des jeunes), préférant se concentrer sur l'organisation principale dans la circonscription. Malgré cette structure très modeste, une proportion élevée de ses présidents et présidentes d'associations semble satisfaite du statu quo : 40 % disent ne faire aucun effort particulier pour accroître la participation de tel ou tel groupe social aux activités de l'association. C'est loin d'être le signe d'un parti à forte vocation électorale.

Le PHCC doit d'ailleurs avoir beaucoup de mal à diffuser son message, car ses revenus sont relativement minimes et il possède peu de biens financiers ou matériels. Non seulement compte-t-il une proportion relativement élevée (31 %) d'associations pauvres, mais c'est aussi le seul à ne pas en avoir de riches. Son organisation est en grande partie purement nominale, quoique ses petites associations pauvres affichent plus souvent qu'autrement un niveau élevé d'activité.

Comme c'est le cas pour toute nouvelle organisation, les associations et les membres du PHCC s'occupent de près des affaires internes du parti, et affichent un niveau d'activité supérieur à celui des trois partis établis. Cela dit, malgré son intérêt pour la chose publique, le PHCC semble consacrer moins d'efforts que les autres partis à l'étude des politiques publiques. Cela s'explique peut-être par le fait qu'il sait parfaitement où il se situe et qu'il se soucie plus de faire du prosélytisme — en tenant des réunions publiques et en publiant des bulletins d'information — que de débattre des subtilités de ses choix politiques. Le parti semble affectionner particulièrement le recours au publipostage, à la fois pour son financement et pour ses campagnes électorales. Peut-être s'inspire-t-il à cet égard des groupes d'intérêt dont il partage l'orientation en matière d'avortement.

Le PHCC est foncièrement motivé par des questions d'intérêt public. Ses campagnes attirent des bénévoles et des donateurs, à cause de ses engagements publics, et non des candidats et candidates qui les défendent, et elles sont essentiellement définies en fonction de son orientation politique. De fait, on pourrait décrire le PHCC comme un groupe d'intérêt qui a décidé de se lancer en politique partisane, en ne faisant que le minimum de concessions nécessaires pour être reconnu comme parti politique. C'est peut-être aussi la raison pour laquelle relativement peu de ses candidats (en 1988) ont été attaqués ou appuyés par des groupes d'intérêt. Les groupes pro-vie savaient qu'ils n'avaient pas à intervenir dans les circonscriptions où le PHCC était présent, car il y faisait leur travail.

Reste à voir si un groupe d'intérêt peut survivre longtemps sous la forme d'un parti politique autonome au sein du régime canadien. Selon notre analyse des associations de circonscription, le PHCC est à peine plus que cela, et peu d'éléments dans son organisation ou son fonctionnement indiquent qu'il peut, ou même qu'il veut, devenir plus que ce qu'il est maintenant.

Le Parti réformiste du Canada
De tous les portraits de partis brossés dans cette étude, c'est celui du PRC qui semble le moins satisfaisant, ou en tout cas le moins complet. C'est comme si cette formation ne cessait d'ajouter de nouvelles pièces au casse-tête que nous essayons d'assembler. C'est qu'il semble être le type même du parti *éclair*, et qu'il en était toujours à l'étape du démarrage lorsque nous avons mené notre enquête. Personne ne peut dire encore jusqu'où ira son expansion, ni ce qu'il deviendra quand cette poussée de croissance s'arrêtera. Les réponses à ces questions n'apparaîtront probablement que lorsqu'il aura participé à une autre élection générale. Notre portrait du PRC doit donc être considéré comme celui d'un parti *éclair* à l'étape initiale de croissance explosive de son effectif et de sa structure.

Au printemps de 1991, le PRC ralliait beaucoup de nouveaux adhérents dans les quatre provinces de l'Ouest. Aucun autre parti national ne bénéficiait d'un taux d'expansion global aussi élevé, mais il convient de replacer les choses dans leur contexte en signalant que le PLC et le NPD avaient tous deux plus de membres dans cette région en 1990. L'expansion (temporaire) du PLC cette année-là s'explique par sa course à la direction, alors que celle du NPD s'appuie sur de puissants partis provinciaux préparant des élections provinciales. La structure du PRC est beaucoup plus simple que celle de ses adversaires : il rejette toute alliance avec une organisation provinciale, et peu de ses associations locales ont des sections distinctes qui pourraient absorber une partie de l'énergie ou des ressources de ses membres.

Selon tous nos critères, le PRC est le parti le plus actif au Canada. Ses associations font plus de choses, et plus souvent, que toutes les autres. Ses membres s'occupent le plus possible d'orientation politique et d'activités partisanes, consacrant plus de temps que tous les autres au maintien de l'organisation, aux débats d'orientation, à la communication et à la préparation électorale. Il a manifestement des membres convaincus et dynamiques : les postes de délégués et déléguées (moins subventionnés) à des réunions suscitent une concurrence interne beaucoup plus vive que dans n'importe quel autre parti canadien. Les membres de la base sont nombreux, actifs et résolus à transformer l'orientation politique de la nation. Le PRC rappelle en cela la Co-operative Commonwealth Federation (CCF) à ses débuts ou certains des mouvements d'agriculteurs qui sont nés et sont disparus dans les années 20 (Young 1969; Morton 1950). Il ne cadre aucunement avec les partis canadiens traditionnels, et on se demande pendant combien de temps il pourra maintenir ce niveau d'activité anormalement élevé.

Son effectif nombreux et dynamique est également à l'origine de sa prospérité. Ses associations ont des revenus élevés et disposent de ressources financières relativement importantes, mais ce sont elles qui font le plus d'efforts pour recueillir des fonds. En outre, l'orientation politique du parti influe sur son financement, car il profite beaucoup plus fréquemment que les autres de ses assemblées politiques pour collecter des fonds. En conséquence, il a la proportion la plus élevée d'associations riches, et la moins élevée d'associations pauvres, sur les cinq partis considérés. Ce parti, qui multiplie les remontrances cinglantes concernant l'état des finances publiques, semble accorder ses actes à son discours : ses associations sont plus nombreuses que celles de n'importe quel autre parti à vivre selon leurs moyens. C'est aussi la seule formation qui n'entretient pas d'associations nominales pour garder une présence symbolique dans certaines circonscriptions.

La campagne électorale de 1988 du PRC avait toutes les caractéristiques d'un mouvement de protestation populiste traditionnel. Elle était axée sur les circonscriptions, les équipes électorales étant composées de bénévoles et de néophytes locaux attirés davantage par l'orientation du parti que par ses candidats ou candidates. Bien que ses organisations disent avoir beaucoup manqué de bénévoles en 1988, cela témoigne en fait d'une définition plus ambitieuse de ce qui est nécessaire pour mener une campagne locale efficace. Le parti semble d'ailleurs avoir réussi à mobiliser une plus grande proportion de membres que ses adversaires pour travailler durant ces élections. S'il préserve cet atout, son effectif, aujourd'hui beaucoup plus nombreux, devrait lui fournir une machine électorale particulièrement puissante dans les circonscriptions. Mais il est vrai aussi que son aptitude à attirer des bénévoles reposait beaucoup plus sur le charisme de son chef que ce n'était le cas pour les autres partis. Ainsi, il reste à prouver que la machine électorale du PRC est vraiment indépendante du charisme de M. Manning et qu'elle dispose d'une capacité institutionnelle à part entière.

Si le PHCC est un groupe d'intérêt qui s'est lancé dans la politique partisane, tout porte à croire que le PC reste, quant à lui, un mouvement de protestation décidé à se transformer en parti politique. Le Canada a souvent connu ce genre de phénomène, qui présente plusieurs possibilités d'évolution. Certains mouvements des provinces de l'Ouest (comme le Mouvement progressiste) se sont rapidement étiolés après avoir atteint leur apogée, alors que d'autres (comme le parti Crédit social du Canada) se sont transformés en partis de cadres tout à fait traditionnels avec une assise électorale régionale limitée, ou (comme la CCF) ont terminé en « mouvement de protestation apaisé » (Zakuta 1964). Il est possible aussi, bien entendu, que le PRC devienne un parti important de cadres ou de masses jouant un rôle de premier plan dans le régime national des partis. Malheureusement, les données de cette enquête ne permettent pas de savoir laquelle de ces issues est la plus plausible.

Les trois partis nationaux établis

Depuis l'émergence du troisième régime de partis au Canada, au début des années 60, le PLC, le PC et le NPD ont dû lutter constamment pour entretenir une structure nationale face à des pressions concurrentielles variables. Au moins jusqu'au milieu des années 80, aucun de ces partis ne possédait une organisation et un effectif véritablement nationaux et, jusqu'à cette époque, aucun n'avait été capable de former deux gouvernements majoritaires de suite. Certes, le PLC a dominé pendant deux décennies, mais jamais comme pendant la période antérieure, où l'on pouvait le décrire, à juste titre, comme « le parti de gouvernement » (Whitaker 1977). Depuis 1984, les progressistes-conservateurs se sont imposés de nouveau, de la manière la plus imprévue, soit comme une force nationale, en gagnant deux majorités consécutives au Québec pour la première fois depuis les victoires de Sir John A. Macdonald en 1882 et en 1887. Entre-temps, les néo-démocrates ont oscillé entre la peur de l'anéantissement et le plaisir de croire qu'ils étaient sur le point de remplacer les libéraux au deuxième rang (Morley 1988; Fraser 1989, 224–226).

Pendant ces années turbulentes, les trois partis ont dû construire et reconstruire leur organisation. Malgré tous les changements que cela a exigés et la dynamique de la compétition qui a poussé les trois formations à se doter d'une structure « électorale professionnelle » (Panebianco 1988, 262–267), on perçoit toujours certaines différences structurelles fondamentales entre le NPD, d'une part, caractérisé par ses origines de parti de masses, et le PC ainsi que le PLC, d'autre part, qui continuent de refléter leurs origines de partis de cadres.

Le Nouveau Parti démocratique

Les néo-démocrates ont mis sur pied une organisation partisane complexe au sein de laquelle sont étroitement imbriquées des structures fédérales et provinciales dans toutes les provinces, sauf au Québec. Cette interpénétration des entités s'étend jusqu'aux circonscriptions : une minorité seulement des associations néo-démocrates considèrent qu'elles font uniquement de la politique fédérale. Morley (1991) et Stanbury (1991) ont décrit le caractère éminemment byzantin du système de financement interne du parti, et les données recueillies durant notre enquête montrent clairement que peu de ses associations sont financièrement autonomes, pendant ou entre les élections. Cela accroît d'ailleurs l'interdépendance de toutes les entités du parti, mais permet probablement aussi à ce dernier d'exiger un respect plus strict des règles établies à l'échelon national, même dans des domaines qui sont traditionnellement réservés aux membres locaux et aux associations de circonscription.

Parti de masses traditionnel, le NPD possède une base très stable qui semble relativement imperméable aux vicissitudes électorales résultant de compétitions internes ou d'élections générales. Le parti a rarement connu le type de troubles, fréquents chez ses deux principaux adversaires, causés par des offensives de recrutement de nouveaux partisans lors de campagnes d'investiture ou de direction. Comme les adhérents des associations néo-démocrates sont, dans l'ensemble, moins nombreux que ceux des associations libérales ou progressistes-conservatrices, le parti renonce en définitive aux occasions qui lui sont offertes d'élargir sa base, par souci de préserver la cohésion de ses membres et un noyau stable de militants locaux.

Malgré l'attachement que le NPD professe à l'égard des normes et des formes de la démocratie interne, on en trouve relativement peu d'expression (sous la forme, du moins, de luttes électorales) dans sa vie organisationnelle. Selon Morley (1992), la course à la direction du NPD est davantage une sorte de couronnement, et notre analyse a montré que les compétitions véritables entre candidats et candidates sont plus souvent l'exception que la règle dans la plupart des autres instances du parti. Le choix d'un candidat local suscite peu de concurrence, et le choix des délégués et déléguées aux congrès nationaux d'orientation ou de direction, encore moins. Il faut dire que le parti ne facilite pas les choses à ceux de ses membres qui désirent participer à ses activités générales : il leur offre moins de soutien financier que le deux autres partis nationaux. Comme nous l'avons déjà noté, c'est là, en fin de compte, un facteur de conservatisme qui contribue à maintenir l'effectif du parti à un niveau faible, mais stable, ce qui aide à assurer la pérennité de son oligarchie dirigeante.

En règle générale, les partis de masses se caractérisent non seulement par l'imposition à leurs membres d'obligations et de critères plus rigoureux et plus structurés, mais aussi par un niveau plus élevé de participation et d'activité. Sur ce plan, comme sur celui de la concurrence électorale interne, le NPD s'écarte cependant du modèle et de l'image populaire qu'il a voulu propager. Ses associations sont généralement moins actives que celles des autres partis, et leurs activités courantes, moins diversifiées. Il a toujours accordé beaucoup d'importance à son militantisme politique, et a toujours voulu se démarquer de ses adversaires en mettant particulièrement l'accent sur le sérieux de ses débats et de son travail de réflexion politique. Toutefois, cela aussi semble contraire au portrait que nous en avons tracé à partir de ses associations de circonscription. Les membres du NPD ne s'occupent pas plus d'orientation politique que ceux des autres partis, et ils semblent en fait s'en occuper moins que ceux du PC et du PRC.

Parce que le nombre de ses membres est restreint et stable et que leur niveau d'activité est plutôt faible, une bonne partie de l'organisation du Nouveau Parti démocratique est pauvre. En outre, malgré la forte intégration de ses entités, ses associations faibles sont rarement subventionnées par les instances supérieures. En conséquence, le parti ne possède pas vraiment d'organisation nationale efficace : environ la moitié de ses associations officielles ont peu de présence concrète dans l'arène politique locale. Le parti entretient cette structure essentiellement symbolique afin d'avoir le minimum d'encadrement nécessaire pour présenter des candidats et candidates dans toutes les circonscriptions lors des élections générales. Il s'agit cependant d'une sorte de grandiose mise en scène destinée à convaincre la population que le parti est vraiment national. En fait, dépourvus d'organisation solide dans la plupart des circonscriptions, plus des deux cinquièmes (43 %) de tous ses candidats n'ont même pas obtenu, en 1988, le pourcentage de suffrages requis (15 %) pour récupérer leur cautionnement électoral.

Cette faiblesse structurelle, conjuguée à la propension générale du parti pour la réglementation étatique, explique, dans une certaine mesure, son enthousiasme pour les propositions visant à accroître le financement public des partis et de leurs campagnes et à resserrer la limitation des dépenses de parti et des dépenses électorales, deux catégories de mesures qui l'aideraient à surmonter les handicaps inhérents à sa relative faiblesse structurelle. Précisons par ailleurs que le NPD est mieux à même d'imposer des changements à son organisation lorsqu'il y tient vraiment, parce que sa structure générale est intégrée et que ses associations de circonscription ont une capacité de résistance limitée, étant donné leur faiblesse structurelle. Le meilleur exemple en est son ouverture à une participation accrue des femmes, notamment à titre de candidates aux élections.

La machine électorale du NPD se distingue de celle des deux grands partis de cadres. Bon nombre d'associations locales s'opposent à ce que les campagnes électorales soient dominées par les candidats et candidates; elles s'efforcent donc de préserver des liens structurels avec les machines électorales locales et d'en garder un certain contrôle. Le NPD est plus susceptible que les autres partis de faire appel à des organisateurs et organisatrices et à des directeurs et directrices de campagnes professionnels dans les régions où il veut concentrer son effort, en les parachutant souvent de l'extérieur. Il reste néanmoins fortement tributaire des méthodes électorales traditionnelles, comme le porte-à-porte effectué par les bénévoles. Il semble d'ailleurs que ces derniers soient plus attirés par le parti que par ses candidats, et une proportion non négligeable font régulièrement des dons financiers à leur association.

Toute présentation sommaire du NPD, comme celle que nous venons de faire, s'avère en fin de compte insatisfaisante, voire, à certains égards, trompeuse. Le simple fait que nous devions évoquer ses entités réelles et nominales en est le signe évident. Dans cette étude, nous n'avons cessé de découvrir des différences régionales considérables dans l'organisation du parti (différences qui aident à délimiter le NPD nominal), et nous avons vu que la présence d'un député ou une députée peut changer du tout au tout le dynamisme de l'organisation locale. Si l'on fait une analyse du NPD en fonction de ses députés dans chaque région, on voit apparaître, de façon importante et très réelle, trois NPD bien différents.

À l'est de l'Ontario, c'est-à-dire au Québec et dans les quatre provinces atlantiques, on peut dire que le NPD fédéral est quasi inexistant. Comme le montre le tableau 9.1, il a, dans cette région, un nombre infime de membres, des associations inactives, pas d'argent, et peu d'influence sur les décisions nationales. C'est dans cette région que 95 % de son organisation locale peut être qualifiée de structure nominale. Cette faiblesse structurelle reflète, et contribue probablement à perpétuer, sa faiblesse électorale. Lors des élections générales de 1988, il n'a conquis aucun des 107 sièges en jeu dans ces cinq provinces, et dans deux autres (Nouveau-Brunswick et Île-du-Prince-Édouard) ses candidats n'ont pu récupérer leur cautionnement dans aucune circonscription.

Tableau 9.1
Trois visages du Nouveau Parti démocratique
(associations de circonscription)

	À l'ouest de l'Ontario		À l'est de l'Ontario
	Avec député	Sans député	
Nombre de membres en 1990 (médiane)	1 600	331	50
Nombre de délégués accordé aux congrès (médiane)	18	5	1
Niveau d'activité (%)			
Ass. très actives	25	14	5
Ass. inactives	—	12	45
Ratio donateurs / membres (médiane)	1,0	0,25	0,19
Revenus de l'association en 1990 (%)			
< 1 000 $	8	38	91
> 10 000 $	33	7	—
Fonds actuellement disponibles (%)			
< 1 000 $	14	43	87
> 10 000 $	14	4	—
Associations nominales (%)	12	39	95

À l'autre bout de l'éventail, se trouvent les organisations néo-démocrates du reste du pays représentées par un député ou une députée. Ce deuxième NPD est implanté particulièrement en Saskatchewan et en Colombie-Britannique, les deux provinces où il a obtenu plus de la moitié de ses sièges en 1988 et bâti de puissantes machines provinciales. Nous sommes ici dans un monde organisationnel radicalement différent. Les associations sont trente fois plus grosses, beaucoup plus actives et relativement prospères. Ce sont elles qui envoient de gros bataillons de délégués et déléguées aux congrès du parti et qui dominent le processus d'orientation politique et de désignation du chef (Archer 1991).

Entre ces deux visages du NPD se trouve une troisième entité, composante à part entière du régime de partis, mais incapable jusqu'à présent d'exploiter les avantages de ses succès électoraux pour bâtir une organisation solide. Nous parlons ici d'associations de taille modeste, dont l'activité locale reste très faible pour un parti qui se targue de faire participer ses membres, et dont les revenus sont, en conséquence, limités. Certes, les autres partis aussi sont souvent faibles dans les régions où ils ne détiennent aucun siège, mais l'écart est anormalement grand au NPD. La faiblesse notable du parti dans ces circonscriptions, où il devra obligatoirement faire des progrès s'il veut un jour transformer le régime de partis, est révélée par le fait que 39 % de ses associations y sont nominales.

D'autres partis canadiens se caractérisent par des différences non négligeables sur le plan de l'organisation interne, mais les différences très importantes constatées au sein du NPD, parce qu'elles sont liées à des clivages sociogéographiques et à des impératifs institutionnels, l'empêchent de fonctionner à une échelle vraiment nationale. Son aptitude à faire campagne dans les circonscriptions et à atteindre tous les Canadiens et Canadiennes en période électorale est limitée, ce qui le distingue fondamentalement des deux vieux partis de cadres. Notre analyse du NPD dans les circonscriptions montre clairement que, comme la CCF avant lui, le NPD n'a pas d'organisation d'envergure nationale. C'est encore, à maints égards, un parti profondément régional, sous des dehors nationaux.

Les deux partis traditionnels

Seuls le PLC et le PC ont déjà eu assez d'appuis populaires pour former le gouvernement au Canada. Leur origine remonte aux coalitions parlementaires de l'Amérique du Nord britannique du XIXe siècle (Stewart 1986). À l'époque, leurs entités locales reflétaient les besoins étroits des circonscriptions et les impératifs d'une politique axée sur le favoritisme. Les premiers partis nationaux, organisés autour de leurs groupes parlementaires respectifs, étaient le modèle même des partis de cadres — des machines électorales transitoires (mais renaissantes) liées aux notables des circonscriptions. Un siècle plus tard, bien qu'ayant adopté des structures d'adhésion officielles et des processus de démocratie interne des partis de masses, les organisations libérale et progressiste-conservatrice laissent toujours transparaître leurs origines de partis de cadres.

Les deux formations ont un effectif fluctuant, défini par le cycle électoral et évoluant avec lui. Leurs associations voient leur effectif s'atrophier entre les élections — période où leur souci primordial est d'entretenir la machine et d'organiser des activités sociales —, mais elles renaissent rapidement lorsque les pressions de la lutte électorale donnent aux candidats et candidates la motivation nécessaire pour mobiliser leurs sympathisants. Ces explosions d'adhésions et d'activité coïncident avec les luttes menées pour occuper des fonctions électives ou des postes au sein du parti, par exemple pour obtenir l'investiture ou pour être délégué ou déléguée à un congrès de direction. Le moment, la fréquence et l'intensité des luttes électorales internes varient considérablement d'un parti à l'autre et d'une circonscription à l'autre, ce qui fait augmenter le caractère irrégulier et volatil de leur effectif.

La fluidité et l'inconstance des organisations libérale et progressiste-conservatrice se manifestent dans un autre domaine important. Comme les luttes menées au sein des partis de cadres sont profondément influencées par la personnalité des candidats ou candidates, les vagues de membres attirés par les luttes successives contiennent souvent une proportion élevée de personnes qui ne faisaient pas partie de la précédente et ne feront pas partie de la suivante. À preuve, le fait qu'environ les deux tiers des associations libérales et progressistes-conservatrices estiment qu'elles auraient un groupe de bénévoles différent aux élections si elles changeaient de candidat ou de candidate.

Le PC et le PLC ont des entités affiliées beaucoup plus diverses que les autres partis, à l'intention de groupes comme les jeunes, les femmes ou les communautés ethniques. Bien que certaines de ces entités ne soient peut-être qu'un reliquat d'une époque antérieure, où elles servaient à tenir ces personnes à l'écart des activités principales du parti local et national, elles constituent aussi une réponse logique au besoin de rallier, de mobiliser et de conserver des membres dans un système caractérisé par un effectif instable. C'est peut-être d'ailleurs cette incertitude même qui contribue au niveau d'activité relativement élevé de l'association libérale ou progressiste-conservatrice typique (par rapport à l'association néo-démocrate).

Cette attitude plus large, ou plus ouverte, en matière d'adhésions se conjugue à des cotisations moins élevées. Les associations progressistes-conservatrices et libérales ne peuvent vivre avec cette seule forme de revenu et sont tributaires d'autres activités locales de financement. Elles sont rares à recevoir une aide financière régulière de leurs instances nationales, et nombreuses à leur verser régulièrement des fonds.

Les associations de ces partis sont clairement liées aux intérêts électoraux locaux et immédiats des notables politiques des circonscriptions. Elles ont besoin de bénévoles locaux à court terme pour fonctionner, et elles sont en grande partie indépendantes des instances centrales des partis sur le plan financier. Il n'y a donc rien d'étonnant à ce qu'une bonne part de leurs processus décisionnels concernant des questions comme le choix des candidats et candidates ou la gestion des campagnes locales soient très décentralisés. Quand l'une de ces formations réussit à se convaincre qu'elle a absolument intérêt à se doter de certaines règles ou normes nationales, elle est généralement capable de mettre son projet à exécution. Tel a manifestement été le cas avec le processus de désignation du chef, bien que, même à cet égard, les deux partis ont mieux réussi à réglementer la sélection des délégués et déléguées que les dépenses des candidats. En revanche, quand l'association locale n'est pas convaincue de la nécessité d'une règle applicable à l'ensemble du parti, elle semble résister au changement. L'exemple le plus probant en est le processus d'investiture, les deux partis ayant clairement échoué dans leur tentative d'accroître le nombre de leurs candidats. Bien que les directions nationales des libéraux et des pro-conservateurs aient publiquement réclamé plus de candidates, leur message n'a pas été reçu, ou pris au sérieux, dans les circonscriptions. Les militants locaux refusent de céder leur contrôle à cet égard. Pour eux, la question n'est pas tant de savoir qui représentera le parti aux élections; il s'agit surtout de garder le contrôle de l'un des mécanismes vitaux dont ils disposent pour attirer des militants et militantes et pour bâtir une organisation locale vigoureuse.

Aux élections, l'appareil officiel de ces partis de cadres cède le devant de la scène aux équipes des candidats et candidates. Les organisations électorales sont mises sur pied par ces derniers, et on leur laisse pratiquement les coudées franches pour mener la campagne dans la circonscription. Ainsi, dans une très large mesure, ce sont les candidats eux-mêmes qui ont la responsabilité de bâtir une équipe, d'attirer des bénévoles et de rassembler des fonds. Pour réussir dans ces partis, les candidats doivent donc être des entrepreneurs politiques indépendants qui connaissent bien leur circonscription et leur base populaire. Et leur succès contribue en fin de compte à renforcer ces partis de cadres dans leurs traditions.

Certaines des différences que nous avons constatées entre le PLC et le PC reflètent simplement leur situation sur le plan électoral, facteur crucial pour leur organisation. Ainsi les libéraux, ayant perdu le pouvoir en 1984, avaient moins de députés sortants en 1988. Dans ce contexte, un plus grand nombre de circonscriptions devenaient accessibles à des aspirants à l'investiture, ce qui ne manqua pas d'entraîner un va-et-vient accru de membres. Ce facteur, conjugué à la course à la direction de 1990, elle-même stimulée par les résultats des élections générales de 1988, a procuré au parti un effectif nombreux mais très instable. Et, comme nous l'avons indiqué au chapitre 5, quand cette instabilité devient trop forte, elle a un effet dysfonctionnel dans les associations incapables de la maîtriser. De son côté, le PC a été transformé par ses succès électoraux. L'association progressiste-conservatrice médiane était plus grosse au Québec que dans n'importe quelle autre région durant les quatre années entourant les élections de 1988. Elle était aussi plus grosse que l'association libérale typique de cette province durant la même période. C'est certainement la première fois que cela se produisait au XXe siècle. Ce phénomène a été provoqué par la course à la direction pro-conservatrice de 1983. Graham (1986, 157 et 158) rapporte que le nombre de membres des associations progressistes-conservatrices du Québec est alors passé, en moyenne, de 5 000 à 30 000 — et par la mobilisation qui a suivi pour les élections de 1984. Si les progressistes-conservateurs avaient perdu ces élections, bon nombre de ces membres à adhésion instantanée seraient repartis aussi vite qu'ils étaient venus.

Mais les différences entre les deux partis ne s'expliquent pas seulement par leurs résultats électoraux. À l'intérieur de leur tradition commune d'organisations de cadres à orientation électorale, le PC et le PLC ont chacun une façon bien distincte de construire et de maintenir un parti politique national.

Le Parti libéral du Canada

Le PLC est aujourd'hui une organisation semi-fédérale complexe, dont la structure fondamentale varie d'une région à l'autre. Dans quatre provinces (la Colombie-Britannique, l'Alberta, l'Ontario et le Québec), il a coupé ses liens officiels avec le parti provincial et ses membres et associations sont directement rattachés aux instances nationales. Dans les six autres provinces, on ne devient membre du PLC qu'en adhérant au parti provincial; les succès locaux de l'organisation sont donc liés de manière beaucoup plus directe à la politique provinciale. Environ la moitié des associations libérales fédérales rapportent que leurs membres adhèrent en même temps au parti provincial, et qu'ils consacrent une bonne part de leur temps à la politique provinciale.

Cette interpénétration des partis fédéral et provinciaux a mani-festement des conséquences sur leurs effectifs respectifs. Ce n'est certainement pas un hasard si les associations libérales des provinces atlantiques affichaient un nombre de membres extraordinairement élevé au moment de l'enquête : le parti était alors particulièrement puissant au niveau provincial et il formait le gouvernement dans trois de ces provinces. En revanche, le parti est sujet aux aléas de deux cycles électoraux (national et provincial) dans les provinces où persiste

l'ancienne structure fédérée. Les associations de circonscription nationales ont profité de la situation ces dernières années, mais elles risquent
d'en souffrir lorsque les partis provinciaux sont au creux de leur cycle
ou que les tensions fédérales-provinciales éprouvent la loyauté des
membres (Black 1965).

L'argent reste un problème pour l'ensemble du PLC, des instances
supérieures jusqu'aux associations de circonscription. Le parti a deux
fois plus d'associations pauvres que de riches. Une faible proportion de
ses membres semblent être des donateurs réguliers; ses associations,
dotées de ressources financières limitées, sont souvent incapables
d'appuyer la participation de leurs membres aux rencontres des
instances supérieures du parti.

La conjugaison de ces deux facteurs — le caractère fédéral-provincial
de sa structure et le manque de fonds — a engendré une organisation
plus interdépendante que celle du PC. Entre les élections, les
associations libérales sont plus nombreuses que les progressistes-
conservatrices à participer à des transferts financiers internes; et pendant
les élections, une proportion beaucoup plus faible de leurs équipes
électorales sont financièrement autonomes. Un plus grand nombre
d'associations libérales partagent leurs listes d'adresses avec le siège
national. Ce dernier joue un plus grand rôle dans les décisions relatives à l'utilisation des excédents électoraux et prélève une partie de la
somme remboursée par l'État aux candidats locaux à titre de dépenses
électorales.

Signalons enfin que le PLC semble plus disposé à changer que
le PC. Il accepte plus volontiers l'idée d'une réglementation accrue
de l'activité des partis, et il a pris des mesures beaucoup plus éner-
giques pour réprimer les excès de son processus d'investiture décentralisé et ouvert, et pour transformer le processus de désignation de son
chef. Mais il est peut-être plus facile au PLC d'apporter ces changements
(standardiser sa procédure interne et renforcer le pouvoir de son siège
national), dont l'objectif général est de réduire l'autonomie des associations locales, car cette autonomie n'est pas un élément aussi important
de son style organisationnel que chez le PC. Il est vrai aussi que le fait
d'être dans l'opposition incite plus un parti de cadres à changer, et
facilite sa transformation.

Le Parti progressiste-conservateur du Canada

Le PC a une structure simple et classique de parti de cadres. Ses
associations de circonscription sont directement liées au parti national
et sont plus concentrées sur la politique nationale que celles du NPD
et du PLC. Le niveau d'activité au sein du parti est élevé, et les membres

qui veulent représenter leur circonscription aux réunions et congrès du parti en dehors de leur circonscription bénéficient pour la plupart de l'appui financier des associations de circonscription.

Par ailleurs, le PC s'attend que ses associations locales soient le plus possible autonomes et autosuffisantes. Entre les élections, il laisse la plupart d'entre elles gérer leurs propres finances, sans leur donner d'aide financière ni leur en réclamer. Les associations se sont dotées de programmes de financement très efficaces et structurés et ont refusé tout partage de leurs listes d'adresses, même avec le siège national. À la fin des années 80, cette politique d'autarcie locale avait permis à l'organisation progressiste-conservatrice d'être relativement à l'aise : les associations riches y étaient trois fois plus nombreuses que les pauvres.

La situation est la même lors des élections. Près de la moitié des associations déclarent avoir mené une campagne financièrement autonome en 1988, et rares sont celles qui disent avoir remis au siège national les sommes remboursées à titre de dépenses électorales. Dans un système aussi décentralisé, le choix des candidats et candidates est un facteur important pour la collecte de fonds, ce qui renforce la dynamique progressiste-conservatrice centrée sur les candidats.

Cela dit, l'objectif des progressistes-conservateurs n'est pas simplement de gagner des élections. Leurs associations sont générale-ment plus actives que celles des deux autres grands partis, et leurs activités, plus diversifiées. Elles organisent aussi davantage de rencontres de réflexion politique, dans le cadre des activités aussi bien d'orien-tation que de financement.

S'il est vrai que les progressistes-conservateurs ont déployé des efforts soutenus pour bâtir un parti stable et financièrement autonome, il convient aussi de signaler qu'ils ont eu l'avantage de former le gouver-nement à partir de 1984. Pour un parti de cadres, c'est là un atout incon-testable. Cela permet en effet à un noyau de députés et députées d'attirer sympathisants et argent, tout en minimisant les conflits internes pouvant résulter des efforts de recrutement de nouveaux membres et des campagnes d'investiture des candidats et candidates. Comme le révèle l'exemple des libéraux (surtout dans leur bastion traditionnel du Québec, où près de la moitié de leurs associations sont aujourd'hui purement nominales), cet atout est fragile, et l'organisation d'un parti de cadres peut rapidement s'atrophier. En fait, l'histoire du PC donne à penser qu'une défaite électorale pourrait rapidement provoquer une vague de luttes intestines dévastatrices (Perlin 1980). Le prochain changement de gouvernement nous fournira donc une occasion importante de vérifier la solidité du modèle progressiste-conservateur et de voir s'il est capable de résister aux assauts inévitables de l'adversité électorale.

LE SUCCÈS DES PARTIS DANS LES CIRCONSCRIPTIONS

Les partis canadiens ont toujours été profondément enracinés dans les circonscriptions. Ils ont, avec ces dernières, une sorte de relation symbiotique, et toute modification importante du régime électoral imposerait rapidement sa logique à l'ensemble de leurs structures. En l'absence de telles modifications, cependant, les partis résistent naturellement aux changements structurels qui menacent de transformer leur nature profonde (ou promettent de le faire). Malgré les tendances centralisatrices et nationalisatrices de la société et de la politique canadiennes contemporaines, qui exercent sur les partis des pressions considérables, le caractère très décentralisé et relativement autonome de leurs entités fondamentales dans les circonscriptions constitue un rempart contre tout changement facile ou rapide.

Cette indépendance locale a été la plus grande force des partis canadiens, qui existent, après tout, depuis plus longtemps que l'État lui-même. Elle a aussi été un facteur déterminant dans la transformation de ce pays, fédération incertaine de quatre petites colonies rurales devenue peu à peu une société urbaine moderne composée de dix provinces et de deux territoires couvrant toute la largeur d'un continent. Les partis politiques enracinés dans les circonscriptions sont l'une des institutions les plus anciennes et les plus efficaces de notre société. Les différences à l'intérieur de chaque parti témoignent de leur aptitude à s'adapter à la grande diversité de la société canadienne. Les différences entre les partis témoignent par ailleurs de la créativité avec laquelle les Canadiens et Canadiennes ont réussi à les adapter à des missions politiques différentes. Leur aptitude à se moderniser illustre leur souplesse structurelle inhérente. Leur endurance prouve leur capacité à répondre aux besoins de la classe politique et à servir les intérêts politiques des simples citoyens et citoyennes.

Au Canada, nul n'est obligé d'adhérer à un parti national ni d'y rester actif s'il s'en désintéresse. Mais ce sont les associations de circonscription qui offrent à la plupart des Canadiens la possibilité de participer à la vie politique et électorale du pays. Les associations de circonscription canadiennes ne sont donc ni plus ni moins variées que les populations et collectivités qu'elles desservent, comme les partis politiques canadiens ne sont ni plus ni moins variés que les associations de circonscription qu'ils construisent et entretiennent.

ANNEXE

~

ORGANISATION ET ACTIVITÉS DES ASSOCIATIONS
DE CIRCONSCRIPTION DES PARTIS
Sondage sur les pratiques actuelles et la réforme proposée

PARTIE A : FONCTIONNEMENT DU PROCESSUS ÉLECTORAL

Les questions suivantes portent sur le recensement et sur l'organisation des élections dans votre circonscription.

Recensement

La Commission royale a entendu des plaintes concernant les modalités actuelles de recensement. Elle aimerait savoir comment les choses se sont passées dans votre circonscription lors de l'élection générale de 1988. (Cochez la réponse qui convient.)

1.   Comment s'est passé le recensement dans votre circonscription ?

        a) ❒   Déroulement normal, aucun problème grave à signaler
        b) ❒   Quelques problèmes sans gravité que nous avons pu régler
        c) ❒   Problèmes graves auxquels il faut trouver une solution
        d) ❒   Désordre total, nécessité d'une réforme en profondeur

        Si vous avez coché a), passez à la question 8.
        Si vous avez coché b), c), ou d), répondez aux questions 2 à 7.

2.   Le recensement a posé des problèmes dans

        ❒   Quelques sections de vote seulement
        ❒   10 à 25 % des sections
        ❒   25 à 50 % des sections
        ❒   Plus de 50 % des sections

3.   Quel pourcentage des électeurs ou électrices semble ne pas avoir été inscrit sur la liste électorale préliminaire ?

        ❒   Moins de 5 %
        ❒   Entre 5 et 10 %
        ❒   Plus de 10 %
        ❒   Je ne sais pas

4. Après la révision, quel pourcentage des électeurs ou électrices semble avoir été inscrit sur la liste officielle ?

- ❏ Au moins 98 %
- ❏ Entre 95 et 98 %
- ❏ Entre 90 et 95 %
- ❏ Moins de 90 %
- ❏ Je ne sais pas

5. D'après vous, combien de plaintes votre organisation locale de campagne a-t-elle reçues au sujet du recensement lors de l'élection de 1988 ?

- ❏ Quelques-unes
- ❏ Entre 25 et 100
- ❏ Entre 100 et 300
- ❏ Nous en avons été submergés

6. En règle générale, se plaignait-on du fait que le nom de certaines personnes ne figurait pas sur la liste ou du nombre élevé d'omissions chez certains groupes ou dans certains secteurs ?

- ❏ Omissions visant surtout des particuliers
- ❏ Omissions visant surtout des groupes ou des secteurs
- ❏ Les deux

7. Si la date limite d'inscription sur la liste électorale avait été repoussée jusqu'à un jour ou deux avant la journée du scrutin, quelle proportion des problèmes de recensement aurait pu être évitée ?

- ❏ Tous ces problèmes
- ❏ La majorité
- ❏ Un certain nombre
- ❏ Quelques-uns

8. Votre association locale devait-elle fournir des listes de recenseurs au directeur ou à la directrice du scrutin en 1988 ?

❏ Oui   ❏ Non

Si vous avez coché non, passez à la question 13.
Si vous avez coché oui :

- ❏ Il vous a été facile de dresser la liste demandée
- ❏ Vous avez eu toutes les peines du monde à réunir suffisamment de noms
- ❏ Vous n'êtes pas parvenu à trouver un nombre suffisant de recenseurs

9. Si vous avez eu de la difficulté à trouver un nombre suffisant de recenseurs, à quoi cela est-il dû ? (Cochez plusieurs réponses au besoin.)

    ❑   Ils ne sont pas assez bien rémunérés
    ❑   Les gens refusent de faire du porte-à-porte dans certains secteurs de la circonscription
    ❑   Les gens refusent de sortir le soir
    ❑   Les recenseurs habituels travaillent maintenant à plein temps
    ❑   Autre explication _____ (Précisez.)

10. Quelle proportion des recenseurs que vous aviez recommandés ont participé par la suite à la campagne locale de votre parti ?

    ❑   La majorité
    ❑   Un certain nombre
    ❑   Quelques-uns
    ❑   Aucun

11. Comment qualifieriez-vous le rôle joué par ces personnes dans la campagne électorale ?

    ❑   Très important
    ❑   Moyennement important
    ❑   Peu important
    ❑   Sans importance

    Quelle proportion de vos bénévoles représentaient-elles ? _____ %

12. Quelle proportion des personnes recommandées par vos soins ont consacré une partie de leur rémunération de recenseur à la campagne électorale ?

    ❑   La majorité
    ❑   Un certain nombre
    ❑   Quelques-uns
    ❑   Aucune

13. À l'heure actuelle, les deux partis en tête dans une circonscription ont le droit de nommer des recenseurs. D'après vous, ce privilège :

    ❑   Constitue un avantage pendant leur campagne
    ❑   Crée plus de difficultés qu'il ne comporte d'avantages
    ❑   Représente un inconvénient, la nomination de recenseurs ayant pour effet de réduire d'autant le nombre de travailleurs de la campagne
    ❑   Je ne sais pas

14.   La révision des limites des circonscriptions électorales de 1987 a eu
       l'impact suivant dans votre circonscription :

   ❏   Chambardement total ayant abouti à la création d'une
        circonscription quasi nouvelle
   ❏   Changements importants
   ❏   Quelques changements
   ❏   Pas de changements

Options proposées

De nombreuses modifications ont été proposées à la Commission royale.
En vous servant des cotes suivantes, indiquez dans quelle mesure vous êtes
d'accord ou non avec les propositions énoncées ci-après.

    1. Entièrement d'accord
    2. Plus ou moins d'accord
    3. Plus ou moins en désaccord
    4. Nettement en désaccord

Recensement : Liste électorale

1.   Les électeurs ou électrices non recensés devraient pouvoir
      se faire inscrire sur la liste au bureau de scrutin le jour
      de l'élection, sur présentation d'une pièce d'identité jugée
      acceptable.   ____

2.   Les directeurs ou directrices du scrutin devraient être seuls
      habilités à recruter les recenseurs, sans intervention
      des partis.   ____

3.   Tous les partis inscrits dans une circonscription donnée
      devraient pouvoir recommander des recenseurs.   ____

4.   Il ne devrait pas être obligatoire que les recenseurs habitent
      dans la circonscription, mais la priorité devrait quand même
      être accordée aux résidents de l'endroit.   ____

5.   Les jeunes de 16 et 17 ans devraient être autorisés à faire
      le recensement.   ____

6.   Il conviendrait de dresser une liste électorale permanente
      (qui, malgré son coût éventuellement plus élevé, permettrait
      d'abréger les campagnes).   ____

Membres du personnel électoral

7.   Élections Canada devrait pouvoir procéder à la nomination
      des directeurs ou directrices du scrutin sans que le député
      ou la députée de la circonscription ou le parti au pouvoir
      aient leur mot à dire.   ____

8. Entre les élections, les directeurs ou directrices du scrutin devraient être rémunérés à temps partiel en vue d'expliquer le processus électoral et de maintenir les communications avec les différents groupes et les différentes sections de la circonscription. _____

9. Les directeurs ou directrices du scrutin ne devraient pas être habilités à recruter des scrutateurs ou scrutatrices et des greffiers du scrutin sans que les partis aient leur mot à dire. _____

10. Les jeunes de 16 et 17 ans devraient pouvoir agir en qualité de greffiers du scrutin. _____

Scrutin par anticipation et vote des absents

11. Le vote par correspondance devrait remplacer le vote par procuration. _____

Formalités de vote et heures du scrutin

12. Le scrutin devrait se tenir le dimanche plutôt que le lundi. _____

13. À votre avis, que penseraient la majorité des électeurs ou électrices de votre circonscription de l'idée de tenir le scrutin le dimanche ? _____

Électeurs ayant des besoins spéciaux

14. Élections Canada devrait offrir aux sans-abri des programmes spéciaux destinés à faciliter leur recensement et l'exercice de leur droit de vote. _____

15. Pour aider les personnes qui ont de la difficulté à lire ou à s'exprimer, le logo du parti devrait figurer à côté du nom du candidat sur le bulletin de vote. _____

16. Dans les sections de vote où un nombre important de gens parlent fréquemment une langue autre que le français ou l'anglais, les affiches et la documentation devraient être rédigées dans cette langue, en plus du français et de l'anglais. _____

17. Au cours de la semaine précédant le jour du scrutin, les personnes trop malades pour se déplacer devraient pouvoir voter à domicile grâce à un bureau de scrutin mobile. _____

PARTIE B : ORGANISATION ET ACTIVITÉS DE L'ASSOCIATION DE CIRCONSCRIPTION

Votre association locale

1.   Comment décririez-vous le niveau d'activité de votre association ?

❏   Très élevé : activités tous les mois
❏   Moyen : plusieurs activités par année
❏   Faible : assemblées annuelles, réunions de désignation
de candidats ou de délégués, etc.
❏   Quasi inexistant : rencontres très espacées entre les élections

2.   Combien de membres compte la direction ? _____

3.   Quelle est la fréquence des réunions de la direction ?

❏   Au moins une fois par mois
❏   Au moins quatre fois par année
❏   Au moins une fois par année
❏   À intervalles irréguliers, selon le besoin
❏   Autre _____ (Précisez.)

4.   Quelle est la fréquence des réunions ?
_____

5.   Diriez-vous que votre association compte un « groupe de base »
qui exécute la plus grande partie du travail entre les élections ?

❏ Oui   ❏ Non

Si la réponse est oui, combien de personnes en font partie ?
_____

6.   Depuis combien de temps l'actuel président ou l'actuelle présidente
de votre association occupe-t-il son poste ?

_____ années

7.   Pourriez-vous nous dire combien de membres comptait votre
association locale au cours des années suivantes ?

1990 _____ 1988 _____
1989 _____ 1987 _____

Si des fluctuations soudaines se sont produites pendant ces années, comment les expliquez-vous ?

_____

8.   Votre association compte :

___ % de femmes
___ % de membres de minorités visibles

9.   Le cas échéant, indiquez quels groupes parmi les suivants forment une section distincte de votre association. (Vous pouvez en cocher plusieurs au besoin.)

☐   Les femmes
☐   Les jeunes
☐   Les groupes ethniques
☐   Autre _____ (Précisez.)

10.   Combien de personnes ont versé une contribution financière à votre association en :

1990 _____
1989 _____
1988 _____

11.   Votre association compte-t-elle un personnel rémunéré (distinct de celui du bureau de comté du député ou de la députée) ?

☐ Oui   ☐ Non

12.   Si le député ou la députée de la circonscription est de votre parti, son bureau de comté sert-il à des activités de votre association ?

☐   Régulièrement
☐   Souvent
☐   Parfois
☐   Jamais
☐   Sans objet

13. La direction de votre association s'occupe :

   ❑ Exclusivement de politique fédérale
   ❑ Principalement de politique fédérale et parfois de politique provinciale
   ❑ Autant de politique fédérale que de politique provinciale
   ❑ Principalement de politique provinciale et parfois de politique fédérale

14. Votre association participe-t-elle à la politique municipale ?

   ❑ Oui   ❑ Non

15. Votre association :

   ❑ Compte exclusivement des membres du parti fédéral
   ❑ Compte des membres du parti fédéral et du parti provincial
   ❑ Ne compte pas de membres « officiels »

16. Quel est le montant de la cotisation annuelle dans votre association ?

   _____ $

17. Entre les élections, de quelles activités parmi les suivantes votre association s'occupe-t-elle au moins une fois par année ?
   (Cochez-en plusieurs au besoin.)

   ❑ Activités de soutien en faveur du député ou du candidat local
   ❑ Manifestations sociales
   ❑ Campagne de financement
   ❑ Analyse et élaboration des politiques
   ❑ Planification des campagnes électorales
   ❑ Publication de bulletins d'information
   ❑ Sondages locaux
   ❑ Organisation d'assemblées publiques
   ❑ Passage à la télévision locale ou au poste du câble
   ❑ Campagne de recrutement
   ❑ Autre _____ (Précisez.)

Lesquelles de ces activités jugez-vous les plus importantes ?

   1. _____
   2. _____
   3. _____

18. À partir de l'expérience acquise récemment par votre association, qu'ont représenté selon vous :

Les mises en candidature aux élections fédérales

❏ Une source de querelles locales
❏ Une lutte serrée
❏ Une lutte inexistante
❏ Une corvée pour trouver un candidat

La désignation des délégués ou déléguées aux congrès au leadership

❏ Une source de querelles locales
❏ Une lutte serrée
❏ Une lutte inexistante
❏ Une corvée pour trouver des délégués ou déléguées
❏ Aucune expérience récente

La désignation des délégués ou déléguées aux congrès du parti

❏ Une source de querelles locales
❏ Une lutte serrée
❏ Une lutte inexistante
❏ Une corvée pour trouver des délégués ou déléguées
❏ Aucune expérience récente

Options proposées
Cochez l'énoncé qui représente le mieux votre opinion.

1. ❏ Les partis politiques devraient pouvoir diriger leurs affaires internes selon leurs propres règles, comme bon leur semble.
OU
❏ Compte tenu des importantes responsabilités publiques des partis politiques, la régie de leurs affaires internes devrait être réglementée au moins en partie par la loi.

2. ❏ Les associations de circonscription devraient être autorisées à émettre des reçus aux fins d'impôt pour contribution politique.
OU
❏ Les instances nationales des partis devraient demeurer seules habilitées à émettre des reçus aux fins d'impôt afin de prévenir les abus.

3.   ☐   Les associations de circonscription devraient être tenues
de s'enregistrer auprès d'Élections Canada et de produire
un rapport financier annuel.

OU

☐   Les associations de circonscription devraient continuer à
n'être pas tenues de s'enregistrer et à être régies uniquement
par la constitution de leur parti.

PARTIE C : DÉSIGNATION DES PERSONNES DÉLÉGUÉES ET MISE EN NOMINATION DES CANDIDATS OU CANDIDATES

Pratiques locales actuelles

1.   Votre association possède-t-elle un comité permanent chargé
de trouver des candidats ?

☐ Oui   ☐ Non

2.   Les membres du groupe de base de votre association s'entendent-ils
surtout entre eux sur le candidat ou la candidate de leur choix,
pour ensuite favoriser sa mise en nomination ?

☐ Oui   ☐ Non

3.   Votre association a-t-elle fait des efforts particuliers pour
encourager la candidature de femmes ?

☐ Oui   ☐ Non

4.   Depuis combien de temps les partisans de votre parti doivent-ils
être membres de votre association pour avoir le droit de vote
aux assemblées de mise en nomination ?

☐   Une semaine ou moins
☐   Une à deux semaines
☐   Deux semaines à un mois
☐   Au moins un mois

5.   Votre association impose-t-elle certaines règles concernant
les dépenses liées aux mises en nomination ?

☐ Oui   ☐ Non

6. D'après vous, le problème des dépenses excessives des candidats ou candidates mis en nomination dans votre circonscription :

   ☐   S'est posé sérieusement
   ☐   Mérite d'être surveillé
   ☐   Ne s'est pas posé du tout

7. Quels effets le recrutement « éclair » de nouveaux membres en prévision d'assemblées de *mise en nomination* a-t-il eus sur votre association ?

   ☐   Des effets positifs avec une augmentation du nombre de membres
   ☐   Des effets négatifs avec des bouleversements au sein de l'association
   ☐   Situation non rencontrée dans notre association

8. Quels effets le recrutement « éclair » de nouveaux membres en prévision d'*assemblées de désignation de personnes déléguées aux congrès au leadership* a-t-il eus sur votre association ?

   ☐   Des effets positifs avec une augmentation du nombre de membres
   ☐   Des effets négatifs avec des bouleversements au sein de l'association
   ☐   Situation non rencontrée dans notre association

9. Combien de candidats ou candidates se sont présentés à l'assemblée de mise en nomination de votre association lors de l'élection générale de 1988 ?

   ☐   Un, sans concurrence
   ☐   Deux
   ☐   Trois
   ☐   Plus de trois

10. Pendant la campagne de mise en nomination, d'après vous à combien se sont élevées les dépenses :

   Du candidat désigné_____ $
   De son principal concurrent (le cas échéant)_____ $

Options proposées

Cochez l'énoncé qui représente le mieux votre opinion.

1.   ❐   Les chefs de partis devraient continuer d'être choisis par les délégués aux congrès au leadership.

                              OU

          ❐   Les chefs de partis devraient plutôt être élus au suffrage universel par tous les membres de leur parti.

2.   ❐   La loi électorale devrait comporter des dispositions énonçant les règles et principes généraux régissant le *choix des chefs* de tous les partis légalement enregistrés.

                              OU

          ❐   Les partis devraient être laissés entièrement libres de décider selon quelles règles et quels principes devrait s'effectuer *le choix du chef.*

3.   ❐   Seules les personnes ayant le droit de vote devraient être autorisées à assister aux assemblées de désignation des personnes déléguées aux congrès de direction des partis.

                              OU

          ❐   Tous les membres (y compris les jeunes de moins de 18 ans ou les personnes n'ayant pas la citoyenneté canadienne) devraient être autorisés à assister aux assemblées de désignation des personnes déléguées aux congrès au leadership des partis.

4.   ❐   La loi électorale devrait comporter des dispositions énonçant les règles et principes généraux régissant *la mise en nomination des candidats ou candidates* de tous les partis légalement enregistrés.

                              OU

          ❐   Les partis devraient être laissés entièrement libres de décider selon quelles règles et quels principes devrait s'effectuer *la mise en nomination de leurs candidats ou candidates.*

5.   ❐   Seules les personnes ayant le droit de vote devraient être autorisées à assister aux assemblées de mise en nomination.

                              OU

          ❐   Tous les membres (y compris les jeunes de moins de 18 ans ou les personnes n'ayant pas la citoyenneté canadienne) devraient être autorisés à assister aux assemblées de mise en nomination.

6.   La loi devrait-elle plafonner les dépenses des personnes qui pré-
     sentent leur candidature à une assemblée de mise en nomination,
     au même titre que les dépenses des candidats aux élections ?

     ❐ Oui   ❐ Non

     Si la réponse est oui, quel serait un plafond raisonnable ? _____ $

7.   La loi devrait-elle plafonner les dépenses des candidats
     ou candidates au leadership des partis ?

     ❐ Oui   ❐ Non

8.   Les candidats au leadership des partis devraient-ils être tenus
     de produire des états détaillés de leurs dépenses ?

     ❐ Oui   ❐ Non

9.   Le gouvernement devrait-il rembourser certaines dépenses admis-
     sibles des candidats ou candidates à *la mise en nomination d'un parti*
     (comme il le fait pour certaines dépenses d'élection) ?

     ❐ Oui   ❐ Non

10. Le gouvernement devrait-il rembourser certaines dépenses admis-
     sibles des candidats ou candidates au *leadership d'un parti* (comme il
     le fait pour certaines dépenses d'élection) ?

     ❐ Oui   ❐ Non

11. D'après vous, le crédit d'impôt actuel pour contribution à un parti
     politique devrait-il s'appliquer également aux campagnes de
     financement :

     Des candidats ou candidates au leadership d'un parti

     ❐ Oui   ❐ Non

     Des candidats ou candidates à la mise en nomination d'un parti

     ❐ Oui   ❐ Non

PARTIE D : ACTIVITÉS DE L'ASSOCIATION DE CIRCONSCRIPTION EN CAMPAGNE ÉLECTORALE

Organisation de la campagne et activités

1. Sur combien de bénévoles devez-vous compter pour mener une bonne campagne dans votre circonscription ? _____

2. De combien de bénévoles disposiez-vous en 1988 ? _____

3. Aviez-vous un personnel rémunéré pendant la campagne électorale de 1988 dans votre circonscription ?

    ☐ Oui   ☐ Non

    Si la réponse est oui,

    a) Nombre de personnes : _____

    b) Il s'agissait :

        ☐   De personnes de l'endroit
        ☐   De personnes de l'endroit et de l'extérieur
        ☐   De personnes de l'extérieur

    c) Quels postes occupaient ces personnes ou de quelles activités s'occupaient-elles ?

        _____
        _____

4. Lors de la campagne électorale de 1988, votre équipe a-t-elle été secondée par des personnes de l'extérieur de la circonscription ?

    ☐ Oui   ☐ Non

    Si la réponse est oui,

    a) Nombre de personnes : _____

    b) Il s'agissait : (Cochez plusieurs cases au besoin.)

        ☐   De bénévoles
        ☐   De stratèges ou de cadres
        ☐   D'organisateurs et d'organisatrices rémunérés
        ☐   Autre _____ (Précisez.)

c) Si ces personnes étaient rémunérées, elles étaient payées par :

- ❏ L'association de circonscription
- ❏ Le candidat
- ❏ La direction nationale / provinciale du parti
- ❏ Le secteur privé
- ❏ Des syndicats
- ❏ Des groupes d'intérêt
- ❏ Je ne sais pas
- ❏ Autre _____ (Précisez.)

5. Par qui la personne qui dirigeait la campagne a-t-elle été nommée ?

- ❏ Par la direction de l'association locale du parti
- ❏ Par le candidat
- ❏ Par un représentant des instances nationales ou provinciales du parti
- ❏ Autre _____ (Précisez.)

6. Est-ce que le directeur ou la directrice de campagne était un membre en règle de votre association ?

- ❏ Oui ❏ Non

7. Quels genres de rapports la direction de l'association locale et l'équipe chargée de la campagne ont-elles entretenus ?

- ❏ L'association a conservé la direction des opérations
- ❏ Les responsabilités ont été entièrement déléguées à l'équipe chargée de la campagne
- ❏ Les responsabilités ont été partagées

8. Parmi les bénévoles qui ont fait partie de l'équipe chargée de la campagne de votre parti dans votre circonscription en 1988 :

- ____ % étaient des membres en règle du parti
- ____ % versaient régulièrement une contribution financière à votre association
- ____ % avaient participé à la campagne électorale de 1984
- ____ % étaient des femmes
- ____ % étaient membres de minorités visibles

9. Classez les facteurs suivants par ordre d'importance selon leur influence sur la décision prise par les bénévoles de participer à votre campagne (en les numérotant de 1 à 5).

    ____ Votre candidat ou candidate
    ____ Le candidat ou la candidate de l'opposition
    ____ Le chef du parti
    ____ L'orientation du parti
    ____ La loyauté traditionnelle envers le parti

10. D'après vous, qu'est-ce qui motive le bénévolat pendant les campagnes électorales ?

    _____

11. Énumérez, par ordre d'importance, les principales tâches accomplies par des bénévoles au cours de votre campagne.

    1. _____
    2. _____
    3. _____

12. Si la personne candidate de votre parti était différente, vous vous attendriez à pouvoir compter :

    ❑ Sur un groupe de bénévoles presque entièrement différent
    ❑ Sur un groupe de bénévoles quelque peu différent
    ❑ Sur sensiblement le même groupe de bénévoles
    ❑ Sur exactement le même groupe de bénévoles

13. D'après vous, notre système électoral actuel avantage-t-il de quelque manière le député sortant ou la députée sortante ?

    ❑ Oui   ❑ Non

    Si la réponse est oui, quels sont les plus importants de ces avantages ?

    _____
    _____

14. Votre association a-t-elle procédé à ses propres sondages d'opinion en 1988 ?

☐ Oui ☐ Non

Si la réponse est oui, les données obtenues ont-elles modifié votre campagne ?

☐ Oui ☐ Non

Si la réponse est oui, de quelle manière ?

_____

15. Croyez-vous que la publication de sondages d'opinion a une influence quelconque sur les résultats des élections à l'échelle locale ?

☐ Oui ☐ Non

Si la réponse est oui, quel en est le principal effet ?

_____

16. Votre organisation électorale :

☐ A été constituée avant le choix de la personne désignée candidat ou candidate
☐ N'a été constituée qu'après le choix de la personne désignée

17. Les principaux médias de votre région :

☐ Accordent toute leur attention à la campagne nationale sans couvrir la lutte que se font les candidats locaux
☐ Assurent une couverture équilibrée de la campagne nationale et de la campagne locale
☐ S'intéressent surtout aux candidats locaux ou candidates locales et à la campagne locale

18. Évaluez l'importance du rôle joué par les outils de communication suivants dans la campagne de votre parti, à l'intérieur de <u>votre</u> circonscription. (Cochez la case qui convient.)

	Grande importance	Moyenne importance	Faible importance	Aucune importance
Télévision	❏	❏	❏	❏
Radio	❏	❏	❏	❏
Journaux	❏	❏	❏	❏
Télévision par câble	❏	❏	❏	❏
Envois postaux	❏	❏	❏	❏
Assemblées réunissant tous les candidats	❏	❏	❏	❏
Distribution de prospectus	❏	❏	❏	❏
Sollicitation	❏	❏	❏	❏

19. Indiquez votre degré de satisfaction face à la couverture médiatique de la *campagne électorale* locale en 1988 :

   ❏ Très satisfait
   ❏ Satisfait
   ❏ Plus ou moins satisfait
   ❏ Pas très satisfait

20. Indiquez votre degré de satisfaction face à la couverture médiatique de la campagne de votre *candidat ou candidate* en 1988 :

   ❏ Très satisfait
   ❏ Satisfait
   ❏ Plus ou moins satisfait
   ❏ Pas très satisfait

21. Est-ce que des groupes défendant des intérêts particuliers sont directement intervenus pendant la campagne locale dans le but d'appuyer votre personne candidate ou de s'y opposer ?

   ❏ Oui   ❏ Non

   Si la réponse est oui, quels intérêts particuliers défendaient-ils ou auxquels s'opposaient-ils ?

   _____

ANNEXE

Options proposées

En vous servant des cotes suivantes, indiquez dans quelle mesure vous êtes d'accord ou non avec les propositions énoncées ci-après.

1. Entièrement d'accord
2. Plus ou moins d'accord
3. Plus ou moins en désaccord
4. Nettement en désaccord

1. Le pourcentage des suffrages exigé aux fins du remboursement des dépenses d'élection devrait être inférieur aux 15 % actuels. ____

2. Les rapports concernant les dépenses locales d'élection devraient comporter une liste des salaires versés au personnel rémunéré. ____

3. Le cautionnement exigé des candidats ou candidates (actuellement 200 $) devrait être augmenté à au moins 1 000 $ afin de décourager les candidatures non sérieuses. ____

4. Dans chaque circonscription, les partis devraient être tenus de présenter alternativement des candidatures d'hommes et de femmes; ainsi, si le parti a été représenté par un homme lors des dernières élections, c'est la candidature d'une femme qui devrait être retenue la prochaine fois qu'il faudra choisir un nouveau candidat ou une nouvelle candidate, et vice versa. ____

5. Le chef du parti ne devrait plus avoir le droit de refuser d'approuver l'investiture d'un candidat désigné localement (aux fins de son inscription sur le bulletin de vote). ____

6. Élections Canada devrait contribuer à assumer les frais de garde d'enfants des candidats et candidates et des principaux membres du personnel et organisateurs ou organisatrices affectés à la campagne. ____

PARTIE E : GESTION FINANCIÈRE ET ACTIVITÉS DE FINANCEMENT DE L'ASSOCIATION DE CIRCONSCRIPTION

Les questions suivantes portent sur les finances de votre association entre les campagnes électorales. Soyez le plus précis possible.

Financement de votre association

1. Indiquez, parmi les méthodes de financement suivantes, celles auxquelles votre association a régulièrement recours au cours des années où il n'y a pas d'élections. (Cochez autant de cases que vous le jugez nécessaire.)

    ❑ Campagne annuelle de recrutement de nouveaux membres
    ❑ Sollicitation en personne
    ❑ Sollicitation par courrier
    ❑ Manifestations sociales
    ❑ Activités du comité des femmes
    ❑ Activités du comité des jeunes
    ❑ Séminaires; assemblées spéciales d'orientation
    ❑ Autre _____ (Précisez.)

2. À votre avis, quelles sont les trois méthodes de financement les plus importantes pour votre association ?

    1. _____
    2. _____
    3. _____

3. Pour 1989 et 1990, années récentes pendant lesquelles il n'y a pas eu d'élections, indiquez quel a été le *revenu* total de votre association.

1989	*1990*
❑ Moins de 1 000 $	❑ Moins de 1 000 $
❑ Entre 1 000 et 4 999 $	❑ Entre 1 000 et 4 999 $
❑ Entre 5 000 et 9 999 $	❑ Entre 5 000 et 9 999 $
❑ Entre 10 000 et 19 999 $	❑ Entre 10 000 et 19 999 $
❑ Entre 20 000 et 39 999 $	❑ Entre 20 000 et 39 999 $
❑ 40 000 $ et plus	❑ 40 000 $ et plus

4. Parmi les dépenses suivantes, indiquez (le cas échéant) lesquelles sont importantes pour votre association entre les campagnes électorales. (Cochez autant de cases que vous le jugez nécessaire.)

    ❐   Loyer
    ❐   Rémunération du personnel
    ❐   Frais d'impression et d'affranchissement
    ❐   Organisation des assemblées de membres
    ❐   Examen des orientations
    ❐   Relations publiques à l'échelle locale
    ❐   Immeubles / propriétés immobilières
    ❐   Autre _____ (Précisez.)

5. Nommez les trois dépenses les plus importantes pour votre association.

    1. _____
    2. _____
    3. _____

6. Pour 1989 et 1990, années récentes pendant lesquelles il n'y a pas eu d'élections, indiquez quelles ont été les *dépenses* totales de votre association.

    1989

    ❐   Moins de 1 000 $
    ❐   Entre 1 000 et 4 999 $
    ❐   Entre 5 000 et 9 999 $
    ❐   Entre 10 000 et 19 999 $
    ❐   Entre 20 000 et 39 999 $
    ❐   40 000 $ et plus

    1990

    ❐   Moins de 1 000 $
    ❐   Entre 1 000 et 4 999 $
    ❐   Entre 5 000 et 9 999 $
    ❐   Entre 10 000 et 19 999 $
    ❐   Entre 20 000 et 39 999 $
    ❐   40 000 $ et plus

7. Votre association a-t-elle enregistré un excédent ou un déficit d'exploitation en 1989 et en 1990 ?

    1989   ❐ Excédent   ❐ Déficit de _____ $
    1990   ❐ Excédent   ❐ Déficit de _____ $

8. Indiquez quels biens appartiennent à votre association.

❏ Mobilier de bureau
❏ Ordinateur
❏ Photocopieuse
❏ Affranchisseuse
❏ Téléphone / répondeur téléphonique
❏ Autre _____ (Précisez.)

9. De combien de fonds votre association dispose-t-elle à l'heure actuelle ?

❏ Moins de 1 000 $
❏ Entre 1 000 et 4 999 $
❏ Entre 5 000 et 9 999 $
❏ Entre 10 000 et 24 999 $
❏ Entre 25 000 et 49 999 $
❏ Entre 50 000 et 99 999 $
❏ Entre 100 000 et 249 999 $
❏ Plus de 250 000 $

Ces fonds sont :

❏ Déposés dans des comptes de l'association
❏ Conservés en fiducie par les bureaux des instances nationales ou provinciales du parti
❏ Conservés en partie par l'association locale et en partie par d'autres bureaux du parti
❏ Déposés dans des comptes de fiduciaires locaux

10. En général, votre association assume-t-elle une partie des dépenses des délégués aux assemblées suivantes ? (Cochez autant de cases que vous le jugez nécessaire.)

❏ Réunions du parti à l'extérieur de la circonscription
❏ Congrès provinciaux
❏ Congrès nationaux
❏ Congrès à la direction du parti à l'échelle nationale
❏ Aucun appui financier pour ces activités

11. Pendant les années où il n'y a pas d'élections :

❒ Les mouvements de fonds entre votre association et les instances supérieures du parti sont à leur avantage net (vous versez davantage)

❒ Les mouvements de fonds entre votre association et les instances supérieures du parti sont à votre avantage net (elles versent davantage)

❒ Il n'y a pas de mouvements de fonds significatifs entre votre association et d'autres instances du parti

12. La multiplication des campagnes nationales de financement des partis par sollicitation postale :

❒ Constitue un obstacle au financement de votre association

❒ Facilite le financement de votre association en sensibilisant le public et en suscitant son intérêt

❒ N'a pas de répercussions sur le financement de votre association

13. Votre association :

❒ Met ses listes postales à l'entière disposition des bureaux centraux du parti

❒ Ne divulgue pas ses listes personnelles afin de ne pas nuire à son propre financement à l'échelle locale

14. Les membres de votre circonscription se plaignent-ils d'être trop souvent sollicités par le parti ces derniers temps ?

❒ Oui   ❒ Non

Options proposées

Indiquez si vous êtes *en accord* ou *en désaccord* avec les propositions suivantes.

		En accord	*En désaccord*
1.	Des locaux et du mobilier devraient être mis à la disposition des associations dûment inscrites des partis politiques dans des immeubles gouvernementaux.	❒	❒

2. Le gouvernement devrait doubler les fonds recueillis à l'échelle locale jusqu'à concurrence d'un certain montant (5 000 $ par exemple) afin d'aider les associations de circonscription à demeurer présentes dans le comté entre les campagnes électorales. ❑ ❑

3. Les contributions financières versées par un particulier à une association de circonscription pour une année donnée ne devraient pas dépasser un certain plafond. ❑ ❑

4. Seuls les habitants de la circonscription ayant le droit de vote devraient être autorisés à verser des contributions financières à l'association locale d'un parti. ❑ ❑

5. Les instances nationales des partis ne devraient pas être autorisées à se servir des dispositions concernant le crédit d'impôt pour exiger que les associations locales leur reversent un certain pourcentage des fonds recueillis dans les circonscriptions. ❑ ❑

PARTIE F : DÉPENSES D'ÉLECTION DANS LA CIRCONSCRIPTION

Les questions suivantes portent essentiellement sur l'application des règles actuelles en matière de dépenses d'élection et sur l'expérience que vous avez acquise à cet égard en 1988.

Dépenses d'élection

1. À l'heure actuelle, la loi plafonne les dépenses des personnes candidates et des partis en campagne électorale fédérale et elle exige la présentation d'états détaillés des dépenses et des contributions. Selon vous, les règles présentement en vigueur sont :

    ❑ Très satisfaisantes
    ❑ Satisfaisantes
    ❑ Plus ou moins satisfaisantes
    ❑ Pas satisfaisantes

2. À votre avis, ces règles sont :

    ❑ Trop peu sévères
    ❑ Trop sévères
    ❑ Convenables

3.   Certaines personnes se plaignent car les règles actuelles concernant
      les dépenses d'élection sont si complexes que la plupart des béné-
      voles et des travailleurs de la campagne ne les comprennent pas.
      Selon vous, est-ce le cas ?

      ❐ Oui   ❐ Non

      Est-il vraiment important que la plupart des travailleurs ne puissent
      pas bien respecter ces règles ?

      ❐ Oui   ❐ Non

      Si tel est le cas, pourquoi ?

      _____

4.   Les règles actuellement en vigueur concernant les dépenses
      d'élection incitent-elles votre association à effectuer certaines
      dépenses et à réaliser certaines activités avant le déclenchement
      des élections ?

      ❐ Oui   ❐ Non

      Si la réponse est oui, est-ce une bonne chose ?

      ❐ Oui   ❐ Non

      Le cas échéant, quelles activités sont réalisées et quelles dépenses
      sont effectuées à l'avance ?

      1. _____
      2. _____

5.   En 1988, combien ont coûté au total les activités de votre association
      depuis le début de l'année (à partir du 1er janvier) *jusqu'au* déclen-
      chement de l'élection (le 1er octobre)

      _____ $

6.   Pendant l'élection générale de 1988, quel montant des dépenses
      (parfois appelées « dépenses de campagne ») de votre candidat ou
      candidate représentait des articles qui ne sont pas des « dépenses
      d'élection » plafonnées aux termes de la *Loi électorale du Canada* ?

      _____ $

7.   Indiquez en quoi ont essentiellement consisté les « dépenses de campagne » de votre candidat ou candidate.

    _____

8.   Indiquez si, pendant l'élection générale de 1988, votre association a bénéficié d'une aide financière :

    ❒   Des instances nationales du parti
    ❒   Des instances provinciales (ou territoriales) du parti
    ❒   D'autres associations de circonscription

9.   Indiquez si, pendant l'élection générale de 1988, votre association a versé des contributions financières :

    ❒   Aux instances nationales du parti
    ❒   Aux instances provinciales (ou territoriales) du parti
    ❒   À d'autres associations de circonscription

10.   Indiquez l'importance de chacun des modes de financement suivants pour votre association de circonscription *pendant* la campagne électorale de 1988.

    1. Très grande importance
    2. Grande importance
    3. Moyenne importance
    4. Sans importance

____ Sollicitation par courrier
____ Sollicitation en personne auprès de particuliers
____ Sollicitation en personne auprès d'entreprises, de syndicats, d'organisations
____ Activités de financement (dîners, etc.)
____ Contributions spontanées (non sollicitées)
____ Contributions des instances nationales du parti
____ Contributions des instances provinciales du parti
____ Contributions d'autres associations de circonscription
____ Contribution du candidat ou de la candidate
____ Autre _____ (Précisez.)

11. Indiquez l'importance du candidat local sur le plan du financement de la campagne électorale.

❑ Très grande importance
❑ Grande importance
❑ Moyenne importance
❑ Sans importance

12. Le choix d'une femme comme candidate nuit-il au financement local de la campagne ?

❑ Oui   ❑ Non   ❑ Aucune expérience

13. Le choix d'un membre d'une minorité visible comme candidat nuit-il au financement local de la campagne ?

❑ Oui   ❑ Non   ❑ Aucune expérience

14. D'après vous, les efforts déployés personnellement par la personne candidate locale dans le cadre des activités de financement de la campagne électorale sont :

❑ Indispensables — Il s'agit d'une tâche essentielle du candidat ou de la candidate
❑ Importants — Cette tâche accapare une bonne partie de son temps
❑ Occasionnels — Le candidat ou la candidate ne s'en occupe qu'à l'occasion
❑ Nuls — Le candidat ou la candidate ne doit pas s'en mêler

15. Votre personne candidate ou votre association a-t-elle dû remettre aux instances nationales du parti la totalité ou une partie du remboursement des dépenses d'élection versé par le gouvernement ?

❑ Oui   ❑ Non

Si la réponse est oui, une quelconque partie de cette somme est-elle conservée en fiducie au nom de votre association pour son usage futur ?

❑ Oui   ❑ Non

16.   Avez-vous enregistré un excédent financier pour la campagne
       de votre candidat ou candidate à la fin de la campagne électorale
       de 1988 ?

       ❏ Oui   ❏ Non

       Si la réponse est oui, à combien s'élevait-il ? _____ $

       Si la réponse est oui, cet excédent a été :

       ❏   Déposé dans le compte des dépenses générales de l'asso-
                ciation locale
       ❏   Déposé dans le compte en fiducie de l'association locale
       ❏   Remis aux instances provinciales du parti
       ❏   Remis aux instances nationales du parti
       ❏   Autre _____ (Précisez.)

17.   La décision concernant l'utilisation de cet excédent a été prise :

       ❏   Par le candidat ou la candidate
       ❏   Par la direction de l'association de circonscription
       ❏   Par des dirigeants du parti _____ (Précisez.)
       ❏   Autre _____ (Précisez.)

18.   En 1988, les dépenses de votre association ont-elles été plus élevées
       avant le déclenchement dès élections que pendant la campagne
       électorale proprement dite ?

       ❏ Oui   ❏ Non

19.   Décrivez en quoi les activités de financement de votre association
       en période électorale se distinguent principalement de son mode
       de financement pendant les années où il n'y a pas d'élections.

       _____

20.   Des fonds de l'association ont-ils servi à favoriser la mise en candi-
       dature de certaines personnes ?

       ❏ Oui   ❏ Non

       Si la réponse est oui, à combien cette somme s'est-elle élevée ? _____ $

Options proposées

Indiquez si vous êtes *en accord* ou *en désaccord* avec les propositions suivantes.

		En accord	En désaccord
1.	Il ne devrait plus y avoir de distinction entre les dépenses d'élection et les dépenses de campagne : toutes les dépenses, quelles qu'elles soient, devraient faire l'objet d'une réglementation.	❏	❏
2.	Les instances nationales des partis ne devraient plus avoir le droit d'exiger que les remboursements de dépenses locales versés par le gouvernement leur soient remis.	❏	❏
3.	Les excédents financiers des campagnes devraient être versés en totalité aux associations de circonscription.	❏	❏
4.	Les contributions et les dépenses liées aux campagnes de mise en nomination devraient être réglementées au même titre que les dépenses d'élection et les contributions électorales.	❏	❏
5.	Les contributions et les dépenses liées aux campagnes des candidats ou candidates au leadership devraient être réglementées au même titre que les dépenses d'élection et les contributions électorales.	❏	❏
6.	Les dépenses des partis devraient être réglementées tant entre les élections que pendant la campagne.	❏	❏

PARTIE G : PARTICIPATION AUX ACTIVITÉS DES ASSOCIATIONS DE CIRCONSCRIPTION

Dans de nombreux mémoires présentés à la Commission royale, il est question de la nécessité d'élargir la base de la participation aux activités des partis politiques. Pourriez-vous répondre aux questions suivantes portant sur la façon dont les choses se passent au sein de votre association ?

1. Votre association a t-elle déployé *des efforts particuliers* pour
    intéresser l'un des groupes suivants dans le but de l'amener à
    participer davantage aux principales activités de votre parti
    dans la circonscription ? (Cochez autant de cases que vous
    le jugez nécessaire.)

    ❏   Les femmes
    ❏   Les jeunes
    ❏   Les minorités visibles
    ❏   Les autochtones
    ❏   Autre _____ (Précisez.)
    ❏   Aucun effort particulier

2. Votre circonscription compte-t-elle des groupes importants
    de membres de minorités visibles ?

    ❏ Oui   ❏ Non

    Si la réponse est oui, exercent-ils une influence politique quelconque
    sur le plan local ?

    ❏ Oui   ❏ Non

3. Indiquez le sexe des personnes qui occupent les fonctions suivantes
    dans votre circonscription et si elles sont membres d'une minorité
    visible.

	Homme	Femme	Membre d'une minorité visible
Président ou présidente de l'association de circonscription	❏	❏	❏
Trésorier ou trésorière de l'association de circonscription	❏	❏	❏
Candidat ou candidate à l'élection de 1988	❏	❏	❏
Directeur ou directrice de la campagne de 1988	❏	❏	❏
Représentant ou représentante du candidat ou de la candidate lors de l'élection de 1988	❏	❏	❏

Cochez l'énoncé qui représente le mieux votre opinion.

4. ❐ Les instances nationales des partis parlent beaucoup de la participation accrue des femmes mais ne font rien de concret pour l'encourager.

OU

❐ Les instances nationales du parti exercent vraiment des pressions sur notre association en faveur d'une participation accrue des femmes.

5. ❐ Il est exagéré de prétendre que les possibilités offertes aux femmes sont limitées. Elles n'auraient aucune difficulté à se tailler une place dans notre circonscription si elles se montraient davantage intéressées.

OU

❐ Il est plus difficile pour les femmes de s'imposer sur la scène politique. Des dispositions spéciales devraient être adoptées par les partis dans le but de garantir l'égalité des chances.

6. Croyez-vous qu'il serait plus difficile pour une femme que pour un homme d'obtenir l'investiture de votre parti dans votre circonscription ?

❐ Oui   ❐ Non

Si la réponse est oui, pourquoi ? _____

DIFFÉRENCES ENTRE LES QUESTIONNAIRES ANGLAIS ET FRANÇAIS

Certains changements apportés à la dernière minute au questionnaire anglais n'ont pas été repris dans la version française. Ces changements concernent huit questions. Ainsi, dans quatre cas, il s'agit de légères variantes dans les réponses proposées aux répondants et répondantes; dans deux autres cas, la traduction n'est pas aussi proche de l'anglais qu'elle aurait pu l'être; dans un autre cas, une question n'apparaît pas dans la version française; et, dans le dernier cas, des questions différentes sont posées.

Ces différences sont mineures : aucune ne porte sur des questions importantes pour notre analyse. Par ailleurs, même si les répondants et répondantes des circonscriptions bilingues et francophones ont reçu le questionnaire dans les deux langues, 87,3 % de l'ensemble des répondants ont choisi de répondre en anglais, de sorte que les différences entre les deux versions ont eu encore moins d'incidence.

Tous les renseignements sur le protocole de codification des questions ont été déposés aux archives de la Commission royale avec les données du questionnaire. On peut aussi les obtenir auprès de l'auteur.

BIBLIOGRAPHIE

~

Abréviations :

L.R.C.   Lois révisées du Canada
S.C.   Statuts du Canada

Ames, H.B., « Electoral Management », *The Canadian Magazine*, vol. 25 (1905), p. 26–31.

Archer, Keith A., « Le choix du chef au sein du Nouveau Parti démocratique », dans Herman Bakvis (dir.), *Les partis politiques au Canada : Chefs, candidats et candidates, et organisation*, vol. 13 des études de la Commission royale sur la réforme électorale et le financement des partis, Ottawa et Montréal, CRREFP/Dundurn et Wilson & Lafleur, 1991.

Axworthy, Thomas S., « La politique capitalistique — L'argent, les médias et les mœurs électorales aux États-Unis et au Canada », dans F. Leslie Seidle (dir.), *Aspects du financement des partis et des élections au Canada*, vol. 5 des études de la Commission royale sur la réforme électorale et le financement des partis, Ottawa et Montréal, CRREFP/Dundurn et Wilson & Lafleur, 1991.

Bashevkin, Sylvia B., *Toeing the Lines : Women and Party Politics in English Canada*, Toronto, University of Toronto Press, 1985.

Bell, David V.J., et Catherine M. Bolan, « La couverture médiatique des campagnes locales lors des élections fédérales de 1988 — Analyse de deux circonscriptions ontariennes », dans David V.J. Bell et Frederick J. Fletcher (dir.), *La communication avec l'électeur : Les campagnes électorales dans les circonscriptions*, vol. 20 des études de la Commission royale sur la réforme électorale et le financement des partis, Ottawa et Montréal, CRREFP/Dundurn et Wilson & Lafleur, 1991.

Bell, David V.J., et Fletcher, Frederick J., (dir.), *La communication avec l'électeur : Les campagnes électorales dans les circonscriptions*, vol. 20 des études de la Commission royale sur la réforme électorale et le financement des partis, Ottawa et Montréal, CRREFP/Dundurn et Wilson & Lafleur, 1991.

Bernier, Luc, « La couverture médiatique des campagnes locales lors des élections fédérales de 1988 — Analyse de deux circonscriptions québécoises », dans Frederick J. Fletcher et David V.J. Bell (dir.), *La communication avec l'électeur : Les campagnes électorales dans les circonscriptions*, vol. 20 des études de la Commission royale sur la réforme électorale et le financement des partis, Ottawa et Montréal, CRREFP/Dundurn et Wilson & Lafleur, 1991.

Black, Edwin R., « Federal Strains Within a Canadian Party », *Dalhousie Review*, vol. 45 (1965), p. 307–323.

Blake, Donald E., « La concurrence entre les partis et la versatilité de l'électorat au Canada », dans Herman Bakvis (dir.), *Les partis politiques au Canada : Représentativité et intégration*, vol. 14 des études de la Commission royale sur la réforme électorale et le financement des partis, Ottawa et Montréal, CRREFP/Dundurn et Wilson & Lafleur, 1991.

Blake, Donald, R. Kenneth Carty et Lynda Erickson, « Ratification or Repudiation : Social Credit Leadership Selection in British Columbia », *Revue canadienne de politique*, vol. 2 (1988), p. 513–537.

————, *Grassroots Politicians : Party Activists in British Columbia*, Vancouver, University of British Columbia Press, 1991.

Brodie, Janine, avec le concours de Celia Chandler, « Les femmes et le processus électoral au Canada », dans Kathy Megyery (dir.), *Les femmes et la politique canadienne : Pour une représentation équitable*, vol. 6 des études de la Commission royale sur la réforme électorale et le financement des partis, Ottawa et Montréal, CRREFP/Dundurn et Wilson & Lafleur, 1991.

Brook, Tom, *Getting Elected in Canada*, Stratford, Mercury Press, 1991.

Canada, *Charte canadienne des droits et libertés*, dans *Loi de 1982 sur le Canada*, L.R.C. (1985), appendice II, n° 44, annexe B, partie I.

————, *Loi des élections fédérales*, S.C. 1938, chapitre 46.

————, *Loi électorale du Canada*, L.R.C. (1985), chapitre E-2.

————, *Loi sur les dépenses d'élection*, S.C. 1973-1974, chapitre 51.

Canada, Élections Canada, *Rapport du directeur général des élections du Canada conformément au paragraphe 195(1) de la Loi électorale du Canada*, Ottawa, Ministre des Approvisionnements et Services Canada, 1989.

Carty, R.K., « Campaigning in the Trenches : The Transformation of Constituency Politics », dans George Perlin (dir.), *Party Democracy in Canada : The Politics of National Party Conventions*, Scarborough, Prentice-Hall Canada, 1988a.

————, « Three Canadian Party Systems : An Interpretation of the Development of National Politics », dans George Perlin (dir.), *Party Democracy in Canada : The Politics of National Party Conventions*, Scarborough, Prentice-Hall Canada, 1988b.

————, « Le rôle des agents officiels dans les élections canadiennes — Analyse des élections fédérales de 1988 », dans F. Leslie Seidle (dir.), *Aspects du financement des partis et des élections au Canada*, vol. 5 des études de la Commission royale sur la réforme électorale et le financement des partis, Ottawa et Montréal, CRREFP/Dundurn et Wilson & Lafleur, 1991.

————— (dir.), *Canadian Political Party Systems : A Reader*, Peterborough, Broadview Press, 1992.

Carty, R. Kenneth, et Lynda Erickson, « L'investiture des candidats au sein des partis politiques nationaux du Canada », dans Herman Bakvis (dir.), *Les partis politiques au Canada : Chefs, candidats et candidates, et organisation*, vol. 13 des études de la Commission royale sur la réforme électorale et le financement des partis, Ottawa et Montréal, CRREFP/Dundurn et Wilson & Lafleur, 1991.

Carty, R. Kenneth, Lynda Erickson et Donald Blake, *Leaders and Parties in Canadian Politics*, Toronto, Harcourt Brace Jovanovich Canada, 1992.

Christian, William, et Colin Campbell, *Political Parties and Ideologies in Canada*, 3ᵉ éd., Toronto, McGraw-Hill Ryerson, 1990.

Clarkson, Stephen, « Democracy in the Liberal Party : The Experiment with Citizen Participation Under Pierre Trudeau », dans Hugh G. Thorburn (dir.), *Party Politics in Canada*, 4ᵉ éd., Scarborough, Prentice-Hall Canada, 1979.

Converse, Philip E., et Georges Depeux, « Politicization of the Electorate in France and the United States », dans A. Campbell, P. Converse, W. Miller et D. Stokes (dir.), *Elections and the Political Order*, New York, Wiley, 1966.

Courtney, John C., *The Selection of National Party Leaders in Canada*, Toronto, Macmillan of Canada, 1973.

—————, « Recognition of Canadian Political Parties in Parliament and in Law », *Revue canadienne de science politique*, vol. 11 (1978), p. 33–60.

Duverger, Maurice, *Political Parties : Their Organization and Activity in the Modern State*, London, Methuen, 1954.

Dyck, Rand, « Relations Between Federal and Provincial Parties », dans Alain G. Gagnon et A. Brian Tanguay (dir.), *Canadian Parties in Transition : Discourse, Organization and Representation*, Scarborough, Nelson Canada, 1989.

—————, « Les liens entre les partis politiques nationaux et provinciaux et les régimes de partis au Canada », dans Herman Bakvis (dir.), *Les partis politiques au Canada : Représentativité et intégration*, vol. 14 des études de la Commission royale sur la réforme électorale et le financement des partis, Ottawa et Montréal, CRREFP/Dundurn et Wilson & Lafleur, 1991.

Eagles, M., J. Bickerton, A. Gagnon et P. Smith, *The Almanac of Canadian Politics*, Peterborough, Broadview Press, 1991.

English, John, *The Decline of Politics : The Conservatives and the Party System 1901–20*, Toronto, University of Toronto Press, 1977.

Epstein, Leon D., *Political Parties in the American Mold*, Madison, University of Wisconsin Press, 1986.

Erickson, Lynda, « Les candidatures de femmes à la Chambre des communes », dans Kathy Megyery (dir.), *Les femmes et la politique canadienne : Pour une représentation équitable*, vol. 6 des études de la Commission royale sur la réforme électorale et le financement des partis, Ottawa et Montréal, CRREFP/Dundurn et Wilson & Lafleur, 1991.

Ferejohn, John, et Brian Gaines, « Le vote pour l'individu au Canada », dans Herman Bakvis (dir.), *Les partis politiques au Canada : Représentativité et intégration*, vol. 14 des études de la Commission royale sur la réforme électorale et le financement des partis, Ottawa et Montréal, CRREFP/Dundurn et Wilson & Lafleur, 1991.

Fraser, Graham, *Playing for Keeps : The Making of the Prime Minister, 1988*, Toronto, McClelland and Stewart, 1989.

Globe, « West Toronto Tories », 27 janvier 1887, p. 5.

————,« Dean of Parliament Beaten in Convention for South York Seat », 18 août 1926, p. 1.

Globe and Mail, « Tories Shut Down Riding Association », 24 mars 1993.

Graham, Ron, *One-Eyed Kings : Promise and Illusion in Canadian Politics*, Toronto, Collins, 1986.

Hanson, Lawrence, « Contesting the Leadership at the Grassroots : The Liberals 1990 », dans R. Kenneth Carty (dir.), *Canadian Political Party Systems*, Peterborough, Broadview Press, 1992.

Heintzman, Keith, « Les luttes électorales, les dépenses d'élection et l'avantage du député sortant », dans F. Leslie Seidle (dir.), *Aspects du financement des partis et des élections au Canada*, vol. 5 des études de la Commission royale sur la réforme électorale et le financement des partis, Ottawa et Montréal, CRREFP/Dundurn et Wilson & Lafleur, 1991.

Hirschman, Albert, *Exit, Voice and Loyalty : Responses to Decline in Firms, Organizations, and States*, Cambridge, Harvard University Press, 1970.

Jacobs, Francis, *Western European Political Parties : A Comprehensive Guide*, Harlow, Longman, 1989.

Johnston, Richard, « Federal and Provincial Voting : Contemporary Patterns and Historical Evolution », dans David J. Elkins et Richard Simeon (dir.), *Small Worlds : Provinces and Parties in Canadian Political Life*, Methuen, Toronto, 1980.

Johnston, Richard, André Blais, Henry Brady et Jean Crête, *Letting the People Decide : History, Contingency and the Dynamics of Canadian Elections*, Montréal, McGill-Queen's University Press, 1992.

Katz, R.S., et P. Mair, « The Membership of Political Parties in European Democracies, 1960–1990 », *European Journal of Political Research*, vol. 22, p. 329–345.

Kirchheimer, Otto, « The Transformation of Western European Party Systems », dans Joseph LaPalombara et Myron Weiner (dir.), *Political Parties and Political Development*, Princeton, Princeton University Press, 1966.

Krashinsky, Michael, et William J. Milne, « L'incidence de la situation de député sortant aux élections fédérales de 1988 — Quelques constatations », dans F. Leslie Seidle (dir.), A*spects du financement des partis et des élections au Canada*, vol. 5 des études de la Commission royale sur la réforme électorale et le financement des partis, Ottawa et Montréal, CRREFP/Dundurn et Wilson & Lafleur, 1991.

Land, Brian, *Eglington : The Election Study of a Federal Constituency*, Toronto, P. Martin, 1965.

Laschinger, John, et Geoffrey Stevens, *Leaders & Lesser Mortals : Backroom Politics in Canada*, Toronto, Key Porter Books, 1992.

Latouche, Daniel, « Universal Democracy and Effective Leadership : Lessons from the Parti Québécois Experience », dans R. Kenneth Carty, Lynda Erickson et Donald Blake (dir.), *Leaders and Parties in Canadian Politics*, Toronto, Harcourt Brace Jovanovich Canada, 1992.

Lee, Robert Mason, *One Hundred Monkeys : The Triumph of Popular Wisdom in Canadian Politics*, Toronto, Macfarlane Walter and Ross, 1989.

Massicotte, Louis, « Le financement des partis au Québec — Analyse des rapports financiers de 1977 à 1989 », dans F. Leslie Seidle (dir.), *Le financement des partis et des élections de niveau provincial au Canada*, vol. 3 des études de la Commission royale sur la réforme électorale et le financement des partis, Ottawa et Montréal, CRREFP/Dundurn et Wilson & Lafleur, 1991.

Meisel, John, *The Canadian General Election of 1957*, Toronto, University of Toronto Press, 1962.

———, « The Stalled Omnibus : Canadian Parties in the 1960s », *Social Research*, vol. 30 (1963), p. 367–390.

——— (dir.), *Papers on the 1962 Election*, Toronto, University of Toronto Press, 1964.

———, « Howe, Hubris and '72 : An Essay on Political Elitism », dans *Working Papers on Canadian Politics*, 2ᵉ éd., Montréal, McGill-Queen's University Press, 1975.

———, « The Decline of Party in Canada », dans Hugh G. Thorburn (dir.), *Politics in Canada*, 4ᵉ éd., Scarborough, Prentice-Hall Canada, 1979.

———, « Dysfunctions of Canadian Parties : An Exploratory Mapping » dans Hugh G. Thorburn (dir.), *Party Politics in Canada*, 6ᵉ éd., Scarborough, Prentice-Hall Canada, 1991.

Morley, J. Terrence, « Annihilation Avoided : The New Democratic Party in the 1984 Federal General Election », dans Howard R. Penniman (dir.), *Canada at the Polls, 1984*, Durham, Duke University Press, 1988.

Morley, Terry, « La politique et l'argent en Colombie-Britannique », dans F. Leslie Seidle (dir.), *Le financement des partis et des élections de niveau provincial au Canada*, vol. 3 des études de la Commission royale sur la réforme électorale et le financement des partis, Ottawa et Montréal, CRREFP/Dundurn et Wilson & Lafleur, 1991.

———, « Leadership Change in the CCF/NDP », dans R.K. Carty, Lynda Erickson et Donald E. Blake (dir.), *Leaders and Parties in Canadian Politics*, Toronto, Harcourt Brace Jovanovich Canada, 1992.

Morton, W.L., *The Progressive Party in Canada*, Toronto, University of Toronto Press, 1950.

Noel, S.J.R., « Dividing the Spoils : The Old and New Rules of Patronage in Canadian Politics », *Revue d'études canadiennes*, vol. 22, n° 2 (1987), p. 72–95.

Padget, Donald, « Les contributions importantes accordées à des candidats lors des élections fédérales de 1988 et le problème de l'abus d'influence », dans F. Leslie Seidle (dir.), *Aspects du financement des partis et des élections au Canada*, vol. 5 des études de la Commission royale sur la réforme électorale et le financement des partis, Ottawa et Montréal, CRREFP/Dundurn et Wilson & Lafleur, 1991.

Paltiel, Khayyam Z., « Political Marketing, Party Finance, and the Decline of Canadian Parties », dans G. Alain Gagnon et A. Brian Tanguay (dir.), *Canadian Parties in Transition : Discourse, Organization and Representation*, Scarborough, Nelson Canada, 1989.

Panebianco, Angelo, *Political Parties : Organization and Power*, New York, Cambridge University Press, 1988.

Pelletier, Réjean, « Les structures et le fonctionnement des partis politiques canadiens », dans Herman Bakvis (dir.), *Les partis politiques au Canada : Chefs, candidats et candidates, et organisation*, vol. 13 des études de la Commission royale sur la réforme électorale et le financement des partis, Ottawa et Montréal, CRREFP/Dundurn et Wilson & Lafleur, 1991.

Perlin, George, *The Tory Syndrome : Leadership Politics in the Progressive Conservative Party*, Montreal, McGill-Queen's University Press, 1980.

——— (dir.), *Party Democracy in Canada : The Politics of National Party Conventions*, Scarborough, Prentice-Hall Canada, 1988.

———, « Attitudes des délégués au congrès du Parti libéral du Canada sur les propositions de réforme du processus de désignation du chef », dans Herman Bakvis (dir.), *Les partis politiques au Canada : Chefs, candidats et candidates, et organisation*, vol. 13 des études de la Commission royale sur la réforme électorale et le financement des partis, Ottawa et Montréal, CRREFP/Dundurn et Wilson & Lafleur, 1991a.

————, « Leadership Selection in the PC and Liberal Parties : Assessing the Need for Reform », dans Hugh G. Thorburn (dir.), *Party Politics in Canada*, 6ᵉ éd., Scarborough, Prentice-Hall Canada, 1991b.

Power, C.G., *A Party Politician : The Memoirs of Chubby Power*, Norman Ward (dir.), Toronto, Macmillan of Canada, 1966.

Preyra, Leonard, « Porté par la vague — Les partis, les médias et les élections fédérales en Nouvelle-Écosse », dans Frederick J. Fletcher et David V.J. Bell (dir.), *La communication avec l'électeur : Les campagnes électorales dans les circonscription*, vol. 20 des études de la Commission royale sur la réforme électorale et le financement des partis, Ottawa et Montréal, CRREFP/Dundurn et Wilson & Lafleur, 1991.

Reid, Escott, « The Saskatchewan Liberal Machine Before 1929 », *Canadian Journal of Economics and Political Science*, vol. 2 (1936), p. 27–40.

Sabato, Larry J., *The Rise of Political Consultants : New Ways of Winning Elections*, New York, Basic Books, 1981.

Sayers, Anthony M., « L'importance attribuée aux questions locales dans les élections nationales — Kootenay-Ouest – Revelstoke et Vancouver-Centre », dans Frederick J. Fletcher et David V.J. Bell (dir.), *La communication avec l'électeur : Les campagnes électorales dans les circonscriptions*, vol. 20 des études de la Commission royale sur la réforme électorale et le financement des partis, Ottawa et Montréal, CRREFP/Dundurn et Wilson & Lafleur, 1991.

Selle, Per, et Lars Svasand, « Membership in Party Organizations and the Problem of Decline of Parties », *Comparative Political Studies*, vol. 23 (1991), p. 459–477.

Siegfried, André, *The Race Question in Canada*, Toronto, McClelland and Stewart (Carleton Library Series n° 29), [1906] 1966.

Simpson, Jeffrey, *Discipline of Power : The Conservative Interlude and the Liberal Restoration*, Toronto, Personal Library, 1980.

————, *Spoils of Power : The Politics of Patronage*, Toronto, Collins, 1988.

Smith, Anthony, « Mass Communications », dans David Butler, Howard R. Penniman et Austin Ranney (dir.), *Democracy at the Polls : A Comparative Study of Competitive National Elections*, Washington (D.C.), American Enterprise Institute for Public Policy Research, 1981.

Smith, David, « L'unipartisme gouvernemental, la représentation et l'intégration nationale au Canada », dans Peter Aucoin (dir.), *Les partis et la représentation régionale au Canada*, vol. 36 des études de la Commission royale sur l'union économique et les perspectives de développement du Canada, Ottawa, Ministre des Approvisionnements et Services Canada, 1986.

Smith, David E., *The Regional Decline of National Party : Liberals on the Prairies*, Toronto, University of Toronto Press, 1981.

Stanbury, W.T., *L'argent et la politique fédérale canadienne : Le financement des candidats et candidates et des partis*, vol. 1 des études de la Commission royale sur la réforme électorale et le financement des partis, Ottawa et Montréal, CRREFP/Dundurn et Wilson & Lafleur, 1991.

Stewart, Gordon, « Political Patronage Under Macdonald and Laurier 1878–1911 », *American Review of Canadian Studies*, vol. 10 (1980), p. 3–12.

———, « John A. Macdonald's Greatest Triumph », *Canadian Historical Review*, vol. 63 (1982), p. 3–33.

———, *The Origins of Canadian Politics : A Comparative Approach*, Vancouver, University of British Columbia Press, 1986.

Tanguay, A. Brian, et Barry J. Kay, « L'activité politique des groupes d'intérêt locaux », dans F. Leslie Seidle (dir.), *Les groupes d'intérêt et les élections au Canada*, vol. 2 des études de la Commission royale sur la réforme électorale et le financement des partis, Ottawa et Montréal, CRREFP/Dundurn et Wilson & Lafleur, 1991.

Ward, Ian, « The Changing Organizational Nature of Australia's Political Parties », *Journal of Commonwealth and Comparative Politics*, vol. 29 (1991), p. 153–174.

Warwick, M., *Revolution in the Mailbox*, Berkeley, Strathmoor Press, 1990.

Wearing, Joseph, *The L-Shaped Party : The Liberal Party of Canada 1958–1980*, Toronto, McGraw-Hill Ryerson, 1981.

———, *Strained Relations : Canadian Parties and Voters*, Toronto, McClelland and Stewart, 1988.

Whitaker, Reginald, *The Government Party : Organizing and Financing the Liberal Party of Canada, 1930–58*, Toronto, University of Toronto Press, 1977.

Williams, J., *The Conservative Party of Canada*, Durham, Duke University Press, 1956.

Woolstencroft, Peter, « "Tories Kick Machine to Bits" : Leadership Selection and the Ontario Progressive Conservative Party », dans R.K. Carty, Lynda Erickson et Donald Blake (dir.), *Leaders and Parties in Canadian Politics*, Toronto, Harcourt Brace Jovanovich Canada, 1992.

Young, Walter D., *The Anatomy of a Party : The National CCF, 1932–1961*, Toronto, University of Toronto Press, 1969.

Zakuta, Leo, *A Protest Movement Becalmed : A Study of Change in the CCF*, Toronto, University of Toronto Press, 1964.

REMERCIEMENTS

La Commission royale sur la réforme électorale et le financement des partis de même que les éditeurs ont veillé à mentionner le nom des détenteurs des droits d'auteur touchant les œuvres citées dans le texte, y compris les tableaux et figures. Les auteurs et éditeurs recevront avec plaisir tout renseignement qui leur permettra de corriger toute référence ou mention de source dans les éditions subséquentes.

~

Conformément à l'objectif de la Commission de favoriser une pleine participation de tous les segments de la société canadienne au système électoral, nous avons utilisé, dans la mesure du possible, le masculin et le féminin dans les études publiées.

LA COLLECTION D'ÉTUDES

VOLUME 8
Les jeunes et la vie politique au Canada :
Engagement et participation
Sous la direction de Kathy Megyery

RAYMOND HUDON, BERNARD FOURNIER ET LOUIS MÉTIVIER, AVEC LE CONCOURS DE BENOÎT-PAUL HÉBERT	L'intérêt des jeunes pour la politique : une question de mesure ? — Enquêtes auprès de jeunes de 16 à 24 ans
PATRICE GARANT	La remise en question de l'âge électoral à la lumière de la Charte canadienne des droits et libertés
JON H. PAMMETT ET JOHN MYLES	L'abaissement de l'âge électoral à 16 ans

VOLUME 9
Les peuples autochtones et la réforme électorale au Canada
Sous la direction de Robert A. Milen

ROBERT A. MILEN	Les Autochtones et la réforme constitutionnelle et électorale
AUGIE FLERAS	Les circonscriptions autochtones au Canada — Les leçons de la Nouvelle-Zélande
VALERIE ALIA	Les peuples autochtones et la couverture médiatique des campagnes électorales dans le Nord
ROGER GIBBINS	La réforme électorale et la population autochtone du Canada — Évaluation des circonscriptions autochtones

VOLUME 10
Les droits démocratiques et la réforme électorale au Canada
Sous la direction de Michael Cassidy

JENNIFER SMITH	Le droit de vote et les théories en faveur d'un gouvernement représentatif
PIERRE LANDREVILLE ET LUCIE LEMONDE	Le droit de vote des personnes incarcérées
YVES DENONCOURT	Réflexion sur les critères du vote des personnes ayant un désordre mental

VOLUME 12
L'éthique et la politique au Canada
   Sous la direction de Janet Hiebert

PIERRE FORTIN	Les enjeux éthiques de la réforme électorale au Canada — Analyse éthicologique
VINCENT LEMIEUX	L'éthique du secteur public
IAN GREENE	Allégations d'abus d'influence dans le cadre de la politique canadienne
WALTER I. ROMANOW, WALTER C. SODERLUND ET RICHARD G. PRICE	La publicité électorale négative — Une analyse des résultats de recherche à la lumière des pratiques au Canada
JANE JENSON	Citoyenneté et équité — Variations dans l'espace et le temps
KATHY L. BROCK	Justice, équité et droits
JANET HIEBERT	Un code d'éthique pour les partis politiques

VOLUME 13
Les partis politiques au Canada :
Chefs, candidats et candidates, et organisation
   Sous la direction de Herman Bakvis

KEITH ARCHER	Le choix du chef au sein du Nouveau Parti démocratique
GEORGE PERLIN	Attitudes des délégués au congrès du Parti libéral du Canada sur les propositions de réforme du processus de désignation du chef
R.K. CARTY ET LYNDA ERICKSON	L'investiture des candidats au sein des partis politiques nationaux du Canada
WILLIAM M. CHANDLER ET ALAN SIAROFF	Partis et gouvernement de parti dans les démocraties avancées
RÉJEAN PELLETIER, AVEC LE CONCOURS DE FRANÇOIS BUNDOCK ET MICHEL SARRA-BOURNET	Les structures et le fonctionnement des partis politiques canadiens

VOLUME 23
L'action des partis politiques dans les circonscriptions au Canada

R.K. Carty

L'action des partis politiques dans les circonscriptions au Canada

ORGANIGRAMME DE LA COMMISSION

PRÉSIDENT
Pierre Lortie

COMMISSAIRES
Pierre Fortier
Robert Gabor
William Knight
Lucie Pépin

PERSONNEL CADRE

Directeur exécutif
Guy Goulard

Directeur de la recherche
Peter Aucoin

Conseiller spécial du président
Jean-Marc Hamel

Recherche
F. Leslie Seidle
  Coordonnateur principal

Coordonnateurs et coordonnatrices
Herman Bakvis
Michael Cassidy
Frederick J. Fletcher
Janet Hiebert
Kathy Megyery
Robert A. Milen
David Small

Adjoints à la coordination
David Mac Donald
Cheryl D. Mitchell

Législation
Jules Brière, conseiller principal
Gérard Bertrand
Patrick Orr

Communications et publications
Richard Rochefort, directeur
Hélène Papineau, directrice adjointe
Paul Morisset, rédacteur-conseil
Kathryn Randle, rédactrice-conseil

Finances et administration
Maurice R. Lacasse, directeur

Personnel et contrats
Thérèse Lacasse, chef

SERVICES D'ÉDITION, DE CONCEPTION GRAPHIQUE ET DE PRODUCTION

COMMISSION ROYALE SUR LA RÉFORME ÉLECTORALE ET LE FINANCEMENT DES PARTIS

Réviseurs Denis Bastien, Ginette Bertrand, Louis Bilodeau, Claude Brabant, Louis Chabot, Danielle Chaput, Norman Dahl, Susan Becker Davidson, Carlos del Burgo, Julie Desgagners, Chantal Granger, Volker Junginger, Denis Landry, André LaRose, Paul Morisset, Christine O'Meara, Mario Pelletier, Marie-Noël Pichelin, Kathryn Randle, Georges Royer, Eve Valiquette, Dominique Vincent.

CENTRE DE DOCUMENTATION JURIDIQUE DU QUÉBEC INC.

Président Hubert Reid
Contrôleur Claire Grégoire

Directrice de la production Lucie Poirier

Traducteurs Pierre-Yves de la Garde, Richard Lapointe, Marie-Josée Turcotte.

Techniciens Stéphane Côté Coulombe, *coordonnateur;* Josée Chabot, Danielle Morin.

Réviseurs Lise P. Boulet, Martine Germain, Ginette Lachance, Lise Larochelle, Élizabeth Reid, Carole St-Louis, Isabelle Tousignant, Charles Tremblay, Sébastien Viau.

Traitement de texte André Vallée.

Mise en page Pré-Impression TF, Claude Audet; Lynda Goudreau, *coordonnatrice.*

WILSON & LAFLEUR LTÉE

Président-directeur général Claude Wilson

Achevé d'imprimer au Canada par
Best Gagné Book Manufacturers

www.ingramcontent.com/pod-product-compliance
Lightning Source LLC
Chambersburg PA
CBHW072108270326
41931CB00010B/1492